走出城市化制度困境

Zouchu Chengshihua Zhidu Kunjing

孙平 著

测绘出版社
中国地图出版社
·北京·

内 容 提 要

我国城市化面临前所未有的挑战，必须坚持科学发展观为指导，推进行政区划、户籍管理、土地管理、劳动就业、功能区规划等制度创新。适应城乡一体化发展新形势，不断优化城市建制布局，开展县辖市和街道办事处改革，推进农村新型城镇化、农村社区建设和村庄规划。加强地名文化建设和城市地名管理，努力提升地名信息化建设与服务水平。完善社会保障体系，促进社会福利事业发展，科学构建农村公共产品供给模式。

图书在版编目（CIP）数据

走出城市化制度困境 / 孙平著. —北京：测绘出版社，2012.9
ISBN 978-7-5030-2716-1

Ⅰ.①走… Ⅱ.①孙… Ⅲ. ①城市化—研究—中国 Ⅳ.①F299.21

中国版本图书馆CIP数据核字（2012）第228976号

责任编辑 黄忠民　　封面设计 孙 平

出　　版 测绘出版社 中国地图出版社
地　　址 北京市西城区三里河路50号
邮　　编 100045
电子信箱 smp@sinomaps.com
印　　刷 武汉市楚风印刷有限公司
成品规格 148mm×210mm
版　　次 2012年10月第1版
印　　数 0001—1000

发　　行 中国地图出版社 测绘出版社
电　　话 010-68531160（营销）
010-68531609（门市）
网　　址 www.sinomaps.com
经　　销 新华书店
字　　数 350千字
印　　张 11.75
印　　次 2012年10月第1次印刷
定　　价 49.00元

书　　号 ISBN 978-7-5030-2716-1/D·2
本书如有印装质量问题，请与我社联系调换。

免责声明

凡书中涉及的案例以及投资的标的物，只作为我们研究并发现问题的依据，如果据此投资而造成损失，风险自负。

在阅读本书后，欢迎您提出宝贵意见，我们将悉心聆听。同时，对区块链新经济，您若有任何感想，也请您写出来，发给我们，我们将择优发表，并给予相应的礼物。

E-mail：hefeng2005@126.com

种树者必培其根，种德者必养其心。

——资本奇迹全球同学会执行会长、

“好一朵茉莉花”品牌创始人、

好一朵茉莉花（上海）文化科技发展有限公司董事长 周洪磊

内蓄力量，恒守正念；共生共享，行稳致远。

——资本奇迹全球同学会联合创始人、

中国进口葡萄酒全产业链联合体（BSV）董事长 潘汝显

通证经济是企业互联网化精神的显现，它以信用为基础，在互联网中构建了一个去信任化的人与人的关系。也正是基于这样的信用，未来人类才有可能充分构建起一个自由度、公平性极高的新生态经济。

——超级畅销书《财富第九波——发现数字货币》

《财富第十波——黄金知道答案》作者 王淳丰

序

城市化是当代中国社会发展最明显的特征之一，无论怎样强调它对我国经济、政治、文化乃至人们日常生活的作用和影响都不过分。社会的进步需要城市化，城市化过程又会产生许多矛盾和问题。为此，研究和破解城市化难题得到社会的广泛关注和重视，不少专家学者与实际工作者为之付出了大量心血和汗水。实践证明，不同的研究视角可能取得不同的成效，解决复杂的城市化问题需要多方面和多学科的研究与探索。

从一定程度上来观察，城市建制的变化由行政体制引领着城市化的方向，通过科学合理的行政区划改革调整和相关制度的创建，能够对城市化发展起到积极的促进作用。本书著者长期从事行政区划工作，积累了相当丰富的实践经验，同时又勤于学习思考，近年来围绕城市化发展撰写了不少专题文章，汇集成这本论文集——《走出城市化制度困境》。本书以城市建制演变为主线，以制度创新为重点，坚持宏观与微观相结合、理论与实践相结合，每篇文章都力求从不同侧面和角度对相关问题进行深入分析研究，阐述了推进和开拓城市化发展的思路、办法和措施。

在城市化制度创新方面，著者提出改革完善户籍管理、土地管理、劳动就业、城市住房、社会保障、行政区划等制度，着力构建城市化健康发展的长效机制。在区域经济发展方面，提出完善城市体系，优化城市结构与功能分区，创新县市行政建制，推进乡镇合理布局与农村社区建设。在行政体制改革方面，提出精简行政层级，降低行政成本，实现资源优化配置，以取得经济、社会、环境最佳效益。在农村城镇化方面，提出创新乡村管理体制，建立健全以工促农、城乡一体长效机制，实现新农村建设与农村新型城镇化“双轮驱动”。在地名文化建设方面，提出以高度的文化自觉和文化自信正确引导、积极构建地名文化，充分发挥地名文化在促进经济社会发展中的作用。在地名信息化发展方面，提出抓好地名标准化、地名普查、地名数据库及地名信息化服务等工作，以信息化促进城市化。在保障支撑方面，提出加强社会救助、社会保险、社会福利、社会优抚、社会互助等五大体系建设，努力构建中国特色社会保障体系。在公共服务方面，提出统筹城乡公共服务，明确职责任务，创新农村公共产品供给模式，使公共服务均等化能早日实现。书中每篇文章各具特色和亮点，呈现出不少新观念、新设想。

2004 年本书著者出版的《中国行政区划分析》曾由我作序。那是当时行政区划界为数不多的专著之一，为推动我国行政区划理论研究与改革创新起到积极作用。我很高兴地看到近八年来他不断深化学习研究，笔耕不息，成果颇丰，本书就比较明显地展示出作者越来越宽阔的研究视角和研究领域。据了解，书中不少文章在有关征文与评比活动中得到省部级以上奖项与肯定，确实可喜可贺。希望并相信关注城市化问题或从事城市化相关工作的人士能够齐心协力，为实现中国特色社会主义城市化的伟业共襄其成。

夏书章

2012 年 10 月 8 日于广州

夏书章：中国行政管理学会荣誉会长，中国政治学会顾问，中山大学政务学院名誉院长、中国公共管理研究中心名誉主任、教授，行政管理专业博士生导师。

目　录

保障条件

湖北实践

Contents

Macro Strategy

Spatial Arrangement

Place Name Culture

Assurance Conditions

Practice in Hubei

前　言

我国素以发达的农业文明著称于世，上世纪初才开始现代意义上的城市化进程。1949 年前，我国人口职业及经济结构表现为典型的农业社会，城市发展主要呈少量点状分布。新中国成立后，国民经济得到恢复与发展，城市化整体水平不断提升。但是，在计划经济体制下，市场作用未能有效发挥，城乡“二元结构”制约了城市化进程。改革开放以来，市场经济为城市化注入了强大动力，我国工业化、城市化呈现加速发展态势。2011 年全国设市城市达 650 多个（不含台湾地区），城市化率首次突破 50%，成为中华民族发展史上一个新的里程碑。城市人口过半，意味着进入“城市病”的多发期。随着农村人口不断向城市聚集，城市规模会迅速扩张，城市化面临更加严峻的挑战。为了从根本上解决城市化进程中的矛盾和问题，迫切需要加强制度创新，着力构建城市化健康发展的长效机制。

近年来，笔者围绕城市化发展进行思考与探索，撰写相关理论文章，汇集起来形成本书——《走出城市化制度困境》。作为论文集，各篇文章仍保持原貌，未苛求体例上的一致性，而以城市化为主线串联成书。全书共 38 篇文章，粗略划分为五大部分。第一部分为宏观战略，主要从行政区划、区域经济、户籍管理、功能区规划等方面论述城市化制度创新与发展战略，并探讨欧美行政区划带来的启示。第二部分为空间布局，主要从空间形态上论述城市建制布局，探讨推行县辖市和街道办事处改革，以及农村新型城镇化、农村社区建设和村庄规划。第三部分为地名文化，主要论述地名文化建设和城市地名管理，探讨地名信息化建设与服务。第四部分为保障条件，主要论述社会保障体系建设、社会福利事业发展，探讨民政工作和农村公共产品供给。第五部分为湖北实践，主要论述湖北行政区划的演变与改革，阐述湖北地名信息化和地名文化建设实践。

书中文章或观点都已在报刊、杂志及网络等媒体上发表，一些文章得到有关方面的肯定。《精简行政层级研究》在中国行政管理学会2007年年会上被评为优秀论文二等奖；《欧美行政区划的启示》《推行县辖市的重大意义和实施途径》《从科学发展高度认识创新行政区划的重大意义》分别获得中国行政管理学会20、21、22届年会优秀论文奖；《构建中国社会保障体系的思考》于2006年获中国社会保障论坛征文优秀奖；《试论我国养老服务业发展取向》于2008年获第三届全国社会福利理论与政策研讨会征文二等奖；《湖北省地名信息化服务探讨》于2007年获全国地名研讨会征文二等奖；《乡镇地名标志设置》于2009年获第二届中国地名论坛暨地名文化成果评比征文二等奖；《推行省管县市：湖北科学发展的战略抉择》于2009年在湖北省委“为湖北科学发展献计策”征文中获一等奖，又获2009~2010年度湖北省民政系统优秀调研成果一等奖。借此机会，感谢长期以来各方朋友及人士的关心和支持。

本书读者对象为各级党政部门领导以及有关行政管理、城市规划建设、区域经济、行政区划、新农村建设、社会保障等方面的理论与实际工作者，亦可供有关院校师生和关注城市化问题的广大读者阅读参考。由于本人水平有限，书中差错难免，敬请读者赐教。

孙 平

2012年10月9日于武昌

宏观战略

试论我国城市化制度创新

摘　要：我国城市化走过了曲折发展历程，目前处于快速发展阶段。改革开放30年来，我国经济高速发展，而城市化严重滞后于工业化。在影响城市化的众多因素中，制度不健全是制约我国城市化发展的重要原因。创新城市化制度已成为我国经济社会发展的必然要求，对于实现社会体制转型、加快城市化及现代化进程，有着重大而深远的意义。因此，要着重抓好户籍管理、土地管理、劳动就业、城市住房、社会保障、行政区划等制度创新，着力构建城市化健康发展的长效机制。

关键词：城市化；制度创新；策略

城市化是社会生产力发展的产物，是人类社会进步的必然趋势，是现代文明的重要标志。城市化加速是20世纪的众多奇迹之一。世界经济发展表明，市场经济体制是人口和经济自由流动的前提，只有在市场经济条件下，才能通过利益机制促进资源包括乡村人口向具有较高规模效益、聚集效益的城市区域流动，从而推动经济社会不断向前发展。我国已进入城市化快速发展时期，城市化水平已达40%以上，不远的将来会有半数以上的人口进入城市生活，我国城市化将以量的增长为主转向量的积累和质的提高并重。加快城市化进程，统筹城乡经济社会发展，实现农村人口有序转移到城市，是全面建设小康社会的重大任务。我国城市化虽然得到较快发展，但总体来看仍滞后于工业化发展要求，城市化水平明显落后于发达国家和世界平均水平。在影响城市化的众多因素中，制度不健全是制约我国城市化发展的重要原因。加大制度创新力度，着力构建城市化健康发展的长效机制，已成为我国转型期社会发展的战略性选择。

一、我国城市化走过了曲折历程

自从我国实行市镇建制一百余年来，城市化发展走过了十分曲折的道路。从19世纪下半叶到20世纪中叶，由于受到世界列强的侵略以及军阀割据的困扰，我国城市化发展很不平衡，有的地区比如上海，城市迅速扩张，而大部分地区则完全处在工业化进程之外。1949年新中国成立时，我国只有86个市，城市化水平只有10.6%。而当时世界的城市化平均水平是29%，欧美等发达国家的城市化水平早已超过60%。显然，新中国城市化是在很低的基础上进行的。

具体来讲，新中国城市化大致经历了四个发展阶段。一是建国初期至1957年的恢复时期。国家对旧社会条件下形成的城市进行了改造，强化了城市的生产功能。“一五”计划中，党的工作重心由农村转向城市，多项重大城市工业项目陆续实施，吸收了大量农民进入城市和工厂矿区就业，大大推动了城市化发展。到1957年，我国城市数量增加到176个，城市人口达到9950万，占全国总人口的15.4%。二是1958~1965年的大起大落时期。1958年实施“大跃进”，全国各大中城市基本上实现了城市人民公社化。1960年，全国城镇人口达到13073万，新设市33个，城市化水平跃升到19.5%。城市基本建设规模过度膨胀，加上连续三年自然灾害等因素的影响，我国经济陷入全面萎缩。1961年国家开始大规模压缩城市人口，共减少城镇人口3000多万，精简职工2000万左右，出现了第一次逆城市化现象，1964年我国城市化水平下降到14%。三是1966~1978年的停滞时期。“文化大革命”十年动乱给中国经济社会发展带来了前所未有的灾难，工农业生产停滞不前，大批城市官员、职工和知识分子上山下乡；加上国际局势日益恶化，更多的人力和物力撤离城市，转向偏远山区投入“三线建设”，出现了第二次逆城市化现象。1969年，城市化水平骤降到12.2%。在以粮为纲政治形势和城乡二元分割制度下，我国城市化发展非常缓慢。到1978年，全国城市数量为193个，城市化水平为17.9%，比1949年仅上升7.3个百分点。四是1979年至今的快速发展时期。随着农村家庭联产承包责任制的实施并获得成功，我国城市改革逐步拉开序幕。首先是恢复了一批建制镇和市，一些农村人口率先进入城市及小城镇。特别是随着整县设市模式的实施，我国新设了大批县级市，其间还发展了部分地级市。上世纪末期，中央提出小城镇、大战略，推动我国城市化迈入新的发展阶段。同时，在市带县和整县设市过程中出现了一些矛盾和问题，国家于上世纪末期暂停了县改市，进入新世纪又陆续暂停了地级市设置以及乡改镇和市辖区设置。目前，按户籍非农人口计算，我国城市化率只有30%，再加上长期稳定生活在城市的约1亿多人口，2008年我国城市化率达到45.68%，我国城市化处于快速发展阶段。

二、我国城市化面临的问题和制度创新的必要性

我国东中部许多省区基本都实行市带县，县级市占县级政区的比例也较高，表面上看，几乎全域都是城市建制。实际上普遍存在虚假城市化现象，一些县级市仍是农村户口人数居多，农村地域占主体。从世界各国城市化情况来看，当人均GDP达到3000美元时，城市化率为55%左右，东亚国家日本、韩国都是75%以上。工业化和城市化是密切相关的，工业化推动城市化，城市化托起工业化。但是，我国改革开放30年来，经济高速发展，而城市化却滞后于工业化。深圳的情况最具代表性，这里户籍人口与暂住人口的比例高达1比6，全市总人口1200万，而户籍人口仅200万人。每到春节，务工人员如候鸟般飞回家乡。由于种种原因，这些暂住人口无法享有深圳户口，而他们也不可能把老家人口全部转移到深圳。类似情况出现在许多城市。目前，我国城市化"硬件"建设快速提升，"软件"制度建设面临困境。

首先，人口流动受到限制。我国自上世纪50年代开始，实行农业和非农业户口分开管理的制度，直接导致城乡分割，严重阻碍了农村人口向城市转移。虽然不少城市正在探索破除城乡分割壁垒，但大都将户籍改革的重点放在取消农业和非农业户口的分类上，而忽视了对户籍背后诸多附加职能如就业、医疗、保险、教育等利益的剥离，人口自由流动仍然受到限制。其次，土地流转陷入困境。现行土地制度下，由于缺乏必要的土地流转机制，尽管大量的农村人口进入非农产业，甚至离开农村进入城市，但只要他们的农村户口没变，他们与土地的内在联系就不会切断，从而导致进城农民占有两份居住土地，造成土地浪费。而且在城市发展过程中，市场经济难免会有波动起伏，如果人口一有风吹草动就弃城回到农村，城市化就无法深入推进。第三，住房矛盾未能解决。现行城市住房的商业化模式，使得大量的资金和相关资源过度追逐房地产。政府和市场共同主导的高房价消耗透支了国民今后相当长时间其他方面的消费，导致经济持续发展缺乏后劲。高房价也使农民进城落户面临不可逾越的障碍。加上农村基础设施建设分散，给城市化与工业化进程带来巨大成本。第四，社会保障不尽合理。城市现行社会保障许多项目的服务对象限定为城镇职工，城乡之间社会保障及公共服务未能有效对接，导致进城农民工对未来顾虑重重而过度依恋土地，也是限制农村人口向城市转移的一个重要原因。第五，行政区划有待完善。我国行政区划的突出问题是城市建制与地域性建制混淆，缺乏科学的分类管理；城市数量过少，难以承载众多农村转移人口；还存在行政层级过多、行政成本过高等问题。

从实际出发，创新城市化制度已成为我国经济社会发展的必然要求，对于实现社会体制转型、加快城市化及现代化进程，有着重大而深远的意义。一是创新城市化制度是经济发展的力量之源。通过实施有利于工业化发展的制度创新，可以优化经济结构，转变发展方式，提升经济效益，壮大城市综合经济实力，为城市化发展创造拉力；通过实施有利于经济要素合理流动和资源合理配置的城市化管理制度、产业制度、投融资制度和服务制度，能够形成城市化发展的制度合力，推动经济社会又好又快发展。二是创新城市化制度是从根本上解决“三农”问题的有效途径。通过实施有利于现代农业发展的制度，不断提高农业生产力水平，使农业在维持本部门再生产的同时创造出更多的剩余产品和节省更多的劳动力资源，为城市化发展提供推力，源源不断地向城市转移农村人口。实践证明，要想富裕农民，就必须减少农民，而转移农民必须有制度保证。三是创新城市化制度是实现集约、高效发展的客观要求。用制度引导经济社会走上集约、高效发展之路，是我国人口多、耕地少的国情所决定的，是可持续发展的必由之路。只有突破城乡户籍壁垒，才能推进人口、生产要素向城市聚集。只有通过城市化制度创新，才能达到建设资源节约型、环境友好型社会的目的。四是创新城市化制度是加快城市化发展的战略性选择。城市化聚集留给我们的时间并不太多。生产的全球性过剩对我国产业化发展正在产生抑制作用；产业结构的升级对知识性劳力的需求增加，而农村人口的素质与之不相适应；随着后工业化时代的到来，劳动生产率的提高速度大大高于经济总量的提高速度，工业化促进城市人口增长的潜力已经相当有限。为此，时不我待，需要尽快创新城市化制度，加快聚集步伐，推进城市化快速发展。

三、我国城市化制度创新策略

加快城市化进程是保持我国经济社会又好又快发展的必然要求。目前，我国处于社会转型的关键时期，也是城市化快速发展时期，特别需要制度的规范与引领。按照我国城市发展战略，必须实行大、中、小城市和小城镇协调发展，走布局合理、集约高效的城市化之路。本着制度为本、重点突破、全面推进的原则，针对我国城市化遇到的体制机制方面的问题，要充分发挥行政政策主导在城市化进程中不可替代的作用，努力规范社会与市场秩序，整合各方力量和资源，以制度创新促进城市化健康发展。

（一）创新户籍管理制度。我国现行户籍制度是计划经济沿袭下来的产物，在特定时期发挥过积极作用，但现实条件下已成为制约农村人口向城市转移的障碍，必须实行改革。合理的户籍制度应该有利于形成全国统一的、开放的资源和市场，实现资源配置的最优化和人才的合理流动。必须实行一元化的户籍管理取代原有城乡分割的户籍管理，以住房的拥有、稳定的工作，以及进入城市户籍后必须放弃农村土地作为前提条件，采取实际居住地统一登记为居民户口的原则，实行城乡户籍一体化管理。同时，剥离附加在户籍背后的各种利益，恢复户籍管理登记的基本职能。关键在于取消城市户口背后各种复杂的附加利益，即与户口紧密联系的子女教育、就业、医疗、保险、社会福利等利益。只有彻底实现了与其他相关利益的脱钩，才能真正还原户籍本来应有的人口信息统计的基本职能，从而消除对人口流动迁移的限制。国务院于 2010 年 5 月 27 日转发了国家发改委关于 2010 年深化经济体制改革重点工作的意见，其中明确提出，加快落实放宽中小城市、小城镇特别是县城和中心镇落户条件的政策，逐步在全国范围内实行居住证制度。希望从此拉开我国户籍制度改革的序幕。

（二）创新土地管理制度。首先，继续稳定以家庭联产承包责任制为基础的双层经营机制。承包关系不稳定，农业长期投入难以形成，规模化、集约化经营的效应也难以发挥。所以，必须稳定土地承包制，为土地使用权流转创造必要的前提条件。其次，建立健全农村土地使用权流转市场运行机制，包括农用地使用权的价格机制、农用地使用权交易的中介机制、农用地流转约束机制等。加强地籍管理和档案资料工作，以便用于科学的土地资产评估。健全与土地流转制度相配套的市场中介服务体系。就农用地使用权流转的约束机制而言，要建立、健全法律法规约束、内部责任义务约束。要在稳定家庭联产承包责任制的基础上，逐步实现土地所有权和经营权分离，实现土地的自由、有序、合法流转，建立完善的农村土地使用权流转制度和机制。依法规范土地的管理和使用，尽快健全土地征用审查和补偿制度。进入城市的农村人口在农村的资产包括承包的耕地、林地、草场和宅基地等，应当建立完善的退出机制，减少城乡两栖居住和闲置土地不能被整理带来的土地浪费。

（三）创新劳动就业制度。就业为民生之本，农民能否顺利进入非农产业就业是推进我国城市化发展的前提条件，而就业及相关制度安排则是农民能否顺利进入非农产业的关键。现行的城市就业制度对农民工有着极强的约束和限制，使得他们不能在同等条件下与城市居民公平竞争就业岗位。这不仅不利于劳动力资源的优化配置，而且直接阻碍着农村城市化进程。因此，要在政策上消除农民进城的制度性障碍，构建城乡统一的劳动力市场。从建立平等竞争的就业规则入手，原则上不应限制农民工进城求职的行业和工种，尤其要停止一些城市清退已就业的农民工的不合理做法，改变企业招工中先城镇后农村、先省内后省外的规定。逐步消除城乡分割的二元就业格局，为建立和完善城乡统一、开放、公平、竞争的劳动力市场创造条件。完善劳动力市场体系，必须加强劳动力市场信息网络建设，为农民进城就业提供信息服务。开展对农村劳动力的职业培训，努力提高他们的就业能力。加强法律法规制度建设，依法保障进城就业农民的各项权益，真正建立起统一开放、竞争有序、城乡一体化的劳动力市场。

（四）创新城市住房制度。政府要正确引导房地产业发展，加强规划指导，科学编制房地产发展规划，保持房地产业的适量适度开发，促进房地产业持续健康发展。特别要加强房地产市场的宏观调控，着力发展适合普通居民需求的普通商品房。同时，开发建设不同类型和价位的住宅，满足各阶层人群的个性化需求。坚持政府支持与居民自己解决相结合。一些中高收入的城镇居民，包括有未来收入预期的城镇居民，其住宅应当由自己筹集资金购买。而对一些低收入者，政府可以通过低价供地、合作建房、供应经济适用房、提供廉租房等方式解决。要重点关注城市化进程中农村转移人口住房需求。对无力购买住房的低收入和特困家庭，一方面提供低收入家庭住房补贴，一方面提供廉租房供其居住。考虑到我国人多地少的现实，要禁止城镇居民到农村购买宅基地。在农村小城镇中，要让集体土地直接进入住宅建设市场，即发展小产权房，以降低农民城市化的住房成本。在乡村严禁自建住房，应该由政府统一规划、投资和建设农村社区住宅，然后将住房以成本价或微利价销售给村民。

（五）创新社会保障制度。计划经济遗留下来的社会保障制度，覆盖面极为有限，无法满足城市化和市场化进程中城乡居民的需要。只有建立起城乡一体化的社会保障制度，才能从根本上消除农民进城的后顾之忧，从而稳步推进城市化。首先，建立城乡一体化的农民合同工失业保险和医疗保险。城镇企事业单位必须为本单位招用的农民合同工缴纳失业保险费，农民合同工本人也应当适量缴纳部分失业保险费。其次，逐步建立完善的城乡统一的养老保险体系。2009 年国务院发布了关于开展新型农村社会养老保险试点的指导意见，探索建立个人缴费、集体补助、政府补贴相结合的新农保制度，实行社会统筹与个人账户相结合，与家庭养老、土地保障、社会救助等其他社会保障相配套。今后应提高养老保险统筹层次，建立全国城乡保障互通机制。第三，为进城农民提供最低生活保障。扩大城市最低生活保障范围，要将进城并已出让土地的农民纳入其中，以保证这部分农民在城市生活中的长期稳定。第四，推进城乡公共服务均等化。从事关群众切身利益的民生问题着手，实现城市义务教育向进城农民工子女平等开放；加大各级医疗机构特别是农村医疗机构的投入，恢复一些医疗服务的公益性质。逐步推进交通出行、水电气服务、环境卫生、生活物价等方面的服务与补贴均等化。

（六）创新行政区划制度。城市化的重要标志是城市建制的设立及其数量的增多和规模的扩大，城市建制的发展直接影响到城市化进程。我国目前城市体系很不合理，大城市不停地“摊大饼”，城市管理、公共服务、基础设施跟不上，出行难、住房难、看病难、脏乱差等“大城市病”普遍存在。相比之下，小城市发展严重滞后，数量太少，难以适应大量农村人口转移的需要。随着国家强化县域经济战略的实施，建设重心下移的服务型政府成为未来我国社会发展的必然趋势。因此，应该抓住机遇，积极创新行政区划制度，为城市化健康发展营造良好的体制环境。考虑到一些大城市资源环境已经不堪重负，今后一个时期城市化的重点应当放在中小城市和小城镇发展上。积极推行县辖市设置，不断增加我国城市数量，为大量农村转移人口提供载体。开展行政区划体制创新，推行省直管县市体制，精简行政层级，促进公共管理与服务重心下移。深化农村社区建设，引进城市社区管理方式，统筹城乡经济社会协调发展，全面提升城市化整体水平。

参考文献:

[1] 刘平量. 城市化: 制度创新与道路选择[M]. 长沙: 湖南人民出版社, 2006.

[2] 廖元和. 城市化进程与中国土地制度创新[J]. 经济导刊, 2007(8).

[3] 董江爱. 我国农村城市化的困境、成因及解决途径[J]. 城市发展研究, 2005(2).

[4] 曹晓军, 齐晓安. 我国人口城市化制度创新对策研究[J]. 当代经济研究. 2006(1).

从科学发展高度认识创新行政区划的重大意义

行政区划，是国家根据管理需要，按照一定法律、法规将国家领土划分为若干层次不同、规模各异的区域，在每个区域设置相应的行政机关，从而形成行政建制单位或行政区。行政区反映的是地理实体单元，同时又作为一种国家结构单元，贯穿于政治体制与行政管理体制，属于上层建筑范畴。在不同历史条件下，行政区划的出发点和原则不尽相同。早期的行政区划比较注重政治、军事的需要，经济因素只占极少成分。随着生产力的发展，越到现代社会行政区划越多地考虑到经济发展的需要。当代中国正处在社会转型时期，根据科学发展观，要坚持以经济建设为中心，全面推进经济、政治、文化、社会和生态文明建设，促进现代化建设各个环节、各个方面相协调，促进生产关系与生产力、上层建筑与经济基础相适应。新形势下必须深刻认识、准确把握行政区划在巩固国家政权、推动经济发展、促进社会进步中的作用和意义，不断增强工作的主动性和创造性，以行政区划改革创新为国家开放开发和现代化建设增添动力。

一、创新行政区划对于深化政治与行政管理体制改革具有重要意义

行政区划是政权建设和行政管理体制的重要组成部分。行政区划设置既要考虑政治制度本身的因素，又要兼顾经济、地理、历史、人口等客观因素。行政区划是为国家统治与管理服务的，不同性质、不同制度的国家实施不同的管理，使得行政区划呈现出不同特性。奴隶制和封建制行政区划强调集权统治，要为高度集权的少数统治阶级服务。资本主义制度下的行政区划虽然注重地方自治，但也是统治集团权力再分配的表现形式。他们都是为了巩固其政治统治，反映本阶级的意志，并为本阶级利益服务。军事往往是政治的继续，历史上许多边疆地区的建制大多基于军事防卫需要而设立，这也说明，行政区划在军事方面也具有特殊作用。

行政区划关系到中央能否有力地统率、指挥地方，地方能否有效地在本行政区域行使职权。我国正在建设中国特色社会主义，改革开放的新形势要求新的政治及行政体制相适应。我国行政区划的目的，就是巩固人民民主专政，促进中国特色社会主义现代化建设，推进各地区共同繁荣。行政区划的主要任务在于，保证人民更好地行使管理国家的权力，充分体现我国政权的民主性，推动社会主义民主政治建设；完善生产力布局和城镇体系，促进国民经济发展；实施民族区域自治政策，发展民族地区经济、文化事业，巩固各族人民大团结；加强边境管理，推动边疆开发，巩固国防建设。搞好行政区划工作对于充分发挥上层建筑对经济基础的反作用，促进我国行政体制、政治体制及经济体制改革，加快建立社会主义市场经济体系，具有十分深远的意义。

在宏观政治、经济、社会体制改革方面，行政区划有时能够起到其他行政手段和措施所不能替代的作用。从行政区划演变规律来看，在经济发达地区适时增加行政建制密度，能够使行政区划与区域开发相协调，从而提升国家总体开发水平。随着沿海地区综合经济实力不断增强，结合国家战略及地区自然环境，可以在沿海发达地区推进省级行政区划体制创新，优化省级政区设置。探索以特大城市为依托，增设新的省级政区。或者将经济实力较强的地级市升格为副省级市，或者扩大已有副省级市范围，能够为这些市发展提供广阔空间。根据国家开发战略由东向西推进态势，按照新的区域经济格局合理调整省级政区，可以促进各种资源及生产要素均衡配置、优化配置。在“十二五”规划中，党中央、国务院明确提出推行省管县市战略，实际上是改革行政结构，精简行政层级，通过行政区划结构体系创新，实现减少行政成本，提高行政效率。另外，积极探索、推行县下设市以及县城设置街道办事处等改革，对于推进服务重心下移、建立服务型政府、实行现代化管理方式具有战略意义。

二、创新行政区划是推动区域经济协调发展的重要途径

做好行政区划工作可以有效整合资源，协调区域利益关系，推动经济发展。传统行政建制设置大多以人口和资源开发为基本依据，随着行政建制单位不断向四周扩散，促进经济发展由经济核心区域向周边地区拓展。历史上行政区域的划分中，除了为防止分裂割据而采取打破区域经济格局或自然地理单元之外，许多情况下在于突出发展经济或有利地方管理。新中国成立后，行政区划的变更主要源于经济发展的需要，并反过来又促进经济的发展。改革开放以来，党和政府的中心工作任务转移到以经济建设为中心，行政区划对经济建设的作用凸显。在社会主义市场经济条件下，各级行政机关是国家宏观调控的重要组织力量，但其作用发生了较大变化。逐级分配计划指标的做法被取消，代之以中央政府集中掌握宏观经济政策及实施间接调控手段，行政区划单元则成为统筹地方经济社会发展的依据。通过完善行政区域格局，能够引导生产力合理布局。国家宏观经济战略及大型工程布局，一般以各级行政区为基本单元，由此实行分类指导，分层次分地域实施。工业布局、农业布局、交通运输业布局、商业布局等，都是以行政区域进行落实。经过长期发展，行政区域逐步演化为“行政经济区”，经济区与行政区域相协调的理念已形成共识，其合理性也被大量实践所证明。

行政区划既要为地方行政管理提供最合理的管理层次和管理幅度，又要为生产力布局提供最合理的基本地域单元。在市场经济体制下，地方政府拥有更大的自主权，可以在其行政区域实施相应的经济调控政策，弥补市场的盲目性。不同行政建制的功能不尽相同，根据实际需要，合理变更行政建制，有利于优化经济结构。传统地域建制的县与现代市建制的内涵就有本质区别，前者以农业经济为主，后者工商业相对发达。我国民族地区建制与普通地域建制也存在差别，前者设置在少数民族地区。民族自治地区在经济方面具有较大的自主权，可以制定适合本民族特点的经济法规政策。我国是一个多民族国家，建国后设立了不少自治区、自治州、盟、自治县、旗、民族乡，对发展民族经济起到了促进作用。改革开放以来，一些县改为市，引导经济结构从以农业为主转变到以二三产业为主。乡改为镇，同样有利于农村产业结构调整，促进贸、工、农协调发展。还有县改为市辖区、乡镇改为街道办事处，在促进经济结构调整中都能发挥积极作用。

通过变更行政单位隶属关系改善区域经济格局，促进区域经济发展，是行政区划调控经济的重要手段之一。在市带县体制改革中，按照经济联系的密切程度科学确定县的归属，可以形成最佳经济组合，产生最佳经济效益。为了培植新的经济增长点，将有发展潜力的县级市升为地级市或由省直辖，能够为其发展提供更为宽松的环境。随着城市建设规模不断发展壮大，城区空间范围必然向外呈扩张趋势。适时扩大城区行政区域范围，既能满足城市建设自身发展的需要，又有利于发挥城市对周围农村地区的辐射作用。对经济流向不合理的行政区域作适当调整，可以协调区域经济关系。另外，按照地方建设需要，充分发挥政府驻地迁移对经济的带动与辐射作用，有利于培植新的经济中心，优化区域经济布局，促进经济社会又好又快发展。

三、创新行政区划在城市化发展中有着积极作用

城市化是社会进步的标志，城市化发展到一定程度，需要设置专门的市建制进行管理。城市是指具有一定规模的非农业人口聚居的地域，是经济、政治、文化中心，是社会、经济发展的客观产物，是一个社会、经济、地理概念。市建制是指国家根据一定标准，按照有关法律法规，经国家权力机关或行政机关审批而设立的行政建制单位，是一个政治、行政、法律的概念。城市是设市的条件和基础，设市是城市进一步发展的保证和要求。由于市建制所采取的符合工商业发展要求的现代管理方式，为所在地区城市化、现代化发展创造了极为有利的条件与环境。市建制的产生与发展，极大地加快了城市化进程，推动了人类社会的文明进步。我国正处于农业社会向工业社会转型的重要阶段，也是城市化快速发展时期，所以必须高度重视城市行政区划。

科学编制设市规划，能够有序推进城市发展。通过正确把握设市规划指导思想，坚持以邓小平理论和“三个代表”重要思想为指导，全面贯彻落实科学发展观，按照国家经济社会发展战略确定城市发展方向，从而构建空间布局合理、等级规模结构协调、职能分工明确、城乡联系密切的市镇网络，能够有效促进城市化与经济发展、人口聚集、资源开发及环境保护相适应，推动经济社会持续健康发展。根据我国城市发展方针，必须走中国特色的城市化道路，实现大中小城市和小城镇协调发展。通过科学、规范的设市工作，不断完善城市结构体系。有计划有步骤地设置不同级别的市，包括直辖市、地级市、县级市，另外还有副省级市和计划单列市，以后还可以创新县下设市模式。这些市各具特色，既有规模不等的综合性城市，又有类型各异的专业性城市，将会逐步成为地方经济发展的支撑点或增长点。

城市群发展是城市化的重要途径之一，通过多个城市经济一体化来形成合力，能够提高区域综合经济社会效益。中央和地方政府通过设置市建制，不断完善城市公共基础设施，可以有效聚集生产要素，形成聚集经济效益，增强城市地区综合竞争力。城市发展一方面表现为设市数量增多，另一方面表现为城市规模不断扩大。以产业发展和城乡设施建设为依托推进城区扩展，实现经济集约发展和人口适度聚集，能够促进经济、社会、生态环境协调发展。城区扩展从行政区划上表现为市辖区和街道办事处的设置。市辖区是城市基层政府，它协助市政府承担城市部分管理和服务任务，为城市公民的参政、议政提供平台和渠道。街道办事处是市辖区和县级市政府的派出机构，设置目的是为了加强城市管理，提供公共服务。以城市规划建设为依据，按照各地城市化水平及地域环境，合理设置市辖区和街道办事处，强化功能分区，有助于走出一条特色发展之路。

四、创新行政区划有利于推进社会主义新农村建设

党和国家历来高度重视基层行政建制设置，许多宏观政治、经济体制改革都是从农村开始实施的。1958 年“大跃进”及公社化运动，导致区乡体制向人民公社体制转变；改革开放初期，随着家庭联产承包责任制的实行，各地开展了撤社建乡工作；伴随农村经济体制改革逐步深化，各地陆续撤销区公所，将小乡并为大乡。实践证明，行政区划体制改革，对农村改革发展能够起到提纲挈领、带动全局的作用。因地制宜、合理布局乡镇，有利于实现资源优化配置，促进农村经济社会协调发展。在传统农业区、资源保护区、水资源及人口偏少地区，设乡比较合适；农业产业化程度较高、集市贸易兴旺、乡镇企业较发达地区，设镇是最佳选择。把地理因素作为确定乡镇区域的重要依据，可以有效化解基层行政区之间自然资源和水利设施等矛盾。随着交通条件的改善，在兼顾其他因素前提下，顺应经济流向，适时调整乡镇行政区域界线，或者按照农业工程建设需要，合理调整局部行政区划，可以为农村经济发展创造良好的体制环境。

统筹城乡发展是新农村建设的着眼点，加强小城镇建设对于推进城乡一体化具有积极作用。小城镇是城市之尾，农村之首，搞好小城镇建设可以为众多农村人口就地转移提供载体。乡驻地基本上都是集镇，乡的布局大都纳入地方小城镇体系规划。新形势下，乡镇布局更多考虑土地集约利用、人口有效聚集、经济集约发展，从而在推进资源节约型、环境友好型社会建设中发挥重要作用。小城镇是统筹城乡的重要节点，将乡镇布局与重点镇、中心镇及特色镇建设有机结合，有利于从整体上推动农村经济发展、社会进步。通过全面推进小城镇规划、建设和管理，在开展硬件建设的同时保持软环境建设同步，能够实现农村物质文明和精神文明建设双丰收。对于综合实力较强的中心镇，通过改革行政管理体制，下放经济管理权限，强化社会行政管理服务职能，可以起到小城市的辐射作用，带动周边农村地区共同发展。按照客观规律要求，运用行政区划手段改革完善农村城镇体系，有利于优化经济布局，调整经济结构，提升农村综合经济实力。

村（居）委会及农村社区是农村基层行政区划的构成元素。通过推进乡镇村统筹布局，有利于推进公共服务均等化，实现城乡一体化发展。新时期农村社区建设，一般都以交通、通讯及公共基础设施布局为依托，以社区服务范围及群众共同生活体为依据设置。通过开展社区建设，增强基层自治功能，降低管理运行成本，提高公共服务效能。对于条件成熟的建制村鼓励转为社区居委会，推动村民转变为社区居民。通过积极开展农民宅基地流转交易改革与农村合作经济组织建设，按照“社区+合作社”“社区+协会”“社区+农户”等模式，组建各类经济合作组织和专业协会，推动农村市场经济发展。根据实际情况，科学规划村（居）委会及农村社区调置标准及模式，同时加强相关办事机构设施及制度建设，有利于提升农村公共管理服务水平，加强民主政治建设，促进农村经济社会又好又快地发展。

区域经济视角下行政区划改革取向

摘　要：我国经济发展已经站在新的历史起点，实现区域协调、走向共同繁荣是和谐社会的根本要求，关注区域经济成为时代的呼唤。行政区划与区域经济存在相互作用的关系，合理的行政区划有利于最大限度地发挥区域经济优势。新中国成立以来，党和政府一直高度重视区域经济发展。进入新世纪，国家及地方政府积极推动区域协作，促进了区域经济快速发展。目前，从中央到地方出台了众多区域规划，但是区域经济仍然存在许多矛盾和问题，需要以行政区划改革创新克服区域规划的不足。推进行政区划改革的总体思路是，以经济区规划及区域经济格局变化作为行政区划改革调整的重要依据，不断完善行政区划体系。行政区划改革途径是，适应国家区域战略规划需要，创新高层行政区划格局；适应城市群发展需要，不断完善城市体系；适应城市建设需要，改革调整城区结构；适应县域经济发展需要，创新县市行政建制；适应乡镇体制改革需要，推进乡镇合理布局；适应城乡一体化需要，全面推进农村社区建设。

关键词：区域经济；行政区划；改革取向

改革开放初期，邓小平同志明确提出，让一部分人先富起来，一部分地区先富起来，然后实现共同富裕。改革开放30年一路走来，中国面貌发生了翻天覆地的变化，我国社会已整体进入小康发展阶段，2010年上半年中国GDP总量超越日本成为世界第二大经济体。一方面是国家综合实力显著增强，人民生活水平不断提高；另一方面是经济发展不平衡，地区之间发展差距不断拉大，导致社会矛盾重重。为从根本上解决我国经济社会发展不平衡问题，必须加大区域协调与统筹，努力实现城乡一体共同繁荣发展。行政区划是各级政府实施公共管理与服务、组织区域规划、推动区域发展的基本依据和手段，改革创新行政区划成为推进区域经济又好又快发展的迫切要求。

一、区域经济与行政区划存在相互作用的关系

历史唯物主义认为，经济基础与上层建筑是相互作用的。经济基础

决定上层建筑，经济发展客观上要求上层建筑与之相适应。同时，上层建筑对经济基础有巨大的反作用。合理的上层建筑能够积极为经济基础服务，推进经济发展；反之，就会对经济发展起阻碍作用。根据这一原理，要求实际工作中必须顺应经济基础发展变化，及时调整上层建筑中不适应经济基础需要的部分，只有这样才能发挥上层建筑的积极作用，促进生产力快速发展。区域经济属经济基础范畴，指的是一种以专业化地区经济为特色，以各级中心城市为依托，在生产、分配、流通方面紧密联系、互相协作，内部具有很强聚集性或同质性的地域经济综合体。区域经济是社会生产力发展到一定阶段的产物，是在社会生产地域分工协作基础上形成的，是不以人的主观意志为转移的客观存在。行政区划属上层建筑范畴，指的是国家根据政权建设、经济建设和行政管理需要，遵循有关法律规定，充分考虑政治、经济、历史、地理、人口、民族、文化、风俗等客观因素，按照一定原则将国土划分为若干层次、大小不同的行政区域，并在各级行政区域设置相应的地方国家机关，实施行政管理。行政区划改革调整是政府重要的行政职能，带有明显的法律性、政治性和政策性。

区域经济发展是推动行政区划变更的重要动力，在一定程度上决定着行政区划改革调整的方向。区域经济发展最先表现为某区域内各城市城镇对其所在腹地的影响和带动作用，进而形成比较规范的城市体系，并与其辐射区域一起形成相对独立的经济区。由于行政中心往往与经济中心即城市重合，这些经济中心直接影响到行政建制、行政机关、行政区域范围的设置。经济中心对其腹地的作用，是影响行政区域划分的重要依据。经济中心往往成为相应行政区域的行政中心，而且依据不同等级区域经济中心，可以设置不同级别的行政中心。反过来看，行政区划的设置和变化也影响着区域经济发展。一切经济活动都是在特定行政区域内进行的。作为上层建筑范畴的行政区划，从政治体制和行政管理体制改革需要出发，通过行政建制、行政区域以及行政中心设置，反作用于区域经济，影响着区域经济活动的开展，对经济区的培育、形成和发展产生重要作用，而且会深入影响到资源开发、工业布局、城市规划等方面，成为促进或阻碍区域经济发展的重要因素。

为了发挥好行政区划的积极作用，行政区划变更应该以区域经济格局作为重要参照依据，努力使两者相互适应而不是相互抵触。行政区划调整必须有利于最大限度地发挥区域经济优势，行政区域、行政中心设置要与经济中心、区域经济体系相协调，与宏观区域经济战略相匹配。另一方面，区域发展规划的编制要适当保持一定层次行政区域的完整性，使区域经济发展有一定的行政支持，便于实施宏观经济调控和管理。通过合理调整行政区划，使行政区域与区域经济发展相适应并形成良性互动，从而促进经济社会持续协调发展。同时，由于行政区划与区域经济有着各自运行机制及差异，使得行政区划具有相对稳定性，区域经济具有持续变化性，并且行政区划往往滞后于区域经济发展。因此，实际工作中既要保持行政区划的相对稳定性，又要体现行政区划对区域经济发展的适应性。为了加大区域统筹力度、实现城乡一体共同繁荣进步，要积极实施行政引导，努力使行政区划改革创新成为推动区域经济协调发展的重要动力和手段。

二、我国区域经济发展对行政区划提出了新要求

新中国成立以来，党和政府一直高度重视区域经济发展。上世纪50年代初学习苏联高度集中的计划经济模式，采取行政区取代经济区的做法，在省级政区上还设置了东北、华北、华东、中南、西南、西北六大行政区，成为生产布局的重要依据。计划经济条件下没有建立起全国开放的大市场，区域经济运行缺乏独立的主体，微观市场基础即独立的自负盈亏的企业基础薄弱，经济运行主要由中央及地方各级政府直接经营和掌控。改革开放后，计划经济条件下的政府经济利益主体格局被打破，一元利益主体逐渐被国家、地方、企业和个人等多元经济利益主体所取代，调动了各方利益主体的积极性，在一定程度上促进了区域经济发展。由于改革不到位和市场发育不完善等因素，行政区和经济区关系没有完全理顺，导致行政区之间的经济矛盾十分突出，主要表现在地方政府主要以行政区来组织经济运行，市场机制的作用未能得到充分发挥。20 世纪 90 年代以来，随着我国社会主义市场经济体制的不断完善，行政区与经济区关系逐步向着有利于经济区形成及发展的方向演变。尽管如此，“行政区经济”依然存在，尤其在一些竞争性领域，行政区之间的竞争仍十分激烈。同时，各级地方政府也越来越意识到加强区域经济合作的重要性，逐步偏重于通过区域协作来共同推进地区经济发展。特别在经济发达地区，通过打破行政壁垒消除市场封锁，行政区主导区域经济的趋势逐步弱化，跨区域的生产要素流动显著增强，企业的跨区域联合越来越多。

进入新世纪，国家及地方政府积极开展区域协作，有力推动了区域经济发展。突出表现为各类形式的开发区和区域规划纷纷出台，形成了众多跨县市、跨地市、跨省区，以至于跨国界的经济开发区域。总体上看，继上世纪国家在东部沿海地区实行一系列对外开放政策后，新世纪以来国家先后提出西部大开发、振兴东北等老工业基地、中部崛起等重要区域开发战略。沿海区域正在形成国家级核心经济区域，长江三角洲、珠江三角洲经济区趋于成熟，环渤海经济区逐步得到提升和拓展，海峡西岸经济区、广西北部湾经济区、东海经济区、南海经济区正在加速形成。内陆区域正在形成以武汉城市圈、长株潭城市群、成渝地区、昌九地区等经济区为依托的长江中上游经济带，还有以中原地区、关中地区以及国家能源基地为依托的黄河中游经济带和沿京广线经济带。一系列国家区域战略的实施，逐步形成了新的经济圈带，极大地推动了我国区域经济发展，壮大了国家综合经济实力。一些地方积极编制各自区域规划，形成了从国家层面到县市的多层级区域经济规划，可以说区域规划遍地开花，掀起我国新一轮区域经济发展新高潮。众多区域发展规划密集出台，是国家促进区域协调发展、培育更多区域增长极、扩大内需及应对金融危机的需要，是打破行政壁垒和解决区域发展不平衡、主体功能不突出的必然要求。

虽然出台了众多区域规划，但是区域经济发展仍然面临不少矛盾和问题。对这些区域发展规划作深入分析，不难看出，除了国家层的区域规划外，大量地方编制的区域规划或多或少存在一些片面性。面临即将开展的“十二五”规划，各地政府部门为实现新一轮经济大发展、大跨越，从本地发展角度出发编制了大量区域发展规划，希望纳入国家“十二五”规划以谋求有更大发展。各个层级的区域规划众多，几乎覆盖了所有国土面积。如果区域规划不加以正确引导，或者说没有相关配套措施作支撑，很可能会出现规划与现实脱节。各地在区域规划中提得较多的就是要打破行政区划界线。从某种程度上讲，该提法有一定道理，因为经济区不等于行政区，突破行政区划编制区域经济发展规划有一定积极作用。另一方面，绝不可能用经济区代替行政区，那种忽视行政区划作用而单纯推进区域经济的做法很可能陷入误区。区域经济发展需要行政手段支持配合，生产力布局的基本单元是一定的行政区，否则，行政宏观调控就很难推进。在区域经济发展的各种矛盾中，有的问题属于市场机制不健全，有的问题属于政府职能不完善，有的问题属于协调机制不健全。从实际出发，创新行政区划体制，对于整合区域资源、协调区域关系、形成发展合力，具有十分重要的战略意义。只有保持区域经济与行政区划相协调，才能充分发挥好政府职能与市场机制两个积极性，以行政区划创新补充区域经济规划的不足，从而推动区域经济协调发展。

三、区域经济条件下行政区划创新思路

我国正处在社会转型的关键时期，区域经济发展既需要发挥市场机制作用，也需要国家宏观调控政策导向作用，合理的行政区划是国家生产力布局的重要依据，是国家推动区域发展的重要手段。我国经济发展已经迈上新台阶，区域经济格局发生了巨大变化，各经济区内涵更加丰富多彩，相互之间的联系也更加密切。由于种种原因，区域经济发展依然不平衡，只有消除区域间相互交流的障碍，才能实现区域协调发展和共赢。市场是开放平等的，区域交流的障碍往往是人为造成的，行政区经济出现就是最好的说明。区域经济合作的目标是消除区域间的各种障碍，构建区域经济共同发展的市场基础，营造开放、规范的市场环境。

从现实情况来看，不同行政主体的目标和政策往往存在冲突和矛盾，地方政府因自身利益需要往往各自为政，缺乏统一规划，区域该整合的不整合，造成了资源浪费，提高了交易成本，制约了区域经济发展，不利于实现整体乃至全国利益最大化。因此，突破行政障碍、消除市场分割和地方保护，实现经济资源高效配置和自由流动，就成为区域经济发展的必然要求。

为了有效克服区域经济中的矛盾和问题，必须正确把握行政区划改革创新的着眼点和出发点。首先，要以行政区划创新促进经济区功能的完善，推进区域统筹规划，从城市群和经济区发展需要出发，着眼优化生产力布局和完善经济结构体系，通过适度的行政手段提高经济运行效果，实现区域效益的最大化。其次，要以行政区划创新促进区域统一协调，打破在资金、人才、技术、产品流动等方面的各种障碍，确保形成跨区域的统一市场，实现区域间市场开放和要素的自由流动，促进区域间的交流合作，形成竞争、有序、统一、开放的经济合作区。第三，要以行政区划创新促进产业发展及合理布局，在经济区之间实现合理分工，避免不必要的重复建设，不断提高区域经济主体联动发展的自觉意识，将区域内各种要素、资源整合而成为区域竞争优势，更好的承接地区间乃至国际间产业的转移，把握未来发展先机。第四，要以行政区划创新促进区域基础设施建设一体化，统一协调区域基础设施建设和环境保护，以此作为推动区域重大资源项目开发和城乡建设的主线，努力使经济区各具特色而又有机联系。第五，要以行政区划创新促进区域管理与制度创新，通过行政建制改革促进区域行政方式创新，不断提升管理理念和水平，推动行政体制改革和政府职能转变，以科学规范的制度和高效的执行力助推区域经济发展。

基于上述考虑，推进行政区划改革创新的总体思路是，以经济区规划及区域经济格局变化作为行政区划改革调整的重要依据，不断完善行政区划体系。按照有利于精简行政机构、行政层级和提高行政效率，以及有利于生产要素优化组合、有利于拓展发展空间的原则，平稳、有序、适度地推进行政区划改革调整，逐步健全和完善设置科学、布局合理、功能完善、集约高效、与城镇化进程相适应、与国家区域发展战略及综合配套改革相适应的行政区划体系。坚持积极改革与相对稳定相结合，坚持方便管理与提高政府效能相结合，坚持行政区与经济区相协调，坚持合理开发与保护自然生态资源相结合，坚持科学规划和稳步推进相结合。突出改革的整体性、协调性，实现高、中、低行政建制良性互动；突出城市建制改革调整的主导性和带动作用，以城市化作为行政区划改革的强大动力；注重优化结构、完善体系，形成行政区划体系最优；顺应服务型政府建设要求，不断强化县级政区地位和作用；把实现城乡一体化与分类管理有机结合，科学设置各类行政建制，全面推进农村社区建设。

四、行政区划改革途径

（一）适应国家区域战略规划需要，创新高层行政区划

国家宏观区域战略规划属于政治层面发展战略，主要表现为改革开放以来国家先后提出的东部沿海地区开放、西部大开发、振兴东北等老工业基地、中部崛起等高层开发战略，目的在于促进全国区域统筹、合理分工、优势互补、协调发展、利益兼顾、共同富裕。国家积极推动开放开发由东向西逐步拓展，形成了以中心城市和交通要道为依托的各具特色的区域经济。宏观区域战略规划引领着国家重大基础设施和项目布局，推动区域经济格局不断变化，对行政区划体系结构产生重大影响。以新的经济增长点和经济区为依据设置新的行政建制，是经济基础决定上层建筑的必然要求。我国开放开发较早的沿海地区已经形成了经济实力较强的新型城市体系及经济区，对构建新型行政区划体制提出了新要求，以谋求在国家经济社会发展中发挥更大作用，聚集更多人口和资源，从而带动更大区域发展。从行政区划演变规律来看，需要在经济发达地区适时增加行政建制密度，使行政区划与区域开发力度相协调。因此，有必要推进高层省级行政区划体制创新，优化省级政区设置。具体讲，有几种方案可供选择。方案一，在沿海具有双重经济中心的发达省

份，以特大城市为依托，设置新的省级政区，而不是增设直辖市。因为城市辖区较小，不利于带动区域经济发展，如果城市辖区过大，又失去了城市建制特点。所以，应该选择增设地域性建制的省。方案二，不改变现有省级政区格局，将沿海部分发达地区地级市升格为副省级市，同时扩大已有副省级市的范围，为其发展提供广阔空间，从而吸引更多的人口及生产要素。方案三，根据特大城市综合经济实力和辐射范围，合理调整省级政区，而不增设省级建制数，由此促进土地等资源优化配置。几个方案各有优缺点，比较来看，方案二具有较强的可操作性。

(二) 适应城市群发展需要，不断完善城市体系

区域经济一体化及中心城市主导，是现代经济发展的两大特征。只有推动区域经济一体化，才有可能实现城乡共赢和区域共赢；只有充分发挥城市带动作用，才能为区域协调发展增添强劲动力。城市是点，区域是面，在地域辽阔的中国如何更好地发挥城市对区域的带动作用，最佳途径就是积极推进城市群发展。城市发展，规划先行。城市群建设需要科学规划，以规划确立城市的带动作用。现代经济就是城市经济，绝大部分经济活动主要集中在城市，尤其是中心城市。从全球大背景来看，以核心都市及其连绵带引导区域发展是城市化趋势。21 世纪国际竞争的基本单位既不是企业也不是国家，而是城市集群。只有大规模的城市集群才能有资格和实力参与高层次经济交流与对话，才能有足够的产业聚集和经济规模参与全球化竞争。为此，我国区域经济发展必须着眼培育和构建城市群并不断完善城市体系。一方面，把推进城市群发展作为一种城市化模式，目的是通过多个城市经济一体化提高经济效益。中央和地方政府需要制定必要的政策和建立城市群计划框架，提供公共基础设施，建设以道路交通为重点的城市基础设施，吸引投资和促进经济增长，增强区域竞争力。另一方面，必须花大力气夯实城市产业基础，着眼增强各类城市综合经济实力，紧紧抓住结构调整主线，加快建设具有战略意义的基础产业，精心打造生产力骨干项目，使大中城市更具竞争力。充分发挥行政区划在统筹区域发展、促进资源配置中的作

用，不断完善各级各类城市建制，形成具有中国特色的城市体系。适应城镇化发展需要，推进城市设置标准和模式的改革创新，统筹规划，科学论证，适当增设城市数量，重点发展中小城市，特别是加快中西部及民族地区中小城市的发展，构建集约发展、布局合理的城市体系。

（三）适应城市建设需要，改革调整城区结构

早期设立的大中城市基本上都是点状连片开发，聚集度高，特别是核心城区往往面积较小。长期建设并逐渐形成老城区相对独立的基础设施及产业布局，各种设施建设密集，发展空间严重受限。另一方面，新设区往往包含较大范围的郊区，其面积远远大于老城区，拥有更多土地资源及发展空间，对老城区发展形成制约。面对这种情况，迫切需要顺应开发建设需要，统筹城区规划、建设与管理。近年来我国一些大城市对其内部行政区划进行了调整完善，重点是扩大老城区范围，整合辖区资源，得到了好的经验和做法，可以用来指导我国大中城市城区改革调整。一是坚持经济主导。核心城区调整行政区划要着眼整合资源，突出发展经济的功能，促进生产力合理布局。经济发展到一定程度就要突破传统行政区域范围，必然会对行政区划提出新要求。城市往往也是经济中心，行政区划必须把有利经济发展放在首位，通过区划调整为经济发展增添动力。二是着眼统筹发展。行政区划必须为城市经济建设和社会发展营造良好体制环境，努力消除阻碍城市规划、建设和管理的体制性障碍。例如，我国各种特区不少，有的城市本身就是个大特区。随着开发建设向外拓展，通过扩大特区范围，有利于统筹管理和增强辐射力，促进城市和区域协调发展。三是合理增设行政建制。以经济开发区或热点地区为基础，通过合并或扩容或新组，新设规范化的行政建制，提升、强化经济开发力度和价值。例如，上海浦东新区、天津新区、重庆两江新区等，都是在经济开发区基础上新组建的行政建制，培植了新的经济增长点，提高了城市地区综合经济竞争力。四是解决边界不规范问题。许多核心城区在长期发展中，城区之间犬牙交错，给城市管理带来许多问题。必须根据城市建设需要，科学合理划定市辖区界线，为城市

建设、管理创造良好环境。

（四）适应县域经济发展需要，创新县市行政建制

县是我国历史最悠久的行政建制，是国家政权建设的基础，也是生产力布局的重要地域单元。经过长期建设，县域经济成为国家区域经济的重要支撑，形成了相对独立的经济体系，在促进农业经济发展、承接大中城市辐射、引领农村走向城市化进程中发挥着重要作用。由于我国地域辽阔，县作为传统地域建制的作用任何时候都不可能削弱，随着城市化向广阔农村地域推进，县域经济将更加重要，县级行政地位应该得到进一步强化。首先，稳步推进省直管县市。顺应精简行政层级和推行扁平化管理结构需要，将综合经济实力较强、交通区位条件较好、人口面积规模较大的县市实行省直管。取消市管县体制后，市、县两者在法律地位上平等，同时根据各自人口、经济规模等差异将市县实行分等，按照不同等级分别设置机构和人员编制。特别指出的是，省直管县市并不是取消地级市，只是部分县市由地级市管辖转为省直管。推行省管县市不可一刀切，对于地处边缘、经济欠发达、交通不便的县市，还是要实行地市行政代管，但要在经济等方面向县市放权。其次，整合市县行政区划。科学规划大中城市郊县行政区划，有的可以整县改区，保持县域完整性；区域面积较大的县，也可以按照城市功能需要实行分割设区；还可以结合开发区及重大项目建设实际情况，合理调整县市之间行政区域。对于有些人口及面积规模过小的县市，可以结合城市化和集约发展需要推进县市合并。第三，科学规划县域设市。县域是我国未来城市化的重点、热点地区，也是城市建制发育生长的主要地区。根据我国地理及经济不平衡特点，县域设市应该采取多种模式。在合适的地方继续推进县改市，但数量不可太多，目的在于保留县地域建制的特点。同时，根据广大农村地区城市化要求，积极探索县下设市，将县城和重点中心镇改设县辖市，以此聚集众多农村转移人口。

（五）适应乡镇体制改革需要，推进乡镇合理布局

新中国成立以来，县下行政建制一直是党和政府联系广大群众，是

农民群众的桥梁和纽带，是共和国大厦的基石。乡镇政权是我国政权结构中的最基层，乡镇政权建设直接关系到党和国家路线方针政策在农村的贯彻落实，广大群众对乡镇行政体制改革寄予厚望。从实际需要出发，乡镇体制改革首先要抓住职能转变，围绕促进经济发展、增加农民收入，强化公共服务、着力改善民生，加强社会管理、维护农村稳定，推进基层民主、促进农村和谐等方面创新乡镇职能。乡镇行政体制改革总体思路是，体现分类指导，实行合理布局，扩大乡镇规模，壮大乡镇实力，推动人口聚集，实行集约发展。一是城关镇要实行城市化管理，充分发挥其经济中心的辐射作用，带动县域经济发展。一方面，积极探索城关镇改设为县辖市，以此作为县域经济发展的重要依托；另一方面，可以在城关镇推行街道办事处管理体制，加强城市服务功能。二是对于综合实力较强的中心镇，要强化职能，特别要加强特大型乡镇行政体制改革，不仅要下放经济管理权，而且要探索将其改设县辖市或市辖区，在广大农村地区形成一大批实力较强、规模较大的城镇，由此带动农村城市化整体水平的提高。三是对于欠发达地区规模较小、实力不强、行政成本过高、带动作用不大的乡镇实施撤并，进一步改善社会管理和公共服务，探索设立县市派出机构。同时，结合强化社区建设，将乡镇部分职能转移给社区。四是着眼完善农村城镇体系，加快经济结构转型，大力推进新农村建设，构建完善的城市、城镇、自然集镇和社区体系，形成农村经济社会发展的合力。

（六）适应城乡一体化需要，全面推进农村社区建设

农村地域广阔，人口居住分散，由于国家公共资源有限，公共服务鞭长莫及，农民在现代化进程中有可能边缘化。要想从根本上改变农村生活面貌，主要途径就是实行集约发展，推进农村城镇化，加快城乡一体化进程，将公共服务全面推向农村。除了推进农村人口向各类城市转移之外，还必须就地聚集人口，走集约化发展的道路，具体办法就是积极开展农村社区建设。与村委会运作方式不同，农村社区既保留了村民自治的特点，更重要的是结合农村发展和农民的实际需要，其职能定位

于提供医疗卫生、治安警务、劳动保障、文化体育、社会救助、司法调解、人口计生等方面的公共服务，同时开展科技信息、生产资料、市场营销等生产性服务，以及设立便民超市、农资超市等，引导农民向社区聚集居住，逐步形成城镇化的生活模式。开展社区建设，必须打破传统村委会界限，以交通、通信及公共基础设施布局为依托，以社区服务范围及群众共同生活体为依据。通过设置社区，增强基层自治功能，降低管理运行成本，来提高服务效能。特别是通过村民变居民，从制度上实现城乡居民共享公共资源，实现公共服务均等化，为城乡居民的合理流动、充分就业、民生保障等制度改革创造了有利条件，有助于城乡一体化发展。对于条件成熟的建制村要鼓励转为社区居委会，推动村民转变为社区居民，允许农民宅基地流转交易改革试点，为农村集体资产股份合作制改造创造条件。结合县域村镇体系规划和农村住房建设规划，科学设置适合地方实际的农村社区建设模式，加快推进新型农村社区建设，实现农村经济社会发展的新飞跃。

参考文献:

[1] 刘君德. 中外行政区划比较研究[M]. 上海: 华东师范大学出版社, 2002.

[2] 戈银庆. 中国西部区域经济整合与区域经济发展问题研究[M]. 北京: 人民出版社, 2008.

[3] 安徽省财政厅课题组. 安徽省行政区划与区域经济发展研究[J]. 经济研究参考, 2003(77).

[4] 王由礼. 论经济的区域联动和良性互动[J]. 江海学刊, 2003(6).

[5] 潘捷军. 从行政区经济走向经济区经济——21 世纪长江三角洲区域经济发展的战略选择. 上海经济[J], 2002(6).

从户籍制度变化看行政区划走向

摘　要：我国户籍制度历史悠久，秦统一全国后，就逐步形成了严密的户籍管理制度，为历代所效仿。历史上户籍制度与行政区划之间有着极大的相关性。目前，我国户籍制度存在不少问题，主要是妨碍了人口自由流动，阻碍了资源优化配置与经济发展，助长了城乡两极分化，不利于人口素质的提高。国务院首次提出在全国范围内实行居住证制度，户籍制度改革将沿着低门槛、渐进式方向推进。大城市人口趋于稳定，卫星城因人口大量进入而快速发展，导致城市群发育、成长壮大；发达地区聚集更多人口，开发活动频繁，行政区密度将增加；欠发达地区人口不断流出，随着人口减少，相应地行政区密度逐渐下降；县市城区聚集人口明显增多，成为我国城市化中坚力量；乡镇人口在不同地区会因产业因素而出现分化；农村社区建设蓬勃兴起。

关键词：户籍制度；人口；行政区划

人口和地域是构成行政区划的基本要素，人口多少及分布是行政建制设置和行政区域调整的主要依据。而户籍制度是决定人口流向与分布的重要因素。目前，我国正处于户籍制度改革的重要转折关头，有必要认清户籍制度与行政区划的演变规律以及两者之间的相互关系，顺应户籍制度改革趋势，未雨绸缪，科学规划未来行政区划走向，实现资源优化配置，促进经济社会又好又快地发展。

一、我国历史上户籍制度对行政区划的影响

户籍制度在我国历史悠久，据《左传》记载，夏的统治地区“画为九州，经启九道”。设置九州就是为了管理居民，从此有了户籍制度的萌芽。西周创建了早期的人口登记办法，当时已设立掌握户籍的官职“司民”，按不同性别并分城（都）乡（鄙）进行人口统计。到了春秋战国时期，户籍又与兵籍、赋籍、地籍联结在一起，以此作为征收赋税、征发徭役、兵役的依据。秦统一全国后，形成了严密的户籍管理办法，把户籍制度军事化，以此作为控制人口流动、防止社会动乱的手段。秦规定，男子不论成丁与否，一律登记年龄。汉沿袭人口旧制，每年县、道官吏负责进行登记验查户口。三国两晋南北朝时，户籍制度十分复

杂。三国战乱，民多脱籍。为保证国家财政收入，东晋南北朝时曾多次进行“土断”，其中心内容是整理户籍。隋唐时期，每三年一次造编户籍。宋代为了确保赋役来源，按土地财产和人力的多寡作为征调赋役的标准。元代没有实行定期编制户籍，但居民按职业分为十几种，分别著籍，一经定籍，即不得更易，世袭其业，承担不同的赋役。明初便利用元朝留下的旧有户口版籍，朱元璋推行了“户帖制度”，类似于今天的户口本。清朝基本继承了明代的户口登记办法。顺治十三年清廷颁布诏令，各省自十四年为始，实行五年编审人丁一次。国民党统治时期处于大动荡年代，户籍发生了较大变化。一是户籍只登记人口而不再登记土地，与土地管理和征收赋税脱钩；二是户籍交由新成立的警察机构管理。此后，户籍主要被用于限制、打击人民的进步活动和镇压迫害革命者，成为国民党维护其独裁政权的重要工具。

历史上户籍制度与行政区划存在极大的相关性。一是改朝换代是户籍制度变化的重要标志，也是行政区划变革调整的重要转折点。人口户籍的重新确认，实际上是重新规定行政区划的设置依据。历史上行政建制的设置，大多是以人口数量来确定的，而所辖区域范围反而比较粗放。二是户籍管理在基层更加严格，基层建制单位往往有比较明确的人口标准。例如，秦时基层组织就有10户编成的什和5户编成的伍；清时，以各籍军民数量作为划定建制单位的依据，县以下为保甲组织，十户立一牌长，十牌立一甲头，十甲立一保长。三是人口的流动转移往往伴随行政建制的变化。唐宋以后全国经济中心由北向南转移，导致南方政区数量逐步增加；随着人口由繁华地区向周边地区拓展，推动行政建制数量不断增加。四是对不同类型人口户籍实行不同管理方式，并设置相应的行政建制。例如，在少数民族地区，自古以来就设有专门的行政建制；东晋时，为了安置流民，设立了侨置、侨立、遥立、遥领等建制单位；契丹旧部及广大新辟的漠北地区保持传统的部族，为北面官制，在新开拓的原仿汉制地区和汉人居住区，采取唐宋的州县制，为南面官制；近代以来，按城乡人口户籍不同，分别设置了城市建制和传统地域建制。

新中国成立后，户籍制度对行政区划同样产生了深刻影响，除了类似上述的种种表现之外，突出特点是户籍制度上实行二元管理模式即严格的城乡人口分治，引领着城市行政建制设置及行政区划格局的变化。一是建国初至1958年，实行人口自由迁徙转向严格的城乡人口分开管理。1949年废除了旧的户籍制度，印发使用新户口簿，以此作为人口身份和居住地的法定凭证。1954年我国颁布实施第一部宪法，其中规定公民有“迁徙和居住的自由”。1955年6月，国务院发布关于建立经常户口登记制度的指示，规定全国城市、集镇、乡村都要建立户口登记制度，开始统一全国城乡户口登记工作。1956年、1957年不到两年时间，国家连续颁发4个限制和控制农民盲目流入城市的文件，从而开始促成严格的城乡分离，确立了城市建制与普通地域建制分开设立的基础。二是1958至1978年实行人口户籍严格控制，并形成完整的城乡二元结构。1958年，以中华人民共和国户口登记条例为标志，我国开始对人口自由流动实行严格限制，明确将城乡人口区分为农业户口和非农业户口两种不同性质的户籍，事实上废弃了1954年宪法关于迁徙自由的规定。该时期所设市，主要是因产业发展需要而设立的生产型城市。三是1978年以后实行人口适度流动。改革开放初期，国家逐步允许农民进城从事二三产业，1984年国务院发布关于农民进入集镇落户问题的通知，允许农民自理口粮进入集镇落户。各地在恢复一批市镇的同时，逐步开展了设市建镇工作，发展了一大批建制镇和县级市。国家逐步对部分在城镇生活工作的有关人员实行适度放宽入籍条件，推动了各类城市建制的发展。2001年，国家对办理小城镇常住户口的人员，不再实行计划指标管理，但大城市户籍依然受到严格控制。一方面实行人口流动自由，另一方面城市户籍进行严格控制，导致农民工浪潮涌现，城市化步履维艰，从而对城市建制设置并对行政区划结构体系产生影响。

二、我国户籍制度存在的问题及改革趋势

城乡二元结构是我国户籍制度的主要弊病，由此产生一系列矛盾和问题。首先，妨碍了人口自由流动。马克思在《资本论》中提到，人不能自由流动，不能自由迁徙，不能自由地变换职业，人就不是自由全面发展的人，而是一种片面发展的人。我国户籍制度严格限制农民向城市自由迁徙，使农民失去许多自由全面发展的机会，是国家公权力对公民自由迁徙的无端干涉。城市和农村户口的二元化管理，形成了城乡之间交流障碍，并对城乡经济、社会、文化发展都会产生负面影响。其次，阻碍了经济发展。一切经济发展的关键因素是人，最重要的资源是人力资源。市场经济要求人力资源由市场调节配置，旨在强调劳动力的自由流动，实现资源最优配置。户籍壁垒在迁移条件上设置的重重障碍，严重制约了人才的有效配置，最终阻碍了生产力发展。第三，助长了两极分化。城市地区享有优良的公共服务，而且享受政府赋予多方面的补足远远高于农村地区。二元结构户籍制度通过限制城乡人口交流，在一定程度上加剧了地区之间、城乡之间发展的不平衡。特别是沿海开放城市，可以采取各种优惠政策吸引更多的人才和资金，而落后的农村和中西部地区则缺乏人才和资金的情况日趋严重，导致城乡之间、地区之间差距不断扩大，对我国经济的发展构成危害。第四，不利于人口素质的提高。二元结构下的人口迁移受到限制，城市文明不能有效辐射到农村；农村人口自然增长率又高于城市，因不能有效受到城市文明影响，导致农村人口素质不能与社会发展同步提高。同时，在缺少竞争力的城市，人口也容易养成不思进取、贪图安逸的观念，不利于城市人口素质的提高。限制人口自由迁移造成城乡之间、地区之间缺乏文化交流与融合，容易形成封闭思维与排外情结，甚至还会导致地方政府产生地区保护主义。第五，违背了平等原则。现行户籍制度下，个人出生时的户口身份由其父母身份确定，由于限制其自由迁徙，导致一出生就注定无法平等享受国家公共资源和相关公共服务。

进入新世纪，各地户籍制度改革声不断。特别是 2010 年 6 月，国务院转发了国家有关部门意见，首次提出要在全国范围内实行居住证制度，明确表示深化户籍制度改革，将加快落实放宽中小城市、小城镇特别是县城和中心镇落户条件的政策；进一步完善暂住人口登记制度，逐步在全国范围内实行居住证制度。根据这一原则思路，可以预见到我国未来户籍制度改革，将实行低门槛、渐进式模式，就是在居住证的基础上，使公民权利的获得方式从原来受户籍壁垒限制过渡到逐步放开。具体讲，将改变原来的高门槛、一次性获得所有权利的方式，过渡到低门槛、渐进式地获得相关权益，为普通劳动者的社会流动提供了一个阶梯。有些城市明确提出，只要在当地有合法、体面的住所，租房也行，就准许进行常住登记，发放居住证。在此基础上，以居住证作为基本权利和基本公共服务的享受条件，以社保参保年限或缴税年限作为附加待遇的享受条件。户籍制度改革的方向是强化户籍的登记功能，淡化其分配功能。持有居住证的人口享受与原户籍人口同等的选举权、就业权，同等参加基本医疗保险、基本养老保险和失业保险，同等享有初级卫生保健以及免费义务教育。户籍制度改革是一个系统工程，需要推进与其相关的教育、医疗、社会保障等领域的配套改革。根据国家有关政策精神，按照各地实践经验及广大民众的愿望要求，户籍制度改革应实行有序推进。首先，规范统一的户口。取消城乡户籍差别，取消户籍的区域歧视，解决人户分离问题。其次，实行迁徙自由。应该加强立法工作，把迁徙自由作为我国公民实实在在的权利确定下来。第三，户籍和社会待遇脱钩。取消与户籍捆绑在一起的各种社会福利待遇，恢复户籍登记功能的本来面目，消除户籍所引起的社会不公平问题。关键要统筹城乡发展，不断提高农民的福利待遇，推进公共服务均等化，逐步把农民纳入国家统一的社会保障体系中来。

三、户籍制度改革背景下行政区划的走向

户籍制度改革将全面促进人口自由流动，不仅推动农村人口向城市转移，而且会推动各城市和地区间的人口流动，从而对行政区划格局产生重大影响。伴随户籍制度改革的实施，今后我国行政区划变化将更加注重人口自然分布以及由此带来的经济建设、公共服务和城市化发展等因素的影响，更加重视服务型政府建设需要，更加重视城市及基层建制设置。行政区划总体趋势表现为，城市群发育成熟和完善，发达地区行政区密度增加，欠发达地区行政区密度下降，县市城区地位得到强化，不同地区乡镇地位出现分化，农村社区建设蓬勃兴起。

（一）大城市人口趋于稳定，卫星城因人口大量进入而快速发展，并导致城市群发育、成长。根据发达市场经济国家经验，大城市核心城区人口会因为生活环境质量下降、生活成本提高等原因而向郊区扩散，核心城区人口有可能减少，并导致核心城区合并或数量减少。例如，2010 年 7 月初，北京市将东城区、崇文区、西城区、宣武区合并为新的东城区和西城区就是最好的例证；据悉，还有其他大城市也在采取类似作法。交通与通讯条件的改善，也使得人们在城区工作、在郊区生活成为可能。我国现在许多大城市人口趋于饱和，即便取消人口限制，也不可能再吸收大量人口。同时，得益于大城市辐射扩散效应，交通便利的卫星城将成为人们向往的地方。基于约集发展考虑，围绕大城市会形成数量越来越多、规模越来越大的卫星城市，各卫星城之间由于整合资源和互补发展需要，将会形成完善的城市群。各城市群依据实际情况，会表现为“单核”“双核”或“多核”等城市群形态，与发达的腹地一起成为吸纳人口的重要载体。从我国目前城市群发展来看，有的发育比较成熟，具有吸纳更多人口的潜力。例如，珠三角城市群地区具有众多先进的制造业，有发达的交通通讯等基础设施，已经吸引众多农民工在这里工作、生活，只要户籍制度限制一旦取消，他们中的一些人将率先顺理成章地在当地定居下来。长三角城市群地区是我国经济发展的“龙头”，发达的城市与江南水乡优越的地理环境相得益彰，为吸纳大量农村转移人口提供了条件。环渤海城市群地区以其良好的交通区位条件、成熟的高科技和产业优势以及沿海渔业优势，将成为北方聚集人口的重要区域。此外，还有许多正在发展中的省际城市群，如福厦城市群、哈尔滨城市圈、郑州城市群、武汉城市圈、长株潭城市群、关中城市群、成渝城市群等等，都是吸纳人口的重要地区。

（二）发达地区聚集人口更多，开发活动频繁，因此行政区密度将增加。历代行政区划都将人口及财税的多少作为重要依据，人口密集地区的经济与科技水平较高，即生产力水平与人口密度成正比。人口多则经济就繁荣，为了便于管理，行政区就划分得比较细。秦朝时期，黄河中下游地区的经济要比秦岭、淮南以南的广大地区发达，所以在全国40余个郡中黄河中下游地区占有30多郡；秦岭、淮河之南的广大地区仅占全国四分之一的郡。到明朝时，全国政治中心在北方，经济中心却在南方。因此，全国13省中秦岭、淮河以南的地区占有9个。新中国成立后，沿海地区是全国生产力水平最高的地区，也是省级单位密度最大的地区。香港特别行政区、澳门特别行政区、上海市、北京市、天津市是全国经济最发达的地区，却是面积最小的省级单位，人口密度反而较高。经济发达程度或生产力水平的高低，决定着行政区的密度和地位。户籍制度改革为人口自由流动创造了条件，使得人们能够按照经济效益来选择自已的生活、工作之地。发达地区因为有更多的创业机会、更高的收入水平，成为吸纳人口的重要因素；反过来，又会因为人口众多从而为经济发展提供大量人力资源，进一步推动产业发展，促进综合经济实力不断提高。特别是发达地区各开发区或经济热点地区在形成相对独立的经济体系时，也对行政管理提出新要求。改革开放以来，我国不少新设政区都是在经济开发区或开发热点地区的基础上设立的。因此，伴随人口增加和不断聚集，加之形成独立经济体系并不断发展壮大，需要通过法定手段设置新的行政区，进一步细化管理，从而导致发达地区行政区密度不断增加。

（三）欠发达地区人口不断流出，随着人口减少，相应地行政区密度也会下降。行政建制设置具有一定人口标准，如县级政区就比乡镇人口多。一般来讲，人口数量增多，单位面积人口密度增加，是增设行政建制的前提条件。反之，人口数量减少，原则上讲也应该合并或减少行政区数量。实际上，由于县级以上政区设置历史上考虑政治因素较多，其撤并增减往往忽视人口因素。乡镇级行政区划变更，人口与经济成为主要参考因素。例如，近几年来，许多地方开展了撤并乡镇村的工作，主要是按照人口规模和经济实力等因素确定乡镇布局，取得了积极成效。按照国家主体功能区要求，全国国土划分为优化开发、重点开发、限制开发和禁止开发地区。基于保护耕地和生态环境的考虑，欠发达地区往往属限制开发区，特殊生态保护区还要实行禁止开发。因此，要积极创造条件推动欠发达地区人口向发达地区转移，或者向城市地区转移。只有减少农民，才能富裕农民。通过农业人口向发达地区或城市转移，既顺应了区域经济协调发展的需要，也满足了个人发展要求。本着行政区划与人口和经济发展相适应的原则，应该适度扩大欠发达地区行政区域面积。华北黄河流域是中华民族重要发祥地，在历史上是重点开发地区，聚集了大量人口，这里行政建制密度较大。随着国土开发及经济建设向南推进，同时伴随人口不断向南方或城市地区转移，有些县的人口及面积规模显得较小。所以，有必要推进小县合并。在欠发达地区，需要通过行政区划调整适度扩大乡镇村面积，推动人口向城市、城镇和发达地区转移。

（四）县市城区聚集人口明显增多，规模扩大，成为我国城市化中坚力量。户籍改革最大的变化是农村人口将大量向城市聚集。然而，农村人口向城市聚集需要一定成本，城市越大生活成本及门槛越高，即便放开户籍限制，大多数农民仍不可能进入大城市。尽管国家已经明确，户籍改革逐步由小城镇、小城市向大城市推进。从各地改革情况看，不少大城市户籍门槛相当时期内仍难以下降。另一方面，由于农村小城镇公共服务水平较低，基础设施欠缺，许多农民也不愿意进入小城镇。所以，大多数农民想进入的最佳选择就是县城。我国县级市基本上都源于县，县市城区具有很大相似性。我国县制具有两千多年历史，县自古以来就是重要的地域性建制，大多数县城都具有上百年历史，已经形成了一定规模。特别是经过改革开放以来的建设发展，县市城区基础设施逐步完善，公共服务水平明显提高，已成为颇具规模的城市。因此，要进一步强化县级政区行政地位，无论是发达地区还是欠发达地区，都要加强县市城区的科学规划、建设和管理，不断提升服务质量和水平，适度扩大县市城区规模，使之成为吸纳所在区域农村转移人口的主要场所。与责任和义务对等，适当提升县城行政地位，不仅要采取干部高配，还要将县里部分权限下放给县城政府。同时，创新行政区划体制，借鉴发达国家和地区经验，推行县辖市，通过发展众多小城市来吸纳农村转移人口，全面提升我国城市化整体水平。

（五）乡镇人口出现分化，具有产业优势的乡镇得到行政强化，反之，乡镇趋于萧条或者撤销合并。乡镇居住着我国近十亿农村人口，农村人口的转移变化必将对乡镇布局产生重大影响。自古以来，受户籍制度影响最大的是基层组织。春秋战国时期，在县城和乡、里中都有什、伍编制，十家为一什，五家为一伍。后来，历朝历代大都以严格的户籍人口为依据设置基层组织。至 1928 年，国民政府规定县下设区，每区 20 村；村设村公所，每村百户以上；百户以上的市镇为里，不满百户编入村；20 户为闾；5 户为邻。从新中国成立以来的情况看，人口数量同样是农村基层组织设置的主要依据，从人民公社到乡镇设置，各地都有具体的人口要求。改革开放以来，因为农村剩余劳动力的不断转移，促进了小城镇迅速发展，全国各地设立了众多建制镇。随着户籍制度改革的实施，农村人口流动将更加便利和频繁。同时，因各地生产力水平和地域环境不尽相同，农村人口流动的取向不一样。在发达地区，由于全域城市化水平较高，城乡差距较小，乡镇的生产、生活成本远低于城市，而生活环境特别是自然环境优于城市，从而将会吸引更多人前往，有些城市居民也会流向城郊乡镇。所以，发达地区乡镇行政与经济地位会进一步强化，甚至可以借鉴发达国家经验，将县下经济实力较强的中心镇设为县辖市。另一方面，对于欠发达地区乡镇，有两个走向。一是通过撤并乡镇，扩大乡镇面积，壮大综合实力；二是弱化乡镇地位，将乡镇转设为县市派出机构。

（六）农村人口因公共基础设施建设而聚集，农村社区建设蓬勃兴起。人口的自由流动与适度聚集，是统筹城乡发展、实现公共服务均等化的重要途径，只有通过人口流动与聚集，才能实现资源优化配置，推进集约发展，实现广大人民群众共享改革发展成果。通过改革开放以来的建设，特别是通过国家实施新农村建设战略，各地全面推进工业反哺农业、城市支持乡村，开展了水、电、路等大量农村基础设施建设，逐步形成了比较完善的公共基础设施布局。各地要利用农村基层人口流动便利的条件，按照集约化发展的路子，促进农村社区快速发展。以社区为依托，引导农村人口向公路主干道、向交通要道、向小集镇转移，逐步形成不同规模和特点的农村社区。同时，按照统筹城乡发展和实现公共服务均等化的思路，高起点、高水平地编制好社区规划，以此引导农村人口合理转移与聚集。本着以人为本的指导思想，积极推进社区建设，不断完善公共服务机构与设施，加强规范化的社区管理与服务，使广大农村居民能够享受到类似城市居民的服务项目。遵循有利行政管理、有利公共服务、有利经济发展、有利社会建设的原则，优化社区布局，合理设置社区，使之成为广大农民共享改革发展成果的平台，成为推动地方经济社会发展的重要抓手，成为促进和谐社会建设的重要支撑。

主体功能区背景下行政区划的创新思路

摘 要：实施全国主体功能区规划，目的在于谋求人口、经济、资源环境相协调的最优化空间开发格局。行政区划是国家对国土实施统一行政管理的基本手段。编制主体功能区规划，需要以行政区划为依据，以便实施有效的行政干预。主体功能区与行政区存在相互适应的关系，必须加强主体功能区背景下行政区划的创新。积极推进城市群发展，不断提升国家综合经济竞争能力；科学编制设市规划，有序推进城市发展；以产业和城乡设施建设为依据，推进城区集约化发展和人口适度聚集；强化县级行政区地位，打造特色鲜明的县级行政区单元；探索县城设置街道办事处，走出一条城市化发展的新路子；合理布局乡镇，促进农村经济社会协调发展。通过行政区划创新，对实施主体功能区规划将产生积极作用。

关键词：主体功能区；行政区划；创新策略

引 言

根据国家“十一五”规划要求，国务院于2007年部署编制全国主体功能区规划，并逐步付诸实施。全国主体功能区规划，就是根据区域资源环境承载能力、现有开发密度和发展潜力，统筹谋划未来人口分布、经济布局、国土利用和城市化格局，将国土空间划分为优化开发、重点开发、限制开发和禁止开发四类区域，确定主体功能定位，明确开发方向，控制开发强度，规范开发秩序，完善开发政策，逐步形成人口、经济、资源环境相协调的空间开发格局。作为战略性、基础性、约束性规划，全国主体功能区规划是国民经济和社会发展总体规划和相关部门及行业规划在空间开发和布局上的基本依据。实施主体功能区规划，对于抓住机遇，加快推进经济发展方式转变，实行集约化发展，提高经济发展质量和效益，增强我国经济的国际竞争力和抗风险能力，实现科学发展，构建和谐社会，具有十分重要的战略意义。行政区划属政治与行政体制范畴，是国家意志在地域空间上的反映，是国家实施统一行政管理的重要手段。在经济全球化背景下，国家之间的竞争日趋激烈，迫使国家或者政府对经济社会活动的空间格局进行干预，以此保持国家竞争力。为了有效推进全国主体功能区规划的实施，需要从多方面完善行政区划来与之相适应。

一、积极推进城市群发展，不断提升国家综合经济竞争能力

城市是现代社会发展的重要载体，城市群是城市化发展的集中表现。主体功能区中的优化开发区和重点开发区，在城市群中占有相当比例。培育和发展城市群，是推进主体功能区建设的必然要求。我国正处于工业化、城市化加速发展的重要阶段，更应该高度重视城市群发展。通过编制实施全国主体功能区规划，在大规模开发过程中，进一步明确优化开发、重点开发的城市区域，同时，根据资源环境承载能力划定限制、禁止开发区，有利于分类指导，实现又好又快发展。城市群不仅包括优化和重点开发主体功能，也不排斥其他辅助功能。换句话讲，城市群作为主要优化开发和重点开发区，其主体功能是聚集经济和人口，但其中也有生态区、农业区、旅游休闲区等。城市群中各主体功能区要分工协作，相互促进。处于城市核心的优化开发区要通过向邻近的重点开发区转移产业，减轻人口、资源大规模跨区域流动和生态环境的压力；重点开发区要促进产业集群发展，增强承接限制开发和禁止开发区转移人口的能力。

我国人口众多，虽然地域广阔，但人均可用地十分有限，培育壮大城市群是推进集约化发展的重要举措。我国城市群的兴起，是改革开放以来中国区域经济与城市化发展的产物。目前，具有一定代表性的城市群主要有以上海为中心、南京和杭州为次中心的长江三角洲城市群；以广州、深圳为中心和珠海为次中心的珠江三角洲城市群（不含香港、澳门）；以北京和天津为中心、青岛和大连为次中心的环渤海湾城市群。同时，中西部还出现了一批正在形成中的城市群，有以成都和重庆为中心的成渝城市群，以武汉为中心的武汉城市圈，以长沙、株洲、湘潭为中心的长株潭城市群、以西安为中心的关中城市群、以郑州为中心的中原城市群、以哈尔滨为中心的哈尔滨城市圈、以福州和厦门为中心的福厦城市群，等等。我国城市群发展存在一些问题，主要表现在：体系结构不完善，小城市偏少，大城市不强；发展不平衡，长三角、珠三角等城市群逐步趋于成熟，中西部城市群尚处于雏形状态；存在各自为政的问题，“行政区经济”“诸侯经济”特征明显。因此，必须科学规划城市群发展，实现人口有效聚集、土地高效利用、经济集约化发展。

首先，合理布局城市群数量，科学构建城市体系。以区域承载能力和综合经济实力为依据，由南向北在沿海地区依次布局珠江三角洲、长江三角洲、环渤海湾三个超大型城市群，将其建设为主导中国区域经济发展的重要引擎，成为对亚太经济乃至世界经济产生巨大影响力的超级都市区。按照生产力布局形成的基本框架，由沿海向内地统筹布局成渝城市群、武汉城市圈、长株潭城市群、关中城市群、中原城市群、哈尔滨城市圈、福厦城市群，将这些城市群建设为主导全国区域经济发展的重要支撑。此外，逐步建设各省区的区域性城市群，使之成为带动省域经济协调发展、提升省域综合经济实力的主要动力。每个城市群都要形成合理体系，不断优化核心城市经济结构，提升大中城市综合实力，积极发展中小城市，推进城市数量从大到小逐渐趋于金字塔形。对于首位度较高的城市群，一定要加强中等城市发展力度，完善职能分工；同时避免“大而全、小而全”城市职能定位，实现差异化发展和功能互补。

其次，完善城市群协调机制，积极推进城市群建设。适应城市群发展客观要求，加强城市群的协调互动。对于跨省区的特大城市群，国务院部门应牵头承担协调工作；对于省区内的城市群，省级政府部门应牵头承担协调工作。根据城市群发展需要，制定共同遵守的法规政策和措施，作为城市群经济社会发展的制度性保证。建立经常性沟通机制，克服和解决各城市产业结构趋同、产业布局近似、重大基础设施重复建设、环保污染以及市场过度竞争等问题。以沿海长三角、珠三角、环渤海湾三大城市群为主导，推动城市群高水平规划、高质量建设、高效率管理，以体制创新促经济发展。积极推进城市群发展由沿海向内地逐步实现战略性转移。各城市群建设要从本地实际出发，依托地方自然资源和经济优势，以基础设施建设为突破口，优化产业布局，形成优势互补，有序推进基础设施、产业布局、商贸市场、要素市场一体化进程，着重推进集约化发展，使城市群优势得到充分发挥。

二、科学编制设市规划，有序推进城市发展

主体功能区规划主要依据产业发展和资源开发、保护等因素并原则上兼顾县级行政区单元进行划分，客观上需要行政区划与之相适应。市制与传统县制的本质区别就在于，市制经过了较高程度的开发，人口聚集程度和工业化水平相对较高，传统县制则正好相反。所以，应该结合主体功能区规划，按照经济开发需要有序推进城市发展。主体功能区规划的基本单元是县级行政区，我国现行设市起点也是县级市，两者正好相适应。从现代化建设和实施主体功能区需要出发，必须正确把握设市规划的指导思想。具体讲，就是以邓小平理论和“三个代表”重要思想为指导，全面落实科学发展观和构建社会主义和谐社会的战略思想，根据国家经济社会发展战略，结合人口、经济、资源环境以及交通布局来确定城市发展方向，逐步形成空间布局合理、等级规模结构协调、职能分工明确、城乡联系密切的市镇网络；使市的设置与国家政治、经济、文化发展相协调，同经济发展、人口聚集、资源开发与保护相适应，形成经济社会持续健康发展的新格局。

设市规划中，应坚持下列原则：

一是坚持城市发展与经济发展相适应。经济发展是城市发展的决定性因素，而城市发展的快慢对经济发展也产生重要影响。当城市发展与经济发展相协调时，城市的功能作用就能得到充分的发挥，对经济发展起着促进作用；当城市发展超越或落后于经济发展时，会在一定程度上对经济发展起到阻碍和削弱的作用。因此，要将设市规划与实施主体功能区规划有机结合，正确掌握好经济开发与工业化发展水平，有序推进设市工作。

二是坚持城市发展与资源环境相适应。城市发展有赖于所处的资源环境，特别是一定的水、土地、大气环境对城市生成与发展会产生直接作用。由于我国资源分布与经济社会发展水平存在着明显的地区差异，对人口密集、经济发达地区和人口较稀、经济不发达地区的设市标准应实行分类指导。水资源丰富、地理环境较好、经济较发达的地方，是优化和重点开发区，显然应该设市较多；反之，对于限制与禁止开发地区，就应该少设市，或者不设市。

三是坚持城市发展与体系构建相适应。着眼完善城市体系，形成城市发展合力，是科学设市的基本要求。根据我国人口、资源与经济存在极不平衡的实际情况，城市发展应该坚持大中小城市与小城镇协调发展。按照循序渐进、节约土地、集约发展、合理布局的原则，不断提高城镇综合承载能力，积极稳妥地推进城市化。正确处理好大中小城市发展的关系，努力形成不同等级规模和不同职能的城市，构成合理的城市体系。

四是坚持城市发展与区域发展相适应。城市是点，区域是面，城市发展既要依托一定区域，又要服务一定区域，实现城市与区域协调发展是推进科学发展的必然要求。国家设市规划应该实施宏观调控，科学合理设市，带动区域发展。特别要加强对区域资源环境承载能力、经济社会发展基础、科技教育水平、区位条件、历史和民族等因素的分析研究，确定设市规划的基本取向。

五是坚持城市发展与自身特点相适应。因地域环境、人口聚集和经济发展水平不同，城市发育生长的模式与形态不尽相同。我国现行城市发展主要采取撤县设市、撤镇设市、撤县设区等模式，其中，撤县设市模式占主导。撤县设市优点不少，弊端也不少，最大弊端就是混淆了点状城市建制与面状地域建制的区别，不便于分类管理。随着形势发展，有必要探索县内设市模式，还原城市本来面目，而且有利于改善我国小城市偏少的问题。

三、以产业和城乡设施建设为依据，推进城区集约化发展和人口适度聚集

城市发展一方面表现为设市数量增多，另一方面还表现为城市规模不断扩大。以产业发展和城乡设施建设为依据推进城区扩展，实现经济集约发展和人口适度聚集，能够缓解广大限制与禁止开发地区的人口压力，为经济、社会、生态环境持续发展创造有利条件。城市发展中，要按照实施主体功能区要求，研究提出不同主体功能区的产业发展政策和措施。引导优化开发区增强自主创新能力，提升产业结构层次和竞争力；引导重点开发区加强产业配套能力建设，增强吸纳产业转移和自主创新能力；引导限制开发区发展特色产业，限制不符合主体功能定位的产业扩张。通过主体功能区规划，统筹好工业化和城镇化过程中的国土开发，特别是避免无序开发，从而实现经济的可持续发展。城市吸纳人口与生产要素，是通过多种形式来实现的。有以城市交通干线向外延伸，吸引更多人口、产业和单位设施沿线布局，从而形成新的城区；有以工业发展或者经济开发区建设带动城市建设，这是城市化发展的重要推进方式；有以郊区住宅区建设方式，不断推动城区向外围地区扩散；还有以文教科研单位在城区外围分散布局，从而形成新的城区，等等。

城区范围扩展从行政区划上表现为市辖区和街道办事处的扩展或数量增加。市辖区是国家为了便于城市管理，根据人口数量和工商业分布情况，在城市地区或地级以上市设立的行政区。市辖区政府是城市基层政府，它协助市政府承担城市的部分管理和服务任务，为城市公民的参政、议政提供平台和渠道。街道办事处是市辖区和县级市政府的派出机构，设置目的是为了加强城市居民工作，密切政府与居民的关系。它的任务是办理上级政府有关居民生活的各项事务，反映居民的意见和要求。从街道办事处的服务功能看，它又是一种城市社区，在社区服务中起着组织协调、指导的作用，并以不同形式直接参与社区服务活动。实际工作中街道办事处承担着多方面的工作，其职责范围基本上与区（市）政府相似。市辖区与街道办事处的设置对象都是城区部分，同时也不排除含有少量的农村地区。改革开放以来，随着城乡一体化发展，整县改区、整乡镇改街道办事处，使得市辖区与街道办事处的内涵发生了一些变化，即呈现出城市建制与一般地域建制的双重特性。

目前，市辖区与街道办事处设置中存在一些问题，主要是种类单一，功能分区不够明确，尤其是整县改区和整乡镇改设街道办事处，使得市辖区与街道办事处综合性逐渐增强；各地市辖区与街道办事处缺乏统一标准，规模悬殊；少数市辖区存在“飞地”问题，给行政管理带来诸多不便；整县改区和整乡镇改设街道办事处数量增多，造成郊区过大，影响了农业生产，等等。因此，应以产业和城乡设施建设为依据，合理设置市辖区和街道办事处，推进城区集约化发展和人口适度聚集。第一，必须以非农业人口为主体，二三产业占主导，体现聚集人口和集约化发展的特点。第二，按照各地城市化推进方式不同，强化功能分区，设立不同类型的市辖区和街道办事处，改变市辖区与街道办事处结构趋同的问题。第三，市辖区和街道办事处都要实现人口与面积规模的相对平衡，便于统一有效的行政管理。第四，除少数组团式城区外，一般市辖区和街道办事处应采取连片开发设置，避免占用农业用地。此外，随着经济、政治体制改革的不断深化，有关方面要加强研究论证，制定出科学、合理的市辖区和街道办事处设置标准。

四、强化县级行政区地位，打造特色鲜明的县级行政区单元

按照全国主体功能区规划，县级行政区是全国主体功能区的基本单元，在经济社会发展中具有十分重要的战略地位。县级行政区中，县与县级市几乎都是传统县制的延伸和发展，不少市辖区也由县分离设置，或者就是县改市辖区。实施主体功能区规划，必须保持县、县级市和市辖区行政区划的科学性与合理性，强化县级行政区地位。优化开发、重点开发和限制开发三大区域原则上都以县级行政区为依据划分，禁止开发区按照法定范围或自然边界确定。优化开发区和重点开发区一般与市辖区相对应；县为传统行政建制，是以农业为主的地域型单元，一般与限制开发与禁止开发区相对应。尽管现在县域经济结构不断提升，但是，县作为地域型建制的性质没有变。按照全国主体功能区规划，以农业为主的地区，原则上要确定为限制开发区；位于省级行政区边界、均质性较强的区域应确定为同一类型的主体功能区；同时，按照主体功能区的要求，依据土地利用总体规划，实行差别化的土地利用政策，确保18亿亩耕地数量不减少、质量不下降；对优化开发区实行更严格的建设用地增量控制，适当扩大重点开发区建设用地供给，严格限制开发区和禁止开发区的土地用途管制，严禁改变生态用地用途。

市辖区与县级市原则上属城市地区，城市宏观上是点、是局部，县是地域型建制，所以，统筹宏观区域管理，必须高度重视县的作用。县是我国行政区划体系中历史悠久且相对稳定的建制单位。秦统一中国，随着郡县制在全国的实行，县成为地方基层行政建制，两千多年来在全国行政区划体系中的地位没有发生大的变化。从秦朝起历代都按户口、地理、赋税等因素将县进行分等，直到民国时期，县仍有等级之分。新中国成立之后没有实行县的分等措施，只是机构编制部门从人口等因素出发对县实行干部数额的分等管理，这与历史上县作为建制单位分等并推向社会管理有极大区别。新中国成立之后，县行政区划主要在三个时期表现出较大变化。建国初期进行了探索性调整；50年代末至60年代初大跃进和三年自然灾害时期，一些地方县（市）大撤大并，不久又纷纷恢复；改革开放之后一些县发展为县级市，少数县发展为市辖区。随着社会的发展，各县人口、经济、资源开发利用等情况已经发生了巨大变化，县域行政管理遇到一些新情况、新问题。有的省百万人口以上的大县已不少；有的同一省甚至同一地区内，县的面积、人口规模十分悬殊；有的省所辖各县规模过小，等等。这些问题对区域经济发展和实施主体功能区规划产生了极为不利的影响。

从实施全国主体功能区出发，必须科学规划县级行政区。鉴于我国许多市辖区与县级市具有二重性，即除了一般城市建制特点外，还具有县的地域型建制特点。因此，根据主体功能区需要，应该像对待县一样强化和完善市辖区与县级市地位。例如，加强行政管理，优化行政区域，完善配套制度等，使其在国土开发与经济建设中发挥更大作用。对于县则更需要采取有效手段和措施，进一步提升其地位。首先，县城应具备一定的规模和较强的辐射能力。县域经济常常是城市与农村相结合的二元经济，县城应该成为名副其实的全县政治、经济、文化中心，对全县经济社会发展应具有较强的带动和辐射作用。同时，县城的地理位置要适中，便于对全县实施有效的行政管理。其次，县的人口、面积规模应相对合理。我国华北有些县的规模过小，对县域经济发展产生制约，应适当合并。而有些地方县的规模偏大，特别是沿海沿江发达地区，开发密度大，县的面积也较大的，可以结合设市模式创新，适当分割设县。第三，县行政区域界线走向应保持合理性。根据经济发展、项目建设、交通布局等情况的变化，并兼顾历史习惯，科学调整县域范围和界线走向。第四，推行省管县市。通过精简行政层级，逐步实施省管县市，从根本上强化县的行政地位，对于统筹省域经济发展，实施主体功能区，具有重大意义。

五、探索县城设置街道办事处，走出一条城市化发展的新路子

县级行政区是主体功能区的基本单元，而县城是县的政治、经济、文化中心，应该成为县内行政区划的关注焦点。由于我国幅员辽阔，主体功能区包含的优化开发、重点开发、限制开发区基本上按县级行政区划分，每个县内还存在着区域开发不平衡，客观上需要实行县内开发的分类指导。通过县内科学合理的行政区划，有利于引导人口有序流动，特别是引导限制开发和禁止开发区的人口逐步转移到县城，有效缓解人与自然关系紧张的状况。同时，由于国家实施宏观调控政策，县改市目前处于停止状态。从发展趋势来看，大规模的整县改市不可能继续下去。而县作为国家区域经济发展的重要依托，正在不断调整经济结构，实现经济发展方式的转变，县域经济已不再是单纯的农业经济，二三产业在县域经济发展中占有越来越大的比例。因此，迫切需要为县域经济发展与国土开发找到新的发展模式。从实际出发，在县城设置街道办事处，有利于培育县域经济中心，转变发展方式；有利于集中二三产业实现约集发展，保护农业用地，优化生态环境；有利于促进剩余劳动力转移，就近聚集更多非农业人口，提升城市化发展整体水平。

首先，强化县城的城市管理特色。实行街道办事处，是县域城市化的新模式，需要积极探索，稳步推进。县城设置街道办事处，应突出城市建制特点，要像在市辖区或县级市一样，以建成区为主体，目的在于弱化城关镇较强的经济职能，强化县政府对县城的管理作用，突出县城城市管理与服务职能。街道办事处是县政府的派出机构，受县政府委托从事辖区内的行政管理，它虽然不是一级行政区，但它有在法定区域内从事行政管理的职能。因为县城是全县经济、政治、文化中心，特别是工业经济占主导地位，社会服务管理的任务大于生产任务。通过设立街道办事处，可以强化城镇居民日常生活及公共事务管理与服务。

其次，探索县城设置街道办事处的模式。在县城设置街道办事处，应实事求是，因地制宜，采取多种形式。由城关镇改设为一个街道办事处，便于统筹规划、建设与管理；按照自然地理环境将城关镇自然形成几个街道办事处，便于基础设施布局与建设；根据经济开发或建设性质将城关镇划分为几个街道办事处，便于功能分区；将县城及其附近城市化水平较高的乡镇规划为街道办事处，便于谋求区域更大发展。同时，要科学设置内部机构。城关镇改设街道办事处不是简单的更名，更重要的是需要对于内设机构与职能进行改革调整，换言之，要实施城市管理新机制新方法，不断提升服务经济社会发展的能力和水平。

最后，合理划分街道办事处区域。街道办事处不是一级行政区，但它又有其固定的行政范围，实际工作中必须保持其行政区域的合理性。一般来讲，城区部分才能划为街道办事处。考虑到历史继承性和群众传统习惯，街道办事处可以包括部分农村地区，但一定要以城镇地区或者城镇经济为主体。街道办事处区域界线的划分要科学合理，必须与城市规划及当地经济建设相协调，与地理环境、单位机构及基础设施分布相适应。相对乡镇建制而言，街道办事处要突出社区作用。广义地讲，街道办事处本身就是一种大型社区。保持街道办事处与社区相协调，有利于城区公共事务的管理，有利于密切政府与居民群众的联系，有利于更好地开展各种文明创建活动。

六、合理布局乡镇，促进农村经济社会协调发展

乡镇是农村最基层的行政区，是农村落实主体功能区的基层政府，在新农村建设中发挥着不可替代的作用。一般而言，在主体功能区规划、城镇体系规划、国土利用规划等空间规划中，对于高层政府而言多提倡规划理念，突出指导性、原则性、导向性，或者说提出概念性的规划，并不规定具体的空间发展方向。对于规划原则和概念的落实主要依靠基层规划，尤其是乡镇级建设性规划来承担，这样就将空间规划的灵活性和原则性有效结合起来了。主体功能区建设需要实行乡镇合理布局，以便为实施主体功能区规划提供适宜的地域空间单元。乡镇行政管理是以农村建设为中心展开的。与其他行政建制相比，乡镇行政管理具有层次少、执行多、综合性强等特点。乡镇大多处于农村地区，也是生态资源保护的主要地区，因此，要加强乡镇自然资源保护、开发、利用的统筹规划。限制开发区的主体功能是保护生态环境，但在生态和资源环境可承受的范围内也可以发展特色产业，适度开发矿产资源。根据乡镇建制特点，结合主体功能区要求，必须加快转变农业发展方式，主要依靠科技进步、增加资金投入、培养新型农民，从而提高农业的资源利用率、土地产出率、劳动生产率。正是在这个意义上，中央明确提出，要把发展现代农业作为转变经济发展方式的重要任务。

优化乡镇布局，是国家宏观政治、经济形势的需要。党和国家历来十分重视基层政权建设，许多宏观政治、经济体制改革政策都是从农村开始的。1958 年“大跃进”及公社化运动，导致区乡体制向人民公社体制的转化；改革开放之后，农村联产承包责任制实施，各地普遍开展了撤社建乡；随着农村经济体制改革的逐步深化，各地普遍撤销区公所，将小乡并为大乡。因此，乡镇行政区划的改革调整，是服务党和政府中心工作任务的需要。主体功能区原则上以县级行政区为基本单元，从而对县市内乡镇合理布局提出了新要求。乡镇布局要将资源保护、开发和利用放在重要位置进行统筹安排，使乡镇设置成为优化资源配置的有效手段。

结合主体功能区建设，着眼于农村经济社会协调发展，不断完善乡镇布局。第一，重点农业区、资源保护区、水资源及人口偏少地区，设乡是最佳选择；农业产业化程度较高、农村集市贸易兴旺、乡镇企业较发达地区，设镇比较合适。根据不同开发密度，科学实行乡镇分类设置。第二，把地理因素作为确定乡镇界线的重要依据，尽可能使界线易于定位，努力避免界线走向与自然资源、水利设施的矛盾。第三，乡镇布局要与交通状况相适应，随着交通条件的改善，乡镇经济格局及经济重心发生了较大变化，在兼顾其他因素条件下，适时调整乡镇行政区域。第四，为了加强农村重要工程项目的统一管理，有时需要调整局部行政区划，以便解决多方管理所带来的矛盾。第五，基于大多数乡镇驻地基本上都是小城镇，因此，合理布局乡镇需要合理构建小城镇体系，通过加强小城镇规划，由此带动乡镇合理布局。第六，充分发挥社区组织的作用，按照便于服务管理、便于开发社区资源、便于社区居民自治的原则，并考虑地域性、认同感等社区构成要素，在乡镇积极开展社区建设，使社区成为乡镇集约化发展的“领头羊”。此外，为便于县市统筹规划，有条件的地方，可以探索将乡镇改为县级政府派出所机构，接受县级政府委托从事公共管理与服务。

参考文献:

[1] 张可云. 区域经济政策[M]. 北京: 商务印书馆, 2005.

[2] 罗彦, 周春山. 中国城乡边缘区研究的回顾和展望[J]. 城市发展研究, 2005(1).

[3] 张宝义. 城市集约化发展与中国城市化道路的借鉴[J]. 城市, 2009(5).

[4] 李鹏军, 王海全. 城镇化: 中国城市化和农村现代化道路的选择[J]. 重庆邮电学院学报(社会科学版), 2003(6).

[5] 刘云中. 国外实施主体功能区规划和管理的经验与启示[EB/OL]. http://www.studa.net/guanliqita/081002/09490181.html.

精简行政层级研究

党的十六大提出，切实解决层次过多的问题。党的十六届五中全会和国家“十一五”规划提出，深化政府机构改革，优化组织结构，减少行政层级，理顺职责分工，提高行政效率，降低行政成本。国家相关部门的“十一五”规划也提出，深化机构改革，减少行政层级，提高行政效率。为什么党和国家在政治、经济、社会体制转型的关键时期提出精简行政层级？我国行政层级的深层矛盾和问题何在？怎样推进精简行政层级的改革？认真研究和回答好这些问题，对于完善行政管理体制，推动经济、社会又好又快地发展具有重大而深远的意义。

首先，行政层级是行政制度的结构安排，其设置如何对政府行政行为及现代化建设具有重大影响

行政层级也称行政层次，行政层次指行政机关及机构纵向排列秩序，行政层级更多的指不同级别政府机构的纵向设置。行政层级决定着行政区划总体结构，从而也确定了中央和地方国家机构设置的基本框架。行政层级与行政幅度密切相关。行政幅度是机构下辖单位的数量，反映机构的横向排列秩序。一般情况下，行政层级与行政幅度成反比。层级越多，幅度越小；层级越少，幅度越大。世界各国行政实践表明，区域范围较大、管理集中程度较高、计划经济比重较大、经济技术较落后、地理及交通条件较差，行政体制上往往呈现较多行政层级的尖金字塔模式；反之，则呈现较少行政层级的扁平化结构模式。就行政管理而言，行政层级的多少反映了行政距离即行政主体与行政客体之间的直接程度。行政层级过多，行政距离必然较大，从而降低行政主体和行政客体之间的直接程度，不利于民主政治的推行，容易造成上级政府与基层群众相脱离的局面；行政层级过多，还会加长行政决策信息流程，影响或降低信息的可靠性，从而影响决策的科学性和时效性。而且管理链过长，层层过滤的结果就是形成所谓的“漏斗效应”，致使中央政府的方针政策越到基层越是变形走样。反过来看，行政层级过少，上级政府工作量过大，也难以面对更多的具体事务，顾此失彼，同样会造成行政管理的混乱，影响到国家的统一管理。

因此，合理设置行政层级对实现科学化行政管理有着十分重要的意义。行政层级设置得当，不仅可以保证各级行政机关充分有效地实施行政管理，也能充分发挥立法与监察机构的作用，同时也可以切实保障人民当家做主的权力。行政层级不合理，必然影响中央与地方权力的分配，影响中央与地方两个积极性的发挥，甚至导致中央政府失控，影响国家政权的稳定。在以经济建设为中心的今天，行政层级合理与否，直接影响到中央宏观经济调控政策实施。宏观经济政策信息传递的状况受到行政层级的深刻影响，一个层级的差别对经济社会发展的影响有可能造成天壤之别的效果。总之，行政层级设置状况，不仅事关中央能否有效统帅地方，地方能否有效行政，而且还影响到国家生产力布局的科学性与合理性，并对城乡之间、区域之间的协调发展产生重大而深远的影响。

其次，我国行政层级积累的诸多矛盾和问题已经成为经济体制改革及市场经济发展的障碍，精减行政层级应该摆上议事日程

目前，我国行政层级最大的问题表现为层级过多。不算中央一级，主体行政层级有省、地、县、乡四级，有的地方在县下还设有派出机构。这些层级中省、县二级最稳定。秦统一中国后县成为地方基层行政区划单位，两千多年来在全国行政区划体系中的地位没有发生大的变化。元朝首创行省制度简称省，省制随时间推移也逐步趋于稳定。最不稳定的是省县之间的建制，或者叫辖县建制。在省县之间，元朝设路、府、州；明代设府（州）；清代设道、府（州、厅）；民国初期设道，后为行政督察区。上述路、府、道、行政督察区等建制都已消失，州名如今有些地方还在用，但性质已变。新中国成立后，省县之间设立省政府派出机构专区后来为地区。1975 年宪法规定，地区革委会行使政府职权，导致地区一级越来越接近一级政府。鉴于地区体制存在着不顺的问题，随着城市化进程加快，改革开放之后地区体制纷纷向市管县体制转化。截至 2006 年年底，在全国 330 多个地级政区中，大多数实行市带县体制，只有西部少数省区剩下 17 个地区。

市管县，又称市带县，关键在一个“带”字上。市带县的初衷是充分发挥区域中心城市的作用，带动各县市经济发展。实际上，许多市的经济带动作用越来越小，靠行政辐射的多，实行经济辐射的少。一些市本身实力就不够，“小马拉大车”的情况比比皆是。不少地级市对所带县市不同程度在信息、物质、资金等方面进行截留，有的甚至存在市压县、市卡县、市刮县的情况，抑制了县域经济发展。中国幅员辽阔，人口众多，国情决定了必须高度重视地域性建制如省、县设置。而市管县恰恰是对地域性建制的削弱或否定，导致一些地方“县域即市域”，或者“全省皆为市”，既不符合科学规律，也不符合实际情况。一方面，市管县将地区行署由“虚”变“实”，强化了纵向序列，人为形成新的“行政经济区”；另一方面，市场经济呼唤多个市场主体公平竞争的环境，需要少层级横向扁平化的行政体制。这种“纵”“横”之间的矛盾成为当今行政管理体制改革的焦点所在。虽然一些省区已主动采取强县扩权和省管县财政体制，但创意也有限，某种程度上讲是一种历史的回归。新中国成立后一直采用省管县财政体制，只是随着上世纪 80 年代初开始实行市管县，特别是 1994 年实行分税制改革时才形成了省管市、市管县财政体制。全国只有浙江省一直保留着省管县财政体制，所以浙江省县域经济实力一直名列全国各省区前列。然而，由于强县扩权和省管县财政体制改革主要集中于经济范畴，行政管理改革没有跟上，从而产生了一些新问题。例如，财权及部分经济权限实行省管县后，导致这些县在直接应对省级相关部门的同时，还要应对所属市，面临“两个婆婆”，不好做人；另一方面，市里没有了财权，但各部门还要对辖县各项行政工作乃至经济事务进行管理，这又造成财权与事权不对等。

改革中出现的问题只能用改革的办法来解决，走回头路是没有出路的。市管县应看做是转型期的一种过渡性体制。根据科学发展观与和谐社会建设要求，在我国现代化建设中必须抓好“五个统筹”。而通过改革市管县体制、精简行政层级、推行省管县体制，能够对“五个统筹”

起到提纲挈领的作用。主要表现在：有利于实现扁平化管理模式，提高行政效率，降低行政成本；有利于统筹省域规划、建设，实现区域协调发展、科学发展；有利于管理及服务重心下移，优化市场及社会环境，实现以人为本，建设和谐社会；有利于缓解县级财政压力，促进县域经济社会发展。因此，在继续推进强县扩权及省管县财政体制改革的同时，要从行政管理角度高度重视、认真面对行政层级过多的问题，提高精简行政层级必要性、重要性的认识，努力将精简行政层级的改革纳入国家改革发展的总体进程，实现政治、经济、社会改革协调推进。

第三，精简行政层级既有法律依据，又有经验借鉴，而且经济体制改革及城乡建设提供了诸多有利条件

根据宪法规定，全国分为省、自治区、直辖市，省、自治区分为自治州、县、自治县、市，县、自治县分为乡、民族乡、镇；直辖市和较大的市分为区、县；自治州分为县、自治县、市。由此可以看出，我国行政区划主体结构不存在市管市，市管县也限于直辖市和较大的市。根据地方各级人民代表大会和地方各级人民政府组织法规定，省、自治区的人民政府在必要的时候，经国务院批准，可以设立若干派出机关。县、自治县的人民政府在必要的时候，经省、自治区、直辖市的人民政府批准，可以设立若干区公所，作为它的派出机关。市辖区、不设区的市的人民政府，经上一级人民政府批准，可以设立若干街道办事处，作为它的派出机关。也就是说，宪法规定了我国行政区划主体结构就是省管县体制；省县主体结构之外，可以依法设立政府派出机构，也可以不设立。特别是市管市完全没有法律依据，市管县符合条件的也不多。所以，宪法为我国行政区划主体结构实现省管县奠定了法律基础。

从国内外的实践经验来看，精简行政层级是建立高效低成本政府的有效途径。不算中央政府一级，世界主要发达国家或规模较大国家的行政区划层级大多为二三级。法国、意大利、美国、英国、印度等为三级，澳大利亚、加拿大、巴西、日本等为二级。我国历史上行政区划层级也以三级居多。秦汉为郡县二级制，东汉为虚三级，隋及唐初为二级，唐中后期为三级，宋为三级，元代呈现多级制，明代三四级并存，清代多级制，民国为虚三级。孙中山领导的辛亥革命推翻封建专制统治后明确提出实行省管县体制，由于后来战争等方面原因未能贯彻落实。新中国成立以来采取多级制，但随着改革开放的推进，一些地方进行了三级制的探索，并取得明显成效。1988 年海南建省时就采取省管县体制，实行“小政府、大社会”模式，精简了行政层级和机构，为各市县提供了公平竞争发展的平台，特色经济异彩纷呈，开放开发势头强劲。湖北省上世纪 90 年代中期，将随州、仙桃、潜江、天门四个县级市实行省直管，促进了四个市的快速发展，随州已发展为地级市，另三个市近年来一直名列湖北十强县市前列。河南省也开展省管县市试点，将县级济源市实行省直管。该市综合经济实力不断增强，成为人与社会、自然和谐发展的明星城市。除了北京、上海、天津市外，重庆市作为较大地域的省级政区也采取直管县体制。这些地方在精简行政层级方面都积累了成功经验。

特别是近年来全国发展县域经济的呼声日益高涨，越来越多的省区认识到强化县的行政与经济地位的重要性，浙江、山东、福建、湖北、广东、河北、吉林、安徽、河南、湖南、江苏、辽宁、江西、甘肃、陕西等省纷纷实行强县扩权和实施省管县财政体制的改革，从根本上弱化了带县的市的作用，为实现省管县创造了条件。同时，随着市场化进程的加快，政府正在逐渐从繁杂的微观经济事务中淡出；民主法制的推进，使得政府行政行为更加规范，而且政府工作能力及水平不断提高。这些都为实现宽幅扁平化管理模式奠定了基础。此外，从城乡基础设施建设看，各地交通及通讯状况得到极大改善，时空条件对行政层级的制约作用与以前相比大大减弱。中东部许多省区陆续打造省城到各市县 4 小时或 3 小时经济圈，为减少行政层级创造了重要的客观条件。

第四，从实际出发，科学规划，分类指导，有计划有步骤地推进以精简行政层级为主线的行政管理体制改革

根据党的十六届六中全会《决定》精神，要把改革的力度、发展的速度和社会可承受的程度统一起来。因此，要想顺利推进精简行政层级的改革，首先必须消除一些误解。具体讲，就是让大家认识到精简行政层级中的“四个不会”，即：一是不会取消行政级别，在国家行政管理制度中依然保持省、地、县、乡等行政级别。二是不会取消地级市，而且还会根据经济建设及城市化发展需要增设新的地级市；只不过部分地级市不再带县市，或者说逐步减少带县市数量；按照国际惯例推行市、县或城、乡分治，更好地发挥城乡两个积极性。三是不会改变政区总数。四是不会搞“一刀切”，而是根据实际情况保持不同层级共存的局面。所以，精简行政层级对广大干部群众的切身利益不会产生太大影响。但是，通过行政体制结构的调整，可以实现机构及资源的优化组合，能够产生巨大的经济效益和社会效益。基于此，我们应该积极推进精简行政层级的改革。

（一）根据宪法规定，制定国家行政层级设置的原则与标准。明确不同层级设置的基本条件，确定在什么条件下实行二级、三级或四级制，为各地行政层级设置提供基本依据。确定省管县市的指标体系，包括经济指标、人口结构、空间布局及特殊条件等，将那些综合经济实力强、城市化水平高、区位条件优越的市县实行省直管。要注意行政省管县与财政省管县的不同点之一，就是财政直管体制下将发达县市实行直管的同时，也可以将贫困县实行直管，意在给予贫困县必要的财政或资金扶持。但行政省管县体制下首先应将综合实力强的县市实行省直管，以便强化行政地位，使其与经济地位相符，从而为经济发展提供更为宽松的环境。

（二）科学编制行政层级设置规划。与国家经济社会发展战略规划、城镇体系规划及其他部门规划相适应，根据国家政治及行政管理体制改革总体要求，确定近、中、远期精简行政层级的目标规划，逐步推进精简行政层级的改革。规划要强调实事求是、因地制宜、循序渐进，地方政府的意愿应是主要依据之一。另外，要明确或允许不同层级并存，特别是在地广人稀的欠发达地区仍然实行多级制。

（三）完善地级市行政区划。因为精简行政层级将使一些地级市不再带县，所以，为适应持续发展需要，将对不带县的地级市行政区划作必要调整。一是按照城市规划建设要求，适当扩大城区范围，或者将邻近县市整建制并入城区，增加城市发展腹地。二是探索在那些不带县且规模较小的地级市去掉区级政府，直接实行市管街道办事处及乡、镇。

（四）做好省管县的行政安排。由省直管的县市虽被强化了行政地位，但依然是县级政区。为了保持行政级别或者人员编制安排上的连续性及系统性，有必要对省直管的县市实行分等管理。我国历史上一直有县分等的做法，就是根据人口、版图、经济、地理等状况将县划分为不同等级，然后设置相应的机构和安排相应级别的官员。目前，我国机构编制部门也依照县市不同建制及规模大小对各县市安排机构编制。所以，将来对于数量越来越多的省管县市要实行科学分等，以便统筹规划、安排、管理好机构及人员编制。

（五）建立健全行政层级改革协调机制。实施省管县涉及各部门的利益关系，必须加强政府部门的沟通与协调，建立完善的协调机制以处理各种矛盾和问题。特别要在各部门软、硬件公共设施规划与建设上加强全省范围的统筹，避免各自为政。除建立协调机制之外，考虑到行政层级改革工程浩大，情况复杂，需要加强理论创新与指导。因此，国家有关部门要加强宏观战略及理论研究，为各地提供工作规划、理论方法和信息指导。

（六）积极推进机构改革和政府职能转变。根据省管县格局法定省、市、县财权与事权，合理设置机构。改变地方政府热衷于抓项目、谈生意，以及忽视公共服务、社会管理和社会保障的状况。有些机构不一定完全按行政区划设置，如金融、电力、通讯、政法等机构可设在区域中心城市，服务周围各县市。另外，随着强县扩权的不断深化，一时还不能纳入改革进程的那些地级市可伴演两种角色：一方面，作为一级政府管理好本市范围内的各项事务；另一方面，对所带县市扮演省政府派出机构角色，或者说扮演召集人角色，同样可以起到强化县域经济的作用。

总之，相信通过科学的制度安排与合理的保障措施，省级政府能够较好地面对直管县市的局面。如美国、澳大利亚、加拿大、巴西等国家省州级政府平均面对上百个地方政府，日本、印度等国家省州级政府平均面对七八十个地方政府。我国只在一些较发达地区实行省管县体制，加上并入部分县市到地级市，将来省级管理幅度远低于上述国家。因此，根据党的十五大和十六大提出的现代化建设新“三步走”战略，按照党的十六届五中全会和国家“十一五”规划，我们要稳步推进精简行政层级的改革。首先是恢复，今后一个时期要支持部分省开展试点，重点将那些综合经济实力较强、区位条件优越、地级市代管的县级市实行省直管，从法律上恢复其本来面目。其次是拓展，2010 年以后在条件成熟的地方陆续推行省管县市，逐步建立起省管县体制的基本框架。然后是完善，2020 年以后随着社会主义市场经济体制的成熟与完善，相应地要不断完善具有中国特色的行政区划体系，为推动中国社会和谐发展并进入中等发达国家创造良好的体制环境。

参考文献:

[1] 孙平. 中国行政区划分析[M]. 武汉: 湖北人民出版社, 2004.

[2] 中国行政区划研究会. 中国行政区划研究[M]. 北京: 中国社会出版社, 1991.

[3] 戴均良. 中国市制[M]. 北京: 中国地图出版社, 2000.

[4] 陈嘉陵. 各国地方政府比较研究[M]. 武汉: 武汉出版社, 1991.

[5] 刘君德. 中国行政区划的理论与实践[M]. 上海: 华东师范大学出版社, 1996.

[6] 浦善新. 中国行政区划概论[M]. 北京: 知识出版社, 1995.

[7] 张占斌. 从财政体制到行政体制省直管县改革探讨[EB/OL]. http://theory.people.com.cn/GB/41038/4713958.html.

[8] 薄贵利. 推行省直管县体制亟待研究和解决的问题[EB/OL]. http://theory.people.com.cn/GB/49150/49152/4812495.html.

[9] 蔡红英. 关于完善省管县财政体制的几点思考[EB/OL]. http://clfr.znufe.edu.cn/Get/yjcg/212923639_2.htm.

构建功能区与行政区融合发展新格局

摘　要：随着改革开放的深化，功能区作用正在发生深刻变化，迫切需要从体制机制上进行改革创新。积极实施主体功能区战略，努力形成区域互动、优势互补、相互促进、共同发展的良好局面。细化功能区布局规划，构建与功能区相适应的行政区划格局，整合功能区与行政区设置，适时推动功能区向行政区转化，创新功能区体制机制。完善相关措施，实现功能区与行政区融合发展。

关键词：功能区；行政区；新格局

随着国家主体功能区规划的实施，各地掀起了区域功能开发建设高潮，为新一轮改革发展注入了活力和动力。实际上改革开放以来建立的各类开发区就是各具特色的功能区，这些开发区在现代化建设中发挥着示范和引领作用，促进了地方经济社会的发展。随着改革开放向前推进，开发区的功能作用正在发生深刻变化，面临许多新情况、新挑战，迫切需要从体制机制上进行规范与完善，实现功能区与行政区融合发展势在必行。

一、改革开放推动功能区成长壮大

中央实施改革开放政策初期，就在深圳设立了经济特区。1984 年邓小平同志肯定了深圳特区的经验，并指出："除现在的特区之外，可以考虑再开放几个点，增加几个港口城市，这些地方不叫特区，但可以实行特区的某些政策。"后来国家决定 14 个沿海城市实行对外开放，分别划定区域兴办经济技术开发区。特殊的政策定位特有的功能，该时期各开发区充分利用国家优惠政策，形成了具有自身特色的发展方式，取得明显成效。1992 年邓小平同志南巡讲话后，各地掀起新一轮开放开发大潮，纷纷以产业开发作为招商引资的主要项目，国家级开发区由最初的 14 个陆续增加到 54 个，各省、市、县甚至有的乡镇都设立了开发区或工业园区。以 1999 年启动西部大开发战略为标志，国家逐步推进开放开发战略由东向西转移，推进开发区由点状布局向面状拓展。国家陆续提出支持东北地区等老工业基地开发战略、促进中部地区崛起战略等等，各省区都以不同形式出台区域开发举措。

2010 年，国家正式发布主体功能区规划，将功能区建设纳入国家战略实施科学规划管理，形成了全国区域开发整体联动的新局面。目前，各类功能开发区已成为深化改革开放的推手，成为促进地方经济社会发展的引擎，成为体制机制创新的试验田和先导，成为科技研发、产业创新、制度建设、统筹城乡等多种功能于一体的空间载体。随着功能开发的不断深化，功能区建设管理与行政区社会职能相互交叉重叠，出现一些不和谐的问题。功能区进一步发展需要规范化的社会管理，一些地方纷纷探索适合功能区开发建设需要的发展途径和方式，推动功能区与行政区之间的互动与融合，功能区体制机制正在发生重大变化。

二、创新功能区体制的必要性和重要意义

进入新世纪后，单纯以 GDP 增长为主导的经济开发区所具有的政策优势已发挥到极致，经济开发逐步向更具竞争力的综合功能开发转化，开发区面临自身发展及社会事务管理等多方面的挑战。一是开发区享有的特殊优惠政策如今陆续到期，加上国家对部分行政机构实行垂直管理，导致开发区管理职能不断削弱。二是最初设立的开发区一般区域面积都比较小，可使用土地面积减少的趋势不可逆转，客观上要求在更大区域内实现土地资源的统筹。三是随着开发区与老城区联动以及对周边地区辐射、带动作用的不断增强，开发区扩张并与行政区体制产生交融和碰撞，使得一些开发区向原有行政区体制靠近。四是原有开发区大多数产业结构层次较低，正在从简单的制造业为主向以现代制造业和服务业并重转变，面临提升产业结构、转变发展方式的重要任务。五是我国推进全方位开放战略，国内外资金、市场、人才等方面的竞争更趋激烈，整合区域优势、实现协同发展比任何时候都更加迫切。

目前，开发区的竞争正在推动区域管理体制创新，形成对经济要素激烈竞争的态势，许多地区都在谋求区域空间资源整合与管理体制创新，探索功能区与行政区相互融合发展的新路子。特别是国家“十一五”规划提出了主体功能区战略，旨在规范空间开发秩序，形成合理的

空间开发结构。加强功能区体制创新，有利于破解开发区面临的体制性矛盾，不断激发创新活力和动力；有利于推进依法行政，规范社会行政事务管理，为和谐社会建设营造良好体制环境；有利于精简行政层次，提高行政效率，提升服务水平；有利于拓展开发区发展空间，从根本上解决对开发区进一步发展的土地及水资源瓶颈的制约；有利于优化产业结构，转变经济发展方式，走出一条资源节约型、环境友好型的科学发展之路。积极实施功能区发展战略，完善功能区布局和管理体制，对于统筹协调区域之间、地方之间的关系，不断培植新的经济增长点，实现经济社会又好又快发展，具有十分重要的意义。

三、从战略高度推动功能区与行政区融合发展

（一）总体思路。坚持科学发展观为指导，围绕全面建设小康社会与和谐社会战略目标，按照国家主体功能区规划要求，不断加大改革开放和体制创新力度。创新开发方式，规范开发秩序，提高开发效率，努力构建高效、协调、可持续的国土空间开发格局，推动功能区与行政区融合发展。在此指导思想下，坚持下列原则：一是坚持以经济建设为中心，着力整合区域资源，推进功能区与行政区合理布局，创新体制机制，不断增强区域综合竞争力；二是坚持以人为本，增强服务意识，努力提升社会管理和服务水平；三是坚持突出功能特色，转变发展方式，提升发展质量；四是坚持规划先行，发挥比较优势，注重差异化发展；五是坚持统筹推进，着力打造适宜创新创业、有利于城乡一体化发展的区域空间载体。

（二）建立与行政区相适应的主体功能区发展战略。顺应行政区划演变规律，保持功能区发展战略与区域经济社会发展宏观战略的协调性。以城市建制为依托，形成工业化、城市化优化开发或重点开发地区，由此集聚经济和人口，为农产品和生态产品生产腾出更多空间；以传统地域建制为依托，形成不适宜大规模、高强度工业化和城市化的限制开发生态功能区，对基本农田建立严格的保护措施，防止滥占耕地，保障农产品供给安全。积极实施主体功能区战略，努力形成区域互动、优势互补、相互促进、共同发展的良好局面。

（三）细化功能区布局规划。国家主体功能区统领全国空间开发，在此基础上，必须结合实际，进一步细化功能区布局。科学编制功能区规划，重点优化城镇地区功能区布局，使之在统筹县域经济发展、推进城市化进程中发挥重要作用。对已有的各类开发区进行核查和定位，积极推进各种功能区建设。立足当前，谋划长远，实现近期目标和长远目标的有机结合，适时进行动态调整，牢牢把握功能区发展的正确方向。在推进功能区发展中及时总结成功经验，对于发展成效明显的功能区，要适当扩大其空间范围，形成更大的辐射带动作用。

（四）构建与功能区相适应的行政区划格局。历史上行政区划主要关注政治、军事的需要，经济的因素只占极少的分量，越到现代社会行政区划越多地考虑到经济发展的需要。如今行政区划更多地关注工业与城市的合理布局，重视经济功能开发。行政区划要把是否有利于生产力发展和功能区建设作为重要标准，根据功能开发需要，建立完善不同级别不同特色的城市建制，包括不同规模的综合性城市、不同类型的专业性城市。按照功能区布局，合理设置或调整市辖区和街道办事处，推进城市化由功能区向周边扩展。积极发展功能互补的各类建制镇，完善地方城镇体系。

（五）整合功能区与行政区设置。一是实行“合二为一”体制。在功能开发格局比较明朗的地方，将功能区与行政区范围一致起来，既能保证国家行政区划统一管理，又能适应功能开发需要。二是实行“两级政府三级管理”体制。市、市辖区体制不变，街道办事处与社区整合为大社区。功能区设在市辖区范围，社会事务管理部分上交区政府职能部门，部分下放社区组织，功能区集中履行经济职能。三是实行“一级政府三级管理”体制。划出一定区域设立功能区，地位与市辖区平行，为市政府派出机构。在功能区下，将街道办事处与社区整合为大社区。无论采取什么形式，都必须保证功能区能够充分发挥作用，否则，就没有必要设立功能区。

（六）适时推动功能区向行政区转化。因为功能区不是行政区，严格讲，不具备社会事务管理职能。尽管有些功能区被确定为政府派出机构，但是，在国家行政区划体系中没有法定地位。在条件成熟的情况下，要适时推动功能区向行政区转化。一是随着经济开发逐步走上正轨，综合经济实力不断发展壮大，社会管理事务越来越繁杂，水到渠成，在功能区基础上设置行政区。二是随着功能区与行政区各种建设实现一体化，即功能区逐步融入所在行政区，功能区自然消失。三是少数功能区情况特殊，成为规范的经济组织继续存在，归属一定行政区管辖。所以，要加强调研与规划，科学设置功能区，既发挥好功能区作用，又保证国家统一行政管理。

（七）创新功能区体制机制。功能区设置的根本目的，就在于通过非同寻常的体制和政策促进经济社会发展。功能区要由过去依靠政策优势转换到依靠自身创新优势上来，要不断探索体制机制创新。合理设置功能区管理机构，科学拟定功能区职责任务，正确处理好功能区与行政区职能交叉问题，保证经济发展与社会管理职能不存在缺位、越位现象，逐步形成功能整合、结构精简、充满生机和活力的体制机制。

四、完善配套措施

推动功能区与行政区融合发展，必须完善相关措施。一是遵循人口、经济与资源环境相协调的原则，推行集约化、规模化发展，充分利用现有城市化空间，提高单位面积产出率。同时，集约建设农村基础设施和公共服务设施。二是政府要把职能转变到经济调节、市场监管、社会管理和公共服务上来。同时，加大社会组织培植力度，促进社会自治功能的成长。三是推进经济发展方式转变，尽快建立起与新的经济发展理念相匹配的干部考核指标体系，更加注重以人为本、注重经济运行质量、注重经济社会事业协调与可持续发展。四是采取行政手段与经济手段相结合、宏观调控与市场机制相结合、“自上而下”与“自下而上”相结合，有序推动功能区与行政区融合发展。

欧美行政区划的启示

摘　要：本文阐述了西方国家行政发展趋势，分析了欧美行政区划基本情况，并重点剖析了美国行政区划设置，在此基础上，强调了我国行政区划改革的必要性，着眼于欧美经验与我国实际相结合，提出了欧美行政区划所带来的几点启示。

关键词：欧美行政区划；改革；启示

一、西方国家行政发展趋势

近代西方工业革命极大地推动了生产力的进步，促进人类社会迅速向前发展，同时也带动了西方民主政治建设，由此促进了行政理论与实践的不断创新。

（一）西方国家政治体制概述

西方资本主义国家的政治体制有一定发展过程，其现代政治体制的典型形式是资产阶级民主制。二战中民主政治战胜了法西斯政治，战后几个法西斯政权相继垮台，资产阶级民主制终于成为各主要资本主义国家通行的政治模式。17、18 世纪的启蒙思想家提出的一些原则长期指导着资产阶级的政治实践，现在仍然成为其民主政治的普遍规则。主要表现在：其一，实行少数服从多数并兼听少数人意见的原则，保障公民的个人权利；其二，主权在人民，国家的最高权力属于人民；其三，代议制原则，人民通过选举产生的代表组成代议机关来行使最高权力；其四，分权制衡，三权分立，即实行国家权力过程中的合理分工与权力的相互制衡，强调不受制约的权力必然走向腐败；其五，法制原则，国家的政治生活、国家机器的运转以及对各种社会问题的处理均以法律为指导。

围绕上述原则，西方资产阶级民主政治一般实行这样几种基本制度：一是议会制度，它是西方民主政治的象征和资产阶级民主制的核心；二是选举制度，它是西方民主制度的基石；三是政党制度，它是西方民主政治的轴心，是资产阶级政治体制运转的推动器；四是行政制度，它是民主制度的重要组成部分；五是司法制度，为民主制度提供合法依据和法律保障。英国是最早进行资产阶级革命和确立议会主权的国家，它以议会内阁制为核心，议会由上院和下院组成，同时保留了君主立宪制的形式，这是历史上资产阶级和封建势力妥协的产物。美国是世界上第一个资产阶级共和国，它的政体代表着资产阶级民主制的另一种典型形式——实行总统制并贯彻分权与制衡原则。法国的政治体制在历史上是多变和不稳定的，1958 年戴高乐建立第五共和国以后，开创了民主制的一种新模式——半总统半议会制。

纵观世界政治发展历程，民主政治的理论和实践源头均来自欧洲。希腊曾经经历了 200 年左右的民主实践，以此为基础形成了以亚里士多德为主要代表的古希腊民主思想；古代罗马曾建立了 500 年左右的共和政体，以此为基础形成了以西塞罗为主要代表的共和国思想；到了中世纪，意大利沿海城市形成了一些共和国，出现了民主与共和的初次结合。随着社会经济生产方式由自然经济、小农经济向市场经济的逐步转化，专制政治体制逐步向民主政治体制过渡，这已成为政治体制发展的大趋势。资产阶级共和国取代中世纪的专制统治，民权代替君权，分权代替集权，是历史的巨大进步，是人类文明史上国家制度方面的重要创新。我们不应将民主制度仅仅看作资本主义时代的产物及其专利，而应视为人类制度文明的共同财富。西方资产阶级在探讨民主政治建设及政治体制改革中积累了丰富的经验，值得研究和重视。

（二）西方国家行政发展趋势

行政体制原本是政治体制部分之一，政治体制的发展必然导致行政体制的变化。但行政又不同于政治，行政学诞生于美国，是资本主义社会政治、经济发展到一定阶段的产物。美国行政学家威尔逊和古德诺最早从政治与行政分离的角度来解说行政。西方学者眼中的行政无统一定式，概括起来大致包含如下内容：一是特定主体，狭义的指政府部门，广义的含立法、行政、司法等；二是组织、领导、计划、协调、控制等环节或手段；三是推行政务、实现特定公共目标的目的；四是以政府的政务或活动为对象。

西方国家行政在不同时期各具特色。奴隶制时期，国家行政职能的重点在于政治统治，采取专制、残暴的手段来维护奴隶主阶级政权的生存和发展，经济职能十分微弱，社会管理职能很少。封建国家的经济职能稍有增加，承担一定的社会管理职能，进行一些社会公共事业的建设，但其重点仍在于政治统治。

进入自由资本主义时期后，资本主义国家采取自由主义的管理方法，通过政治统治对新生的资产阶级政权的巩固和发展起着“守夜人”的作用，奉行“政府管得越少越好”的信条，主要依靠市场这只“看不见的手”来调节和引导社会经济及其他各项事业的发展。垄断资本主义时期，资本主义国家强化了政治统治职能，行政权力扩大，专政镇压职能大大加强，民主职能有所削弱；强调政府对社会经济的调节和干预，垄断代替了自由竞争，政府的经济职能和社会职能都得到扩大和加强。当代资本主义国家的专制统治相对减弱，保持社会稳定的调节职能趋于加强；政府在充分发挥“看不见的手”调节社会经济发展的同时，也强调利用“看得见的手”来弥补市场机制的不足，而且政府的社会服务职能也在逐步扩大。

上世纪90年代以来，西方国家的行政改革进入了一个新阶段。其中最显著的是，在自由至上主义和管理主义影响下进行的所谓“新公共管理的革命”。这一革命主要包括三个方面的内容，即政府职能的市场化、政策执行的自主化和建立企业化政府。政府职能的市场化就是根据市场经济的要求确立政府的职能，其目标是减少政府干预，充分发挥市场的力量。从内容上看，主要是实行国有企业的民营化、放松政府对经济生活的管制以及在公共服务领域引入竞争等。政策执行自主化就是调整以前的政治优先、行政其次的原则，将政策制定与政策执行职能分开，即政府中政治任命的官员只对政府决策负责，成立专门的执行局负责政策执行，在执行事务方面具有相当的自主性。建立企业化政府就是要用企业家在经营中所追求的讲效率、重质量、善待消费者和力求完美服务的精神，以及企业中广泛运用的科学管理方法，改革政府机构中的公共管理部门，重塑政府形象。这些都是西方国家行政发展的新趋势。

二、欧美行政区划

(一) 欧美行政区划概述

欧美国家一般都是较为典型的资本主义国家，在政治文化和思想意识形态上有许多共性，但在国家结构形式和行政区划方面又有诸多不同。法国为中央集权的单一制国家，英国为地方自治的单一制国家，美国、德国、澳大利亚、加拿大、巴西等为联邦制国家。作为单一制和联邦制国家，在地方行政建制设置中有不同的特点。单一制国家宪法中通常明确规定了各级地方行政建制，目的在于维护中央统一有效的行政管理。而联邦制国家宪法中一般不涉及地方行政建制的具体内容，以保持各联邦组成单位的相对独立性。

法国是欧洲古老且综合实力较强的国家，其行政区划具有一定特点，并对周边一些国家如意大利、荷兰、希腊等产生影响。其主要特点是：全国行政区划结构如行政建制和单位一致化；严格的中央集权，呈现层次多、幅度窄的高尖金字塔形体系；基层行政单位规模小，上世纪90 年代全国有 36565 个市镇。英美等国行政区划一般有其深厚的历史根源，大多实行郡县制，弹性较大，随着时代的发展作适当调整，不同地方的行政区划名称、层级、幅度可以有较大差异，因地制宜，各自为政。美国市镇的法律地位相等，市与镇没有本质上的区别，市镇名称可以在全国重名，但市镇界线非常明确，几乎不存在行政区域边界纠纷。瑞典、挪威、芬兰等国都实行层次少、幅度宽的“扁平式”行政区划结构。从对国家行政区划有决定性影响的一级政区来看，选出欧美 7 个人口超过 4000 万以上的大国作分析，德国、法国、乌克兰、西班牙、意大利、美国、墨西哥一级政区平均 26.4 个，美国最多，为 50 州（另有 1 特区）。英国情况特殊，英国政府中专门设有北爱尔兰、苏格兰、威尔士等事务部，分别实施对辖区的管理；英格兰和威尔士实行三级制，苏格兰实行二级制，北爱尔兰实行一级制，这些地方下辖区较小，可比

性差。（WTO国际服务中心中国有限公司网站2003年12月资料）

总体上看，欧美行政区划的演变规律具有世界范围内大多数国家的一些共性：国家改朝换代或政权更迭时期变更多，国家民主制度完善或政治稳定时期变更少；政治经济体制改革时变更多，平稳发展时期变更少；在政权更迭时期注重政治及历史因素，在和平建设时期注重行政、经济因素；城市地区变更较多，一般地域变更较少；高层调整多以政治因素为主，中下层调整多以行政因素为主；单一制国家调整较频繁，联邦制国家调整较少；计划经济国家调整较多，市场经济国家调整较少。

（二）美国行政区划

美国是一个联邦制国家，国土面积937万平方公里，总人口2.5亿。美国行政区划为三级制，联邦政府下辖50个州（另有1特区），其次为3043个县，再往下是19372个市、16629个镇、13726个学区、34683个特区。（见下表）统计数据表明，在50多年时间里美国的州、县建制十分稳定，基本上没有什么变化；市增加了3152个，镇减少了2290个，学区减少了94853个，特区增加了26384个。市的增长大多发生在第二次世界大战以后，主要在大城市周围出现，这基本上是由无计划的城市发展带来的。例如：在加利福尼亚州，只是为了方便一个马戏团所有者可以按照他认为合适的方式为动物群设置区域，建立了布兰市；为方便居民可以合法地玩扑克，设立了卡达尼市。

美国行政区划统计表

单位：个

行政单位	1942年	1962年	1982年	1997年
州	48	50	50	50
县	3050	3043	3041	3043
市	16220	18000	19076	19372
镇	18919	17142	16734	16629
学区	108579	34678	14851	13726
特区	8299	18323	28078	34683

（资料来自美国统计局，1998年）

各州可以拥有自己的法律，相互之间平等竞争。随着时代的发展，大家都认识到合作更重要，所以州之间的合约、协定呈增多趋势，而且许多情况下逐步演化为跨州机构。1977 年 13 个西部州组成了西部州长政策局，以便进行敏感议题的区域分析；1976 年东北部的 7 个州组成了东北部州长联盟，以便团结起来获得更多的联邦资金；1972 年南部 13 个州成立了南部州长政策局。在国会，各州也以不同的区域结合方式聚集在一起，他们都认识到，合作比竞争可以带来更多的益处。另一方面，州与其地方政府之间的关系却十分不同。地方政府在州授予其权力之外没有独立性，尽管州在赋予其地方政府结构的自治规则上越来越自由，但在授予它们功能性自治规则上都越来越保守。

县是州的行政支撑和下辖行政区，提供一般性的政府服务。只有极少数州没有县或所设县没有涵盖全州范围；得克萨斯州的县最多，有 254 个，夏威夷的最少，只有 3 个。县是地方政府最稳定的形式，经由民选产生的委员会负责管理。几乎 2/3 的县使用委员会制，超过 1/4 的县雇用专业经理来管理县政府，大约 13%的县采用民选议会行政制。

市是涵盖一般功能的地方自治行政区。它提供的公共服务主要针对特定地区中特别集中的人口，通常城市、村、自治市镇以及大多数镇都归为市。各州都设有市，但数目相差较大，伊利诺伊州市最多，有 1288 个，夏威夷最少，只有 1 个。州确认市的标准也不一样，但最低要求是关于人口密度及与其他市之间的距离。所有市都是由市或镇议会负责管理，他们由选举产生，有市长议会制、议会经理制、委员会制及代表会议制等。

镇区包括以地方政府方式运作，为区域内的居民提供公共服务，而不管其人口是否集中。东北部和中西部的 20 个州拥有镇区，大约 1/5 的美国人都直接接受镇区的治理，少数州将镇区称为镇。有的镇其功能像市，归为强镇区，有的镇属于乡村型镇区，其职能有限。镇区普遍采用的政府形式相当于委员会制，少数镇区采用相当于市的议会经理制和市长议会制，个别的采用市镇会议。

学区是提供公立小学、中学以及高等教育的有组织地方实体。在州的法律下，学区拥有充分的行政与财政自主性，而合乎自成一个政府的资格。有45个州采用学区，专门为了他们的公立学校制定政策及加以管理之用。全国有4/5的学区由选举产生的委员会进行管理，还有少数通过上级政府任命产生。

特区是由州或地方法律授权成立的组织化地方实体，它只提供一项或有限数量的特定服务，且具备充分的行政与财政自立权，而合乎自成一个政府的资格。所有州均设有特区，它是成长速度最快的一种地方政府类型。伊利诺伊州有3068个特区为最多，阿拉斯加只有14个为最少。2/3的特区与2个以上一般功能政府之辖区相重叠；有1/3的特区其边界与县、市或镇区的边界相一致。所有特区都由董事会进行管理。

三、欧美行政区划的启示

欧美行政区划既有相对稳定的一面，又有活跃变化的一面。透过其表象作进一步思考，从一定程度上能给我们带来某些启示。

（一）我国行政区划有必要进行改革

世界范围内市场经济迅速发展，民主政治建设广泛推进，科学技术日新月异，这一切必然深刻影响到我国经济、社会、政治及行政领域的各个方面。我国改革开放正在整体推进，计划经济体制转向市场经济体制，公民及社会的主体地位不断提升，政府的职能及作用正在发生根本性转变，并与高速发展的信息技术、网络技术及交通事业一起，对我国行政区划产生巨大作用和影响。当中国改革开放发展到今天，经济、科技及社会事业创造出一个又一个奇迹，尤其是我国加入WTO之后将直接融入国际社会，面对高度竞争的国际环境，不仅需要完善的经济体制，更需要健全的政治制度和行政管理体制与之相适应，而这一切都对反映中央和地方，以及各级地方政府间权力分配关系的行政区划提出了前所未有的挑战。

行政区划本身具有较强的政治性、地域性和综合性，其演变过程中往往包含特有的价值取向。我国长期封建社会的统治形成了一套与之相符的行政区划体系，高度集权统治是封建统治阶级治国的基本出发点。社会主义产生的根本原因在于广大人民群众对物质文明、精神文明及政治文明的不懈追求。为了推翻封建专制统治，我们采取革命手段砸碎了一个旧世界；为了建设新中国，在特殊时期我们采取高度集中的手段取得了巨大成就，行政区划上于解放初期设置的大行政区就是一个例证。昨天的体制自有它存在的理由。社会在发展，时代在前进。60年的社会主义建设奠定了较为坚实的物质基础，使得我们有可能投入更多的精力进行政治与行政管理体制的改革，其中包含着行政区划体制的创新。当中国已经进入21世纪，民主政治建设及综合国力处于历史上最佳时期，其行政区划结构与发达国家呈现出较大差距，尤其在层级等方面处于历史上最繁多的时期，这种格局难以适应我国社会经济快速、协调发展的客观要求。

社会主义市场经济体制的确立，改变了传统的高度集中的计划经济管理模式，各级政府的权力、利益关系发生了深刻变化。政治、经济方面由单独纵向交流变为纵向与横向交流并存，而且横向交流所占比例越来越大，从而影响到行政区划总体结构即层级与幅度的变化。市场经济主体多元化，经济、社会结构复杂化，将会影响到行政建制的调整或改变。改革开放以来，我国经济发展速度创历史之最，区域经济格局发生了巨大改观，不同地区、不同层次、不同规模的城镇网络体系不断形成与完善，相应地需要创新、发展、完善城市行政区划。特别是交通、通讯及信息技术的快速发展，改变了生产力布局，改变了经济流向，改变了时空距离，改变了人们的交往习惯，正逐渐改变了人们的思维方式及社会文化环境。行政区划作为国家结构安排，必须面对国内外形势发展的新变化，特别是针对上下利益关系变化的新格局，顺应时代要求，跟上时代发展步伐，适时进行体制创新。

（二）我国行政区划改革应有新的突破

1.顺应潮流，减少行政区划的层级

从世界范围来看，原来一些社会主义国家和高度集中的国家其行政区划层级较多，可达4–5级，如原苏联、捷克等；而欧美市场经济国家的层级较少，一般为3级，美国3、2级并存，加拿大只有2级。我国历史上行政区划3级为多，二级制多存在于一些王朝建立初期，但后来又变为三级制。我国宪法规定一般为省、县、乡3级，但中间地级市发展迅速，已取代地区行署而成为固定一级。现在我国行政区划一般为4级，有的加上县以下区公所或乡镇以下的管理区，层级可达5级，层级上创我国历史之最。

实践证明，行政层级过多，往往产生很多弊端。上下对口，部门林立，机构庞大，重复建设，浪费严重，财政压力大，群众负担重；政令不畅，层层丢失信息，上有政策，下有对策，各取所需，中央政策到基层有时出现面目全非；行政成本高，行政效率低，每个层次都要进行“调查、研究、论证、规划”；除了政策截留之外，物质截留、资金截留也比较普遍。在“时间就是金钱，效率就是生命”的时代，一个层级的差距有可能形成天壤之别。因此，应该进行减少行政区划层级的探索。

鉴于省、县二级建制历史上一直比较稳定，省、县之间的层次变化较多，在减少层级的过程中可首先考虑撤销该层次，使地级市与县(市）处于相同法律地位，即都由省直辖。减少省、县中间层次，但保留地级市的级别，实质是地级市不再带县。结合市、县分等，从另一角度实行新的分类管理，这样既符合经济、社会发展的客观要求，而且广大干部群众也易于接受，便于操作。县以下去掉区公所，或去掉乡镇以下的管理区，最终达到实行省、县（市)、乡（镇）三级制。考虑到我国东西差距较大，行政区划层级不可能完全整齐划一，西部一些地方可以实行四级制，发达的直辖市可实行二级制，但保证国家主体部分实行三级制。

2.因地制宜，审慎增加省级政区数量

欧美一级政区数量超过我国的并不多，大多数国家一级政区都在30个以下，如德国16个州、法国22个区、意大利20个区，英国情况特殊除外，美国的州最多—50个州（另有1特区)。因为美国是当今世界上综合国力最强的发达国家，行政及治国经验十分丰富，而且它的人口、面积规模都比较大，在行政区划方面或许能给我们以启示。同时，还要认识到美国与我国在行政、经济及社会发展方面的一些差别。首先，美国是先在沿海发展，后向内陆拓展；而我国历史上是从内陆黄河流域向东南沿海发展，正好与美国相反。其次，美国是在高度城市化之后再向广大腹地扩散；而我国现在是从一个传统的农业国向工业化、现代化国家转变，要向发达地区、向城市聚集，又与美国不同。第三，美国资源丰富，经济发展水平高；我国地域差别大，西北部甚至包括中部一些地区群众的生活资料都十分欠缺，有的地方生活用水都得不到保障，迫使人口及其他生产要素流向发达地区。

基于上述分析，我国省级建制的增加要以经济为主导，现阶段更要注重聚集经济效益，面向经济活跃的发达地区。欧美发达国家城乡人口之比正好与我国相反，并且人口主要向城市聚集。尽管我国不可能完全形成这种格局，但对那种不顾地域差别的一律化的行政建制设置带来启示。我国历史上省级政区设置更多地依据政治及军事的需要，现在要转向以行政、经济发展的客观要求为主要依据。怎样改变现有省级政区的格局，还是要以城市为突破口，与大都市圈和大都市带的发展战略结合考虑。但是，单独升直辖市不可取，那样只会带来新的“条块分割”。美国一级政区都是一般地域建制——州，类似欧美背景的澳大利亚也是如此，他们没有直辖市。他们的特大城市和大城市都是由若干小城市及其他地方政府组合而成，形成大都市圈和大城市群。我国省级政区的发展或增设，可考虑以大都市圈或大城市带为基础，包含部分腹地，名称不一定为直辖市，命名为省也许更好。

省级政区的调整必需十分慎重。任何一个行政区划方案都有正反两方面的作用，而且许多因素事前不可能完全预测到。有的认为现行省级政区规模偏大，中央政府调控困难。但是，当中央政府面对更多的省区时，其管理与控制难度如何还是一个未知数。美国能控制 50 个州，是因为它的“无为而治”，即州处于高度自治所致。因此，对于省级政区最终设置多少为宜，必需结合国家行政区划总体结构进行综合分析。有些情况比较清楚，有些情况还不明朗。需要有关方面加强联合研究攻关，多作深入的分析论证，随着政治、经济体制改革的不断深化，一些不可知情况会逐渐浮出水面，相信在不久的将来会找到解决我国省级政区问题的最佳途径。就目前而言，解决行政层级的问题比增设省区更有意义。

3.改革创新，实行省直辖县市

该问题实际上与减少行政层级相对应。欧美许多国家实行州（区）直辖县（郡），有的名称不尽相同。美国各州设县数目相差悬殊，佐治亚州设县 159 个，但相同规模的密歇根州设县 83 个。美国地方政府是州之下由各州依法自行设置的，所以其形式相对灵活多样。我国历史上也有省级政区直辖县的时期，如秦汉的郡县制，隋朝的郡县制，民国时期实行过省直辖县。我国历史上省、县之间在很多时期还是虚设一级政区，很不稳定，一直延续到现代，如民国时的督察区就不是严格的政权，新中国的专区行署及地区行署只是省政府的派出机构。孙中山领导的辛亥革命推翻封建专制统治后，明确提出实行省直辖县的体制，但由于后来战争等方面原因未能贯彻落实。现在推进省直辖县体制既有历史的基础，又有实现的经验和条件。我国海南省实行省辖县体制积累了成功的经验；台湾省也是实行省辖县。湖北省于上世纪 90 年代中期进行省辖县级市试点，迈出了可喜的一步。湖北省现直接管辖 17 个行政单位，其中 13 个地级政区，另直辖 4 个县级政区，即 3 个县级市和 1 个林区。湖北省实行直辖县级市体制以来，这几个省直辖市的经济、社会发展迅速，还有一些县级市也要求由省直辖。实行省直辖县级市不仅在于为地方经济建设创造了宽松的体制环境，更重要的是精简了行政区划的层级。

实行省直辖县（市）可以分几步走：第一步，实行省辖县级市；第二步，推行省辖县。而且各省区还可以因地制宜，自行确定逐步实施的时间表，不要搞“齐步走”，特别是对于西部一些地方不要强求实施省辖县（市）。美国作为发达国家，依然根据经济、社会发展水平分别实施不同的层级和建制，这种实事求是的做法值得我们借鉴。

4.搞好协作，积极推进大都市圈及大都市带的建设

城市发展是人类文明进步的象征。1880年，生活在城市里的世界人口比例为3%；1990年，这一数字上升为10%；2000年，已经有50%以上的世界人口生活在大大小小的城市里。一些专家预测：到2025年，世界人口将达到80亿左右，而城市人口约有50亿。相应地，作为城市经济、社会发展载体的城市，也由单个城镇、城市的发展逐步转向城市群带、大都市圈及大都市连绵带的发展。欧美国家在大都市圈、带的发展过程中有一些好的经验和做法可供借鉴。美国为了加强各政区及城市间的联系，通过不同形式设立了一些跨行政区的经济联合体或合作组织。如纽约市所在的连续建成区地跨纽约、新泽西、康涅狄克3个州，正是由于州际的有效协作，才使得该城市地区能协调发展。在法国，广义的巴黎包括除省级市巴黎外，还有另外7个省；在英国，大伦敦由32个市和1个伦敦城组成；在加拿大，多伦多、蒙特利尔也经历了一个整合过程。

我国城市化步伐不断加快，一些城市群带逐步形成。特别是在东部发达地区及部分中部地区出现了一些大都市圈及大都市连绵带，迫切需要从体制上进行创新，即加强协调，避免城市间盲目竞争所带来的两败俱伤。就我国实际情况而言，大都市圈一般以一个大城市为核心，大都市连绵带一般以两个以上距离较近的大城市为核心。为适应城市化发展的客观要求，应该从管理体制上创造条件，积极推进大都市圈及大都市带的健康发展。其一，要科学规划、合理确定核心城市，即以直辖市、副省级市或计划单列市为核心构建大都市圈及大都市带。其二，都市圈及都市带内的各市、县最好脱离原属地级政区，而由省直管，从而为都市圈、带的建设创造宽松环境。其三，从欧美情况来看，都市圈、带内的市、县不一定都由核心城市管辖，它们可以保持隶属省直管的关系不变，这样有利于保持竞争的活力，避免形成新的“行政区经济”。其四，也是最重要的方面，就

是都市圈、带内的市、县在自愿的基础上，本着平等、互惠的原则，共同创建经济联合体或制订合作协议，以图共同发展。

5.大胆探索，设立乡镇派出机构

在市场经济国家，基层地方政府一般实行自治。美国地方及基层政府拥有相当大的独立性和自主权，在其职责范围内高度自治。美国县与乡镇的关系表现为：一是合作关系，虽然县政府对其辖区有协调作用，但必须依法行政，在执法、防灾救灾、交通及相关公益项目上依法合作；二是契约关系，上下政府间常常通过订立契约，在利益互惠的基础上进行合作，有时这种合作还出现跨区域的横向协作，出现跨区域组织机构；三是依法监督的关系，县政府对乡镇依法进行监督与协调。美国地方政府之间的交往常常是依据一定的契约和协议，在自愿和互惠的基础上进行的。各地方政府之间并非是严格的行政等级式的上下级领导与被领导的关系，实际上是建立在法制和利益基础上的平等互利和合作关系。

我国乡镇体制改革十分活跃，改革开放以来各地对乡镇体制进行了几次大的改革，实现了农村经济的飞跃。随着形势的发展，家庭联产承包责任制等政策的优势已发挥到极致，基层政权建设面临新的挑战。经济全球化、市场化深刻而广泛地影响到基层群众社会生活的方方面面，民主意识增长，政治文明建设步伐加快，客观上要求深化乡镇体制改革。在社会主义市场经济体制下，市场化进程将不可逆转，特别是乡镇政府首当其冲，民营化、私有化、股份制等改革都是源于基层。国家除掌握控制少数事关国计民生的大产业、大企业、大公司之外，基层地方政府将不再或很少拥有自己的企业及经济实体，而转向公共管理和服务。

在 2004 年 3 月召开的十届全国人大二次会议上，温家宝总理郑重承诺，从当年起，5 年内取消农业税。目前，全国均已取消了农业税，同时，不少地方还逐步推行“乡财县管”。如何在没有传统经济实力作后盾的情况下实施有效的公共管理，最佳方式就是顺应乡镇机构已经虚化的事实，建立乡镇派出机构。其关键是转变乡镇管理职能，使之符合社会主义市场经济发展的客观要求。一是上级各部门不再按乡镇区域作为其延伸机构的依据，而从群众及社会服务需要出发；二是逐步取消乡镇财政后，改由县市统筹安排，这样也能保证各乡镇的必要活动开支；三是按照精简、统一、效能的原则减编减员，减轻地方财政的巨大压力；四是结合乡镇管理职能的转变，加强基层群众性自治组织即村(居) 民委员会的建设，以填补管理“真空”。

6.实事求是，创建地方特区政府

美国发展最快、数量最多的行政建制是地方特区建制。这些特区功能单一、设置灵活、方便特定的群体，对我们有借鉴意义。市场经济需要灵活多样的公共管理，需要以人为本的人性化服务。美国众多特区政府的设立，顺应了不同群体的需要，充分体现出自由、民主的价值理念，也是美国经济发展的重要动力源泉之一，因而具有极强的生命力。美国现有特区 34683 个，另外还有 13726 个学区，也属地方自治性的实体，从这里也可以看出美国对学校教育的重视程度。

我国有数以万计的基层群众性自治组织——村民委员会、居民委员会及社区居委会，但它们不具有地方政府性质，功能相对较弱。乡、镇、街道办事处都是普通型建制单位，难以满足特殊情况的需要。我国目前存在着大量的各类专业开发区、科技园、风景区、农林牧渔茶场等等，根据国家关于行政区划管理的法律规定，它们都不是行政区划单位，不能归为政府系列；另一方面，他们又行使着一些地方政府的职能，处境十分尴尬。它们有的挂着普通建制的名称，实际上行使着专门职能；有的干脆就自行脱离地方行政区划系列，挂上自己的牌子，成为行政区划的“盲点”。

从实际情况出发，实事求是地在这些特殊地区设立特区建制，有利于适应市场经济发展多元化的特点，实行体制创新，增添发展的动力；有利于因地制宜，对特殊地区实行专门的管理；有利于实行行政区划的统一、规范化管理，从体制上彻底解决“黑户口”及行政区划的盲点问题。设立特区建制应遵循如下原则：一是特区必须行使专一或特殊的职能；二是特区定为自治地方政府；三是政府活动经费及人员编制由特区自行解决；四是特区由国家有关权力机构依法设立、调整或撤销。此外，为适应竞争的需要，特区一旦在财经上难以为继，可以依法实行注销或破产，当然由相应的权力机关或行政机关审批。

（三）我国行政区划改革要有相关配套措施

行政区划改革涉及面广，必须采取综合配合措施。

一是不断完善社会主义市场经济体制。加快市场经济发展步伐，建立完善的市场经济体制，达到以市场为主要手段来配置资源的目的；使行政区划从配置资源的主导地位上淡出，这样才能从根本上解决“行政区经济”的问题，改变高度集中经济及政治体制下形成的行政区划格局。

二是加强民主政治建设。通过有效的民主政治建设，扩大地方政府的自主权，同时将政府部分职能转交给社会及公民群众，为行政区划“宽幅式”设置奠定基础。如果民主政治建设不能配套实施，单纯的“宽幅式”管理必然会造成顾此失彼及“按下葫芦浮起瓢”的混乱局面。

三是加强行政区划的规范化管理。制定科学、合理的市区镇设置标准，实行分类指导。镇以下设置标准交由省级政府确定。中央政府负责制定县市以上建制的设置标准，对于其他建制设置标准实行粗放管理，同时要规范行政区划调整变更的程序。

四是坚持“有所为，有所不为”。一方面要科学制定行政区划调整规划，加强宏观战略研究，努力避免盲目性；特别要围绕市镇设置及城市化发展，制定好行政区划调整的中长期规划。另一方面，对于基层政区尤其是特区的设置，采取顺其自然的办法，以市场为导向，以体制的竞争、创新直接为经济、社会发展增添动力。

五是深化户籍制度改革。在全国范围内尽快实施彻底的户籍制度改革，使公民个人能够在全国范围内自由流动与择业，从根本上解决城乡二元结构的矛盾，并与科学的行政区划改革相配套，将会对中国经济、社会发展产生积极的、深远的影响。

六是各部门要加强配合。设立新的建制单位需要进行各种设施建设，调配各方面的人力资源，尤其要对公共社会事业进行必要的建设投人；行政区划的调整同样涉及各方利益的分配与各项建设的重新布局。这一系列的工作任务不可能由单一的部门或单位来承担，需要各方面的通力合作。

七是努力实施可持续发展。行政区划的合理与否，不仅影响着政治、经济、社会方面，也对生态环境产生影响。关注并高度重视社会的可持续发展，是人类社会的共同心愿。实施可持续发展就是坚持科学的发展观，行政区划的改革与调整要有利于社会的可持续发展，做到尊重历史，立足现实，面向未来，使行政区划经得起历史的检验。

参考文献:

[1] 孙平. 中国行政区划分析[M]. 武汉: 湖北人民出版社, 2004.

[2] 中国行政区划研究会. 中国行政区划研究[M]. 北京: 中国社会出版社, 1991.

[3] 陈嘉陵. 各国地方政府比较研究[M]. 武汉: 武汉出版社, 1991.

[4] 浦善新. 中国行政区划概论[M]. 北京: 知识出版社, 1995.

[5] 刘君德. 中国行政区划的理论与实践[M]. 上海: 华东师范大学出版社, 1996.

[6] 戴均良. 中国市制[M]. 北京: 中国地图出版社, 2000.

[7] 袁晖. 当代西方行政管理体制[M]. 济南: 山东人民出版社, 2000.

[8] [美]尼古拉斯·亨利. 公共行政与公共事务(第八版)[M]. 北京: 中国人民大学出版社, 2002.

[9] [美]约翰·M·利维. 现代城市规划(第五版)[M]. 北京: 中国人民大学出版社, 2003.

[10] 梁木生. 政治学[M]. 武汉: 武汉出版社, 2002.

空间布局

积极应对城市化挑战 科学规划城市建制布局

摘 要：我国总体上已进入城市化中期，城市建制布局面临新挑战，必须以科学发展观为指导，科学规划好各类城市建制，不断完善城市体系，走中国特色城市化道路。适应经济开发建设需要，着力优化城市建制布局，结合实际，科学构建各种形态的城市建制模式。创新城市建制规划方法，保证规划的合理性、科学性、可行性，促进城市化健康发展。

关键词：城市化；城市建制；规划

城市化是人类文明与社会进步的重要标志，是社会分工和生产力发展的必然结果，并伴随着人口的非农化、产业的高级化、地域景观的复杂化。在城市地区设置专门的城市建制实施行政管理，是城市化的必然要求。根据我国有关法律法规，城市建制主要有直辖市、地级市、县级市和市辖区和街道办事处，另外还有计划单列市和副省级市等。城市建制设置对象主要是城市地区，也包括一定范围的郊区农村。由于城市化是一个连续不断的过程，城市地区开发建设在不断推进之中，所以，必须适时规划城市建制布局，推进城市行政管理体制改革创新，促进城市经济社会协调发展。

一、我国城市化发展迅速，城市建制布局面临新挑战

按照城市化一般规律，城市化在不同发展阶段的特征和任务各不相同。在城市化初期，城市化水平在30%以下，主要表现为人口向工矿区聚集，城镇数量少，发展水平低，城市职能结构单一；城市化中期，城市化水平在30%~70%；城市化中前期主要表现为城镇数量增加、城镇规模膨胀的外延式发展；城市化中后期，城镇人口比重超过农村人口比重，社会经济发展从传统农业社会步入现代城市社会，城市在外延扩大的同时转向以内涵发展为主，各种生产、生活服务设施和城市职能结构更加完善；城市化后期，城市化水平在70%以上，主要表现为城市综合功能的提升和人民生活品质的提高，城市社会服务设施更加完善，城

市职能更加复杂和多样化。

我国地域辽阔，客观上存在东、中、西三大地带，分布着不同地域及不同数量的人口，成为城市建制设置的基本依据，决定了不同地域实行分类指导的客观要求。我国东部和东北地区城镇人口比重已超过50%，进入城市化中后期，城市化逐步转向内涵、质量型发展过程。中部地区城市化水平已超过40%，西部地区城市化水平超过30%，中西部地区城市化速度在逐步加快，数量、规模的扩张是城市化的特点。据预测，2020年东部地区城市化水平将达到65%，中西部地区城市化水平将分别达到55%和45%以上。如果仅从城市化率来看，可以预见，城市化水平的区域差异会在将来某个时期逐步缩小。但是，城镇密度和城镇人口仍将保持从东到西梯度分布的格局，特别是城市经济规模和现代化水平的整体差异还会长期存在。

目前，我国总体上已进入城市化中期，城市化快速发展将成为我国未来社会发展的显著标志，城市建设、管理将从多方面对城市建制布局产生作用和影响。一是现代化建设及生产力发展对城市建制产生影响。我国开放开发向纵深推进改变了生产力格局，区域经济发生梯度转移，迫切需要建立健全与之相适应的城市建制体系。二是城市管理对城市建制产生影响。城市管理分工越来越细，有的城市政府还推出了网格化管理，对传统城市建制布局产生直接影响，适应社会事务管理和公共服务要求、规划城市建制成为必然趋势。三是城市功能变化对城市建制产生影响。城市建设不断推进，产业结构及布局发生变化，城中村、人居环境等问题凸显，城市建制必须适应城市功能分区要求，突出规范化、特色化管理。四是交通及公共基础设施建设对城市建制产生影响。我国城市基础设施及交通通讯事业快速发展，缩短了经济交流、社会交往的时空距离，导致经济格局及流向改变，需要适时调整城市建制布局。

二、以科学发展观为统领，不断完善城市体系

城市体系是一个国家或一个地区各种规模、各种类型城市空间分布结构的有机整体，是城市经济社会发展的产物。只有当城市发展到一定数量，城市地区专业化分工和城市之间的经济往来及联系发展到一定程度，才具有城市体系形成的客观基础；而城市体系一旦形成，它对整个城市群体的发展又起着重要的制约和平衡作用。实现城市体系的合理化，是现代城市发展的明显趋势。我国目前城市化主要还是数量和规模的扩张，表现为城镇人口和建设规模的不断扩大，新的形势对优化城市布局、完善城市功能、提升城市结构提出了新的要求。

必须以科学发展观为指导，加强城市建制布局规划，不断完善城市体系，走中国特色城市化道路。一是把是否有利于生产力发展放在突出位置，通过城市建制布局优化资源配置，加强城市与区域的有机联系，促进区域经济协调发展。二是坚持以人为本，把是否有利于社会管理以及是否增进人民福祉作为重要依据，将公共基础设施及公共服务机构设施建设作为评价城市建制设置的重要因素。三是坚持全面协调可持续发展，加强资源节约型、环境友好型社会建设，在城市建制布局中充分体现集约、高效、生态发展理念。四是坚持统筹兼顾，处理好局部与整体、当前与长远利益关系，用完善城市建制体系为科学发展创造良好的体制环境。

今后一个时期，在东部地区城市建制重点是改善布局形态，适应产业布局需要，促进经济结构优化调整。在中部地区，着力完善城市体系，承接东部沿海经济转移，保持城市化与工业化同步发展。在西部地区，以交通及产业为基础，加大新兴城市培育建设力度，以城市化带动区域经济协调发展。着眼完善城市体系，科学规划好各类城市建制。首先，从宏观上规划好直辖市或特大中心城市布局。一般来讲，规划中心城市要求地理位置比较优越，一般是重要交通枢纽，或者是经济开发重镇，在国家政治、经济活动中具有特殊作用。这样的城市实行中央直接管辖才具有战略意义，或者作为计划单列市又称副省级市对待，就是在行政隶属关系不变的前提下，其国民经济与社会发展计划单独列入国家直接管理的计划之中，为其发展提供更加宽松的环境。其次，从发挥区域中心城市作用出发规划好地级市布局。设立地级市，一般要求城市为省内区域中心城市，规模上为中等城市，也有大城市。与县级市相比，地级市最明显的特点是可以设市辖区，也可以带县，或代管县级市，由此体现区域中心城市的作用。同时，从加快城市化发展角度规划好县级市设置。县级市一般由县发展而来，与县相比，县级市城市化水平较高，城市经济较发达，而且区位条件优越，发展潜力较大，产业结构上以工业经济为主导。推进县级市发展，是我国未来城市化发展的重要任务之一。

三、适应经济开发建设需要，着力优化城市建制布局

直辖市、地级市、县级市等在地域上表现为一定形态的空间布局，由于各地所处地理环境不同，导致城市建制布局形态各异。目前，从行政管理角度看，决定我国城市布局形态的主要是市辖区和街道办事处。市辖区和街道办事处的设置对象主要是城区部分，同时也不排除含有少量农村地区。改革开放以来，随着城乡一体化发展，整县改区、整乡（镇）改街道办事处，使得市辖区与街道办事处呈现出城市建制与一般地域建制的双重特性。为了适应城市形态多样化的实际，必须认真研究探讨构建具有地方特色的城市建制模式。

（一）设立单核点状布局形态的城市建制。城市单核点状布局的特征是用地集中紧凑，城市路网系统多呈方格网状，路网较为完整。单核点状布局的城市便于集中管理，城市建设用地经济节约。早期设立的城市建制大多采用这种形式，城市建制较小较集中。如果城市规模发展较大时，该布局形态就会出现交通紧张、生态环境质量下降，影响城市功能的发挥。对于中小城市，城市建制可以由内向外呈扇形辐射状；当城市发展到一定程度，核心城区建制可适当合并，扩大协作空间，或者向着城市组团或分散型方向发展。

（二）设立带状布局形态的城市建制。带状形态的城市大多为沿江、沿河或沿公路、铁路发展起来。城市建设中要注意避免主街道与交通干道相重合的问题，采用高架路或地铁分流主街道的流量，保持主街畅通。城市建制要顺应带状布局，结合功能分区、不同中心组团、人口及地域规模要求，沿带状方向分段布局，使城市建制与城市功能分区相协调。

（三）设立多核组团布局形态的城市建制。城市因自然条件、交通干线和生态环境绿地的分割呈组团状分布，城市建制要适应多核组团状的公共中心布局需要，以城区主中心及周围地域为依据布局城市建制，路网系统在各城市建制组团内部自成体系，各组团之间以城市干道交通相连接。

（四）设立分散疏松型布局形态的城市建制。受河流、山川、矿藏资源或交通干道的分隔，使得城市建制包括若干分片、分组，每个建制不一定正好为一个组团，而是包括一定范围松散型地域。在保证城市建制中心区功能完善的前提下，保证城市建制与地理环境相适应，使行政区域界线走向明确宜定位，以便于管理及方便群众生活。

（五）设立星状布局形态的城市建制。城市呈主城和若干子城星状分布形态，城市建制包括主城及其周边部分空旷地区；有的只包括部分中心主城，或直接在子城设立城市建制。星状布局城市建制设置要适应特大城市主城和卫星城布局要求，保持规划的前瞻性，随着城市化推进，这类城市地区往往会发展为网络状的城镇布局或城市群。

总之，上述各类城市建制布局并不存在优劣之分，关键要因地制宜。选择城市建制布局模式切忌主观，一定要从实际出发，依据当地城市发展的自然条件、环境状况、发展趋势、经济实力等因素，实事求是地科学规划。可以几种模式相互配合，例如，集中与分散型结合，主城区与外围兼顾，带状与组团搭配等，通过科学规划，努力使城市功能处于最佳状态。

四、创新城市建制规划，为城市化健康发展提供保障

为了推进城市化有序、协调发展、促进城市地区管理水平的不断提高，必须加强城市建制规划工作。关于城市与区域空间规划，已经积累了不少经验和理论。例如，区域规划的一些经典理论——区位论、中心地理论、增长极核论和集聚扩散原理等，都得到不同程度地应用。但是，对于城市建制布局，很少进行系统化、规范化的规划设计，还没有形成完善的理论方法。上世纪90年代初，国家民政部曾在全国开展过设市预测与规划，积累了一些成功经验，但仍存在较大局限性。因此，迫切需要加强城市建制规划工作。要将城市建制规划纳入行政管理职责体系，明确工作任务，加强组织领导，造就能够担当城市建制规划工作的人员队伍，积极主动开展城市建制日常规划工作。

结合实际，创新城市建制规划方法，着重把握好下列原则：一是坚持适应性。城市建制属上层建筑范畴，首先要适应国家政治体制、行政管理体制改革需要，把握大势，明确方向，保证国家统一有效地管理；同时，适应地方开发建设需要，搞好地方城市建制规划设计。二是体现针对性。避免传统城市规划面面俱到的做法，重点针对城市开发建设实际需要，有的放矢，一般在一两个月、长则半年时间拟定规划方案。另外，也可以针对国家发展战略需要，用一两年或更长时间编制宏观的系统化的城市建制总体规划。三是突出创新性。以开放的心态吸收来自多学科的理论与方法，创造性地运用于城市建制规划之中，结合实际情况，编制具有地方特色的城市建制规划。四是强化综合性。规划城市建制要综合考虑产业发展、社会管理、公共服务、生态与环境保护、基础设施、地域文化等因素，努力形成城市建制体系的整体最优。五是具有可操作性。通过深入调研、凝聚共识、科学规划、经过审批、然后实施，保证城市建制规划的合理性、科学性、可行性，为其他相关行业部门规划提供依据，促进城市化健康发展。

参考文献：

[1] 陈锦富. 城市规划概论[M]. 北京: 中国建筑工业出版社, 2006.

[2] 罗震东, 赵民. 试论城市发展的战略研究及战略规划的形成[J]. 城市规划, 2003(1).

[3] 盈广耀. 未来中国城市化的发展趋势[EB/OL]. http://www.chinacity.org.cn/cstj/csfz30/53907.html.

综合改革背景下卫星城发展新思路

摘 要：我国改革开放经历了由农村到城市、由城市到区域、由单项突破到综合推进的过程，促进我国现代化建设不断迈上新台阶。综合配套改革具有鲜明的时代特征，要求城乡之间相协调、城市与区域良性互动、城市与国家整体战略相适应，注重经济增长的综合效益，强调社会行政管理体制改革。随着综合改革试验区向前发展，我国卫星城建设已进入彰显特色、日趋成熟的新阶段，在城市化及区域经济发展中将占据重要地位，发挥更大作用。综合改革背景下要积极推进卫星城发展，创新卫星城发展理念，坚持国家改革开放战略的主导性，抓好科学规划，强化卫星城吸纳与辐射功能，加强基础设施建设，高度重视产业发展，突出地方特色，努力使卫星城形成既各具特色、又多样和谐的空间组合。加强相关措施，完善领导协调机制，深化户籍制度改革，创新土地管理制度，坚持多元化融资渠道，努力实现可持续发展。

关键词：卫星城；综合改革；发展思路

根据国家“十二五”规划，我国开放开发将在深度和广度上全面拓展，包括推进新一轮西部大开发、全面振兴东北地区等老工业基地、大力促进中部地区崛起、积极支持东部地区率先发展，以及加大对革命老区、民族地区、边疆地区和贫困地区扶持力度等。新的改革战略具有明显的时代特征，一是在改革内容上具有极强的综合性，包括经济、政治、文化、社会、生态环境建设等诸多领域的改革；二是开发区或试验区大多以所在地区的城市群为依托，由此带动区域协调发展。经过改革开放30余年的发展，我国城市体系总体格局基本形成，特大城市及大城市地位得到巩固，在其周边地区形成了不同规模的卫星城。按照国家城市发展方针及主体功能区规划，要控制特大城市规模，卫星城则成为改革发展的热点地区。加强卫星城建设，全面推进综合配套改革，实现经济社会又好又快发展，成为我国新一轮改革发展的必然选择。

一、改革开放的区域轨迹

我国改革开放经历了由农村到城市、由城市到区域、由单项突破到综合推进的过程，促进我国现代化建设不断迈上新台阶。改革开放初期，以实行农村家庭联产承包责任制为突破口，极大地推动了农村经济发展，为城市改革及城市化发展奠定了坚实的物质基础。上世纪 80 年代初中期，国家开始推行城市导向的开发战略，逐步建立各级各类开发区，支持部分城市地区先行发展，从而带动所在区域共同繁荣。上世纪 80 年代初期，设立了深圳等经济特区，目的在于通过给予部分地区特殊的优惠政策，探寻经济体制改革的方向和路径。到 1988 年，国务院先后批准在沿海 12 个城市建立了 14 个国家级开发区。1992 年邓小平同志南巡谈话之后，国家实施扩大开放战略，浦东开发正式启动，长江沿线开放开发逐步推进。在开放地域上，从 80 年代沿海部分城市开放扩大到沿江（长江、黄河、珠江等)、沿边（境）和内陆省会城市开放。在开放领域上，从生产领域扩大到金融、贸易等服务领域，呈现出多方位对外开放的态势。进入新世纪，国家将开放开发由城市向区域作面上推广，明显标志是新世纪初开始实施西部大开发战略。同时，国家陆续批准中西部地区省会城市设立国家级开发区。特别是 2003 年之后，中央提出科学发展观，国家开放开发由城市向区域全面推开，我国逐步走上区域协调发展的轨道。

从新世纪设立的开发区来看，改革开放从过去给予部分地区特殊优惠政策向建立完善的社会主义市场经济体制并实行区域公平竞争转变。在这一背景下设立了一批国家综合配套改革试验区，目的在于探索综合体制改革和制度创新经验，以点促面，从根本上解决影响区域、城乡、经济社会及资源环境协调发展的体制性问题，建立起比较完善的社会主义市场经济新体制。国家综合配套改革试验区陆续设立，由南向北、由东向西，掀起了新一轮开放开发大潮。上海浦东新区、天津滨海新区、成渝地带、武汉城市圈和长株潭城市群等试验区，成为综合配套改革的先行者，作为经济特区的深圳也在综合配套改革上持续发力。为进一步加大区域综合配套改革力度，国务院先后批复了一大批区域规划，例如福建省海峡西岸经济区规划、关中天水经济区发展规划、江苏沿海地区发展规划、横琴总体发展规划、辽宁沿海经济带发展规划、促进中部地区崛起规划、中国图们江区域合作开发规划、黄河三角洲高效生态经济区发展规划、鄱阳湖生态经济区规划、山西省国家资源型经济转型综合配套改革试验区规划等。

我国综合配套改革试验区诞生并迅速发展，成为我国当前改革开放最鲜明的特征，也成为推动区域经济发展的强大动力。

我国区域开放开发已形成东、中、西部并行及东部沿海地区较为集中的新的区域经济格局。我们清楚地看到，改革开放30多年来，我国经济以丰富的劳动力禀赋融入全球分工体系，但过高的对外贸易依赖程度，使得我国经济发展存在结构上的问题。面临突如其来的国际金融危机，部分在东部失去竞争优势的产业，产生了转移的压力和动力。区域间经济协调发展被赋予更加突出的时代使命与责任，客观地上升为新的国家战略。综合改革试验区的诞生与发展，正好适应了我国区域经济协调发展的新要求。为了保持经济又好又快的发展，国家不断出台区域经济新政策，特别是陆续设置综合配套改革试验区，由点及面地带动区域发展，成为我国新世纪实现新跨越的重要战略举措。

二、综合改革的特点

经过改革开放以来的探索，原有体制下的经济特区成功地完成了特定时期的历史使命，经过探索、磨炼与锤打的各项改革政策逐渐推广开来，为国家现代化建设提供了强大动力。目前，改革逐步迈进“深水区”，各项改革正在向更深层次更宽领域的攻坚阶段挺进。当今的改革已不可能再单纯以经济改革为主实行单兵推进，这样已无法破解来自行政与社会领域所产生的复杂问题。所以，必须对改革的利益关系、民生基础和政府结构进行重构和调整。综合配套改革试验区的设立，标志着我国区域经济发展已进入体制改革的关键时期，在经济体制改革的基础上，今后将更加注重社会体制和行政体制的改革。国家综合配套改革试验区将结合具体区域的实际特点，先由地方政府试验一些具有国家层面意义的重大改革措施，通过综合配套改革推进区域经济发展。可以说，综合配套改革试验区将成为我国下一阶段深化改革开放的前沿阵地，担负着探索建设和谐社会、创新区域发展模式、提升区域乃至国家综合竞争力的宏伟使命。综合改革试验区的先试先行任务，除了区内的经济、社会与行政体制改革之外，还具有创新区域协调发展的职责。

综合配套改革是一项复杂的系统改革，已经从单一关注城市发展转向注重整体区域进步。以往的改革试点以城市为聚焦点，对城市与区域、国家之间的关联性和协调性缺乏关注。随着科学发展观的提出和落实，我国改革开放将更加注重统筹兼顾以及协调发展，要求城乡之间、城市与区域之间、城市与国家整体战略之间的协调发展。具体讲，综合配套改革具有以下特征。

首先，城乡之间相协调。综合试验区致力于解决长期以来困扰我国经济社会发展的城乡二元结构问题，力求形成统筹城乡发展的体制机制，促进城乡经济社会协调发展。城乡协调的重任不仅对中西部的试验区尤为重要，东部沿海的试验区同样责无旁贷。实际上，消除城乡二元结构的制度障碍，加快城乡一体化进程，是我国未来现代化发展的必然趋势。

其次，城市与区域良性互动。从目前进行综合改革试验区所处的地域位置来看，上海浦东新区位于长三角经济圈，天津滨海新区位于环渤海经济圈，深圳位于珠三角经济圈，重庆和成都位于中西部交结地带的长江经济走廊，武汉城市圈和长株潭城市群位于中部地区，几大改革试验区处于我国经济最活跃、最发达的地区，是我国经济发展的重要支撑。综合改革试验区的分布，明显地反映出国家注重城市与区域之间协调发展的战略意图，这些试验区能够在所处区域产生极大的辐射与带动作用。

第三，体现国家整体战略取向。综合试验区在宏观地域分布上具有较强的代表性，而且改革内容上也反映了国家总体战略目标要求。试验区不仅是地方性城市的制度创新，还体现了国家整体战略目标。换言之，试验区既要把改革风险和试验成本控制在一定区域之内，平稳有序推进改革进程；还必须通过地方性知识和经验的积累，为解决全国共性难题、形成国家层面改革的整体战略提供参考和借鉴。

第四，注重经济增长的综合效益。以科学发展观为统领，从招商引资的旧有改革框架跳出，着力形成健康、生态的社会主义市场经济体系。以转变发展方式为主线，注重改善资源利用方法，提升资源利用效率，缓解资源日益稀缺与需求量迅速上升的矛盾。注重人才要素、资本要素、科学技术要素、自然资源要素和生产要素的整合，通过优化产业结构实现可持续发展。

第五，强调社会行政管理体制改革。着眼完善社会主义市场经济体制，加强以社会行政管理体制改革为重点的综合性体制创新。在转变政府职能基础上建立高效的新的管理体制，理顺各级政府的事权和财权，提高行政效能，降低行政成本。紧扣建设和谐社会的战略目标，强化社会发展和公共服务，对涉及民生基础的教育、医疗、社会保障、就业、户籍等公共服务进行改革创新。

三、综合改革阶段卫星城建设的必然性和意义

我国区域经济大多以行政区划单元为基础进行布局，财政、税收和投资安排都以各级行政建制单位为依据，所以，综合改革试验区建设与发展必须与市镇布局相适应。否则，试验区发展就会受到行政体制的约束，内部行政成本加大，影响区域协调发展。先试先行的试验区往往也是所属经济圈的核心与龙头，兼具对更广大区域的示范和带动作用。目前国内区域经济合作机制比较多的采用行政领导联席会议形式，体现为政府间合作模式，通过论坛、学术研究与讨论的形式开展沟通与协商。这种区域经济合作机制还不够全面、深入，尤其是没有强调市场机制在区域改革发展中的作用，制度化的区域协调机制也不够健全。某种程度上讲，现代经济就是城市经济，现代社会就是城市化社会，只有通过建立完善的城市体系及相应的协调机制，加强城市化建设和管理，才能推进综合改革走上健康发展轨道。综合改革试验区的任务是由点向面推广改革发展经验，而卫星城是中心城市向外拓展的基本形式和途径，统筹试验区与卫星城建设，是城乡协调发展的必然要求。

众所周知，现代城市承担各方面的压力越来越大，大量人口从农村涌往城市特别是大城市，导致大城市恶性膨胀，不得不采取“摊大饼”的发展方式，从城市中心向外不断扩张地域空间。这种方式在城市以聚集功能为主的时期有其客观性与合理性。但是，随着城市快速扩张，城市规模越来越大，带来了很多新的问题，例如，城市人口拥挤、交通堵塞、环境污染、地价昂贵，城市管理难度加大，治安环境日趋恶化等等。国外城市化经验表明，当城市化率达到50%的时候，城市的分散作用开始超过聚集作用，会出现城市人口和产业向城外流出和扩散的现象，主要是流向周边生态环境相对较好的郊区或者说大城市周围的中小城镇即卫星城。我国目前城市化率接近50%，正处于卫星城快速发展的阶段。卫星城是大城市体系中的一个重要层次，是依附于大城市、与大城市联系紧密、处在大城市周边而又与大城市相对独立的中小城市。卫星城多数是借助于特大城市中心城区的辐射力，由原有小城镇发展形成，少数是在新规划的郊区和乡村空地上建设而成。在发展初期，卫星城一般位于交通干线上，距离中心城市较近，城区多以居住区为主，对中心城市的依附性较强。随着工业企业、科教事业等单位机构的落户，卫星城的规模逐渐扩大，自身生活生产职能不断增强，独立性也随之增强。随着综合改革试验区向前发展，我国卫星城建设已进入彰显特色、日趋成熟的新阶段，在城市化及区域经济发展中将占据重要地位，发挥更大作用。

加强卫星城建设，既能推进产业聚集，又能产生经济辐射。在产业聚集上，卫星城一方面表现为农村乡镇工业企业的聚集，另一方面表现为吸纳中心城市转移的产业企业，实现区域产业链的延伸。通过卫星城建设，能够为聚集人口提供有力载体。卫星城的发展能够疏散中心城市过密的人口，缓解住房、交通压力，减少环境污染，改善人居环境，为大城市和谐发展创造条件。卫星城在吸纳农村剩余劳动力方面花费较少，聚集人口成本低，农民可以就近务工经商，降低生活风险，更容易融入城市生活，这些都是大城市不可替代的优势。卫星城处在交通方便、区位优越、经济社会发展水平相对较高的大城市周围，与其他城市相比，卫星城有集约发展的独特优势，能够依托大城市大市场、大产业、大科技等有利条件，实现跨越式发展。卫星城又与广大农村地区有着紧密的联系，是城乡交流的重要环节，具有城乡协调联系的功能。卫星城作为城乡之间进行联系和交流的中间环节，不仅可以为大城市提供从农村聚集而来的原材料、农副产品、大量劳务，还可以为大城市向农村转移产品、资金、技术、人才等开辟广阔的市场。因此，加强卫星城建设，对于培育壮大城市群、促进城乡一体化发展、提升国家综合经济实力具有重大战略意义。

四、综合改革背景下卫星城发展的基本思路

（一）创新卫星城发展理念。思路决定出路，理念决定未来。加快卫星城发展必须以科学发展观为指导，重点坚持“四个统筹”，着力推进“四个转变”，即坚持统筹城乡发展、统筹区域发展、统筹经济社会发展、统筹人与自然和谐发展，推进粗放发展向集约高效发展转变、推进城乡分割向城乡融合转变、推进单项突破向统筹协调转变、推进基本同质化向彰显特色转变。抓住关键环节，突出重要领域。按照主体功能区规划和地方经济社会发展战略要求，依托中心城市定位卫星城发展目标，加强协调联动，在交通、产业、市场、文化、医疗卫生、社会保障等方面积极推进卫星城与中心城市一体化建设。高标准、高起点规划，充分突出卫星城规划的战略性、前瞻性和导向性作用。根据我国社会转型期特点，充分发挥行政区划在卫星城建设中的积极作用，通过科学合理的市镇设置及行政区划改革，不断完善城市体系，优化卫星城布局。同时，创新体制机制，努力构建符合卫星城发展需要的管理体制。

（二）坚持国家改革开放战略的主导性。以国家改革开放试验区为引导，适应城市化及区域经济发展客观要求，推进中心城市与卫星城协调发展，进而整合为具有地方特色的城市集群，为改革开放及现代化建设增添活力与动力。重点加强综合改革试验区所在地区城市群建设，利用得天独厚的区位、产业、科技、交通、市场和人才优势，着力探索新的经济发展方式。加强长江三角洲、珠江三角洲和环渤海地区城市群建设步伐，由南向北形成三足鼎立态势，使之在我国改革开放战略中发挥龙头作用。积极推进西部成渝地区建立完善的市场机制，着力解决城乡统筹发展问题。加快中部武汉城市圈及长株潭城市群“两型社会”试验区建设步伐，聚焦资源能源节约和环境生态保护方面的体制创新，探索具有中国特色的内生型经济发展道路，促进中部地区崛起。加强各省区内部综合改革试验区建设，形成国家级、省级、省内不同级别的城市群带，推动我国开放开发从东向西、从南到北、从上到下全面展开，突破区域之间的壁垒，形成各地区的比较优势，实现经济资源在全国范围内的优化配置。围绕城市群发展，以中心城市为依托，优化卫星城布局，使之成为城市群建设的重要基础，成为改革发展的巨大动力。

（三）抓好科学规划。规划是卫星城建设的灵魂，是整合中心城市与卫星城资源的有效手段。只有坚持规划先行，实现主城区及卫星城乃至小城镇规划的融合与衔接，才能为人口聚集、产业发展、环境保护、基础设施建设提供正确引导，实现城市发展从“摊大饼”向卫星城点状布局转变，走出一条区域统筹规划、城市空间结构优化、经济社会集约发展的道路。注意做好市镇设置规划和城市建设规划，努力推进中心城市、卫星城、小城镇及农村社区形成合理的空间结构，不断完善城市体系，形成良好的体制机制。不要强求中心城市对卫星城的行政隶属，尽量保持卫星城与中心城市法律地位的平等，为各自优势发挥创造宽松环境。有条件的地方，逐步推行省直管县市体制，优化卫星城空间布局。加强土地利用、交通通讯、产业、文化等专业规划的沟通协调，保持生产、生活、生态之间的有机联系，促进人与自然和谐发展，推动中心城市与卫星城及小城镇走上生产发展、生活富裕、生态良好的文明发展道路。

（四）强化卫星城吸纳与辐射功能。工业化和经济发展极大地促进了城市发展，随之而来的是日益严重的“城市病”，如交通拥挤、住房紧张、环境污染等。由于这些问题与城市规模有着密切关系，所以，要通过限制大城市或特大城市规模来分流人口及产业，而最好的途径就是发展卫星城。通过建设完善的基础设施、提供优质的公共服务、营造良好的生态环境，努力提高卫星城的承载力，增强卫星城对外来人口及产业的吸纳能力。另一方面，要强化卫星城对周边地区的带动力及辐射力。人们往往较多地看到卫星城依赖中心城市、服务中心城市的作用，忽略了卫星城在辐射带动周边地区发展中的作用。卫星城不仅是各自区域内的政治、经济、文化中心，而且还对周边农村地区产生辐射和带动作用，促进区域经济发展。卫星城不仅要注意吸纳农业剩余劳动力就业，还要加强与农村地区经济联系，建设以地方资源环境为依托的工业企业，努力将地方资源优势转化为经济优势，形成对广大农村地区的带动作用。

（五）加强基础设施建设。本着适度超前的原则，加强卫星城基础设施建设和公共服务机构设施建设。推进卫星城交通、市政设施乃至工商企业及社会事业同步建设，把卫星城建设为一定区域范围内的经济、文化、商贸中心，而不是交通相对发达但生产、生活服务不配套的"卧城"。加强卫星城与中心城市、周边城镇和乡村的联系，形成较强的协同效益。重点建设高效便捷的城镇交通基础设施，形成高效便捷的交通体系，为城市经济社会发展增添活力。加强事关基础性民生领域的市政公用设施建设，高度重视供水、排水、排污、供电、供气、通讯等设施建设，规划建设好各类地下管网，避免相互干扰。完善公共服务机构设施，着力加强教育、医疗、文化、科普、体育和休闲娱乐等设施建设，全面提高城镇经济社会发展水平，不断满足人民群众日益增长的生活需求。

（六）高度重视产业发展。卫星城建设，产业是基础。没有产业支撑的卫星城，必然缺少活力、缺少张力、缺少竞争力。要统筹产业布局，做到有进有退。有的产业需要迁到卫星城，有的产业需要向中心城市集中，有的产业如服务业需要专门培植。通过合理布局产业，实现中心城市与卫星城之间良性互补，使得各自优势充分发挥。推进城市化与工业化协调发展，工业化创造供给，城镇化创造需求，两者共同促进卫星城发展壮大。通过中心城市向卫星城转移产业，在卫星城开展工业园区或开发区建设，不断完善配套基础设施，由此形成产业和人口集聚。加快卫星城服务业发展，把服务业作为新的经济增长点和产业结构调整的战略重点，不断提高服务业对卫星城经济增长和社会就业的贡献率。运用现代经营方式和信息技术提升商贸物流、金融保险、旅游会展、文化和房地产等服务业水平，积极发展电子商务、连锁经营、现代物流等新的服务方式，加快培育信息、科教、中介、社区和公共服务等新兴服务业，促进社会公共资源随人口一起在卫星城聚集。

（七）突出地方特色。卫星城建设既要考虑分摊中心城市功能需要，又要兼顾自身发展，根据所处环境及比较优势，科学定位卫星城功能及特色。中心城市与卫星城之间应该统筹产业布局，实行合理的功能分区，形成互补效应。强化卫星城自身功能定位，彰显地方特色，以吸引各种资源、要素的流入，使卫星城成为生活、创业相融合的最佳场所。从卫星城发展实际出发，因势利导，科学确立发展模式。根据中心城市转移辐射情况及卫星城自然环境，合理确定卫星城发展特色。有的传统工业基础较好，有的科教事业具有优势，有的自然生态环境优越，有的商贸繁荣，等等，这些都可以成为吸纳人口及建设特色卫星城的重要条件。总之，卫星城建设要与本地区的自然地理条件、地域文化、功能定位、经济发展水平相结合。根据地方实际明确优势产业，突出特色经济，以此作为卫星城发展的重要支撑。坚持发展与创新相结合，努力繁荣具有鲜明特色的地域文化，以标志性文化项目建设为抓手，凸现具有独特魅力的文化标识。

五、相关措施

（一）完善领导协调机制。加强组织领导，由相关政府部门组成卫星城工作领导小组，对卫星城建设实施统一规划、组织、协调和指导。有关部门要研究提出卫星城发展的对策、建议，制定符合市场经济规律的人口、产业、土地、财税等政策。随着城市建设步伐加快，城区规模不断扩大，社会管理事务日益庞杂，对统筹管理提出了更高要求。要提高政府部门对城市规划、管理的水平，不断深化行政管理体制改革，将政府主要职能转移到城市公共服务及社会事业上来。加强统筹协调，避免参与建设的单位部门各行其是。协调好政府部门与社会及民间投资者之间的关系，帮助社会组织及企业解决项目开发和建设中的一些实际问题。加快建立统筹区域协调发展的机制，构建中心城市与卫星城规划共绘、设施共建、投资共担、利益共享的管理机制，形成共建共享、共生共荣的良好局面。

（二）深化户籍制度改革。卫星城承担着分流中心城市人口和吸纳农村人口的重任，必须改革户籍制度为人口流动提供保证。打破城乡分治的体制，放宽限制条件，解决好在城镇稳定就业和居住的农民工有序转变为城镇居民的问题，逐步实现农民工子女入学、公共卫生、住房购房、社会保障等方面与城镇居民享受同等待遇，促进农民工融入城镇，从而实现人口向卫星城聚集。构建高效、公平、便捷的社会保障体系，剥离户籍的附加功能，使户籍功能独立于社会福利分配而只具备人口管理功能。户籍制度改革应聚焦于实现社会管理制度与市场经济发展相协调，促进劳动力资源的合理配置和人口的自由流动与迁移。有步骤、分阶段地通过户籍制度改革，实现中心城市与卫星城人口无障碍交流，并逐步向广大农村地区推开，最终实行城乡人口自由流动。

（三）创新土地管理制度。从我国国土优化开发、重点开发、限制开发和禁止开发四类主体功能区来看，卫星城应该属于重点开发区。因此，必需对卫星城土地利用实行科学规划，完善土地征用制度，依法推动集体建设用地使用权进入市场流转。构建农村建设用地减少与城镇建设用地增加、吸纳农村人口进入城镇定居规模与城镇建设用地增加规模、城镇土地开发整理数量与新增建设用地指标挂钩机制，实现土地节约利用。通过农村住房制度改革和农村住房集中改建，挖掘住房用地潜力；通过环境保护和汰劣扶优，挖掘产业用地潜力；通过土地整理和异地合作，增加发展潜力。有序推动农村宅基地等非农建设用地以市场机制流入城镇，鼓励产业升级转移，通过“退村进城”“退城进园”“退二进三”“腾笼换业”等途径，盘活卫星城建设用地存量，全面提高城市建设用地产出率。

（四）坚持多元化融资渠道。卫星城建设需要大量投入，而财政性资金无法满足巨大的基建投资需求。要突破这一瓶颈，必须深化城市投融资体制改革，推进城市建设投资主体多元化、项目运行企业化、设施享用商品化，大力吸引私人资本、社会资本、境外资本。按照市场经济规律，由政府和企业共同开发城市、建设城市、经营城市。充分发挥市场机制作用，采用多种融资方式，拓宽融资渠道，筹集建设资金。打破垄断，引入竞争，凡是适宜通过市场化运作的领域和项目，要全面推向市场，凡是有收益的基础设施与公共设施，应合理确定服务价格，实行有偿使用。要建立多元化投入主体、多种经营模式构成的新型城市建设及经营机制，构建资本运作与资金管理平台。政府应尽量放开基础设施的经营管理，让市场调节发挥更大的作用。

（五）努力实现可持续发展。从卫星城所处地位来看，促进城乡一体、协调发展是卫星城不可推卸的责任，也是区域经济持续发展的客观要求。对于中心城市而言，卫星城是扩散；相对于农村，卫星城则是聚集。要坚持科学发展，正确处理好卫星城建设与环境保护的关系，把社会建设、文化建设、生态环境建设摆在与经济建设同等重要的位置。以构建和谐社会为出发点和落脚点，尤其要注重人与自然和谐，做到生态文明、经济文明和社会文明有机统一。发挥好自然生态优势，做好生态文章，充分利用山体、水系、道路等分隔带，大力建设绿色长廊、生态林地、风景园林，打造独具特色的卫星城景观环境。注重挖掘地方历史文化资源，切实把城镇建设和历史文化有机结合起来，使城镇成为人们生活的精神家园。建立健全环境问责制，做到既要金山银山，又要绿水青山，促进经济社会健康持续协调发展。

参考文献：

[1] 王圣学. 大城市卫星城研究[M]. 北京：社会科学文献出版社, 2008.

[2] 李燕, 张颖春. 我国综合配套改革实验区建设的经验探索与启示[J]. 中国党政干部论坛, 2009(12).

[3] 陈振明, 李德国. 国家综合配套改革试验区的实践探索与发展趋势[J]. 中国行政管理, 2008(11).

[4] 丁成日. 国际卫星城发展战略的评价[J]. 城市发展研究, 2007(2).

[5] 陈家记. 加快城镇化进程建设大广州卫星城[N]. 清远日报, 2010-8-19(A2).

[6] 杨亚沙. 对国家级经济技术开发区可持续发展的思考[EB/OL]. http://www.people.com.cn/GB/54918/55142/4811851.html.

[7] 李嘉岩. 北京卫星城发展的问题与对策研究[EB/OL]. http://www.bjpopss.gov.cn/bjpssweb/n22626c52.aspx.

推行县辖市的重大意义和实施途径

摘　要：我国县域经济快速发展，为农村城市化提供了强大动力。城市化发展需要大量建制市作支撑，我国现有建制市数量过少。传统切块设市与整县设市模式都存在难以解决的矛盾和问题，上世纪90年代末，国家不得不暂停设市工作，至今仍未解冻。从实际出发，积极推行县辖市，已成为我国城市化发展的必然要求。实行县辖市，有利于打破传统设市模式形成的僵局，走出一条城市化健康发展之路；有利于为农村转移人口提供便利条件，从而提升城市化整体水平；有利于转变政府职能、促进公共服务下沉、构建服务型政府；有利于推进县域经济发展，促进小康社会建设和现代化建设战略目标早日实现；有利于改革行政管理体制、构建科学、合理的行政区划体系。因此，要着力推行县辖市设置，制定科学的设市标准，办好试点，搞好规划，推动县辖市设置走上制度化轨道。

关键词：县辖市；重大意义；实施途径

引　言

进入新世纪，县域经济发展、社会主义新农村建设、统筹城乡发展等重大战略陆续实施，农村改革发展高潮迭起，农村城市化进入快速发展时期。2010年，中央一号文件明确提出：积极稳妥推进城镇化，提高城镇规划水平和发展质量，把加强中小城市和小城镇发展作为重点。以县域经济发展为主线、以中小城市发展为依托的战略成为当今中国经济社会发展的又一亮点。县域经济发展壮大的过程，实际上就是农村现代化、城市化的过程。我国农村地域辽阔，农村人口众多，未来一个时期需要发展大批中小城市吸纳农村转移人口。由于种种原因，传统设市模式遇到诸多矛盾和问题，国家早在10多年前就不得不暂停设市工作，至今仍未解冻。另一方面，随着我国经济快速发展，从暂停设市之日起各地要求设市的呼声从未停止，有的地方政府甚至欲自行将经济实力较强的镇作为扩权改革试点，拟设立镇级市即县辖市。近年来，国内学界术已有人呼吁推行县辖市。而且世界上不少发达国家和地区长期以来一直实行县辖市体制，积累了可资借鉴的成功做法。结合国内城市化需求和国外及相关地区设市经验来看，迫切需要在我国推行县辖市。

一、我国传统设市模式逐渐陷入困境，切块设市与整县设市都不可能大规模继续实施

设市工作就是根据一定的模式和标准，在经济范畴的城镇地区设置政治及法律范畴的市建制。设市模式和标准直接影响到城市空间布局、职能结构及体系，从而对地方经济建设、社会发展、行政管理等方面产生深刻影响。按照行政级别划分，目前我国的市包括县级市、地级市、直辖市，还有些不太规范的副省级市、计划单列市、副地级市等。这里主要探讨新设市即最低级别市的设置问题。新中国成立以来，我国新设市基本上都是县级市，根据设市模式不同，可以划分为切块设市和整县设市两种形式。新中国成立到改革开放期间，我国基本上都采取切块设市，就是将城镇地区从原建制单位分割出来设市。市的人口以非农业人口或者城市人口为主，市的地域以建成区为主，市只带很少的农村地区和农业人口。上世纪80年代初，严格说来是1983年国家开始实施整县设市模式，1986年国务院正式出台设市标准，明确提出整县设市模式。从此以后，整县设市成为我国新设市的主要模式。1993年修改并颁布新的设市标准，依然实行整县设市，只是对相关指标进行了调整，并提出以人口密度作为分类指导的依据。

切块设市和整县设市是特定历史条件下的产物，对一定阶段经济社会发展起到了促进作用。切块设市的积极作用在于：城市即城区，切块设市的地区都是城市人口集中、城市化水平较高的建成区，也是工商业发达的地区，切块设市便于分类指导和管理。市县虽然平级并列，但计划经济体制下土地资源、农产品供应和工业原材料供应都由国家统一计划调配，市县之间不存在资源冲突。整县设市的积极作用在于：首先，保持了传统县域的完整性。县建制有着上千年历史，形成了独具特色的县域经济体系、公共基础设施布局，不好随意分割。县级行政是上达中央、下抵乡村的重要环节，县一直是重要的基础地域性建制，实行整县设市可以避免市县分割产生的矛盾，从而保持县的完整性以及基础性地位。其次，为城区发展留下了广阔腹地。切块设市往往在发展空间上受到制约，市县对立矛盾难以解决。实行整县设市从根本上解决了城市发展空间受阻的矛盾。其三，保持了县域经济发展的连续性。经过长期发展，形成了独具特色的县域经济体系，县域经济结构门类齐全配套，各乡镇之间经济互补性强，客观上需要保持县域经济发展“一盘棋”，实行整体推进。此外，还有利于精简机构编制、减轻财政压力和群众负担。所以，从改革开放到现在，一直难以跳出整县设市的框架。

另一方面看，切块设市和整县设市都存在着严重缺陷。实行市场经济体制后，切块设市导致县市分割所产生的争原料、争市场、重复建设等矛盾难以解决。特别是随着城区不断拓展，发展空间受限即土地资源不足的矛盾成为制约城市建设的瓶颈。同时，切块设市动摇了具有千年历史县建制的完整性，不利于保持国家行政区划相对稳定。因此，改革开放之后，国家停止了切块设市，代之以整县设市。随着整县设市的全面推进，城市发展中又出现了新的矛盾和问题。关键是整县设市直接将传统面状地域性建制转变为点状城市建制，“点”“面”转换不匹配而产生系列矛盾。突出表现为虚假城市化，整县设市的城市往往是小城区、大农村，农村地区占主体，农业人口占多数，农业生产工作量也较大。这样的市在统计上城乡人口概念不清，不利于分类指导；城乡规划、建设、管理混淆，顾此失彼；甚至对有些工作产生误导。同时，国家自上世纪 90 年代初开始全面推行市带县体制，不少省已是全域市带县。如果继续大规模推行整县改市，就会出现各省区都变为市。显然，这种作法不符合我国城市化实际，也不符合城市化发展及行政区划基本规律。因此，从上世纪 90 年代末，国家不得不暂停了设市工作。

随着我国现代化、城市化进程加快，各地要求设市的呼声不断。客观上讲，保持经济快速增长和不断提升城市化整体水平需要更多城市作支撑。目前，我国传统的切块设市与整县设市都遇到难以克服的矛盾和问题，迫切需要创新设市模式，为城市化发展创出一条新路。

二、推行县辖市具有重大战略意义，是城市化健康发展的客观要求

城市化是不以人的意志为转移的客观规律。特别在工业化初中期，随着农村人口和生产要素向城市地区的快速聚集，需要不断增加建制市数量。目前，我国城市化处于快速发展时期，农村转移人口越来越多。据有关预测，若干年后我国人口峰值将达到 16 亿，如果城市化水平最高达到 75%的话，将有 12 亿人居住在城市,所以,仅靠现有大中城市扩大规模难以满足农村转移人口要求。从一些发达国家看，高度城市化是由众多建制市作支撑的。上世纪末期，美国有 19200 多个市，法国有 3 万多个市镇；国土仅相当我国省区的日本，目前也有 700 多个市。2009年,我国有建制市 655 个（不含港澳台），城市数量过少，难以承载众多城市人口及农村转移人口。推行县辖市是我国城市化发展的必然要求，对于提升城市化整体水平、建设服务型政府、实现经济社会又好又快发展，具有重大战略意义。

首先，实行县辖市能够打破传统设市模式形成的僵局，走出一条城市化健康发展之路。切块设市，市县矛盾难以调和，重复建设浪费大，现实条件下难以实施；如果继续大量推进整县设市，又会加剧虚假城市化现象。只有实行县辖市，才能有效克服切块设市和整县设市所产生的弊端，同时又能发挥切块设市和整县设市的长处。换句话讲，实行县辖市既保持了传统县制的完整性，又在县域内实行了城乡分类管理，县域内的市镇乡矛盾能够得到妥善解决，还有利于精简机构、减少财政开支和农民负担。通过实行县辖市，才有可能大量增加设市数量，满足城市化发展要求。

其次，实行县辖市可以为农村转移人口提供便利条件，有助于提升城市化整体水平。我国现有大城市基本上都趋于饱和，普遍存在缺水、缺能源、出行难、住房难、生态环境恶化等“大城市病”，生活工作成本较高。我国大量的农村人口不可能集中到少数大中城市，更多的会在县域内伴随城市化发展而聚集，或者说就地城市化。我国大多数县城历史悠久，经过长期建设已经成为颇具规模的城镇，是县域政治、经济、文化中心，具有较强的吸纳农村人口的能力。发达地区还有些实力较强的中心镇，实际上也已经发展为城市地区。将县城和中心镇设为县辖市，给本地农民转移进城提供便利条件，使得农民进城门槛比大中城市低，加上具有相同的文化背景，农民也愿意就近转移到县辖市。这样就可以发挥县辖市数量多的优势，吸纳大量农民进城。

第三，实行县辖市对于转变政府职能、促进公共服务下沉、构建服务型政府具有重要作用。相对地域性建制来讲，城市政府更加关注公共基础设施建设，更加关注民众基本生活服务，而这些工作正是打造现代服务型政府的基本要求。在美国等发达市场经济国家，各类行政建制中市的数量最多，而且大量的市都设在县级以下。美国没有直辖市，尽管纽约是美国第一大市，也是国际性大都会和金融贸易中心，经济实力在许多国家之上，但依然属于地域性建制的纽约州管辖。而我国则是高级别的市多、小城市较少，都想在级别上顺着县级市、地级市、直辖市往上升，升不上去就产生了所谓的副地级市、副省级市、计划单列市等。实行县辖市，可以促进政府将更多精力用在基层公共服务方面，面向基层打造现代服务型政府。

第四，实行县辖市有利于推进县域经济发展，促进小康社会建设和现代化建设战略目标早日实现。国家已全面推行省管县财政体制，目的在于强化县域经济和县级行政地位。现代经济就是城市经济，县域经济发展需要城市作支撑。通过设立县辖市，可以给县域经济发展提供重要载体，以此打造县域工业生产基地、商贸集散要地、科教文化重地，从而带动全县乃至更大范围经济社会发展。县辖市设在基层，对农村地区的带动作用最直接、最有效，能够充分调动基层干部群众的积极性、创造性，形成抢前争先促发展的激励机制。而城市的带动作用往往是综合性的，可以在政治建设、经济建设、文化建设、社会建设、生态建设等方面都产生积极作用和影响，从而加快实现小康社会建设和农业现代化建设战略目标。

第五，实行县辖市对于改革行政管理体制、构建科学、合理的行政区划体系具有重要意义。改革开放以来，我国进行了撤社建乡、撤区并乡、撤并乡镇等几次重大农村管理体制改革，2009 年，全国有 19322 个镇、14848 个乡，镇比乡多出 4474 个，镇逐步演变为与乡类似的农村地域性建制。对于县城及中心镇而言，镇的管理体制已经不能适应农村城市化、现代化要求，镇政府在城市规划、建设、管理方面功能欠缺，权力小，责任大，能力弱，时代呼唤新型城市管理体制。只有实行县辖市，才能满足农村改革发展与城市化要求。从世界范围看，美国、法国等国家设置了大量县辖市，日本也实行县辖市，我国台湾地区也有县辖市。实践证明，实行县辖市是推进县级行政管理科学化、公共服务优质化和经济发展现代化的重要手段。同时，通过设立县辖市，不断增加小城市数量，能够使城市体系宝塔形结构的基础更加稳固。

三、推行县辖市的实施途径

（一）制定县辖市设置标准。由于县辖市设置是一项政治及行政行为，需要法规政策作保证。在县辖市探索与试行阶段，可以采取试行办法形式出台政策，逐步积累经验，然后形成县辖市设置标准。设置标准要有比较完善的指标体系，包括人口、经济与社会发展、基础设施、公共服务、社会保障等方面的指标，对地质地貌、特殊地区、特殊情况等，都要给予明确规定，以此作为设立县辖市的基本依据。设置标准要体现这样几个特点：一是坚持积极发展小城市的思路，适当放宽设市条件。二是设市主要限于县城及经济实力较强的中心镇，市域范围不能过大。三是各项指标应体现竞争激励机制，不能只是简单的“镇更名为市”。四是对于地方特色突出、区位条件优越等其他特殊情况，可适当放宽设市条件。五是体现分类指导的思想，兼顾地区平衡。

（二）开展县辖市设置试点。可以在东、中、西不同省区选择少数县进行县辖市设置试点，积累经验，用于指导后续设市工作。新设市既要考虑综合经济实力，更要考虑在一定区域环境中的辐射带动作用，突出地方特色。将设市工作与产业结构调整相结合，与工业园区及支柱产业发展相结合，与商贸物流业发展相结合，努力将县辖市打造成县域经济发展的重要载体和全县经济社会发展的龙头。同时，大胆创新县辖市体制机制，探索市政府在主管城市规划、维护社会秩序、提供公共服务方面的职能。县辖市应该直接管理社区自治组织，以此增强城市发展的活力和动力。将试点作为制定设市政策、推进县辖市发展的重要依据。

（三）编制县辖市设置规划。首先，明确设市规划的指导思想。以科学发展观为指导，坚持以经济建设为中心，适应城市化发展要求，按照国家经济社会发展战略，结合区域经济发展和交通布局、地理环境状况来确定市的发展方向、发展重点和最终目标。其次，明确设市规划的基本原则。坚持城市发展与社会经济发展相协调；坚持因地制宜，合理布局；坚持与大中城市发展相适应，与乡镇村发展相协调；坚持正确处理城市与区域的关系。第三，做好规划编制工作。认真搞好规划分析评价，包括背景分析、设市情况分析、有关因素与条件评价，做好设市预测与规划各专项工作。最后，编制完整的设市规划，全面阐述未来各个发展阶段有关要素预测，以及分期分区设市布局的具体规划方案。

（四）推动县辖市设置走上制度化轨道。根据试点经验、相关政策以及设市规划，有序推进县辖市设置工作。近期，重点将综合经济实力较强、在地方经济发展中有较强影响和带动力的少数县城及重点镇改设市，培植具有示范作用的现代化新兴城市。中期即“十二五”末期，开始加快县辖市发展步伐，不断增加我国城市总数，以此推动县域经济发展，提升城市化整体水平。远期，城市发展与经济社会发展相协调，县辖市设置形成常态，成为推动城市化持续健康发展的重要手段。当我国城市化处于稳定阶段即城市化率达到75%左右时，大多数县城都成为市，全国共有 1000 多个市，与我国基本国情及现代化水平相适应。

（五）完善县辖市设置配套措施。设立县辖市，需要采取政策的、体制机制的、人才物的支持与配合，关键要实施好有进有退的资源战略。一方面推进农村人口和生产要素向城市聚集，实现集约、高效发展；另一方面，建立科学的退出机制，完善社会保障制度，解除进城农民后顾之忧，使其彻底退出农村生活及生产用地。对于农民退出的土地，要实行还耕、还林、还草、还湖，保证地方耕地面积不减反增，保护生态环境越来越好。同时，各部门行业规划应兼顾县辖市发展需要，在可能情况下适当采取倾斜政策予以支持。严格设市标准，形成竞争机制，以此作为推动地方经济发展的强大动力。科学界定县辖市职责，合理确定机构编制，不断提升公共管理与服务水平，推动经济发展，促进社会和谐。

参考文献：

[1] 刘君德. 中国统县政区和县辖政区的历史发展与当代改革[M]. 南京：东南大学出版社，2009.

[2] 孙平. 中国行政区划分析[M]. 武汉：湖北人民出版社，2004.

[3] 贺曲夫. 县域多中心格局与县辖市体制创新研究——以江苏省吴江市为例[J]. 经济师，2007(4).

[4] 蒋荣. 中国大陆地区县辖市建制设置的可行性探讨[J]. 浙江海洋学院学报(人文科学版)，2005(2).

[5] 柴福洪. 设"县辖市"是中国城市化的必由之路[EB/OL]. http://www.chinavalue.net/Article/Archive/2010/2/4/190388.html.

以乡村体制改革助推农村新型城镇化

摘　要：我国农村城镇化经历了曲折发展历程，面临诸多体制性矛盾和问题。加快农村新型城镇化对于巩固国家政权、建设社会主义新农村、统筹城乡发展、实现公共服务均等化、促进农村经济社会又好又快发展具有重大战略意义。面对机遇和挑战，必须从创新乡村管理体制着手，加快建立健全以工促农、城乡一体长效机制，实现新农村建设与农村新型城镇化“双轮驱动”。坚持以人为本和科学发展、坚持城乡统筹和协调推进、坚持资源节约和环境友好、坚持因地制宜和产业带动、坚持社会参与和群策群力、坚持改革创新和完善机制的原则。科学规划乡村管理体制改革，强化县城城镇化主导作用，优化乡镇布局，创新乡镇机构设置与职能，全面提高小城镇建设水平，加强村（居）民委员会和社区建设，加快户籍制度改革，大力发展乡镇企业，推进公共服务均等化，强化生态环境建设，从而推动农村新型城镇化健康发展。

关键词：乡村管理体制；农村新型城镇化；改革

相对传统城镇化而言，新型城镇化，是指以人为本，以新型工业化为动力，以统筹兼顾为原则，走科学发展、集约高效、功能完善、环境友好、个性鲜明、城乡一体、社会和谐、大中小城市和小城镇协调发展的城镇化路子。我国农村城镇化起步较晚，但发展迅速，积累了不少矛盾和问题，体制不顺成为主要障碍。党的“十七大”报告明确提出，建立以工促农、以城带乡长效机制，形成城乡经济社会发展一体化新格局。全面建设小康社会背景下，需要妥善处理工业和农业、城市和农村、城镇居民和农民的关系，使推进农村新型城镇化和推进社会主义新农村建设成为我国现代化进程中的“双轮驱动”。中央明确提出，要通过以工促农、以城带乡，把基础设施向农村延伸，把公共服务向农村覆盖，使广大农民能够共享改革开放和经济社会发展的成果。为此，必须着眼建设长效机制，坚持统筹规划，加强协调联动，精心组织实施，以乡村管理体制改革为动力，推动农村新型城镇化健康发展。

一、我国农村城镇化先天不足，虽然改革开放以来成快速发展态势，但目前面临诸多矛盾和问题，体制不顺成为瓶颈制约

如果以市镇建制设置作为城镇化起点，我国城镇化始于1909年清政府颁布《城镇乡地方自治章程》，之后经历了一段自由发展阶段。新中国成立后，伴随计划经济体制实施，至1978年的28年里，我国城镇化率年均提高0.28个百分点，滞后于工业化水平。改革开放后，农村家庭联产承包责任制在全国范围内推广，极大地调动了广大农民的生产积极性，农业生产迅速增长，为工业化、城镇化发展创造了良好条件。上世纪80年代之后，乡镇企业异军突起，而且城市工业化、现代化进程加快，城市城镇吸纳了大批农村剩余劳动力。受体制性限制，转移出去从事二三产业的农民工并未成为城镇居民，而是演变成亦工亦农的"两面人"。进入新世纪，工业化、信息化、市场化快速发展，农村城镇化遇到的矛盾和问题日益尖锐。

（一）城乡二元结构根深蒂固。自1958年起实行严格的户口划分，限制农村人口进城，从而形成城乡分离的壁垒。城乡二元结构导致农村只能发展农业经济，农民只能享有农村低水平的生活设施及相关服务。农村剩余劳动力流往城镇也不能获得城镇户口，"先城市、后农村，先本市、后外地"是不少城市的用工原则，农民工进城务工就业遇到了不同程度的限制性政策。与城镇户口捆绑在一起的子女上学、看病、买房、就业等巨大社会福利，农民工都被排斥在外。同时，农民向城镇聚集中面临的一个不可回避的问题是，如何处置其原来承包的耕地，以避免大量的亦工亦农的兼业化现象。农民进城落户必须放弃承包地而且不给予补偿，使得农民进入城镇后实际上失去了他们已经占有并受益的土地产权，严重削弱了农民向城市转移的"推力"。而失去土地后的农民，由于面临生存技能先天不足、城乡壁垒、土地负担、办证关卡等多重困难，在激烈的市场竞争中就业前景不容乐观，担心遇到不测事件而无法维持在城市的正常生活，因此，不敢贸然移居城镇。其实质还是城乡二元结构的问题。

（二）乡镇机构设置不够合理。受传统计划经济习惯思维的影响，政府什么都管，必然导致机构庞大，人员编制多。据有关调查，现在乡镇机构超编严重，有的乡镇人员编制已超过20世纪50年代一个普通县的编制数。领导岗位多，职数多，不利于工作协调。而且领导岗位多，必然挤占工作人员的岗位,导致办事人员不够。为了保持工作正常进行，不得不增设具体办事人员岗位，或者大量使用编外人员。理论上讲，乡镇党政机构可以泾渭分明，但实际工作中却很难分开。党的路线、方针、政策的贯彻执行都与具体政务和事务密切相连，不可能离开实际情况去空谈贯彻执行党的路线、方针、政策，不可能脱离具体工作去进行宏观决策，乡镇党委和政府职能都具有执行性、具体性，党政分开的路子有待进一步探索。县市以上部门常常以加强管理的名义，都想在乡镇设立自己的派出机构，造成“七站八所”和人员不断增多，导致乡镇常常一人数职，以至于基层牌子“泛滥成灾”。

（三）乡镇职能有待进一步转变。乡镇政府没有根据市场经济发展的需要来转变职能。20世纪90年代以来，市场经济不断成熟，乡镇现有职能机制的弊端日益显露。比如，乡镇政府成为具有自身利益的经济行为主体，过多介入农村经济的微观运作层次，不同程度地忽略、扭曲或者放弃了公共管理方面的职能。目前，不少乡镇村（居）委会等组织依然存在重管理、轻服务的问题，行政管理色彩较浓，公共服务意识较差；其设置方式、活动开展、服务实效等严重滞后于农村经济社会发展，越来越不能适应经济市场化、城乡一体化发展要求。特别是随着农村各项改革向纵深推进，相对而言，市场经济体制尚不完善，农业生产经营组织化程度较低，农产品市场体系、农业社会化服务体系、农业支持保护体系不健全，城乡一体化机制需要加强。如何顺应市场化导向的经济体制改革，以适应农民日益增长的个性化、多元化发展要求，迫切需要加快政府职能转变，不断增强基层组织服务改革、服务发展、服务群众的能力。

（四）以服务为主的三产业严重滞后。我国大多数人口生活在农村，这是我们第三产业比重低的根本原因。城镇化水平提高了，第三产业的比重才会高起来。按国际惯例，初步的现代化，城镇人口比重必须在50%以上；而真正的现代化，非农业人口的比重一般要达到70%以上。而我国70%的人口生活在农村，因此，还谈不上农村现代化。中国的改革始于农村，改革开放使农民长期被压抑的积极性得到有效释放，对城乡隔离、工农隔离的二元结构产生有力冲击，大量的农村剩余劳动力转向二三产业，走上了具有中国特色的农村工业化道路，即“离土不离乡，进厂不进城”。应该说这一模式对当时经济的发展、社会的安定，以及吸纳从农业中分离出来的剩余劳动力都起到了积极作用。然而，由于这些农民并没有实现空间上的迁移，从而影响了城镇基础设施的聚集效应和第三产业的发展。目前，除少数规模较大的城镇能够依托专业市场带动区域经济的发展外，大部分小城镇没有发达的第三产业，反过来又阻碍了农民进城创业发展。

（五）城镇建制设置有待进一步改革完善。城镇化的主要标志，就是城镇建制的设置及其数量的增加和规模的扩大。从上世纪90年代末，国家就停止了县改市；进入新世纪初，又停止了乡改镇和设立地级市，目前县改市辖区也从严把关，城镇建制现在基本处于停止设立阶段。一方面是工业化、现代化的快速发展，要求城镇化与之相适应；另一方面，是城镇建制的基本停止设立，导致城镇化进程中的系列矛盾。目前，现有建制镇、县级市与地级市设置标准与各地经济社会发展水平差距较大，换句话讲，一些指标已明显落后形势发展，需要修订或完善。同时，市辖区、街道办事处一直没有具体设置标准，导致各地设置情况千差万别，特别是人口、面积规模差距大，不利于统一管理。另外，各地城镇建制设置缺乏科学规划，与宏观经济社会发展战略以及城镇体系规划、土地利用规划等缺乏有机联系，设市建镇中存在较大的随意性和盲目性。

二、加快农村新型城镇化对于巩固国家政权、建设社会主义新农村、实现农村经济社会又好又快发展具有重大战略意义

推进农村新型城镇化，是全面建设小康社会的必由之路，也是新农村建设的必由之路。我国是一个传统的农业大国，实施全面建设小康社

会战略目标的重点在农村，难点也在农村。解决“三农”问题，根本出路在于加快农村工业化、现代化、城镇化。加强农业必须发展工业，富裕农民必须减少农民，建设新农村必须加快新型城镇化进程。加快农村新型城镇化发展，对于巩固农村基层政权、扩大国内需求、增加农民收入、优化农村经济结构、统筹城乡协调发展、实现公共服务均等化、推进农村剩余劳动力转移，具有不可替代的作用。

首先，推进新型城镇化是夯实农村经济社会基础、巩固国家基层政权的必然要求。我国是一个农业大国，农村人口占大多数，农村地域是主体。要想从根本上改变农村落后面貌，必须加快农村城镇化进程，推动城镇化与工业化、市场化形成互动，相互促进。加快城镇化进程，不仅可以有效推进工业化，壮大城市经济实力，而且可以促进工业反哺农业、城市支持农村，为吸纳农村剩余劳动力、更好解决“三农”问题创造条件。推进新型城镇化，有利于改变只重城市经济发展，转向城市工业化、农业现代化同步发展；有利于改变“重城轻乡”“城乡分离”格局，转向城乡一体化发展；有利于改变粗放式用地、用能的发展模式，转向资源节约、环境友好、内涵扩大、集约高效发展之路，不断提高综合经济竞争力；有利于改变主要依靠中心城市带动，转向强调大中小城市和小城镇协调发展，而且更加强调新农村建设与农业现代化；有利于改变单纯强调城镇建设，转向更加注重户籍、保障、就业等综合配套体制改革。实施农村新型城镇化，将城市文明引入广大农村，用科学理念经营农业、管理农村、服务农民，对于形成城乡一体化发展新格局、提升区域发展水平、加速社会转型具有积极作用，必将从根本上夯实农村经济社会发展基础，不断巩固国家基层政权。

其次，推进新型城镇化是扩大国内需求、增加农民收入、促进农村经济社会持续发展的重要手段。改革开放后农村实行家庭联产承包责任制，搞活了农村经济，富裕了农民。由于农业比较优势逐步丧失和种粮成本不断上升，农民收入趋于缓慢增长和徘徊阶段，农民增产不增收。当前最现实的选择就是加快农村城镇化进程，把部分农民转变成市民，通过减少农民的办法增加农民收入。推进城镇化有利于聚集生产要素，而生产要素的聚集能够产生规模经济并获得更高的收益。城镇化是经济社会发展进程中农村要素不断转化为城市要素、城市要素不断向农村扩散双向交流并存的过程。从近期中国宏观经济形势来看，市场上已出现产品相对过剩的状况，有效需求严重不足。特别是不久前国际金融危机给我们敲响了警钟，通过出口带动经济增长的作用越来越有限，迫切需要采取措施刺激国内需求，拉动经济增长。而农村城镇化在改变农民消费模式、增加农民收入，从而增加有效需求方面有着积极的促进作用。从近期来看，加快农村城镇化，可以启动农村市场、扩大内需、拉动经济增长、扭转中国宏观经济"偏冷"的趋势。从长远来看，农村城镇化有助于打破城乡二元结构、缩小城乡差别，在更大范围内实现土地、劳动力、资金等生产要素的优化配置，实现农村经济社会持续发展。

第三，推进新型城镇化是改善农村经济结构、加快农村工业化和现代化进程的强大动力。城镇化与工业化、现代化是相互促进的关系。城镇化是工业化、现代化的结果和条件，工业化、现代化是城镇化的内容和前提。加速城镇化，能够反过来推动工业化、现代化。工商业的发展是城镇化发展的前提，而城镇化发展又为工商业的进一步发展提供条件。有了工业化，才会有农业人口的转移与集中、资本的积累、技术的发展，才有了工商业发展的载体即城镇。反过来，工商业的繁荣依赖于一定的外部环境，城镇的交通、通信、人口、市场、服务等功能要素，为工商业发展提供便利服务和有利条件，从而促进人员就业增加、生产规模扩大、经济不断发展。实践证明，城镇建设的规模、速度与城镇经济特别是三产业发展呈正比关系。在一、二、三产业中，农业的劳动力素质、设施水平和产品的科技含量都是相对较低的。未开发利用的耕地已经很少，且大多分布在交通、自然条件不太好的地方，开发成本非常高。农业可以分配到的水资源也在下降。这就要求我们改变过去那种粗放的农业发展方式。因此，只有通过新型城镇化，才能实现集约发展，改变农业粗放经营方式，推动农村经济结构的战略性调整，加快农村工业化、现代化步伐，实现农村经济的再次飞跃。

第四，推进新型城镇化是统筹城乡协调发展、实现城乡利益共赢的必然选择。统筹城乡发展，是进入新世纪后中央对于解决“三农”问题的一个重大战略。加大统筹城乡发展的力度，就是要加大以城带乡、以工促农的力度，逐步建立统筹城乡发展的长效机制，只有这样，才能夯实农业农村发展的基础。统筹城乡发展的目的之一，就是要加大各种生产要素及资源向农村转移，帮助农村更快地发展。这虽然是一个两难的抉择，但又必须是坚定不移的。21 世纪的农村新型城镇化要走出一条不同于传统的城镇化之路，既不能直接和变相地剥夺农民利益，大搞“圈地运动”，实现城镇化的“原始积累”，也不能任凭“城市病”蔓延，牺牲城市生活质量，更不能步入某些国家“过度城市化”的陷阱。城镇化离不开工业化，但中国未来城镇化的动力机制不仅仅依靠工业化，不是所有的地区都要建成制造业中心，而是同时需要依赖农业现代化以及农村服务业的大力发展。工业需要农村资源，农业需要城镇资金和市场。工业在反哺农业的同时，也在利用农村广大的消费群体，目前开展的以工业品下乡带动消费的举措就是最好的例证。大量农民工在参与城镇化建设的同时，也获得比农村劳动更大的收入。通过农村新型城镇化，可以把工业与农业、城市和农村有机联系起来，形成资源上相互补充、经济上相互依存、市场上相互利用的新格局，从而实现优势互补、互利共赢。

第五，推进新型城镇化是实现城乡公共服务均等化的有效途径。改革开放以来，农村的社会结构、人员成分和农民生产生活方式都发生了深刻变化，农民群众对聚集居住、和谐的人际关系、丰富的精神生活的追求越来越迫切。农村城镇化和现代化加速发展，撤乡并镇、撤村建居等行政建制调整不断推进，为转变管理和服务方式创造了条件。城镇化最明显的特征是公共基础设施集中建设和使用，以及市场化、社会化服务的有效实施。全面推进农村城镇化，有利于搭建整合城乡资源的平台，将更多农民集中到城镇社区，实现资金、技术、人才、信息等生产要素在城乡更广范围内科学配置、合理流动；有利于完善和创新农村社会管理服务机制,为农民群众参与管理、反应诉求开辟渠道；有利于促进基础设施向农村延伸、公共服务向农村覆盖、科学技术向农村传播、现代文明向农村辐射，让农民共享改革开放和现代化建设成果。特别是通过在广大农村开展社区建设，能够营造良好人居环境，和谐人际关系，适应农民个性化、差异化、多样化的需求，为农民群众提供丰富的生产生活服务，使农民生活得舒适、安逸；能够进一步加强城乡文化交流，向农村传播先进文化，引导农民享受更高层次的精神生活。

第六，推进新型城镇化是有效转移农村剩余劳动力、不断提高我国城镇化整体水平的战略举措。自20世纪90年代以来，大量农村剩余劳动力“离土又离乡”，从农村跨地区、跨省区流动到大城市，给城市就业带来了巨大压力；同时，随着国有企业改革的深化，也产生了大量城市富余人员。因此，仅仅依靠现有大城市来吸纳和消化农村剩余劳动力的作法已经不太现实。据有关方面估算，每增加一个市民至少需要1万元相关投入，这对发展中的中国来说是难以承受的。同大中城市相比，发展小城镇有明显优势。改革开放以来，我国在小城镇建设方面积累了许多经验，因势利导发展小城镇有一定基础；小城镇介于大中城市和乡村之间，在城乡资金、技术、信息、人才等生产要素流动方面可以发挥桥梁和纽带作用；由于地缘关系，农民进入小城镇比进入大中城市成本低；小城镇发展有利于促进农村二三产业相对集中发展，就近吸收大量农村剩余劳动力，解决农民增收问题。无论是近期还是远期，解决“三农”问题的核心都需要将大量农村剩余劳动力从农业领域向外转移，而新型城镇化是实现农村剩余劳动力转移的战略举措。大量农村剩余劳动力转移到小城镇，一方面可以缓解流动人口对大城市造成的压力；另一方面，农村人口从土地上转移出去后，留在农村地区的人口有了更大的发展空间，可以缓解农村人口压力和土地承载力之间的矛盾，将极大促进农村现代化和可持续发展。

三、立足现有条件，抓住有利时机，科学规划，统筹兼顾，正确把握农村新型城镇化的指导思想和基本原则

高度重视并积极推进农村新型城镇化，是中国国情决定的客观要求。必须充分认识农村新型城镇化在中国经济社会发展中的战略地位，引导农村城镇化健康发展，把农民自发推动的城镇化转到科学规划引导的城镇化方向上来，实现由自下而上城镇化向自上而下城镇化的转变。我国现有建制市655个（民政部《中华人民共和国行政区划简册2009》，不含港澳台），对未来一个时期城市城区可容纳人口作乐观估算：4个直辖市各1200万，合计4800万。15个副省级市各800万，合计12000万。268个地级市划分为3部分，90个各200万，合计18000万；90个各80万，合计7200万；88个各50万，合计4400万。368个县级市各30万，合计11040万。各类城市容纳人口加起来约5.8亿。预计未来一个时期我国人口达到14亿，也就是说，还有8亿多人口仍在县域之内。据有关预测，我国人口峰值将达到16亿，在县域内人口会更多。可以说，县域承载着中国城镇化的重要历史任务，没有农村的城镇化，就没有农业现代化，也就没有中国的现代化。由于多种原因，我国不少大城市已出现所谓的"大城市病"，处于超负荷运行。即便将来还有可能发展部分城市或者扩大已有城市规模，但农村剩余劳动力不可能再大规模转向大城市，更多地只能在县域范围实行城镇化转移。因此，必须统筹兼顾，科学规划，积极推进农村新型城镇化发展战略。

基于上述分析，我国农村新型城镇化发展总的指导思想是：

以邓小平理论和"三个代表"重要思想为指导，深入贯彻落实科学发展观，全面贯彻党的十七大、十七届三中、四中全会精神，坚持走大中小城市及小城镇协调发展的具有中国特色的城镇化发展道路；从创新乡村管理体制着手，积极推进农业产业化进程，大力发展乡镇企业，逐步提高农村二三产业比重，不断加快农村改革开放和现代化发展步伐；统筹城乡发展，坚持以城带乡、以工促农、资源共享、优势互补，加快建立健全城乡一体化长效机制；努力打造宜居宜业环境，不断提高城镇综合承载能力，走资源节约、环境友好、集约发展、文化繁荣、社会和谐、城乡互助、区域协调的发展道路，实现新农村建设与农村城镇化"双轮驱动"；按照城乡基本公共服务均等化要求，促进城乡、区域协调发展，使广大农民平等参与现代化进程，共享改革发展成果。

根据上述指导思想，坚持以下基本原则：

一是坚持以人为本和科学发展。以人为本，科学规划，创新体制机制，破解突出矛盾和问题，走科学发展、和谐发展的道路。按照生产发展、生活宽裕、乡风文明、村容整洁、管理民主的社会主义新农村要求，统筹城乡经济社会发展，始终把构建新型工农、城乡关系作为加快推进农村现代化的重大战略。把国家基础设施建设和社会事业发展重点放在农村，促进公共资源在城乡之间均衡配置、生产要素在城乡之间自由流动。不仅要重视经济开发，更要重视人居环境；不仅要重视服务经济发展，更要重视服务人的发展；不仅要重视基础设施建设，更要重视公益事业建设。要正确处理经济发展和社会进步的关系、不同社会阶层和社会群体的利益关系、城市发展和区域发展的关系，以及经济发展和人口、资源、环境的关系，努力实现经济社会又好又快发展。

二是坚持城乡统筹和协调推进。优化产业布局，构建新型工农关系、城乡关系，实现城镇化与工业化、农业现代化协调发展。要用长远眼光、战略眼光搞好城乡发展战略规划，编制好中近期建设规划、控制性详细规划，加强城乡发展战略、城镇体系规划、土地利用规划的协调性，提高规划的科学性，增强规划的可操作性。要把基础性公共设施建设放在城乡建设的首位，以此为主线，加强交通设施、产业布局、市场流通一体化进程，实现城乡有机联系。着眼于满足全体社会成员的劳动就业、义务教育、基本医疗保健、基本生活保障、基本文化权益等公共服务，更加关注和解决农民群众的实际问题，努力推进基本公共服务均等化，实现改革成果共享，促进社会和谐稳定。

三是坚持资源节约和环境友好。按照生态文明建设要求，发展节约型农业、循环农业、生态农业，加强生态环境保护。努力实行生态优先，科学确定城镇发展规模和城镇化速度，节约、集约利用土地等各种资源，增强城镇承载能力，走资源节约、环境友好的发展道路。特别要强化节约用地，根据城镇总体规划、建设规划、土地利用规划，控制好新增建设用地供应的规模、结构、布局和时序，盘活现有存量土地和闲置土地，完善土地出让制度，健全集约节约用地的长效机制。要加强从源头上防止和控制污染排放，将生态保护与经济发展同步规划、同步实施。严格把握引进项目的环保标准，对不符合环保要求、达不到排放标准的，决不能引进。在农村积极推进生活污水和垃圾处理工程建设，着力提升农民生活质量。搞好节能降耗，养成低碳环保生活习惯。

四是坚持因地制宜和产业带动。根据各地实际情况，坚持特色产业带动的城镇化模式。大力培育个性化的地方产业、城镇风貌、地域文化，努力形成地方特色的经济发展模式和地域文化，不断增强综合竞争能力。要大力发展服务于农村社会的第三产业和具有比较优势的农产品加工业，依托资源优势，争创地方品牌。将农业产业化与农村城镇化有机结合，既奠定小城镇的产业基础，又带动农业“龙头”企业兴起和周边农村地区的发展。依据资源条件、地理环境、文化底蕴和在区域城镇体系中的地位与分工合作关系，不断完善城镇布局，培育不同层次的经济中心和物流中心。重视保护和发掘地方物质和非物质文化遗产，突出地方特色，努力使传统文化既满足现代化的需要，又要体现优良传统，积极打造生态文化旅游产业，开发相关系列产品。

五是坚持社会参与和群策群力。城镇化是庞大的社会系统工程，需要动员社会力量广泛参与。从制定相关法规政策与规划开始，就要吸引社会各界及广大群众参与进来，集思广益。使广大群众享有更多的知情权、参与权和建议权，提高政策规划的科学性、权威性、合理性、可行性。加强对政策规划制定、修编、审批和执行的管理，充分发挥广大人民群众参与城镇化发展的积极性，推进城乡共建共管。创新小城镇建设投资体制，实行投资主体的多元化，调动民间投资推动城镇化的积极性。加大各级政府对农村城镇化的财政支持和金融支持，加强城镇基础设施建设，增强城镇的吸引力和辐射力。围绕农村社会向农村社区发展的趋势，整合有关部门和社会各方面资源，搭建社区服务平台，更好地服务广大群众。

六是坚持改革创新和完善机制。顺应城镇化发展需要，不断规范市镇设置模式和管理体制，为实施城镇化管理提供法律依据。突出城乡一体化规划、建设、管理特色，加大乡村管理体制改革力度。积极推进公共基础设施建设和管理体制改革，鼓励和引导民间资本、外资和不同所有制企业参与基础性公用设施的建设和运营。逐步建立科学、系统、完善的公共管理评价指标，运用信息化等现代管理手段，提升城镇化管理水平。以精细化管理求效率，以人性化管理求公平，努力建设更具亲和力、更具包容性、更加和谐的生产生活环境。根据国家法律法规，逐步健全和完善地方性城镇化法规体系。坚持重心下移，夯实基础，克服“重建设、轻管理”“重经济、轻文化”“重局部、轻整体”“重硬件、轻软件”的不良倾向，以体制创新促进农村新型城镇化发展。

四、坚持农村新型城镇化导向，实行分类指导，加强协调联动，积极稳妥地改革完善乡村管理体制

（一）科学规划乡村管理体制改革。将乡村体制改革纳入国家宏观发展战略统筹规划，协调推进，使之在精简行政层级、实现职能转变和促进改革发展中发挥积极作用。尽快制定完善新的设市建镇标准，规范市辖区、街道办事处和社区设置标准，科学编制各类行政建制设置规划，从宏观上引导城镇化健康发展。依托大中城市基本格局，努力建设一批经济实力较强、功能比较完善、特色比较鲜明、环境比较优美的中小城市和中心城镇，走大中小城市和小城镇协调发展的城镇化道路。加快城乡一体化进程，走政治建设、经济建设、文化建设、社会建设、生态建设五位一体协调发展之路。坚持城乡规划的系统性、层次性，实行分类指导，因地制宜，合理布局。加强乡村发展总体规划、详细规划与设计编制工作的有机联系，立足现实，着眼长远，注重农民需求，充分考虑省情、市情、县情、乡情、村情，既要走专家路线，更要走群众路线，保证规划的科学性和可操作性。合理编制村（居）委会设置规划，创新管理形式，积极推进村（居）委会向社区组织的转化，将社区规划与城乡建设规划有机结合，将规划触角延伸到居民农户。加强城乡基础设施统筹规划，以交通、水电等基础设施以及农业产业化基地建设项目为重点，打造区域协调发展新格局。加大规划监督监管力度，完善行政监督、社会监督、舆论监督并举的监督体系，保障各类城乡规划依法有效实施。

（二）强化县城城镇化主导作用。县是我国传统的重要的地域性建制，具有两千多年历史。县城是城市之尾，农村之首，经过长期发展，县城已成为县域政治、经济、文化中心，是县域经济发展的龙头，是农村工业化、现代化、城镇化的重要阵地。由于县制的长期存在，县城各项设施建设具有较强基础，加快县城建设对于推进农村城镇化具有事半功倍之效。现有县城规模距城市规模下限人口比较接近，是建制市设置的基础，继续发展的规模效益最好。以县城为中心推进农村城镇化，有利于克服乡镇企业和小城镇本身聚集效益较差的缺陷。改革县城管理体制，实现街道办事处及社区管理方式，为城镇经济发展创造良好体制环境。充分利用县城基础设施较好的优势，创办各类形式的经济技术开发区、工业园区、商业园区等，有效聚集二三产业，降低企业和经营者水、电、道路等基础设施成本和投资成本。推动各类企业利用改革改制、资产重组进入园区发展。要消除制度性壁垒，吸引更多农村剩余劳动力进入县城，使县城成为吸引本区农村剩余劳动力的主要场所。据有关调查，现在大中城市住房、社会保障等门槛儿较高，农民难以进入；农村集镇基础设施建设水平较低，环境较差，大多数农民想转移的地方就是县城。所以，要采取有效措施，积极引导农民进入县城、建设县城、发展县城，使县城成为我国城镇化的重要载体。

（三）优化乡镇布局。以完善城镇体系为目标，按照各类乡镇及自然集镇不同规模、结构和经济实力，合理构建乡镇格局。按照交通及经济布局，有序开展撤乡并镇，扩大乡镇规模，特别要注意扩大县城和重点镇的行政区域范围，将条件较好的镇作为重点镇或中心镇进行培养，有条件的可以发展为小城市。按照县的规模不同，分别建设不同数量的重点镇或中心镇，使之成为县域经济的重要支撑。乡驻地基本上都是农村集镇，所以要将乡的布局纳入小城镇体系进行统筹考虑，合理布局。按照有利行政管理、有利经济发展、有利公共服务的原则，充分兼顾地理环境、交通联系、经济流向等因素，合理确定乡的行政区域，为农村二三产业发展和人口聚集创造适宜的地域空间，为农业发展提供重要基地、起点或中介，也建设成农民理想的居住点。乡镇布局中，要将土地集约利用、人口有效聚集、经济集约发展放在突出位置，使乡镇布局在推进资源节约型、环境友好型社会建设中发挥重要作用。根据市场经济条件下我国人口与生产要素流动的特点，在欠发达地区宜采取设乡或者适当扩大乡的行政区域，根据自愿和可能的原则，因势利导，推动人口向发达地区或城镇集中，更好地保护生态环境。

（四）创新乡镇机构设置与职能。为精简行政层级、提高行政效能、节约行政成本、扩大地方自主权，可以探索将乡镇政府改为县级政府的派出机构，即为乡镇办事处或乡镇公所，实行乡财县管，乡镇不再具有独立的财权和事权，只负责完成县级政府委托的农村公共管理事务。探索党政职责分开、党政干部兼职的新办法，将党的方针政策与具体职责事务有机结合。乡镇主要职能定位在落实国家政策，严格依法行政，提供公共服务，维护社会稳定。除农村中小学校、卫生院外，乡镇其他直属事业单位将所承担的行政职能逐步转为自主经营、自负盈亏的企业或中介服务机构，走企业化、市场化、社会化的路子。规范乡镇干部职务消费行为，对干部公务交通、通讯、接待等职务消费项目实行限额管理或货币化管理。强化对乡镇领导干部的民主监督，凡涉及乡镇经济社会发展或群众切身利益的重大问题，必须充分听取群众意见。强化机构管理和编制管理监督，编制管理要求定编定岗到人，并向社会公示，接受群众监督。乡镇统一设置工作机构，有些地方试行将原党政各职能机构整合为“三办一所”，即党政综合办公室、经济发展办公室、社会事务办公室和一个直属财政拨款事业单位财政所，分别规范各自职能，效果较好。乡镇人武部、法庭、公安派出所、工商所、税务所、交通管理站、林业管理站等县政府延伸和派驻机构，原则上实行区域性设置，与城镇布局相适应。加快建立公共财政体制，继续加大农村公共基础设施和社会事业投入，不断扩大公共财政覆盖范围。

（五）全面提高小城镇建设水平。把小城镇作为统筹城乡和新农村建设的重要节点，按照规模适度、布局合理、功能健全、突出特色的要求，推动国家重点镇、省级中心镇及部分特色镇优先发展，把乡镇驻地集镇打造成具有较强经济实力和地方特色的现代化城镇。以新农村建设为抓手，把城镇建设作为新农村建设的重要平台，实施系列富民工程，提升新农村建设整体水平。加强小城镇规划、建设、管理的统筹协调，科学编制规划，认真抓好规划的实施和管理。深入推进城镇建设行动，抓好项目，突出重点，打造精品，着力搞好供水、供电、交通、通讯、能源、广电等基础设施建设，加强教育文化、医疗卫生等公共服务设施建设。加大扶持力度，增强发展承载能力，推动小城镇周边村庄向镇区聚集，全面提升小城镇环境质量和综合实力。依托大中城市的辐射，突出广大农民群众的主体地位，形成上下齐努力，共同推进城镇化建设的良好局面，努力使各级各类城镇充分发挥效能。在推进硬件建设的同时，保持软环境建设的同步进行。提高城镇管理水平，抓好市场秩序和规范建设。营造良好的市场信用、法制环境、社会风尚、社会秩序，不断提升资源整合率、利用率、凝聚力，不断增强对农村剩余劳动力和外资、外智的吸引力。

（六）加强村（居）民委员会自治组织建设。村（居）民委员会是基层群众性自治组织，是国家最基层建制单位，是共和国大厦的基石。基础不牢，地动山摇，必须加强村（居）民委员会建设。按照上述设想，乡镇变为县级政府派出机构后，乡镇行政弱化或退出的领域会出现治理真空，所以要充分发挥村（居）委会自治功能，由村（居）委会自主办理有关服务地方群众的各类事务，同时按照市场法则成立服务民众的各类协会和中介组织。乡镇对村只负责从政治和政策上指导、监督以及收集和传递政治信息，而不需要对村民自治进行直接干预，保证乡村关系真正成为指导与被指导的关系。这样就可以充分调动农民参与乡村政治事务的积极性，以保证发挥广大农民作为发展农村经济主体地位的作用。村（居）委会的设置，一方面要适应村（居）民自我管理、自我教育、自我服务的需要；另一方面也要适应上级政府或政府派出机构对辖区实施有效管理的需要。结合当地实际情况，采取分类指导，合理确定村（居）委会的人口及面积规模；做好村（居）委会办事机构驻地的确定，使管理中心的作用得到充分发挥；突出方便生产、生活，以及有利安定团结的原则，合理确定或调整好村（居）委会区域。严格地讲，社区不等于村（居）委会。社区应该是集镇化的形式，村（居）委会应该是地域化的形式。为了适应农村新型城镇化的需要，应该积极开展在村（居）委会设立社区，使社区成为服务一方群众的平台。

（七）积极开展社区建设。随着新农村建设和农村城镇化向纵深推进，社区建设的作用与地位越来越重要。搞好社区建设，对于承接政府转移职能、服务基层群众、有效聚集人口和生产要素、推进土地集约利用和经济集约发展、构建和谐社会，具有重大意义。社区建设，大有可为。以满足群众生产生活需求为导向，以解决群众最迫切的现实问题为目的，建立健全村民自我服务的组织形式和机制，合理设置为民服务项目，向群众提供社会救助、教育培训、信息咨询、生产生活、医疗健康、证件办理、文体休闲、矛盾调处等服务。把促进农村经济发展、帮助农民致富增收作为社区建设的一个重点，按照“社区+合作社”“社区+协会”“社区+农户”等模式，组建各类经济合作组织和专业协会，提高农民组织化程度，促进农业生产向规模化、专业化、集约化方向转变。按照因地制宜、分类指导的原则，科学规划社区设置模式。在县城设置社区，要体现城市管理特点，强调功能分区；在乡镇驻地设置社区，要体现聚集乡镇企业与农村人口的功能，形成对乡镇全域的吸引与辐射格局；在居委会设置社区，要体现服务居民的特点；在村委会设置社区，要体现聚集作用，等等。从实际出发，合理选择村（居）委会设置社区的模式。有的可以几个村（居）委会设一个社区，有的可以一个村（居）委会内设几个社区，有的可以一个村（居）委会设一个社区，各有所长，贵在实事求是。但是，从统一管理来看，还是一村（居）委会设立一个社区比较适宜。

（八）加快户籍制度改革。市场经济是多元经济，生产要素的自由流动，首先要做到人口的自由流动，而我国户籍制度成为市场经济公平竞争的严重障碍。农村城镇化的关键，在于打破户口壁垒，改革户籍制度。要从改革小城镇及中小城市户籍制度开始，逐步向大城市推进，最终实现全国范围人口的自由流动。只有打破户口壁垒，才能实现人口与生产要素向城镇聚集，推动农村工业化、现代化发展，从而带动农村三产业的发展，促进农村经济结构的进一步调整和升级。要积极引导农村剩余劳动力向城镇转移，努力提高进城务工农民的生存与发展能力；大力开展农民工职业培训，提高他们的素质和就业技能；进一步破除城乡分割的体制机制，创造公平的社会环境，促进他们融入城镇社会。为了提高城镇对剩余劳动力的吸纳能力，扩大城镇就业量，政府必须将工作的重点放在发展民营企业上，降低市场准入的门槛，以利于大量中小企业的创办和成长，增强城镇人口聚集力度。改变农民“离土不离乡，进厂不进城”为“离土进镇”建房、经商、办企业，完善相关配套政策和措施。逐步建立以居住地划分城镇户口和农村户口，以职业划分农业人口和非农业人口的户籍制度。要在进一步稳定家庭联产承包责任制的基础上，建立一种可以使农民把土地承包权转化为财产权并带进城的产权流转制度。在承包期内，农民从事二三产业或兼业而进入城镇，任何组织和个人不得强行收回或改变承包关系；放弃了土地承包权的返回农村时应当允许重新承包；允许进城农民按照自愿和市场的原则对其承包地依法转包、转让、互换、入股等，保证农民毫无后顾之忧地转移。建立覆盖全体居民的社会保障体系，以吸引农民进得来、留得下，推动农民向城镇聚集。

（九）大力发展乡镇企业。坚定不移地推进以新型工业化为核心的发展战略，不断夯实城镇化发展的经济基础。城镇化的动力来自工业化和现代化，在农村表现为乡镇企业为代表的二三产业的发展。中国经济在经过近 20 年的快速发展，供求总量不平衡的矛盾基本得到解决后，迫切需要提高经济运行的质量，调整经济结构，转变经济增长的方式。目前全国乡镇企业职工人数已经超过国有企业职工人数，在社会总产值中已占据一半，如果乡镇企业的增长方式不转变，也就谈不上整个经济增长方式的转变。而乡镇企业经济增长方式转变的根本出路又在于农村城镇化。因此，要将分散的乡镇企业向交通方便、基础设施较完善的城镇适当集中，这样可以充分发挥城镇聚集效益，集中治理环境污染问题，减少对耕地资源的占用，从而提高乡镇企业的经济效益、社会效益和生态效益，推动农村经济增长方式由粗放型向集约型转变。乡镇企业向城镇集中，农村人口向城镇转移，可以带动农村第三产业的发展，促进农村经济结构的进一步调整和升级。要根据地方实际，确定和发展相应的特色产业，着力推进关系地方发展全局、带动作用较强的重大项目建设，促进产业聚集，特别要努力培育支柱产业。对乡镇企业全面实行“国民待遇”，在行业准入上凡是法律没有明令禁止的，凡是允许外资进入的，都必须对乡镇企业全面放开；在资金投入上，要让银行按市场规则贷款，谁也不搞特殊性；在各种优惠政策上，对内资外资、国企乡企、个体私营企业，必须一视同仁，平等享受。

（十）推进公共服务均等化。城乡差别的突出表现在于，城镇居民与农村农民所享受的各种公共服务存在巨大差别。因此，推进农村城镇化，实质是推进公共服务均等化。要建立广覆盖、多层次、与经济发展水平相适应的城乡一体化社会保障体系，保证农村与城镇居民享有同等的社会保障待遇；进一步完善覆盖城乡的社会保险体系，将城镇职工养老、医疗、失业、工伤、生育保险全面推向农村。落实好被征地农民的社会保障政策，为被征地农民提供基本生活保障。积极实施农民工养老保险关系转移接续办法，切实维护合法权益。完善城乡社会救助体系，不断提高城乡最低生活保障标准和人均补助水平，稳步提高五保供养水平。伴随全面放开户口迁移政策，以合法固定住所为基本落户条件，引导农民进入城镇购房落户。加快配套制度改革，让进城务工人员与城市居民享受同等的就业机会和福利待遇，降低农民进城的风险，为进城农民解除后顾之忧。要着力推进城市文明向农村延伸，坚持统筹城乡发展的基本方略，坚持工业反哺农业、城市支持农村。把壮大工业与提升农业结合起来，把增加城镇人口与转移农民结合起来，把城市建设与社会主义新农村建设结合起来，促进城乡经济社会协调发展，努力形成城乡一体化发展新格局。积极推进城乡规划、产业布局、基础设施、生态环境、公共服务、组织建设一体化，促进城乡协调发展。

（十一）强化生态环境建设。农村地域大，农村人口多，必须高度重视生态环境建设。积极推进农村城镇化，有效聚集人口及生产要素，实现集约发展，从而有效保护更多耕地、草原和林地。统筹协调各类各业土地利用关系，优化城乡用地结构和布局。完善城乡建设用地增减挂钩实施制度，大力开展农村土地整合整治。探索推进集体建设用地使用权流转，支持和促进农村建设与发展。完善征用土地办法，进一步规范征地程序，提高征地补偿和社会保障水平，切实维护被征地农民合法权益。继续推进林业重点工程建设，延长天然林保护工程实施期限，完善政策，巩固退耕还林成果，开展植树造林，提高森林覆盖率。实施草原建设和保护工程，推进退牧还草，发展灌溉草场，恢复草原生态植被。推进重点流域和区域水土流失综合防治，加快荒漠化石漠化治理，加强自然保护区建设。推进农村能源建设，扩大电网供电人口覆盖率，推广沼气、秸秆利用、小水电、风能、太阳能等可再生能源技术，形成清洁、经济的农村能源体系。强化水资源保护，加强水生生物资源养护。实施农村清洁工程，加快改水、改厨、改厕、改圈，开展垃圾集中处理，不断改善农村卫生条件和人居环境。开展多种形式的生态文明村建设，加快建设资源节约型和环境友好型新农村。

参考文献:

[1] 潘维，贺雪峰. 社会主义新农村建设的理论与实践[M]. 北京：中国经济出版社，2006.

[2] 马洪，王梦奎. 中国发展研究[M]. 北京：中国发展出版社，2002.

[3] 白跃世. 中国农业现代化路径选择分析[M]. 北京：中国社会科学出版社，2004.

[4] 徐勇. 三农中国[M]. 武汉：湖北人民出版社，2003.

[5] 马戎，刘世定，邱泽奇. 中国乡镇组织变迁研究[M]. 北京：华夏出版社，2000.

[6] 詹成付. 关于深化乡镇体制改革的研究报告[J]. 经济研究参考，2006(57).

[7] 江曼琦，鲁承斌. 促进人口聚集加快农村城市化发展的对策[J]. 亚太经济，2003(6).

[8] 邹进泰，邹光，徐峰. 中国乡镇管理体制改革研究[J]. 理论月刊，2006(9).

[9] 张玉华，刘文锁. 乡镇体制变迁的改革出路探讨[J]. 党政干部论坛，2005(1).

[10] 金太军. 推进乡镇机构改革的对策研究[J]. 中国行政管理，2004(10).

[11] 郭厚良. 农业工业化 农村城市化 农民知识化——中国三农的一个解[EB/OL]. http://www.wyzxsx.com/Article/Class19/200601/4282.html.

[12] 辜胜阻，成德宁. 农村城镇化的战略意义与战略选择[EB/OL]. http://www.chinaelections.org/NewsInfo.asp?NewsID=44136.

乡镇行政体制改革回顾与展望

摘　要：改革开放30年来，我国农村开展了以撤社建乡、撤区并乡、撤并乡镇为主线的行政体制改革，为农村经济社会发展带来了活力和动力。随着形势发展，农村经济体制改革不断深化，城镇化进程加快，政治文明建设逐步推进，农民生活水平普遍提高，行政环境不断改变，这一切都对乡镇行政体制改革提出新要求。因此，要以科学发展观为指导，进一步创新乡镇职能，完善乡镇建制体系，加强社区及村委会建设，积极开展综合配套改革，努力使乡镇行政体制改革与农村经济、社会、生态环境形成良性互动，更好地服务新农村建设。

关键词：乡镇；行政体制；改革取向

我国改革开放发轫于农村家庭联产承包责任制，在此基础上开展了一系列乡镇行政体制改革，包括改革开放初期的体制探索、上世纪80年代初中期的撤社建乡、80年代后期的撤区并乡、世纪之交后的撤并乡镇及农村综合配套改革。这些改革举措促进了农村生产力发展，从根本上改变了我国农村社会生活面貌，而且为城市及国家宏观改革积累了物质财富和经验。目前，中国传统农业社会处于转型的关键时期，工业化、信息化、城镇化、市场化发展给乡镇行政体制改革带来新挑战。所以，必须高度关注并进一步加强农村改革与发展战略研究，以科学发展观为指导，不断探寻乡镇行政体制有序改革调整的新模式。

一、30年乡镇行政体制改革历程

（一）以农村基层改革实践为基础，探索适合农村发展的新路子

十一届三中全会召开后，随着家庭联产承包责任制的建立，动摇了人民公社体制继续存在的基础，导致农村土地、劳动力、资金、技术等生产要素的重新组合，为农村生产力发展创造了宽松环境，促进了农村经济的飞跃。1979年，四川等省开展“政社分开”的改革试点，在全国率先拉开了撤社建乡的序幕。同时，广西、四川、河南、安徽、山东等省部分地区农民群众自发建立了一种全新的基层组织形式村民委员

会，逐渐演化为一种基层群众性自治组织。农村经济迅速发展，农村剩余劳动力不断增加，迫切需要向二三产业移转。湖北等省区探索农民离土不离乡、自理口粮进城从事二三产业，陆续恢复了部分建制镇。在前期探索实践的基础上，1982 年 12 月，五届全国人大新修改的宪法规定："乡、民族乡、镇是我国最基层的行政区域，乡镇行政区域内的行政工作由乡镇人民政府负责，设立人民代表大会和人民政府"；同时还规定："农村按居住地设立的村民委员会是基层群众性自治组织"。从此确立了"乡政村治"的农村管理模式，撤社建乡、发展小城镇成为农村行政体制改革的共识。

(二) 以合理划分农村行政管理职能为主线，撤社建乡促进农村经济发展

中共中央、国务院于 1983 年下发的《关于实行政社分开建立乡政府的通知》指出：把政社分开，建立乡政府；要尽快改变党不管党、政不管政和政企不分的状况。并正式部署在全国农村开展政社分开、撤销人民公社、建立乡镇政府的任务。各省区积极响应，纷纷开展撤社建乡工作。这次撤社建乡的做法及特点表现在：一是撤销公社，在县下设立派出机构区公所，实行区辖乡镇。乡镇数量及规模充分兼顾历史习惯，同时也比较重视小城镇建设与发展。二是明确了乡镇政府依法行政的基本原则和主要职能，探索党政分工、政社分开、政企分开的职能模式。三是设立村民委员会，推进农村基层民主自治。乡镇以下实行村民自治，逐步形成了"乡政村治"的治理模式。四是要求建立乡镇一级财政和相应的预决算制度，这在中国历史上是一项重大的制度创新。五是初步明确了乡镇"七站八所"的基本改革方向，即建立符合农村实际的包括技术、管理、流通、金融等职责在内的服务体系，以利于农村多种经济形式和商品生产的发展。至 1985 年，全国共设立 91590 个乡镇，在中国延续了 26 年的"政社合一"人民公社体制终于退出了农村政治历史舞台。

(三) 以精简行政层次为切入点，撤区并乡巩固农村基层政权

全国政社分开、建立乡政府工作结束后，由于与此相关的一系列配

套改革措施没有跟上，农村基层政权建设中还存在不少问题。主要是县下作为派出机构的区公所集中了基层财政及主要管理职能和人员编制，而乡级政府反而形同区的派出机构，“区实乡虚”的矛盾十分突出，而且党、政、企之间的关系也没有完全理顺。为此，中共中央、国务院于1986年9月下发《关于加强农村基层政权建设工作的通知》要求：明确党政分工，理顺党政关系；实行政企分开，促进农村经济进一步发展；简政放权，健全和完善乡政府的职能，凡属可以下放的机构和职权要下放给乡，尽快把乡一级财政建立起来；减少管理层次，凡是设了镇政府的地方就不再设立乡政府；要坚决撤销那些不必要的临时机构；除边远山区、交通不便的地区以外，县以下一般不要设立区公所。从此，各地陆续开展撤区并乡，撤销区公所，对小乡镇进行合并，将县以下传统的二级管理层次改为一级，并进行相关组织结构调整和改革。到1996年，全国乡镇数量为43112个，乡镇总数比1986年减少了28409个，村民委员会也比1986年减少10.7万个。通过撤区并乡，减少了县下行政层次和基层单位，建立健全了乡镇财政，缓解了编制不足的矛盾，解决了“区实乡虚”问题，强化了基层政权。

(四) 以优化横向管理幅度为突破口，撤并乡镇整合资源促发展

进入世纪之交，随着农村各项改革的深入和市场经济的快速发展，乡镇体制面临许多新情况、新问题。乡镇规模小，行政成本高，难以形成规模经济；乡镇综合经济实力弱，无法集中财力进行城镇建设和发展支柱产业；机构设置多，造成重复建设和人员编制不断膨胀，财政压力大，群众负担重；一些部门如税务、银行、公安、学校等已按市场规律和上级主管部门要求收缩机构，导致乡镇政府职能削弱；在交通、通讯已有较大改善的情况下，一些乡镇设置不符合经济流向，与区域经济格局相悖。从1998年开始，各省区陆续开展撤并乡镇改革，将规模较小的乡镇进行合并，改善县市下辖乡镇幅度。各地在撤并乡镇中形成了一些共性做法：一是加强领导，精心组织，部门通力协作，合力推动改革有序开展。二是将撤并乡镇与区域经济发展相结合、与小城镇建设相结合、与机构改革相结合、与减轻财政压力与农民负担相结合，使改革能

够取得实实在在的效果。三是认真调查研究，广泛征求意见，正确处理好目前与长远、整体与局部的关系，努力提高改革方案的合理性与科学性。四是妥善安置富余人员，搞好财产转移交接，处理好资产债务，加强被撤乡镇驻地集镇的管理，确保改革成功。截至2005年年底，全国乡镇数量为35473个，比1996年减少7639个。直到现在，全国各地撤并乡镇改革连续不断，许多地方还开展了综合配套改革。

（五）以创新乡镇建制标准为手段，不断完善农村行政管理体制

1982年修订的宪法规定：县、自治县分为乡、民族乡、镇。1983年中共中央、国务院联合发出的《关于实行政社分开建立乡政府的通知》规定：建乡规模“一般以原有公社的管理范围为基础，如原有公社范围过大的，也可适当划小。”1986年中共中央、国务院《关于加强农村基层政权建设工作的通知》规定：要提高乡政府的工作效率，减少管理层次。其实质是撤销区公所，将小乡镇进行合并。有的是整区改为乡，有的是几个小乡合并为一乡。各地结合实际，出台了一些不同的设乡标准。例如：湖北省2000年在撤并乡镇工作中规定，全省乡镇平均人口4.5万人，面积200平方公里；县市管理幅度为9~13个乡镇。建制镇设置标准相对规范，新中国成立后国家在不同时期通过相关法规政策多次明确设镇标准或条件。1984年，国务院批转民政部《关于调整建镇标准的报告》规定：凡是县级地方国家机关所在地，均应设置镇的建制；总人口在2万以下的乡，乡政府驻地非农业人口超过2千的，可以建镇；总人口在2万以上的乡，乡政府驻地非农业人口占全乡人口10%以上的，也可以建镇。同时，对特殊地区设镇情况还专门作了放宽条件的规定。乡镇建制标准的不断调整，对建立健全农村行政管理体制起到了不可替代的作用。

二、新时期乡镇行政体制面临的形势与挑战

（一）农村经济体制改革的影响。进入新世纪，农村经济体制改革全面深化，政府从微观经济领域淡出，其管理职能与方式发生重大改变。农业生产受地理环境制约，客观上要求从经济效益最大化角度出发统筹区域发展。农业生产的基本依据是市场和区域环境，这就要求从行

政体制上创造合理的生产活动区域，实现农业生产要素的最佳组合。长期以来，我国基层政权组织的存在与发展一直是以农业经济实力作后盾。近年来全国农村普遍开展了税费改革，2004 年温家宝总理郑重承诺，5 年内全国取消农业税。刚到 2006 年，中国农民就彻底告别了延续 2600 多年的“皇粮国税”，可以说切断了乡镇财税的传统来源，乡镇财政空前弱化，随之而来的还有乡镇政府对区域内建设项目和资源丧失支配权。农村经济形势的变化，要求乡镇行政体制与之相适应。

（二）城镇体系结构调整的影响。全国各地都在加强以城市和城镇为重点的区域战略调整，希望通过城镇体系的改善来推动区域经济的发展。跨省区的经济区蓬勃兴起，如泛珠江三角经济区涵盖 9 省 2 区，长江三角经济区包括 5 省市，环渤海湾经济区也涉及 5 个省市。地区间交流日益密切，城镇体系对农村发展的作用与日俱增。各地充分发挥小城镇在农村经济中的带动作用，纷纷建立区域中心镇；根据地方资源开发需要，在小城镇建设各种开发区及产业基地；按照不同区位条件，积极发展“窗口”镇；利用小城镇大力吸收剩余劳动力，将人力资源优势转变为经济优势。各地将小城镇建设与发展农村经济、提高农村文化生活水平相结合，对城镇布局和结构进行全面设计，使得城镇体系处于重要的战略调整期，从而导致乡镇行政体制面临新的重组与构建。

（三）民主政治建设的影响。随着政治文明、精神文明建设的不断推进，地域型、依附型文化向参与型文化的转变成为公民文化的基础，对中国政治民主化的实现起着重要作用。30 年乡镇体制改革偏重于地方政权上下之间的放权与收权，县市各部门通过各种手段强化行业管理，乡镇职能部门在人、财、物的管理上不得不直接听命于县市对口部门，实际上驾空了乡镇政府。而政府与社会、企业、公民之间的分权相对不够。农村政治生活中仍然存在一些问题，如财政缺乏透明度，公共管理滞后，有的农民无法解决自身问题时就只有上访，等等。这些问题的解决需要社会及公民的广泛参与。因此，为了更好地发挥社会各界及广大民众的积极性和创造性，需要在乡镇体制改革中更加关注民主政治建设。

（四）农民生活状态变化的影响。改革开放以来，中央及国务院每年都要出台减轻农民负担及增加农民收入的文件，特别是近年来惠农政策越来越多，越来越实，一些在外打工的农民又回到田间地头。同时，农业产业化与集约化取得长足进步，乡镇人口结构发生新变化。农民生活状态随经济发展不断改善，以往城镇居民专有的电灯、电话、电脑、网络通讯等先进设施，现在已进入许多农户家。农村城镇化进程加快，特别是农村二、三产业的迅速崛起，正在从根本上打破乡镇或城乡界线，导致乡镇分类管理遇到新问题。目前，不仅镇管理了大量社区居委会，不少乡也设有居委会，乡镇的分类界线越来越糊涂，城乡二元结构正逐步向城乡一体化转变。

（五）乡镇行政建制环境的影响。乡镇行政建制历史继承性较强，导致一律性行政区域的出现，即同级行政区域依据一定标准设置，加上长期实行整建制调整模式，形成了同质性较强的区域。如今，规模化、集约化、市场化已成为农村发展的大趋势，对乡镇聚集规模和形式提出了新要求；各地正在加大小城镇建设和经济结构调整力度，需要乡镇体制与之相适应；交通通讯及科技事业快速发展，对乡镇设置产生影响；县乡不断深化各项配套改革，乡镇管理职能发生新变化。同时，乡镇内部基层单元——社区居委会和村委会职能与布局也在发生变化。这一切都对乡镇行政体制带来新的挑战。

三、未来乡镇行政体制改革取向

乡镇行政体制改革必须以科学发展观为指导，以构建和谐社会为目标模式，努力适应现代化、城镇化、市场化发展客观要求，着力转变职能、理顺关系、优化结构、提高效能，打造具有中国特色的乡镇行政体制。主要遵循以下原则：一是强化制度建设，完善体制机制，努力为农村持续健康发展创造良好体制环境。二是坚持以人为本，强化服务意识，妥善处理好政府、社会、公民个人间的关系，充分发挥社会及公民的创造力和积极性，不断提高公共服务水平。三是顺应市场经济要求，坚持城镇主导，区域联动，积极推进城乡一体化发展。四是强调综合配套改革，不断增强改革的前瞻性、主动性、适应性、协调性和创造性。

根据上述原则思路，重点从以下各方面推进乡镇体制改革。

(一) 创新乡镇职能结构

围绕“小政府、大社会”的现代公共管理与服务职能结构要求，理顺乡镇政府和上级政府部门之间的关系，明确政府、社会、企业及公民个人之间的活动范围。大力培育和发展农村新型合作经济组织、社会中介组织及相关服务机构，积极培育市场体系，把应该由市场承担的职能全部交给市场，把企业事务交给企业自己管理。合并党政重叠的部门，减少行政编制，降低协调成本；撤销那些职能已经交给市场、企业和中介组织的部门。同时，以改革转移支付制度及强化村（居）委会建设等配套措施为前提，探索“县政乡派”模式，在条件成熟的地方逐步探索设立类似于区公所的乡级派出机构，进一步发挥社会及市场的作用。

(二) 建立完善的城镇体系

加强科学规划，引导城镇体系向着理想状态“宝塔形”演进。第一层是星罗棋布的众多村级集镇，是村民日常活动的基本场所；第二层是乡驻地集镇，是乡域政治、经济及文化活动中心；第三层是建制镇，除具有乡集镇的功能外，在经济上还要担负一定农副产品加工和生活服务的职责；第四层是县城或小城市，是所在县（市）区域经济中心，同时应成为大工业的扩散基地；第五层是中等城市，是一定区域经济的支撑；第六层是大城市，在全国生产力布局中发挥着各自的作用。今后，既要保持各市镇自身特色，又要在市镇之间形成有机联系，实行分工协作，功能互补。特别要在广大农村构建科学合理的城镇体系，按照经济中心与行政中心相互适应、相互促进的一般规律，确定乡镇行政体制基本框架。

(三) 调整乡镇建制标准

根据经济社会发展水平，适时调整乡镇建制标准。对于乡的设置，除了人口因素外还要重视区域经济、产业结构等因素，以产业及农业基地建设为动力聚集人口，引导人们在市场体制框架内实行平等竞争、交流与合作。在欠发达地区，可以适当扩大乡的版图范围，以此减少集镇数量，推动人口向较大集镇转移，着重制定好设镇标准。一是适当提高人口及相关经济指标，强化综合经济实力；二是体现分类指导的原则；三是增加并细化有关经济、社会、环保等指标，使之在城镇化发展中具有一定导向作用；四是进一步加强各类专业镇的设置工作。总之，既要强调定量指标，又要兼顾定性标准，不断提高乡镇综合素质。

（四）改变乡镇一律性行政区域

从欧美发达国家特别是美国行政体制来看，县以上行政建制相对稳定，县以下及市镇建制变更比较频繁，满足了地方经济、社会发展以及基层服务的专门需要。现代基层行政建制演变的规律为：人口密度越大的地区，行政区密度越大；经济越发达的地区，行政区密度越大；交通干线特别是交通枢纽，成为行政区密集地区。这些规律应该成为改变一律性行政区域的基本依据。为此，应做好四方面工作：一是利用科学分析方法，确定有机联系的各类区域，以此作为调整行政建制的依据；二是通过在中心镇区建立工业园区或产业基地，实行以城带乡，发挥城镇的辐射带动作用；三是兼顾交通及基础设施建设，以此作为乡镇布局的重要依据之一；四是依据城镇化进程对乡镇建制实施调整，使两者之间形成良性互动。

（五）强化社区及村委会建设

在建制镇，必须设立社区居委会；在乡驻地集镇，一般应该设立社区居委会；在其他较大的村集镇，也可以根据群众需要设立社区居委会。要以良好的社区建设与服务推动农村生产要素的聚集。对于社区居委会的设置，要突出组织协调和服务功能，将社区服务范围作为区域划分的重要依据，努力使社区与乡镇规划、建设、管理与服务相协调。现代农村也需要市场及完善的市场服务，而这些正是村委会的“软肋”。所以，要将撤并村委会与设立社区居委会相结合，实行“推拉战术”。撤销条件差的村委会，将人口向社区集镇推进；另一方面，积极发展社区居委会，拉动周围农村人口向社区聚集。同时，村委会区域的划分要保证适度规模，便于村民自治活动的开展。此外，还要按照科学发展观要求，积极推广文明生态村建设。

（六）完善综合配套改革措施

为推进乡镇行政体制改革的顺利进行，必须采取有效措施。一是探索出台有关乡镇行政管理的法律、法规和政策，做到依法行政和服务。二是转变和规范乡镇政府管理职能，提高行政效率，降低管理成本，并完善制约和监督机制。三是积极推进户籍制度改革，彻底改变城乡户籍“二元结构”，为乡镇人口及生产要素合理流动创造条件。四是统筹规划农村公共服务工程及公共基础设施建设，努力实现资源共享。五是加强农村市场体系建设，引导生产要素向着效益高的城镇社区转移和流动。六是按照科学发展及资源节约型与环境友好型社会要求，努力使乡镇行政体制改革与经济建设、社会发展、人口增长、生态环境形成良性互动，最终达到构建和谐新农村的目的。

参考文献：

[1]孙平.中国行政区划分析[M].武汉:湖北人民出版社,2004.

[2]徐勇.乡村治理与中国政治[M].北京:中国社会科学出版社,2003.

[3]张全在.镇政府管理[M].北京:中国广播电视出版社,1998.

[4]王振耀.乡镇政权与村委会建设[M].北京:中国社会出版,1996.

[5]于建嵘.岳村政治:转型期中国乡村政治结构的变迁[M].北京:商务印书馆,2001.

[6]张新光.论中国乡镇改革25年[J].中国行政管理,2005(10).

[7]周大仁.关于发展小城镇的几点建议[J].咨询与决策,2003(2).

[8]詹成付.关于深化乡镇体制改革的研究报告[J].开放时代,2004(2).

[9]张新光.中国建构现代乡镇行政管理体制的理论探讨[EB/OL]. http://www.chinaelections.org/NewsInfo.asp?NewsID=96816.

撤销街道办事处之探索

摘　要：街道办事处和社区居委会的很多功能趋于重合，两者职责不清的矛盾日益突出。为推进管理服务重心下移，有必要探索撤销街道办事处。撤销街道办事处没有法律障碍，而且具备了一定主客观条件。以撤销街道办事处推进资源整合，优化发展环境，促进经济社会协调发展、科学发展。正确把握撤销街道办事处的途径，制定原则标准，科学拟订方案；搞好方案审批，实施平稳过渡；明确工作职责，完善体制机制；加强社区建设，强化自治功能。同时，完善相关措施。

关键词：街道办事处；社区；体制改革

近年来，全国部分城市开展撤销街道办事处的探索，为城市社会管理注入了新的活力。2009年湖北省黄石市铁山区撤销2个街道办事处；2011年黄石市又在下陆区推行铁山区经验，撤销了3个街道办事处；目前，黄石市另两个区也在酝酿撤销街道办事处。2010年安徽省铜陵市铜官山区撤销全部6个街道办事处；2011年铜陵市在全市推行撤销街道办事处。2011年贵阳市小河区撤销所辖街道办事处。这些撤销街道办事处的地方，均实行区直接管理社区，精简了行政层次，减少了人员机构，降低了管理成本，提高了办事效率，得到群众的认可。北京市"十二五"体制改革规划，明确探索撤销街道办事处改革试点。面对各地探索实践，有必要进一步理清思路，深化街道办事处体制改革，使之成为推动我国行政管理体制改革的新的突破口。

一、撤销街道办事处的必要性

我国城市行政管理层次较多，积累了不少矛盾和问题。地级市存在市、区、街道、社区4级管理，其中市、区2级为政府，街道办事处为政府派出机构，社区居委会为自治组织。相对传统地域建制来讲，城市属点状形态，地域较小，交通通讯发达。城市4级管理相对集中，难免造成人员机构、经济建设、社会管理、基础设施、公共服务等资源重复配置，产生不必要的浪费，也容易产生相互冲突与矛盾。

市辖区政府是城市基层政府，由于城市管理的直接性、集中性、整体性等特点，与同级别的县、市政府相比，市辖区政府必须在市政府统一管理下行使自己的职权，往往缺乏较大的独立性。街道办事处是市辖区的派出机构，设置目的是为了加强城市居民工作，密切政府与居民的关系，其任务是办理上级政府有关居民生活的各项事务。社区居委会是基层群众性自治组织，主要目的是实行自我管理、自我教育、自我服务，同时，协助街道办事处开展工作并接受其指导、支持和帮助。近年来，我国社区建设步伐加快，社区自治组织成为我国民主政治建设的重要途径，承担着越来越多的任务，从而削弱了以社区服务为主要任务的街道办事处的职能。另外，街道办事处作区政府的派出机构，也是受托从事行政管理。随着市辖区政府职能的不断强化，从另一方面进一步削弱了街道办事处职能。在市辖区和社区上下双方夹击之下，街道办事处难以有所作为。

不可否认，在传统计划体制下，街道办事处曾发挥过重要作用，甚至承担过不少生产性任务。改革开放之后，街道办事处将直接的经济职能交给市场，从而转向社会管理服务。由于统筹规划在上级政府，公共服务在社区，街道办事处只是扮演"二传手"角色。现在，街道和社区的很多功能趋于重合，两者职责不清的矛盾日益突出。居委会大量精力用于应付上级政府或街道办事处交给的各项任务，难以集中精力开展居民自治活动。城市管理层次较多，人、财、物大都被截留在街道以上，社区没有手段，缺乏必要的财力和资源，很多工作无法开展。从实际出发，积极探索撤销街道办事处，有利于精简行政层级，优化组织结构，节约行政成本，提高办事效率；有利于转变政府职能，推进服务重心下移，更好地服务广大群众；有利于城市统一规划、建设和管理，促进城市化健康发展；有利于加强基层群众性自治组织建设，加快我国民主政治进程。

二、撤销街道办事处的基本思路

从法律上讲，撤销街道办事处没有障碍。一是在宪法规定的行政区划体系中，街道办事处不是政区建制，撤销街道办事处与宪法不相矛盾。二是在地方各级人民代表大会和地方各级人民政府组织法中，明确规定市辖区、不设区的市的人民政府，可以设立若干街道办事处，这也意味着可以不设立街道办事处。三是1954年国家发布的城市街道办事处组织条例规定了街道办事处设置的基本条件，由于各种情况发生了变化，2009年该条例被废止。从上述法律规定来看，街道办事处设置具有较大的灵活性，可以设立，也可以不设立，从而为各地实事求是、因地制宜决定街道办事处的设立或撤销提供了依据。

从各地改革发展情况看，撤销街道办事处具备了一定主客观条件。一是交通运输、信息网络技术快速发展，使得市辖区可以直接面对社区组织。二是社区建设不断加强，不少地方建立健全了社区服务中心，成为服务一方群众的重要平台。三是行政理念发生了重大变化，层层节制的管理方式不再受到追捧，能交给市场、交给社会的管理正在逐步交出去，“小政府、大社会”理念深入人心。尤其是一些地方在探索撤销街道办事处的过程中积累了成功经验，值得学习借鉴。

综上所述，撤销街道办事处的基本思路是：坚持科学发展观为指导，遵循有关法律法规，按照中央及国务院关于行政体制改革的原则精神，有序推进街道办事处撤销改革。将撤销街道办事处与推进开放开发和现代化建设相结合，与城市化发展相结合，与生产力布局及优化资源配置相结合，与政府职能转变相结合，与推动管理服务重心下移相结合。立足当前，着眼长远，科学规划，精心组织，先探索试点，后逐步推开，以撤销街道办事处推进资源整合，优化发展环境，促进经济社会协调发展、科学发展。

三、撤销街道办事处的途径

（一）制定原则标准，科学拟订方案

本着实事求是、因地制宜的原则，制定撤销街道办事处的标准。根据湖北省黄石市和安徽省铜陵市经验看，先在市辖区规模较小、集约化程度较高、社区较发达的地方试行撤销街道办事处。可以参照如下标准：一是市辖区规模不大，人口在20万~30万以内，面积在100~200平方千米以内；二是属连片建成区，不存在飞地情况；三是城市化水平

较高，城市基础设施相对完善，公共服务较好。对这样的市辖区，可以考虑撤销街道办事处，实行区政府对社区的直接管理。深入调查研究，掌握相关机构、人员、财产等详细情况，在此基础上，科学制订方案。按照地方机构改革的总体目标和经济社会发展情况，认真筹划撤销街道办事处的具体方案，安排好组织机构、职能整合、人员分流、财产处置等工作，并提出具体实施方法、步骤。

（二）搞好方案审批，实施平稳过渡

根据相关法规，撤销街道办事处的审批权限在上一级人民政府，地级市则在市政府。市政府要做好方案的审批实施，以此带动相关问题的解决。撤销街道办事处要结合实际，或一次性审批撤销，或分期审批撤销，最好是同一市辖区内保持同步，便于统筹安排各项工作。一方面，行政职能上交。将街道办事处的经济发展、计划生育、城建城管、农业发展、劳动保障和劳动就业、财政财务管理、统计、纪检监察、政法综治维稳、人大和政协联络等职能，分别上交区政府各职能部门及区党委相关部门。另一方面，服务职能下放。将社会管理及服务等职能下放到社区居委会，由社区实行自我管理、自我教育、自我服务。尽量缩短人员、机构及财产交接时间，确保工作的连续性。

（三）明确工作职责，完善体制机制

明确市、区、社区工作职责。优化政府组织结构，合理确定市、区、社区事权，按照“权随责走、费随事转”的原则，推动管理服务重心下移。调整和规范垂直管理体制，理顺垂直管理部门与市、区、社区的关系。按照大部制要求，着力构建“扁平化”管理格局，落实好部门定岗、定编、定职能的“三定”方案，做到分级管理、政事分开、权责一致、精简高效、管理精细。由于将城市4级管理为3级管理，所以要构建3级管理协调互动的关系。区对社区的管理，不是领导与被领导的关系，而是指导关系，要充分保证社区居委会的自治地位。加强部门之间的协调配合，妥善解决机构重叠、职能交叉、权责脱节的问题，形成管理有序、运行顺畅、工作高效、服务便捷的工作机制，最大限度地降低行政成本，提高行政效率。

（四）加强社区建设，强化自治功能

将社区建设纳入城市体系大格局中统筹规划，使之成为优化城市布局、完善城市功能、促进城市发展的重要抓手。通过科学规划、合理布局社区，为居民生活、工作提供良好环境。适当扩大社区规模，合并较小社区，推进公共基础设施集中建设，实现社区集约发展。对于已撤销的街道办事处，一般可以分设三个左右的社区，规模较小的可以直接转为社区。强化社区自治功能，提升居民自治意识，创新社会管理方法，加大社区资金、人才投入，努力提升社区服务水平。重点加强社区公共基础设施建设，建立健全相关服务机构，增强社区的服务能力和凝聚力。

四、相关措施

一是加强组织领导。地方党委政府要把撤销街道办事处的改革创新纳入推进科学发展的高度，科学统筹，精心组织，有序推进。要严明工作纪律，严格办事程序，认真做好撤销街道办事处改革中机构撤并、干部调整、财产处置等各项工作。以撤销街道办事处为契机，推动行政管理体制改革创新。

二是着力抓好人员分流。从各地试点情况看，人员安置是撤销街道办事处成功与否的关键，必须下大气力做好人员分流安置工作。安徽省铜陵市铜官山区的做法有借鉴作用，被撤销街道办事处的机关人员身份不变，待遇不变，让人员和资源一起下沉到社区，由此强化社区建设。

三是推进工作作风转变。撤销街道办事处实际上是弱化行政管理，强化社区自治，所以要推进工作作风转变，实现“管理型”向“服务型”的转变。干部要善于直接面对群众，坚持为民服务宗旨，做到情为民所系，利为民所谋，破除等、靠、要思想，努力为群众做好事、办实事、解难事。

四是提升管理人员素质。精简行政层级意味着推行“扁平化”管理，各部门管理内容更丰富，面对的服务对象更多，这就需要管理人员具备相对丰富的知识和技巧。要借助行政体制改革，通过竞争上岗、强化考核，或者开展各种教育培训，提升管理人员能力素质。

五是加强社会组织建设。撤销街道办事处之后，不少事务要由社会组织来承接。要加强社会组织建设，在社会管理方面更加注重发挥事业单位、中介组织和民间社团的作用，充分调动各方力量参与社会管理服务的积极性。政府不能干预社会组织活动，而是要积极培育社会组织发展壮大，实现社会和谐发展。

最后特别强调，撤销街道办事处不能“一刀切”，不少地方还需要保留街道办事处。对于整县设区的，市辖区规模较大，街道办事处独立性较强，不能随意撤销；县级市管理不少乡、镇，只有部分中心城区设立了街道办事处，为便于统一管理，也不好撤销；还有些规模较大的市辖区，街道办事处较多，又比较分散，对此应予以保留。总之，要实事求是，因地制宜，有序推进街道办事处改革创新，促进城市经济社会协调发展、科学发展。

农村社区建设的着力点

摘　要：加强农村社区建设是推进社会主义新农村建设、构建和谐农村的战略举措。为了搞好农村社区建设，必须找准切入点。着力实行科学规划，合理选取农村社区模式，明确功能定位，完善村庄布局，把握规划进程。着力提供公共服务，加强基础设施建设，科学规范服务职能，努力健全服务网络，全面开展各项服务。着力改善居住条件，加强住宅集中建设，实行新建与改造并举，规范和集约利用土地，改善和美化居住环境。着力营造特色文化，坚持先进文化方向，开展多种形式的教育培训，开展丰富多彩的文化活动，挖掘与传承优秀历史文化。着力健全体制机制，建立健全党的领导与村民自治相结合的领导制度，健全公共管理与服务制度，构建科学的投入和参与机制，健全有效的社会矛盾调处机制，共同创建和谐社区。

关键词：农村；社区建设；着力点

引　言

社区可以上溯到早期人类活动的自然村落，乡村社区是城市社区的源头。随着农业社会进入工业文明，社区在城市社会的作用和影响越来越大，以至于如今说起社区，人们首先想到的是城市社区。相对城市社区构成的多元性和复杂性，农村社区结构比较简单，封闭程度较高，日常生活主要限于特定地域及社会环境。改革开放以来，特别是进入上世纪 90 年代之后，我国各地城市社区建设蓬勃兴起，出现了许多好作法、好经验，在促进改革开放与现代化建设中发挥了不可替代的作用。农村社区建设严重滞后，一直到 2006 年党的十六届六中全会才正式提出："全面开展城市社区建设，积极推进农村社区建设，健全新型社区管理和服务体制，把社区建设成为管理有序、服务完善、文明祥和的社会生活共同体"。标志着党和政府将农村社区建设列入重要议事日程。搞好农村社区建设，有利于统筹城乡社会发展、实现公共服务均等化、满足广大农民群众多样化个性化需求，对于巩固基层政权、推进社会主义新农村建设、构建社会主义和谐社会具有重大战略意义。

农村社区建设与城市社区建设和社会主义新农村建设在实行以人为本、服务广大民众、构建和谐社会方面有许多相似点、共同点，但三者在工作方法和内容上各有侧重点。农村社区建设的背景是农村，既要关注农民生活服务，也要关注农业生产服务；城市社区建设的环境是城市，更多地关注居民多样化的生活服务，协调各种利益关系及矛盾的工作量较多。农村社区建设与社会主义新农村建设在总体目标上趋于一致，但两者着眼点不尽相同。农村社区建设更多地从农村基本公共服务及社会建设着手，新农村建设则要求全方位推进农村经济社会发展及农村、农业、农民即“三农政策”的贯彻落实。因此，农村社区建设必须以服务农民生产生活及社会建设为切入点，创新方法，突出特色，扎实推进。

一、着力实行科学规划

（一）选取适宜模式。农村社区建设，必须坚持规划先行，而社区设置模式的选择又是整个规划的前提。社区组织属基层自治组织范畴，没有明确的量化设置标准，只有相对粗略的模式选择。按照经典学者解释，社区是指地区性的生活共同体。从此可以看出，社区的本质在于强调其地域性，推进农村社区建设就要注重其空间设置模式问题。农村社区是人们生活最基础的聚落，基于现代经济社会活动以城镇体系为支撑，所以，农村社区设置应该借鉴小城镇规划思路，按照管辖人口适度、区域相对集中、服务半径合理、资源配置有效、功能相对齐全、符合群众习惯的原则，科学确定社区设置模式。作为自治组织，农村社区设置必须充分考虑不同群体之间的认同感，按照以人为本、方便群众的要求，合理划定社区地域范围。同时，依据资源节约型、环境友好型社会建设基本理念，最大限度地整合资源、节约资源。根据各地实践经验，农村社区有多种设置模式：有的建制村地域相对独立，已经形成具有较强凝聚力的完整社会生活共同体的，可以单独设立社区；有的建制村较小，多个建制村自然形成社会生活共同体的，可以由关联性较强的几个建制村共同设立一个社区；有的建制村较大，内部由多个相互独立的自然村组成，每个自然村自成体系的，可以在建制村内设立多个社区。进入新世纪后，各省区都进行了较大规模的撤并村组工作，目的在于节约成本、整合资源。基于集约发展、提高效率、便于管理的原则，最好还是以建制村为依据，实行一村一社区，以社区建设作为村委会开展工作的重要依托。当然，在规模较大的建制村，各自然村相互独立的，也应该实事求是，可采取一村多社区。另外，有些企业及社会组织发育较好的地方，可以将社区组织与企业或社会组织进行整合，打造服务群众的独具特色的社区模式。

（二）明确功能定位。相对地域性的建制村来讲，社区应该是建制村的活动中心，或者说是建制村的政治、经济、社会、文化中心，就如同乡镇驻地集镇是乡镇活动中心一样。不同集镇具有不同功能取向，社区也应该具有自身功能定位。城市社区与农村社区功能不同，前者注重生活服务功能，后者具有生活与生产服务双重功能。农村社区中，平原、丘陵、山区的社区性质存在明显差异。不同地方所处自然资源、区位条件、人文环境、发展水平不一样，社区发展性质与定位不尽相同。在农村社区规划制定上，要突出社区地方优势、特色，突出生态取向，统筹产业发展、基础设施、办公场所、服务机构、住宅建设等布局，与地方经济社会发展规划、土地利用总体规划、村镇建设规划等相衔接，逐步实现从注重产业和农村住房布局等物质形态的村庄规划，过渡到物质形态和社会形态有机结合并体现特色功能的农村社区建设规划。按照地域相近、规模适度、群众自愿、便于管理和服务、优化资源配置的原则，科学确定各类农村社区功能。在不同地域环境下分别创建城郊结合型、集镇中心型、传统村庄型、经济开发型、生态保护型、特色文化型等不同功能的农村社区。根据产业发展状况，创建水产型社区、产业型社区、矿业型社区、旅游型社区、商贸型社区、农业型社区等，走出各具特色的发展之路。从实际出发，因地制宜，还可以有多种功能定位的社区。

（三）完善村庄布局。社区最主要的表现形式是各种建筑设施构成的村庄，村庄布局是社区建设的重要内容之一，可以说村庄形态基本上就是社区空间形态。改革开放以来，我国城乡建设规划全面推进，不仅在城市规划方面取得了巨大成就，促进了城市化发展，而且在广大农村也开展了各种形式的规划，规划触角已延伸到了村庄民宅。但作为农村社区规划，还需要进一步规范和加强，特别要适应新形势下农民群众对生活生产环境的新要求，将以人为本及提高生活质量放在村庄建设的突出位置。围绕地方城乡建设总体规划，统筹城乡经济社会发展，推进各种公共基础设施由城市向农村延伸，推进城市文明向农村辐射，不断提高农民群众生活质量，努力把农村居民住宅区建设成为具有现代气息的新型住宅区。在编制城乡建设规划中，要更加关注社区建设规划，特别要高度重视并做好村庄空间布局规划。坚持适度超前、兼顾全面的原则，科学构建村庄空间布局，把完善公共服务、发展社会事业、加强基层组织建设、培育社区共同意识等理念融入规划之中，使村庄布局彰显时代特色。按照科学规划、合理布局、适度聚集、稳妥推进的总体要求，严格控制单家独院，倡导推广多户联排，大力鼓励多层公寓建设，积极推行农民集中居住，尽量少建或不建独立式住宅，控制公共用地，尽可能少占土地，保证村庄布局节约、实用、美观。

（四）把握规划进程。将农村社区规划纳入地方经济社会发展战略规划和地方党委政府重要议事日程，是搞好农村社区建设的基本前提；坚持以人为本、适应群众需求、不断完善和落实规划目标任务，是搞好农村社区建设的必然要求。要加强农村社区规划与城镇体系规划以及土地、工业、农业、水利、交通、通讯等各专业规划的衔接，形成一个统筹协调、相互配套的规划体系，不断增强规划的协调性和可操作性。农村社区规划是一个不断探索、不断创新的过程，具体工作中要稳步推进，选择那些经济比较发达、人口相对集中、农民积极性较高、产业基础较好、村委班子作风扎实的村进行规划试点。以规划建设社区服务中心为切入点，把农村自然村集镇作为农村社区建设的先行区，以便节约建设及运行成本，提高社会效益和经济效益。然后，在试点基础上陆续推进分项服务设施建设，开展相关服务活动。在推进规划实施过程中，关键要实行积极的政策引导。针对不同规划阶段和不同规划目标任务，积极配合政府政策措施，实行人、财、物的有效投入，为实现规划目标提供有力保证。地方政府及相关部门要加强领导，增强大局意识、服务意识和责任意识，搞好协调，积极主动参与农村社区规划建设，加强指导和服务，努力提高办事效率和服务质量，推动农村社区规划顺利实施。

二、着力提供公共服务

（一）科学规范服务职能。农村社区与城市社区相比，它既是生活单元，又是生产单元。农村社区服务既要向农民提供生活服务，又要向农民提供生产服务。农村社区公共服务职能大致可以划分为政务性、生产性和生活性服务职能。政务性服务职能即狭义上的公共服务，主要指政府为公众提供的各项服务，包括社会保障、公共卫生、公共安全、公共教育、公共基础设施建设与管理以及与此相关的制度、政策等。这些服务是巩固基层政权、保持社会稳定的基本条件。生产性公共服务，主要是突出发展要务，提供农民生产所需的信息、技术、流通等服务，目的在于促进农业增效、农民增收，提升综合经济实力，推动农村经济社会发展。生活性公共服务，包括建立健全日常生活互助服务和文化服务，不断提高农民生活质量。在构建社会主义和谐社会的大背景下，要加强农村社区文化服务，突出和谐文化建设，弘扬和谐之道、和谐精神。换个角度看，农村社区服务职务可以按照不同实施主体来划分。政府提供的公共服务，指利用社区平台将乡镇相关部门的分支机构延伸到社区，更好地为群众服务；社区志愿者提供的公共服务，表现为农民群众的自助、互助服务，解决农民群众生产生活中遇到的各种困难；社会组织提供的公共服务，就是各种专业性社会组织通过市场化、社会化机制支持农村社区建设，发展农村社区公益事业。因此，只有全面规范各项服务职能，才能满足广大农民群众多方面的需求。

（二）加强基础设施建设。水、电、路和各种公共服务设施是社区存在的最基本条件，也是政府应该提供的基础性公共服务。推进农村社区建设，必须高度重视基础设施建设。农村公共服务基础设施，由基本农田水利设施、交通设施、电力设施、信息服务设施、文化教育设施、医疗卫生设施、环境保护设施、社会保障设施等构成。这些基础设施均属于公共品性质，政府应该成为供给主体。充分利用国家实施社会主义新农村建设的战略机遇，积极推进水、电、路等基础设施建设，同时加强农村卫生室、学校等事关农民切身利益的公共服务机构建设。除了建设好社区组织及其办公设施之外，要精心设计并建设好服务大厅及服务窗口。按照“一站式”服务要求建设好综合性服务大厅，内设多个服务窗口，包括低保、福利、救助、养老服务窗口，农村经济协会服务窗口，法律诉求与调处服务窗口，计生服务窗口，综合服务窗口等等。完善的服务大厅，应设触摸式查询机，主要功能是方便村民查询各项政策法规及相关信息；大厅应设有各项业务流程、电话、电脑、复印机、传真机、文档柜、办公桌椅和管理制度等，为办事群众提供多种服务。根据村民需要建设多功能活动室，既可用于召开村民代表会议、开展农业技术培训与交流，又可用于开展党员电化教育、远程教育，还可用来开办农民夜校、老年大学等等。此外，要建设好社区文体活动室、图书阅览室、警务室、绿色网吧、经常性捐助站、便民超市等服务设施。外部环境中，一般要建一处篮球场或者健身场所，有条件的还可以建造文化长廊、舞台，设置照明灯或景观灯，搞好草坪绿化带，不断满足农民群众日益多样化个性化的需求。

（三）努力健全服务网络。农村社区建设就是将公共服务从城市和乡镇延伸到农村社区，使各类公共服务落户农村、服务农民。要着眼网络化服务，不断拓展服务领域。重点搞好事关民生的生活生产性服务，包括基本生活物质供应、生产必需品供应、社会互帮互助、环境卫生监督及其他公益服务。根据农民所需所盼，建立健全各类政府延伸机构以及社会化、市场化的服务组织，将各项服务落到实处。以满足群众生产生活需求为导向，以解决群众最迫切的现实问题为目的，合理设置为民服务项目，向群众提供生产生活、医疗健康、教育培训、信息咨询、证件代办、文体休闲、矛盾调处等事关农民切身利益的日常服务。按照科学规划、分步实施、由易及难、由点到面的原则，精心设计，周密安排，协调互动，逐步构建由县、乡、村三级组成的布局合理、上下联通、城乡接轨的农村社区服务供给网络。县级政府是服务网络的主要建设者和推动者，要加强政府各部门服务机构与项目向农村延伸，推动非营利服务组织建设，为农村社区建设提供有力支持；乡级政府要建立综合性社区建设管理机构，对农村社区建设进行统筹安排，实行直接指导；村委会是社区建设的主体，要科学规划，因地制宜，合理设置社区各类服务网点。

（四）全面开展各项服务。通过健全各类服务制度和机制，推进社区服务有序开展。科学构建社区各类组织机构、警务室、卫生室、文体活动、图书阅览、技术服务、信息服务等服务体系，明确服务承诺、受理事项、工作规范等内容，将相关事项对外公开、公示上墙。落实全程服务目标任务，实行简单事项直接办理、一般事项承诺代理、特殊事项联合代理，对群众申请受理的事项做到事事有记录，件件有人办。乡镇各部门要加强与基层站所的联系与配合，完善代理服务便民通道。特别要发挥好社区服务中心的作用，合理设置服务窗口，完善相关服务制度，增强优质服务意识，使服务中心成为服务农民的平台、联系群众的纽带、展示形象的窗口。以此为重点，全面整合政府延伸机构、自治组织、社会组织、自愿者及群众，开展全方位的服务。在生产、生活、就业、创业、信款等方面，全面提供周到便利的服务，确保农民群众生活有保障、生产有支持。在社区生产资料及相关物品方面，为社区群众提供及时、优质的服务，不仅要确保用于生产经营的种子、化肥、商品等必需品质量好，而且要保证服务来得便捷、便宜、实惠。在社区文化、教育、科技、信息、法制服务方面，需要加大服务力度，提高服务层次，确保社区群众生活文明、生产有序、经营合法。在社区安全、生活保障及日常生活服务方面，要为社区群众提供实实在在的多种个性化服务，促进家庭幸福、邻里和睦，特别要高度重视和加强社区特殊群体、特困群众、优抚对象、低保对象、五保老人、留守老人、留守儿童的生活保障及服务。在医疗卫生方面，推行参合群众医疗费报销直通车制度，严把药品“入口关”，确保群众放心购物，安心就医。

三、着力改善居住条件

（一）加强住宅集中建设。传统的农村住宅在建设过程中，受历史条件、经济水平、思想观念等因素的影响，存在许多不足，主要问题是布局分散零乱、功能不明确，还存在违章建筑和灾害隐患等问题。实施农民集中居住，有利于统筹城乡发展，推动城市基础设施向农村延伸、城市公共服务向农村覆盖、城市现代文明向农村辐射，对于改善农村人居环境、优化村庄布局、集约利用土地、促进农业规模经营、加快推进城镇化进程，具有十分重要的作用和意义。为了实现集约化发展，从根本上克服传统住宅分散建设所带来的土地、供电、供水等公共资源的浪费问题，就必须积极推进住宅集中规划建设。集中建设本身就能实现公共设施与公共场所用地的共享，减少资源浪费。通过合理规划建设交通、供排水、电路等设施，使之成为住宅集中建设的基本依据，从而最大限度提高公共基础设施使用效率。在住宅建设过程中，要推行住房相互毗邻，有效利用空间，有条件的应该提倡建设多层建筑，以便有效节约土地。房屋建设不能滥占耕地，有的地方提出“能集中、不分散，能靠山、不占田”就是很好的模式。住宅建设中要提倡功能分区，合理设计居住、工业、商贸、文教、行政等机构设施功能分区，做到科学布局，不能让小规模、高能耗、低效益的家庭工业和个体企业散布在社区内，避免出现土地利用率低和引发空气、河道、噪声等环境污染等问题。要加强住宅建设用地管理，努力避免违章建筑情况发生，保持农村社区持续发展、和谐发展。

（二）实行新建与改造并举。大多数情况下，不可能一次性投入大量资金进行社区住宅的整体建设，而是因地制宜，区分不同情况，采取新建与改造并举。对于城镇化水平较高、经济条件较好的地区，可以按照建设现代化农村社区的目标，高起点集中设计建造农民公寓，形成实用美观、布局合理、风格别致的新型住宅区。可以通过整合集体与个人资金实行集中投入，建设公寓性住宅，尽可能引导更多的农户入住公寓房。对无责任田、从事二三产业的农民群众，以及在镇区规划区、工业开发区内的农民和因道路、水利建设等需要而集中拆迁的农户，原则上都要进入集中新建的公寓房。对于其他因农村建设需要而集中拆迁建设的，应采取有效措施推进集中安置，地方建设部门应采取经济适用房标准统一规划建设，房屋建成后按适宜价格出售给相关农民群众。这部分农民可享受拆迁定销房价格政策。对于经济条件较好的农户欲自己建房的，应严格按地方规划土地及建筑风格要求进行建设，相关部门应认真指导。对农户自建的住房，要由具备相应资质的施工队伍按统一规划施工、用料，确保建设质量，并由乡镇有关住宅建设管理机构负责监督。从实际出发，适度保留部分具有地方特色的传统自然村庄，对其进行逐年改造、扩展和完善。对于暂不具备条件建设新房的，应尊重农民意愿和权利，不得强迫农民拆迁。

（三）规范和集约利用土地。土地保护和开发利用是关系到农业发展、农民致富、农村稳定的重要问题。长期以来，大部分农村住宅建设缺少统一规划，基本上以户为单位建造，建房选点随意，住宅结构松散，布局零乱，滥占耕地，基础设施落后，交通不便，既不能适应农业现代化的需要，也不利于组织生产生活和节约耕地。一些地方农村建设用地显得比较紧张，主要受土地供应指标的制约，也与农村宅基地流转不畅有关。因此，要建立以乡镇为单位的农民宅基地统一管理使用机制、农村宅基地有偿使用流转机制、城乡一体化的宅基地流转机制。根据城乡总体规划、土地利用规划，落实建制镇、中心村新增宅基地范围和数量，做到新增宅基地一律在规划范围内申请、建设，规划外的农民宅基地通过自愿搬迁、政府帮扶搬迁或其他方式逐渐消失，最后全面实现城乡一体化发展目标。宅基地流转应按照自然村、一般村、中心村、建制镇、城市的线路单向进行。该机制旨在建立农民自愿聚集的推进机制，以降低政府安置成本，达到集约利用宅基地、节约集体建设用地的目的。同时，加强住宅建设与道路、水电等基础设施规划的有效衔接，立足于住宅沿交通线建设，避免占用耕地、平地、草地和禁止开发地区。鼓励集中建设和适当高层建筑，最大限度利用空间，最大限度节约土地。通过推行城乡户籍一体化，打破城乡二元结构，进而达到统筹城乡用地，进一步提高土地利用效率。积极推进城乡社会保障一体化，加大城镇吸纳农村人口的力度，消除进城农民的后顾之忧，从而避免进城农民占用城乡两处住宅用地的局面，以便节约更多土地资源。

（四）改善和美化居住环境。农村蓝天、碧水、绿地本应是最适宜居住的环境，但现在不少地方环境脏乱、农药污染、生活习惯不文明，居住环境急需整治。加强社区科学规划，本身就包含了美化因素。规范化、系统化的住房设计，能够体现社区环境整体美。对于住房设计要广泛听取农民群众的意见，满足农民生活要求和审美习惯。设计者要结合地方文化和历史传统，设计多种住宅环境方案，让农民群众参与方案的选择。通过科学的规划设计与建设，将住宅区建成交通便捷、环境优美、居住舒适、功能齐全、具有地方特色的靓丽景观。以农村社区基础设施建设为主线，不断改善农民居住环境，完善生活配套设施和公共设施，建设好社区管理、文化娱乐、休闲活动、商贸服务、医疗卫生等机构设施，加强道路、电力、通讯、广电、给排水、污水处理、燃气等基础设施建设，努力实现道路硬化、小区绿化、路灯亮化、环境净化、整体美化。结合农民实际生活要求，做好畜禽粪便污染整治、生活污染整治、垃圾固废整治、化肥农药污染整治、河沟疏浚整治等工作，为农民群众创造优美整洁的居住环境。坚持把改善农民居住环境作为农村社区建设的重要抓手，切实加强农村环境综合治理，使村容村貌不断改观、不断美化。要教育引导农民改变传统的不良生活习惯，鼓励农民参与环境美化活动。

四、着力营造特色文化

（一）坚持先进文化方向。社会主义核心价值体系是社会主义意识形态的本质体现，是社会主义中国的精神旗帜，是我国先进文化的核心价值所在。马克思主义指导思想、中国特色社会主义共同理想、以爱国主义为核心的民族精神和以改革创新为核心的时代精神、社会主义荣辱观，共同构成社会主义核心价值体系的基本内容。加强农村社区文化建设，必须坚持社会主义核心价值体系，使之贯穿于社区文化建设的各个方面。要大力弘扬社会公德、职业道德、家庭美德和爱国主义、社会主义、集体主义精神，以此培育社区农民群众的凝聚力和向心力。通过开展以“八荣八耻”为主要内容的社会主义荣辱观教育，切实提高农民群众的思想道德水平，不断提高农村精神文明建设水平。开展多种形式的文化创建活动，培养健康向上的精神风貌。开展以少生优生、富裕文明、健康幸福为主要内容的文明家庭创建活动，促进农民家庭关系的和谐。加强农村殡葬管理与服务，推进农村殡葬改革，倡导文明节俭的丧葬习惯，切实转变农民传统的丧葬陋习。大力弘扬和普及科学精神，高举科学、文明、进步的旗帜，将科学精神、科学思想、科学知识、科学方法传授给广大农民群众，使之成为改造客观世界及主观世界的强大力量。通过大力宣扬先进文化及科学思想，使广大农民群众自觉远离各种封建迷信，抛弃各种封建愚昧的陈规陋习，从而树立正确的人生观、世界观、价值观，用先进文化占领农村文化阵地。

（二）开展多种形式的教育培训。本着治穷先治愚、治愚先重教的原则，围绕农民生产生活需要，积极开展多种形式的教育和培训活动。创造条件引导农民参加素质培训、技能培训、创业培训，着力培育一批高素质、高技能型的创业带头人和致富领路人，逐步提升广大农民群众整体文化素质。全面普及九年制义务教育，保证每个适龄儿童都能上学读书，都能接受较高水平的正规教育。采取得力措施，保证学生不因贫困而辍学。通过建立社区学校，为农民群众免费提供各种培训、教育，丰富科技文化知识。创建图书室或电子阅览室，为农民提供现代科学技术、文化知识以及农业生产急需的科技常识和生活信息。通过举办文化补习班和扫盲班的形式扫除文盲，尤其是扫除青壮年文盲。对农村进城务工人员进行培训，不仅培训相关技能，还要使其了解国家有关法规政策，明确自己的合法权益，增强维权意识。加强对妇女的相关培训，丰富妇女保健知识、法律知识及科技知识，不断提升妇女生活质量。举办老年人培养班，做到老有所学、老有所乐。根据社区不同人员及不同情况，因材施教，增强村民自我学习、互助学习的意识，建设学习型社区，养成终身学习的习惯，不断提高村民文化素质。

（三）开展丰富多彩的文化活动。开展经常性的文化活动，既能够丰富农民群众的精神生活，增长知识，提高素质，还能够通过经常性的互动接触，建立良好的人际关系，增进人们之间的感情与认同，对于增强社区凝聚力、培育共同体意识、增加群体荣誉感具有重要作用。村委会要充分发挥自治组织作用，建设各种民间公益性组织，如老年协会、妇女协会、各类民间组织等，开展一些群众性的文化活动，包括老年健身操、妇女健身舞、民族歌舞活动等；组建乡村文艺演出队，根据个人的兴趣和爱好，吸收具有文艺特长的村民参加，可以在平常及节日时开展演出活动；结合实际开展丰富多彩的特色文化活动，例如播放电影、搭台唱戏、文艺演出等，丰富群众文化生活，营造和谐氛围。鉴于当前农村社区文化设施和载体建设普遍滞后，不一定所有村组齐步走，可以采取乡镇统一规划，投资大的项目以乡镇为单位建设，投资小的项目以社区为单位建设。社区之间要各具特色，实行项目互补，避免重复建设而造成设施及资源的浪费。但要确保每个社区都有一定形式的公共文化载体，为繁荣农村社区文化创造良好条件。以农村社区为平台，全面推进文化、体育、广播、信息等设施建设，为农民群众提供便利的读书、阅报、健身及开展文艺活动的场所，丰富群众文化生活。

（四）挖掘与传承优秀历史文化。由于现代经济文化的快速发展，对传承优秀历史文化带来挑战。特别是农村大量人口以及生产要素向城镇集中，导致农村传统文化资源也逐渐消失或萧条。梁漱溟先生早在20世纪上半叶就指出，中国的文化之根在农村。因此，在社区建设过程中，要积极挖掘和保护优秀历史文化资源，弘扬优秀传统文化。本着修旧如旧的原则，采取保护措施还原或修复各种历史文化古迹，保护好历史文化遗址，以此作为宣传与传承历史文化的重要载体。采取抢救性措施，积极收集、挖掘、整理、保护各种民间非物质文化资源，特别要抓紧收集那些散落乡村的民间原生态文化遗产。关心、救助民间老艺人，确保民间老艺人具备一定的物质生活基础，为他们创造宽松的工作环境，尽可能地发挥他们保护、传承民族民间文化的积极性和创造性。同时，下大力气培养一批高素质的民间文化新秀和乡村文艺骨干，为传承优秀文化遗产提供人才保障。各级政府部门应该采取措施，加大对农村历史文化资源保护和民间文化资源开发的投入。惠农政策要向基层文化建设倾斜，还要借助社会和市场的作用，吸引企业资本和民间资金兴办和开发民间文化，努力使各种优秀的历史文化和民间艺术发扬光大。

五、着力健全体制机制

（一）建立健全党的领导与村民自治相结合的领导制度。充分发挥村级党组织在农村社区建设中的领导核心作用，坚持加强党的领导、完善村民自治与推进社区建设的有机统一。正确处理加强党的领导与完善村民自治的关系，既巩固村级党组织的领导核心地位，又保证村委会依法履行职责，还要充分发挥农村社区平台的作用。在开展农村社区建设中，必须加强农村基层群众性自治组织建设，健全村民自治机制，完善基层群众性自治制度，充分调动农民群众参与社区建设的积极性，建立健全基层党组织领导的充满活力的基层群众性自治机制。通过履行民主政治职能，使村民依法享有自己的民主权利，从而实现自我管理、自我服务、自我教育、自我监督。完善基层群众性自治制度既是农村社区建设的重要目的之一，又是农村社区建设和社会主义新农村建设的重要手段。只有努力健全村民自治各项制度，依法实行民主选举、民主决策、民主管理、民主监督，才能推进农村社区建设走上法制化、制度化、规范化的轨道。要以制度创新推动农村社区建设，从健全村民自治机制入手，充分调动农民群众共建共享的积极性，不断提高农村社区管理的民主化水平，努力使农村社区充满生机、朝气和活力。

（二）健全公共管理与服务制度。社区建设是一项经常性的工作，除了国家以法律形式规定社区建设的法规政策外，还要明确各项具体工作制度和措施。农村社区建设是党政主导、部门配合、社会参与、群众共建的社会建设活动，各方面要科学分工，优势互补，以制度形式明确相关各方的职责任务。有些服务项目需要市场选择，有些职责任务需要行政确定，有些工作需要法规制度作保证。根据群众需要科学构建社区组织体制，保证服务事项有人做；规范各项办事程序与方法，保证服务事项能做好。适应政府职能转变和农民群众生产生活需要，积极推进乡镇各部门向社区延伸服务，将各站所服务机构性质、职责、内容制度化、规范化。要说明的是，这些站所不承担对社区的行政领导，而是承担最基本的公共服务项目，帮助提供老百姓最需要的服务。有些办事机构和服务站点是村委会设立的自治性质服务机构，还有的是社会组织设立的服务机构。这些机构与站点大多是实体型，主要为农民的生产、生活提供优质、高效服务，需要加强这些机构的制度建设。在开展公共管理与服务中，要处理好无偿服务与有偿服务的关系、追求经济效益和社会效益的关系，做到公益类服务项目无偿化，市场类服务项目抵偿化。积极推行部门协同服务和“一站式”服务制度，更好地方便群众办事。健全社区服务公示制度、监督制度，增强服务的公开性、公正性、高效性。

（三）构建科学的投入和参与机制。农村社区建设点多面广、任务繁重，需要全社会的广泛参与。农村社区建设的初始阶段主要依靠政府投入和个别经济条件好的村级投入。各级政府要将农村社区建设作为统筹城乡发展、实现公共服务均等化的战略举措，纳入地方经济社会发展规划，加大公共财政投入力度，加大人力与物资的投入力度，为农村社区基础设施和公共服务设施建设提供必要的支持。除了国家和省级政府政策倾斜和资金投入外，县级财政应该成为农村社区建设的投入主体。各级政府要整合社会资源，积极探索社会参建帮扶机制，动员鼓励社会团体、企事业单位和个人，以不同形式兴办社区服务项目，以多种形式资助社区公益事业，逐步建立多元化的农村社区建设投入机制。要研究制定各专项扶持政策，安排专项资金支持农村社区服务体系建设，着重扶持污水处理、社会治安、就业推介、保障救助、公共卫生等公益性较强的项目，帮助完善服务设施。积极推进农村社区服务社会化、市场化，社区公共服务中的绿化、保洁、保安等可以通过社会化、市场化操作的项目，要鼓励非政府组织及企业、个人参与进来，政府花钱买服务，通过招投标由专业的公司和人员提供服务。人力资源是当今社会最重要的资源，在农村也是如此。要建立以村委会成员为主要组织者和参与者，以社区专业工作者、志愿者为骨干，以群众广泛参与为基础的人力资源支撑机制，为农村社区建设提供人力资源保证。

（四）健全有效的社会矛盾调处机制。农村社区组织根植于农民生产生活及农村社会活动中，是农村各种社会矛盾的交汇点，需要做好各种矛盾的调处与化解工作。要按照党政主导、民政牵头、部门配合、村委主办、社会协同、村民参与的原则，从农村实际出发，建立规范高效的农村社区建设工作协调机制以及社会矛盾调处机制。要拓宽社情民意表达渠道，健全社会舆情汇集和分析机制，引导农民群众以理性合法的形式表达利益诉求，维护自身的合法权益。按照农村社区自我管理、自我服务、自我教育原则精神，充分发挥村委会、共青团、妇女协会、老年协会及其他社会组织的作用，妥善处理村民中出现的各种矛盾和问题。通过开展议事恳谈会、户主会等活动，使广大农民具体的民主权利和实际利益都得到尊重，使农民群众具有社区认同感。同时，加强社会治安综合治理，建立社区治安联防组织，实行群防群治，既要加强灾害事故的防范，又要做好百姓思想矛盾的化解，加强各项社会管理，积极推进平安建设，维护农村社会秩序稳定，共同创建和谐社区、和谐社会。

参考文献：

[1] 徐勇. 城乡社区建设概论[M]. 武汉：湖北科学技术出版社，2008.

[2] 詹成付，王景新. 中国农村社区服务体系建设研究[M]. 北京：中国社会科学出版社，2008.

[3] 王红星. 我国农村社区文化建设对策探讨[J]. 现代商贸工业，2009(5).

[4] 倪羌莉. 积极有效地推进农民集中居住建设——基于乡镇干部的问卷调查[J]. 经济研究导刊，2009(7).

[5] 孙树仁. 农村社区建设中几个基本问题的探讨[EB/OL]. http://mgy.mca.gov.cn/article/xsgz/xsgl/200805/20080500014079.shtml

[6] 蔡杨，冯志峰. 农村社区建设：构想与实践[EB/OL]. http://www.chinaelections.org/newsinfo.asp?newsid=126739

村庄规划探讨

摘　要：我国已进入统筹城乡协调发展的新阶段，全面加强村庄规划建设，成为实现农村经济社会又好又快发展的客观要求。村庄规划的指导思想是，以科学发展观为指导，以构建和谐社会为目标，认真贯彻城乡统筹、共同发展、因地制宜、以人为本的方针，按照布局合理、村容整洁、设施配套、交通便捷、集约土地的要求，努力建设生产发展、生态和谐、环境宜人的社会主义新农村。村庄规划的基本原则是，统筹兼顾，合理布局，有利生产、生活，注重环境建设，实事求是、因地制宜。村庄规划的内涵十分丰富，涉及农村生产生活服务、公共基础设施、环境改造等诸多方面。村庄规划的做法是，创造具有时代特色的规划模式，增强规划的协调性和适应性，强化产业建设功能，突出村庄地域特色，优化村庄布局，科学规划建设用地，搞好基础设施建设，完善公共服务机构设施，抓好环境综合整治。相关措施是，加强组织领导，突出工作重点，实行分类指导，搞好服务协调，创新工作机制。

关键词：新农村建设；村庄规划；探讨

随着新农村建设向纵深推进，迫切需要统筹城乡发展，实现公共服务均等化，不断提升农民生活质量，共享改革发展成果。集公共基础设施、公共服务机构、农民住宅以及生态环境建设于一体的村庄建设，已成为新农村建设的重要支撑和载体。要想加快农村发展，必须加强村庄建设；要想搞好村庄建设，必须做好村庄规划。我国幅员辽阔，民族众多，各地自然条件、社会经济水平、历史文化背景差异巨大，导致村庄的规模形态、分布密度、生产功能和生活环境各不相同，村庄规划面临诸多挑战。必须顺应形势发展需要，从推进科学发展、构建和谐社会的战略高度出发，切实提高对村庄规划的认识，努力使规划工作体现时代性、把握规律性、富于创造性，建设好社会主义新农村，让广大农民群众过上富裕安康的美好生活。

一、村庄规划的重要性与必要性

我国是传统的农业大国，自给自足的生活状态导致人们居住分散，村庄缺乏整体规划。新中国成立后，长期实行城乡二元体制，规划工作重城市轻乡村，加上各地生产发展不平衡，自然条件和建设条件不相同，使得村庄规模普遍偏小，布局分散，住宅用地浪费严重，而且房屋多为土木结构，建筑风貌参差不齐，环境脏乱差。村庄规划建设滞后，对农村整体发展、生产能力、经济效益乃至物质文化生活水平都产生极为不利的影响。村庄规划的编制和实施缺乏规范化管理，缺乏社会有效参与和专家论证，对行政权力也缺乏必要的制约。村庄规划盲目模仿城市规划，没有体现农村特点，难以满足农民生产生活需要，实施起来困难重重，造成一些地方政府随意变更村庄规划，甚至无视规划。许多村庄内部布局不合理，不少村庄沿公路夹道建设，影响了村民安全和交通效率。低水平的村庄规划，增加了公共基础设施配套难度，损害了农村自然环境、景观形象和持续发展能力。随着新农村建设全面开展，我国已进入统筹城乡协调发展的新阶段。农村先天规划不足、公共基础设施滞后已严重制约农村经济发展方式的转变和民生的改善，全面加强村庄规划，成为实现农村经济社会又好又快发展的客观要求。

首先，加强村庄规划是统筹城乡发展的必然趋势。改革开放以来，市场机制的作用造成城乡之间差距不断加大，“城市像欧洲，农村像非洲”，改变城乡发展不平衡已成为全面建设小康社会的必然要求。只有规划建设好广大农村地区，才能从根本上提高国家综合竞争力，实现传统农业大国向现代化强国的转变。建设新农村，规划是前提。科学合理的村庄规划，能够保证农村向着生态、整洁、文明的方向发展，转变农民群众生存状态和发展方式。特别是通过加强城镇体系规划与村庄规划的衔接，使得城市建设与乡村发展形成相对稳定的制度性联系，有利于城市文明向乡村扩散，在城乡之间形成良性互动，构建城乡一体化发展新格局。

其次，加强村庄规划是全面推进社会主义新农村建设的战略举措。“三农”问题一直是困扰我国现代化建设和经济社会协调发展的重大问题，也是党和政府关注的重大战略问题。村庄规划是解决“三农”问题的突破口，在推进农村改革发展中具有不可替代的作用。科学、合理的村庄规划，能够改善农民生活状态，优化农村环境，美化村容村貌，提升农民生活质量；有利于服务一产业，培植二三产业，不断改善农业经济结构，提高农业发展水平；可以引导农村基础设施合理布局，推进集约发展、高效发展。编制好村庄规划，不仅可以有效解决当前脏乱差等关乎农民群众切身利益的民生问题，更有利于正确把握农村未来发展趋势，有效兼顾近期和长远效益、局部和整体效益，把新农村建设不断推向更高层次。

第三，加强村庄规划是优化资源配置、实现农村经济可持续发展的新动力。村庄规划可以引导公共基础设施及农民住宅合理布局，实现农村资源优化配置，避免或减少重复建设造成的浪费，提高资源的共享度和利用率。通过村庄各类建筑设施优化组合，推进分散的资金、土地、企业集中起来，实现人力、物力、财力、技术等优势互补，形成新的发展合力及优势。特别是一些原来经济相对薄弱的村组与实力较强的村实行整合，有利于形成规模经济，壮大综合实力，形成协调发展、和谐发展的新局面。通过村庄规划优化组合资源，能够统筹产业布局，促进一、二、三产业协调发展，推动农村经济结构战略性调整，以工业化、城市化带动农业和农村现代化。

第四，加强村庄规划是巩固基层政权、增强基层组织凝聚力和战斗力的重要保证。建设规范化的农村社区及相关服务机构，是村庄规划的重要任务。通过村庄规划形成现代农村社区，由此提高公共管理与服务水平，有利于巩固和强化农村基层政权。村庄规划通过改变传统分散居住模式，实行适当集中居住，这一形式本身就意味着增强组织性，形成凝聚力。集中进行村庄建设，能够最大限度地改善和提高基层组织管理和服务效率，节约管理成本。现代村庄规划突破了原来自然村庄狭小范围，扩大了村级人力资源调控区域，有利于减少派性、族群争斗，维护社会稳定。新型村庄规划追求规模效益，有利于壮大集体综合经济实力，集中力量办大事，解决重大民生问题，巩固基层政权，增强基层组织凝聚力和战斗力。

第五，加强村庄规划是实现公共服务均等化的重要途径。我国公共服务在地区之间、城乡之间、乡村之间存在不平衡，其原因在于公共基础设施及服务机构不平衡、不配套，特别是广大农村地区在公共基础设施方面欠账太多，使得农民群众难以充分享受现代化建设的成果。村庄规划的集约性特点，为农村公共基础设施的普及提供了制度性保证。一方面，村庄规划有利于城乡公共基础设施统筹安排和布局，集中有限的人力、物力和财力建设新型农村社区，让广大农民群众能够享受到城市居民所具有的公共服务，不断提高农民生活质量。村庄规划是实现城市支持乡村、工业反哺农业、共享改革发展成果的根本途径。

目前，我国“十二五”规划已开始实施，新农村建设又被列入国家经济社会发展重要战略，农村改革发展面临新的机遇。国家采取一系列政策措施全力支持新农村建设，财政投资方向已由过去关注支持城市开发区为主转向更多地支持区域协调发展，特别是进一步加大了新农村建设力度，更多地支持农村各项基础设施建设，为农村新一轮改革发展提供了强有力的政策、财政支持。中央出台的统筹城乡发展、推进公共服务等化的政策措施，对于调整优化农村经济结构，改善农业生产条件和提高农村公共基础设施水平，加快农业产业化、现代化和农村城镇化进程，具有积极的促进作用。因此，必须抓住机遇，不断深化新农村建设，积极开展村庄规划，使其成为推进农村新一轮改革发展、建设和谐农村的强大动力。

二、村庄规划的基本思路

（一）指导思想

根据《中共中央关于制定国民经济和社会发展第十二个五年规划的建议》，按照推进城乡经济社会发展一体化的要求，搞好社会主义新农村建设规划，加快改善农村生产生活条件。编制村庄规划要以科学发展观为指导，以构建和谐社会为目标，认真贯彻城乡统筹、共同发展、因地制宜、以人为本的方针，按照布局合理、村容整洁、设施配套、交通便捷、集约土地的基本要求，通过科学规划，努力建设生产发展、生态和谐、环境宜人的社会主义新农村，全面改善农民群众生产生活条件，促进农村经济、社会、环境协调发展。

针对村庄点多面广的实际情况，积极推进农业产业化发展和规模化经营，推动人口向集镇社区集中，散居村组向中心村集中，不断提高城市化整体水平。加大社区型村庄和中心村建设力度，强化集镇村，整治自然村，培植特色村，适当扩大村庄规模，逐步减少村庄数量，使村庄建设占地面积不断减少，实现耕地面积不减反增。尤其要加强新型社区建设，全面改善村庄建设面貌，形成新集镇、新社区、新村庄的规范化、集约化空间布局，为农业现代化和农村城市化提供发展空间，实现农村经济结构战略性调整，逐步缩小工农差别、城乡差别、区域差别，共享改革发展成果。

（二）基本原则

一是统筹兼顾。根据国民经济社会发展总体战略编制村庄规划，加强与相关行业部门规划的联系，促进资源优化配置，突出区域性、整体性、协调性，努力避免重复建设。处理好近期建设与远期发展、改造和新建的关系，使村庄类型、规模与经济发展水平和农民生活水平相适应。加强村庄规划，努力使其成为经济建设、政治建设、社会建设、文化建设和生态建设的重要载体，成为农村发展的重要支撑。加快城乡一体化进程，对城乡公共基础设施尤其是交通、通讯等进行统筹布局，为城乡协调发展创造基础性条件。以服务农业、农村和农民为目标，不断推进公共服务均等化，实现城乡共同繁荣。

二是合理布局。充分考虑经济发展、地形地貌、历史习惯、交通条件等因素，合理安排住宅、企业、公共基础设施和公益事业建设布局，促进农村各项事业协调发展。按照有利于发挥村级组织的管理服务效能以及最大限度降低管理成本的思路，合理确定区域村庄数量及规模。按照有利于区域资源优化配置和统一利用的要求，合理确定村庄布局形态，实现区域经济协调发展。村庄布局要充分考虑地域环境，尊重当地群众习惯，顺应经济流向，按照人口适当、地域相近、便于管理、有利发展的原则，统一规划，合理调整。

三是有利生产、生活。既要体现生产要求与生产功能，又要满足群众日常生活需要，合理安排公共基础设施建设。坚持走集约发展之路，公共基础设施相对集中，不断形成和壮大新型社区。充分发挥已有建设用地的作用，新建、扩建工程及住宅建设尽量不占或少占耕地，促进农村经济持续发展。统筹安排各项生产及生活设施，合理确定建设用地标准，坚持节约、集约用地，严禁超标占地，引导散居农户和村落向中心村集中。村庄规划要有利于农业产业化发展，有利于农村基础设施、生产生活服务设施建设，尊重农民意愿，实行科学引导，体现地方和农村特色。

四是注重环境建设。坚持以人为本，把优化美化环境放在规划工作的重要位置。改变农村传统生活理念和生活方式，将日常生产生活纳入环境建设范畴，不断提高农民生活质量。以改善生活环境为突破口，加强各种形式的污染防治，大力开展治理脏乱差活动，积极推进生态环境建设，绿化美化村容村貌。充分考虑农民生产方式、生活方式和基础设施建设要求，区分轻重缓急，将各项基础设施建设与环境改造有机结合，相互促进，相得益彰。坚持全面协调可持续发展方针，集约利用资源，保护生态环境，建设资源节约型、环境友好型农村，努力实现可持续发展。

五是实事求是、因地制宜。我国地域辽阔，各地情况千差万别，村庄规划与城市规划存在很大不同，要求所有的村庄按照同一模式开展规划建设，难免流于形式。因此，村庄规划必须适应农村经济社会发展水平，按照因地制宜、切实可行的原则编制实施。规划编制应尊重农民意愿，突出重点，讲究实效。根据村庄实际确定保护、保留、整治、撤并、新建的范围，没有必要都搞大拆大建，应坚持循序渐进、不断提升。规划应力求体现地方特色，把乡村环境、田园风光与现代公共基础设施建设有机结合，形成浓郁的地方建筑风格和文化氛围。

(三) 村庄规划的基本内容

村庄规划内涵十分丰富，涉及农村生产生活服务、公共基础设施、环境改造等诸多方面。村庄规划要适应地方城镇体系规划和土地利用总体规划要求，科学确定规划目标和建设标准，界定村庄建设范围，明确近期远期建设任务；根据农业现代化建设需要，实行村庄总体规划布局，包括生产力布局和空间调控规划，划定禁建区、限建区、适建区；确定村庄功能组织，划定生产区、生活区，提出相关控制要求；确定村庄整治类型，包括原址建设与整治、并入扩建、移民新建、规模限制、撤销搬迁等；确定村庄的空间位置、层次、规模；确定建设用地标准和主要用地指标；确定各项基础设施的内容、标准、规模、位置，安排交通、供水、排水、供电、电讯等基础设施；确定卫生、学校、文化活动场所、商店等主要公共服务机构，合理安排防灾、消防等设施。此外，有条件的地方，还要确定旅游规划内容，提出明确的控制建设地段以及景观风貌、建筑风格等规划要求。

编制村庄规划一般分为村域总体规划、居民点详细规划和建筑设计三部分。根据村庄实际及编制工作情况，三部分任务可以分开实施，也可以适当合并实施。一是编制村域总体规划。从区域角度给村庄性质规模定位，围绕生产发展、生活富裕、乡风文明、村容整洁、管理民主的建设目标，推进农村人口、产业、资源、环境、空间等协调、可持续发展。合理划分近中远期建设规划内容，安排好各期建设重点和时序。重点确定近期建设范围、居住用地安排和布局，布置重要基础设施和公共服务设施，提出自然遗产的保护、河湖水系、绿化生态环境建设以及村容治理改造总体要求。二是居民点详细规划。明确村庄规划的重点内容和目标任务，根据村域总体规划要求合理配置各项公共基础设施和居民住宅，安排好建设项目的时序，落实好近期建设项目，为村庄居民提供符合当地特点、与经济社会发展水平相适应的人居环境。着力推进公共基础设施建设集约化、科学化，使其成为村庄布局的重要依托。三是搞好建筑设计。根据地方自然与人文环境以及传统习俗，合理规划宅基地和公共用地。农村民居建筑设计要体现传统理念与现代理念相结合、外观与内部功能相统一，并与周围环境相协调，突出地方特色，体现乡村风情，方便生产生活，反映现代文明。创造优惠条件，为农民设计安全、经济适用、节地节能节材的不同户型住宅，满足不同地区、不同层次农民群众的个性化需求。

三、村庄规划的做法

（一）创造具有时代特色的规划模式。随着人民群众生活水平的不断提高和小康社会建设的全面推进，广大农民群众迫切要求改善生活环境，提升生活质量。从农村现实情况来看，传统的村庄模式已经不能适应新农村建设要求，那种建设凭感觉、甚至靠“风水”的做法无法适应城乡一体化发展新形势。创新规划模式、构建和谐环境，成为现代农村社会发展的必然趋势。加强村庄规划，要充分考虑工业化、城镇化要求，科学构建未来村庄空间布局。既要考虑广大农民群众生产生活方面的普遍要求，又要体现地方特色，满足不同地区农民群众个性化需求。结合地方实际，系统规划好供水排水、挖沟修路、安装路灯、娱乐休闲、人畜分离、消防、改厕、垃圾处理、污水处理等各项设施建设。借鉴城市社区规划理念，结合新时期农民生活方式，创造出适应村庄发展需要的新型规划模式。调动农民群众参与村庄规划的积极性和创造性，充分听取群众意见，不能搞一个模式、一个标准。要打破习惯思维，突出地方特色，体现传统与现代融为一体的和谐之美，积极倡导生态文明村建设。

（二）增强规划的协调性和适应性。立足城乡统筹、协调发展，将村庄规划纳入地区经济社会发展总体战略和城镇体系规划框架，保持市、镇、村各级规划相互衔接。处理好近期建设与远景发展的关系、改造与新建的关系，保持村庄规划的性质、规模、进度和标准同经济社会发展水平相适应。加强村庄规划与区域规划、城市规划、土地利用规划以及交通、通讯、农业、卫生、教育等行业部门规划的联动与配合，形成城乡一体化发展新格局，为推进公共基础设施及公共服务均等化创造良好条件。从实际出发，正确处理好村域总体规划、居民点详细规划和建筑设计三者之间的关系，保证村庄规划既规范科学，又合乎实际，便于操作。根据村庄生产、生活、交通等特点，积极营造新型农村社区形象，倡导新型生活方式，力求把规划做成科学的规划、集约的规划和可操作的规划。

（三）强化产业建设功能。规划的最终目的是提高人民群众生活水平，这一过程的实现必须依赖经济的发展。农村发展除了有赖于传统农业生产之外，新时期更多地依靠二三产业的进步，这已成为不断提高农民生活水平的新途径。随着经济的发展和社会形态的变更，村庄已经从单纯的定居点演化为经济活动的载体。村庄规划要顺应改革发展新形势，科学进行村庄产业布局，为经济发展创造条件。根据村庄的地理位置、历史背景和经济环境，确定好村庄主导产业，以此引领相关基础设施布局。反过来，通过良好的公共基础设施及服务机构建设，为产业发展提供优质服务。立足资源环境优势进行科学规划，引导发展生态农业和农产品加工业，发展特色种植、养殖业，发展休闲服务和乡村旅游等，为村庄发展奠定坚实的经济基础。

（四）突出村庄地域特色。在村庄规划中要努力创建村庄的可标识性，避免单一雷同和千村一面。根据地方自然地理环境和人文特点，积极探索特色化、个性化的规划模式。村庄是体现人与自然和谐共存的最佳场所，村庄生活已成为现代田园思想的载体。抓住村庄的人文、民族特征进行规划，是避免村庄千篇一律、千村一面的最佳途径。与城镇相比，村庄具有地域小、村民彼此熟悉、喜好相互交流等共同特点，所以，规划应该多设置人们交流的开敞通道和平台。由于各地历史文化、居住民族的不同，往往反映在建筑布局和色彩上，这就需要适应不同民族文化特点，创造出别具一格的村庄形态和面貌。对具有悠久历史、传统建筑特色、人文特色、产业特色的村落要注意保护和开发，特别要注意保护历史遗址、名人故居、传统名居，并不断修复、完善，逐步形成相应的特色产业和人文景观。村庄布局和住宅设计应结合当地自然与传统特点，推广具有民族特色、乡村特色的民居建筑。

（五）优化村庄布局。推进村庄布局的科学化、合理化，是实现公共基础设施集约、高效使用的重要途径，是实现公共服务等均化的重要举措。要合理确定村庄规模，主要包括人口和面积规模。村庄人口规模应充分考虑公共服务半径和传统习惯因素，适当合并村庄，一般大型村不低于 300 户，小型村不低于 100 户。村庄面积规模指住宅片区规模，主要依据地理环境而定，显然，山区村庄面积较小，平原地区则适合建较大村庄。总体上讲，应逐步改变传统村庄过于分散的状况，在充分尊重农民意愿基础上，妥善处理村庄分散与集中、新村建设与旧村改造问题。通过多种形式的村庄撤并，推进村庄合理布局。以乡村企业为主体兼并周围村组，实现农村经济结构和人员职业结构转变，由此提升村民文化教育、社会保障和消费服务水平。打破村庄界限，引入社区理念，逐步推进社区及中心居住区建设，集中建起农民公寓楼和小康住宅楼，便于缓解土地供求矛盾。实行强村兼并弱村，由此减少村庄数目，减少村级组织机构及管理人员，减少财政开支。

（六）科学规划建设用地。要对规划范围内用地进行适宜性评价，结合实际情况和规划目标要求，因地制宜地提出规划对策。新建村庄用地适宜性评价，要注重安全建设与资源合理配置，加强生态保护，合理利用地形地貌、树木植被、河湖塘堰，防止填湖、毁林、占田，要节约建设用地，创建符合现代生活需要的农村新型社区。村庄建设用地宜选择自然环境良好，符合安全、卫生要求，而且适宜建设的荒山、岗地、坡地和其他非耕地，努力避开各类保护区、噪音源、蓄洪区、山口、高压走廊、水库下游，以及易发山洪、内涝及地质灾害的地带。村庄可按一定比例规划相对集中的开阔绿地，作为村民开展文化休闲活动和锻炼的场所。绿化树木花草应以乡土树种为主，按照适地适树原则，可种树、植竹、栽果，呼应村庄公共设施及住宅建筑。为便于旧村改造，应该在规划区内安排一定新区用地，结合旧村搬迁工程统筹安排，促进村庄建设持续发展。

（七）搞好基础设施建设。重点建设好给水、供电、通讯、排污等基础设施，以及文化教育、医疗卫生等公共设施，将这些设施建设纳入乡镇规划统筹安排。大力推进道路“村村通”，以及广播电视“村村通”和农村电影放映工程，向广大农村推广安装有线电视和宽带网。结合地区供电条件、用电指标确定供电方式和供电设施，实行一户一表。村庄规划要明确逐步推进农村燃气化工程，大力发展农村沼气、秸秆制气，以此带动农村厕、厨、圈的改造。有供气条件的，可结合气源种类选择供气方式和供气设施，水利资源丰富的地区可开发小水电代替燃料的试点。交通道路建设应该纳入重点规划内容，路面材料以水泥、沥青为主，山区村庄也可利用石板等地材资源。保证村庄与生产作业区的交通联系，保证村民出行方便。应根据所处的地理环境，规划相应的防灾、减灾设施。江湖河流地区要结合实际，规划建设农用水利设施和防洪排涝设施。还要按照国家有关消防规定，开辟消防通道，安装防火消火设施。

（八）完善公共服务机构设施。按照农村新型社区要求，规划好各类服务机构及设施，包括村级自治组织和各类中介服务机构，以及文化中心、学校、幼儿园、商业服务网点、医务室、体育休闲和社交活动场所等。公共服务机构设施除学校、幼儿园外，尽可能集中设计成综合楼形式，科学设置内部服务机构及窗口。要为农民生产劳动配置作业场地，包括加工厂、打谷场、堆场以及牲畜栏等，既要方便使用，又要符合环保、卫生及安全要求。村庄规划应依托交通通讯等基础设施，将村庄公共建筑设施实行连片开发建设，便于提高公共服务效率。对各类杂乱无章的建筑进行统一规划，尤其要适当拓宽村庄主干道，保证村内外交通畅通。在保留原主要建筑的基础上，清除影响村容村貌的破旧简易设施。充分利用乡村企业的水、电、路等基础设施，以及幼儿园、学校、商业网点等机构设施，统筹安排好村庄公共服务机构，减少新村建设投入，同时置换出建设用地指标，推进村庄健康发展。

（九）抓好环境综合整治。村庄规划不仅是对农村住房的规划建设，还应着力改善人居环境，改变村庄脏乱差状况，逐步实现村庄的硬化、绿化、亮化和美化。由于农村长期存在污水靠蒸发、垃圾靠风刮的现象，严重影响人们的生产生活。规划中应将生活生产区适当分离，防止交叉污染给动植物防疫造成困难。搞好垃圾处理及环卫设施建设，保证相关设施防雨、防渗、防漏，不得污染周围环境。着力营造良好的绿化环境，加强生态资源保护及合理利用，古树名木要建档、挂牌护理，村旁、宅旁、路旁、水旁要充分绿化，不留死角。农宅房前屋后可栽树、种草、种花，树种选择应以有经济效益的地方树种、花卉为主。加强供水及排污设施建设，村庄应有集中安全的供水源，水质符合卫生标准，水厂与输水设施应该按照乡镇规划统一布局安排。新建村庄排水宜采取雨污分流制，以沟渠排雨水，管道排污水。污水在排入自然水体之前必须采取专门设施处理。村庄垃圾处理应实行分类收集、定点存放、定时清运、集中处理。积极推行循环经济，推广废弃物综合利用，防止造成二次污染，逐步形成讲卫生、讲清洁、讲文明的良好风尚。

四、相关措施

（一）加强组织领导。村庄规划关系到农民群众切身利益，是一项长期工作，各级党委政府必须高度重视，统一思想，加强领导。相关部门要做到各司其职，齐抓共管，相互协调，密切配合。着力抓好村庄规划组织工作，县市要成立工作专班，相关部门要从资金、人员、物质、技术等方面配合支持。各乡镇也要落实好规划编制的组织机构及工作人员，扎实做好各项具体工作。地方政府要加强政策指导，地方财政要对村庄规划实行专门投入。搞好宣传发动，利用报刊、广播、电视等形式进行广泛宣传，营造良好舆论氛围。动员广大干部群众识大体，顾大局，树立全局观念、发展观念，积极参与、支持村庄规划。

（二）突出工作重点。村庄规划任务庞杂，必须实行重点突破。着力抓好重要交通线、旅游线、产业带以及重要工程地区的村庄规划，并与区域经济发展相适应，形成协调发展新格局。着力抓好重点乡镇的村庄规划，努力把一批基础较好、特色鲜明的村庄建设成规划科学、规模适度、设施完善、环境优美、具有较强影响力的新型农村社区。着力加强农村基础设施建设和环境整治，重点解决农民群众在路、水、气、电等方面遇到的困难，大力推广清洁能源技术，积极开展各种形式的村庄治理，从根本上改善农村生产生活条件和整体面貌。同时搞好规划试点，充分发挥示范带动作用。

（三）实行分类指导。根据各地自然环境与经济发展水平以及各类村庄的不同特点，积极探索各具特色的村庄规划与治理模式。对于经济条件较差的村庄，地方政府及相关部门要加大帮扶力度，同时发挥好农民群众的积极性和创造性，大力推进以自然环境及资源为依托的特色村建设。以农业为主的村，编制规划要考虑村民务农的通勤半径和生产方式特点，逐步推进农业产业化建设，由此形成人口的适度聚集。以矿产、土特产加工及旅游业为主的村，要规划好产业配套设施建设，促进特色产业发展。以工业或服务业为主、发展水平和农民收入较高的村，要逐步实行产业优化布局，完善生产及服务功能。总之，区别不同情况，加强分类指导，体现各自特色。

（四）搞好服务协调。规划主管部门要增强责任意识和服务意识，切实做好村庄规划的指导、协调和服务。组织宣传学习国家有关社会主义新农村建设的法规政策，向农民普及规划基本常识。抓好规划技术培训，不断提高村庄规划水平。开展规划、设计技术下乡服务活动，组织专业技术人员深入农村，为农民建房和农村基础设施建设提供技术服务。建立农民住房建筑工匠资格认证制度，引导具有相应资质的农民施工队伍优先承接农民住房建设工程。指导有条件的县市组建农村规划技术服务机构，多渠道吸引专业技术人员参与农民住房设计、建设和监理。

（五）创新工作机制。站在统筹城乡发展、构建和谐社会的战略高度，研究探索村庄规划和治理的有效途径，创造性地推进村庄规划及社会主义新农村建设。加强相关部门沟通与协作，整合资源，齐心协力，共同推进村庄规划建设。充分发挥市场机制作用，引导社会资金、物资、技术等资源投向村庄规划及农村基础设施建设。引导农民对公益设施投工投劳，建立政府补贴、农民主体的农村公共基础设施建设与管理长效机制。通过开展文明村、园林村、人居环境奖、环境优美村等评选活动，激发广大农民群众参与新农村建设的积极性，齐心协力，共建美好家园。

参考文献：

[1] 张建. 新农村建设村庄规划设计[M]. 北京: 中国建筑工业出版社, 2010.

[2] 崔东旭. 村庄规划与住宅建设[M]. 济南: 山东人民出版社, 2008.

[3] 张强. 北京市新农村建设规划问题研究[J]. 经济管理与研究, 2006(4).

[4] 曾无己, 张协奎. 当前村庄整建规划编制中存在的问题与建议[J]. 广西城镇建设, 2006(12).

[5] 查敏. 创新机制 扎实工作 积极推进村镇规划和村庄治理[EB/OL]. http://cunzhen.hnjs.gov.cn/ViewInfo.asp?id=512.

[6] 王克群. 建设集约型村庄的探讨[EB/OL]. http://www.china-up.com/newsdisplay.php?id=1223451&sib=1.

地名文化

留住我们的根

——以高度的文化自觉和文化自信推进地名文化建设

随着现代化、城市化迅速发展，各种思想、文化相互激荡、交融，地名文化的保护与传承面临前所未有的挑战。经济的发展需要文化的支撑，社会转型期的新形势要求我们以高度的文化自觉和文化自信承担起地名文化建设的使命和责任，延续中华民族传统文化血脉，留住我们的根。

一、地名是重要的历史文化载体，地名文化是我们的精神家园

哪里有家哪里就有地名，哪里有人类活动的足迹哪里就有地名，地名在人们生产生活中如影随形。作为人们对特定地点和地区一种约定俗成的专门称谓或专有名词，地名在日常生活中既提供定位的功能，也表现特定地区的自然地理、人文环境和风俗文化特征，从而形成具有丰富内涵的地名文化。一方面，地名文化表现为一般性地名语词文化，属于语言文化范畴，是反映地名实体文化的标志，为地名文化的基本内涵；另一方面，地名文化表现特定的地名实体文化，属于地域文化范畴，是地名文化形成、生存的土壤与环境，为地名文化的外延。地名语词文化和地名实体文化相互依存、密不可分，共同构成了地名文化的全貌。地名作为文化现象，是人类文化的重要组成部分，人类文化的方方面面都对地名的形成、演变、发展产生重要影响。2007 年，第九届联合国地名标准化大会暨第二十四次联合国地名专家组会议确定，地名属非物质文化遗产。

我国历史悠久，幅员辽阔，地名浩如烟海，为世界地名资源大国，古老地名历史之久、存量之大和文化内涵之丰富堪为世界之最。我国甲骨文地名是世界上最古老的地名，其历史可以上溯到 4000 年前。随着社会的发展和人类的进步，地名的数量、类型越来越多，地名的文化内涵越来越丰富，地名的使用与流传越来越广泛。人们从来不吝惜将最美好的祝愿、最生动的字词用于地名命名，用地名美化家园、传承文化、提振精神。在乡村，每个村落都有固定而独特的地名，每个地名在历史演进中都沉淀了引人入胜的故事和丰富的文化内涵。在城市，每条街路巷和每个居民区、商行店铺、名胜古迹等都有形象生动的地名，每个地名都在历史变迁和文明延续中留下了丰富的刻痕印记，成为记录城市文明不断走向辉煌的重要载体。我国千年以上的古县就有700多个，千年古镇1000多个，千年古城（都）300多个，古村落近10万余个，还有无数其他各类建筑和自然地理实体等，都伴随古老地名熠熠生辉。这些古老地名记录了华夏祖先创造的文明成果和中华民族的历史沿革，也记录了我们生活的悲欢离合和自然环境的变迁以及中华民族伟大复兴的进程。这些地名是我国五千年文明史的见证，是优秀传统文化的化石，是宝贵的地名文化遗产，是我们的精神家园。

二、加强地名文化建设是保护和弘扬优秀传统文化的必然要求，对于推进科学发展、构建和谐社会具有重要意义

新中国成立以来，我国地名文化建设取得长足进步，地名标准化逐步推进，地名规范化管理不断加强，特别是2005年以来全国实施地名公共服务工程，为地名文化建设增添了新的色彩。但是，由于我国地名规范化管理起步较晚，社会上地名文化保护意识还比较淡薄，一些地方在城乡建设中随意废止和更改具有丰富文化内涵的老地名，造成的损失令人扼腕。“大跃进”时期更改了一批地名，“文革”中废弃了一批地名，改革开放以来的现代化进程中又丢失了一批地名。随着经济社会快速发展，地名文化建设面临许多新情况新问题。一是行政管理体制改革导致政区名称批量更改或消失。有的在撤销政区建制中取消老地名，有的以自然地理实体名称取代历史文化底蕴丰厚的老地名，有的将高级别政区老地名降级使用，从而导致老地名消失或者弱化。二是城市开发建设中许多老地名被废弃湮没。据统计，近年来我国新老地名变化总数年均约2万条以上，其中，城区开发建设中丢失的老地名占相当数量。三是地名命名随意性较大。各类地名分属不同部门管理和使用，许多地名不经审批而自行随意命名。特别是一些房地产开发商为了一时的轰动效应，地名命名中追求“西化”“洋化”和“标新立异”，严重背离优秀传统文化。四是地名管理机制不健全。地名法规制度欠缺，存在多龙治水、各自为政的现象。地名规划滞后于城乡建设，地名命名缺乏前瞻性、系统性、规律性。

在当前新的国际国内形势下，文化越来越成为民族凝聚力、创造力的重要源泉，成为综合国力竞争的重要因素和经济社会发展的重要支撑。从实际出发，积极开展地名文化建设，对于克服我国目前面临的“经济腿长”“文化腿短”的问题、实现物质文明和精神文明建设“两手抓”“两促进”有着重要而深远的意义。加强地名文化建设，有利于丰富中华文化宝库，增强中华文化的魅力，提高我国在世界文化领域的影响力和竞争力；加强地名文化建设，有利于继承优秀传统文化，吸取传统人文精神，为经济发展注入活力和动力，以文化软实力践行发展硬道理；加强地名文化建设，有利于全面推进地名规范化、标准化管理，营造良好语言文字环境，为社会交往、经济交流、人们出行提供便利条件，促进经济社会协调发展；加强地名文化建设，有利于增强民族凝聚力和归属感，维护国家文化主权和民族尊严，建立起民族的科学的大众的社会主义先进文化，建设和谐美好的精神家园。

三、努力增强文化自觉和文化自信，全面推进地名文化建设

加强地名文化建设是时代赋予的崇高使命和历史责任。要坚持邓小平理论、“三个代表”重要思想和科学发展观为指导，以高度的文化自觉和文化自信正确引导、积极构建地名文化。深入挖掘地名文化内涵，加强地名文化的保护与传承，推进地名标准化、规范化管理，完善地名规划，提升地名品位，充分发挥地名文化在促进经济社会发展中的作用。

（一）开展地名普查，挖掘地名资源。上世纪 80 年代初开展过全国性的地名普查，取得了丰硕成果。由于时间已经过去 30 年，各种情况发生了巨大变化。2009 年国家开展了新一轮地名普查试点，至今未全面铺开。因此，要积极创造条件，结合地名文化建设全面开展地名普查。省区要抓好统筹，精心组织实施，有计划、有步骤地推进地名普查工作。充分利用已有的资料成果，坚持传统方式与现代技术手段相结合，深入挖掘地名文化资源。特别要注意发挥地方老村民、老居民地名活档案的作用，详细了解老地名的来历、沿革、相关事件等方面的情况。努力做好老政区、老聚落、老建筑、老山川、老坊店等地名的普查，并进行认真地考证、分析、研究，确认其文化内涵和价值。采用现代技术手段做好地名普查资料的整理、归档工作，形成完整的地名档案成果。

（二）深化地名研究，丰富地名文化。加强地名存量与分布、形成背景与年代、文化内涵与特征、保护与利用价值等方面的研究，把握地名文化连绵不绝的历史脉络。不仅要了解和掌握地名形成和演化的过程，更要注重将文献研究与实地考证相结合，重视发掘地名的形态美、语言美和蕴意美。相关部门要引导和组织编辑出版地名研究书籍，如地名故事、地名传奇、地名词典、地名掌故等等，深入挖掘地名背后的历史故事、文化内涵，努力发现、保护流传下来的地名文化基因，将地名文化遗产的研究与保护融入我国社会主义先进文化建设之中。同时，把地名文化作为地名学的新领域进行深入系统地探索、研究，坚持与相关学科的互动，实行兼容并蓄，充分借助历史学、地理学、语言学、民族学、民俗学、管理学、测绘学等学科知识，用以丰富地名文化学科领域。

（三）加强地名保护，延续文化血脉。坚持保护与发展相协调、继承与创新相协调、稳定与优化相协调的原则，切实加强地名文化的保护。重点保护好历史文化名城核心城区、历史街区、古镇（村）、各级文保单位和风景名胜区地名，尤其要保护好列入国家地名文化遗产名录的地名。地名保护要采取多种策略和办法，实行相对稳定、移植保护、派生发展、设置标志、建立档案等措施。对不妨碍社会经济发展的老地名，必须保持稳定，不得随意更改。充分发挥老地名的作用，在地域环境相关的物质与非物质产品的命名与更名中，探索以老地名演绎派生，以延续地名文化脉络。正确处理好建设和保护的关系，对重要的历史文化地名要为其“树碑立传”，昭示后人。建立健全地名文化遗产保护制度，认真编制地名文化遗产保护名录。对已消亡的历史地名要建立档案名录，在适当时机有选择地予以恢复与再生。对现今地名也要注意保护，不能朝令夕改，要保持地名的相对稳定。

（四）加大宣传力度，弘扬地名文化。运用多种形式介绍、宣传地名文化，引导社会广大民众参与地名管理和地名文化建设，使社会公众对老地名及其反映的历史文化有更深入的了解，从而自觉承担起弘扬传统地名文化的责任。利用地名数据库建设和地名普查工作，广泛宣传地名知识以及地名文化保护和传承的重要意义。在地方报纸、网络等媒体上开设地名专栏，编纂出版地名文化遗产丛书，宣传标准地名和地名文化。利用群众喜闻乐见的形式，如聘请专家开展地名知识讲座，利用节日开展编制地名楹联和猜地名灯谜活动，开展最佳老地名评选，举办地名书画展和地名知识电视大赛，建立地名文化碑林和地名文化中心等活动设施，广泛普及地名文化知识。组织摄制大型电视文献片，如千年古县、千年古城、百年古镇等，形象、生动地展现丰富而深厚的地名文化。

（五）开展地名设标，推广标准地名。积极开展城乡地名设标，为群众出行、社会交往和经济交流提供看得见、摸得着的向导。同时向社会推行标准化地名，纯洁地名语言文字，促进地名文化保护与传播。把地名设标当做建设地名文化、树立城市形象、完善城市功能、提高城市品位的文化工程、窗口工程、民心工程、形象工程来抓，制定地名设标工作规范，大张旗鼓开展宣传活动，提高群众参与地名设标的积极性和自觉性。加强组织领导，科学制订方案，精心组织实施，扎实推进地名设标工作。着力提高地名标志质量，认真执行《中国地名汉语拼音字母拼写规则》和《地名标牌·城乡》等国家标准，规范地名用字，向社会推广标准地名，营造良好的语言文化环境。

（六）编制地名规划，完善地名体系。科学编制地名规划，有利于丰富地名文化内涵，从源头上避免地名命名工作中的随意性、盲目性和长官意志。坚持以城市规划作为地名规划的蓝本，充分体现地名规划在城市建设、管理中的配套和协调作用。地名规划要充分体现地方历史文化、自然山水、城乡规划与建设的特点，力求地名词义贴切、好记好找，具有明显的指位功能。地名规划要体现整体性、系统性和科学性，实现通名层次化、专名系列化，形成科学布局和有机组合的地名体系。尤其要尊重历史，保持地名相对稳定，提高地名规划的合理性、科学性。规划中对老地名要制定专门的保护措施和方案，建立保护名录。高度重视文化建设，尽量使规划地名体现地方传统文化，表现健康向上的精神风貌。

（七）优化地名命名，提升文化品位。优化地名命名，实质上就是按照地名规划和现实需要精心构思、设计具体地名，并通过法定程序开展地名命名、更名。在地名命名、更名工作中必须谨慎处理老地名的撤销、合并、移植使用，对老地名的派生利用要进行系统化研究，提出具有地方特色的采词思路，引导地名文化的构建和完善。注意将那些具有历史意义和丰富文化内涵的老地名重新启用或派生到与之相关的其他人文地理实体上，使这些老地名得到保留和传承。地名优化采词应遵循标准化、规范化要求，充分反映自然地理、人文历史和风土人情的特点，既要传承地名文化，又要保持地名词义健康，体现时代精神风貌。严格地名命名、更名程序，努力推行科学决策、民主决策，使新生地名能够被社会大众广泛理解和接受。

（八）发挥地名作用，打造特色品牌。充分发挥地名信息资源的作用，以地名数据库建设为基础，积极开展地名网站、地名热线、短信查询、电子地图、地名触摸屏等多种形式的地名信息化服务，并与其他相关公共服务密切配合，创造更多更优秀的符合群众需要的信息化产品。促进内涵丰富的老地名与地方产业、产品结合，打造地方特色品牌。历史上形成的知名品牌，如景德镇瓷器、茅台酒、普洱茶、武昌鱼、文昌鸡，等等，数不胜数，都是地名展示的优秀地方产品。当人们享用这些产品时，自然会联想到产品所在地地名及其展示的品牌和传统文化。打造了品牌，也打造了地名文化，反之亦然，两者相得益彰。因此，要充分发挥地名文化渗透性强、影响力持久的特点，用地名无形资产打造特色品牌，助推地方经济发展。

四、完善配套措施，为地名文化建设提供有力保障

地名文化建设是一项涉及面广、影响深远的社会系统工程，需要全社会共同努力，形成党政主导、部门负责、社会参与、多方协作、齐抓共管的工作格局，采取得力措施扎实推进。一是加强地名管理法规制度建设，明确地名文化保护和传承的目标任务，促进地名文化建设工作走上法制化、制度化轨道。二是妥善解决地名管理机制不健全和各自为政的问题，严格规范各类地名命名、更名审批程序，着力推进地名标准化、规范化管理，加强地名命名与使用的监督、检查。三是积极推进地名标准化国际合作与交流，实现我国地名国内标准化与国际标准化的有机结合，努力提升我国地名文化国际影响力，为推动地名国际标准化发展做出贡献。四是加强机构与人才队伍建设，建立完善省级地名档案馆或地名文化研究中心，主要任务是地名档案管理、地名文化保护与传承、地名信息化建设等；同时，多途径吸纳各类优秀人才从事地名文化建设。五是加大公共财政投入，解决好地名文化建设经费；政府部门要出台政策引导社会资金流向地名公共服务和文化建设，为推进地名文化的繁荣与发展提供坚强保障。

城市地名管理的途径与方法

摘　要：本文运用理论与实践相结合的方法，分析了城市地名管理面临的新形势、新问题、新要求，强调了城市地名管理的重要性；着眼构建完善的城市地名管理体系，对城市地名管理的基本思路、地名命名更名原则、地名规划编制、地名标准化、地名标志设置、地名信息化服务及保障措施等进行了系统化探讨，目的在于规范地名管理，推进地名服务，促进城市经济社会协调发展。

关键词：城市；地名管理；途径与方法

地名是人们经济社会活动及日常交流的基本信息，地名管理属公共管理范畴。城市人口密集、人文景观多、交流频繁，城市地名管理成为国家地名管理的重要组成部分。虽然地名产生的历史久远，但是地名管理纳入政府专项职能并实施专门管理也才30个年头。各地城市政府及相关部门在地名管理方面进行了大量探索和实践，取得一些成效，但是与现代化、信息化发展形势及广大人民群众的要求相比，还存在不少差距。因此，必须提高认识，统筹规划，科学设计，不断完善地名管理体系，推进城市地名管理逐步走上系统化、科学化、规范化的轨道。

一、高度重视，认清城市地名管理的必要性和意义

改革开放以来，我国社会主义现代化建设快速推进，城乡面貌发生了翻天覆地的变化。城市化、市场化进程加快，广大人民群众对地名信息的需求不断增加，城市地名管理面临许多新情况、新问题。城市数量增多，城市范围扩大，产生地名的渠道日益多元化；以往没有对地名进行规划，地名整体性、层次性、系统性差的现象比较突出；不少未经法定程序审批的地名在社会上广泛流行，有路无名、有名无标志、地名命名混乱的现象时有发生；地名同名、同音的情况不少，有些地名用字古怪生僻，难写难认；有的地名不雅不吉，专名与通名

结构不合理，范围不确定；门牌编号、标志设置不规范或者欠缺，导致人们出行找不到方向，办事找不到地点；有的地名标志采取汉语拼音与英语混用，严重违背国家有关法规政策；不少书籍、报刊、文件、地图、网络、广告等信息载体上，使用不规范、甚至错误地名的情况随处可见；地名管理综合协调不够，政出多门，职责不清，相互牵制。城市地名管理面临诸多挑战。

从实际出发，加强城市地名管理，对于方便社会交流、服务经济建设、弘扬先进文化、促进社会和谐具有非常重要的意义。推进城市地名管理，有利于为人们日常生活、外出工作、学习及社会活动提供明确的出行导向，带来便利条件，特别是有利于在防灾救灾、医疗救助、快件传递等紧急情况下，为人们提供明确方位，维护社会正常生活秩序，促进和谐社会建设；规范城市地名管理，有利于维护地名信息的准确性、权威性，尤其是通过法定渠道发布标准地名，可以规范地名的书写，实现地名标准化，从根本上消除各种媒体、广告、路标和图书上的错误地名，清除不健康地名，纯洁地名语言文字；做好城市地名管理，有利于挖掘优秀地名文化资源，弘扬优良传统文化，古为今用，推陈出新，树立城市良好形象，打造富有特色的地域文化，促进精神文明建设；加强城市地名管理，有利于理顺信息交流渠道，推动信息化进而带动工业化、现代化发展，优化经济结构，提升经济效益，促进城市科学发展。

二、明确方向，把握城市地名管理的基本思路

城市地名管理，是地名管理机构以地名法规和技术规范为依据，通过一定的行政手段和程序，对地名的产生、调整、使用、标志设置、信息化服务等实施全面管理的工作过程。城市建设的集约化导致城市地名数量多、密度大、交流使用频繁，所以，城市地名必须实行规范化、系统化管理，以保证正常的社会生活秩序。城市地名管理的指导思想是：按照科学发展观与和谐社会建设要求，立足服务改革开放和现代化建设以及广大人民群众生产生活需要，在城市地名管理中，科学界定管理内容，完善管理原则标准，健全管理体制机制，创新管理方法措施，构建完善的地名管理体系。城市地名管理的主要任务是：制定地名管理的法规政策，确定地名产生的途径方式并合理命名地名，划分相关部门地名管理职责，编制地名规划，推进地名标准化、规范化使用，发布权威地名信息，开展地名信息化服务，设置地名标志，加强地名管理的监督和检查。2005 年，民政部将地名管理与服务的主要任务整合为地名公共服务工程，包括地名规范、地名规划、地名标志、数字地名 4 个专项事务。该工程的实施是加强地名管理的战略性举措。

推进城市地名法制化、规范化、系统化管理，必须把握正确的工作思路。要坚持依法行政，在地名管理与服务中合理运用行政干预，特别是在地名命名、更名和规划方面要严格执行相关法规政策，从源头上规范地名的含义和写法；体现文化性、历史性与时代性特点，把地名管理与文化建设有机结合，使地名在纯洁语言文字、传承历史文化方面承担更多责任；适应城市建设需要，以城市建设作为地名命名、使用和管理的基本依据，把地名管理融入城市建设与文明创建活动之中，作为完善城市服务功能的重要手段；突出地名管理的政策性、专业性、技术性特点，把地名各专项事务纳入改革开放和对外交流大局中，科学设计，使地名管理在服务经济建设和社会发展中发挥更大的作用；整合相关部门职能与资源，合理分工，统筹协调，齐抓共管，引导社会各界及广大人民群众共同参与地名管理与服务。

三、严格管理，规范城市地名命名、更名的原则和程序

地名命名、更名是地名产生的源头、使用的依据、管理的核心。地名命名、更名必须遵循一些基本原则。第一，体现合法性与权威性。地名命名、更名要按照国家有关法规政策办理，未经批准，任何单位和个人不得擅自命名地名。第二，体现规范化、标准化。地名命名、更名要符合城市总体规划和地名规划，体现当地历史、地理、文化、经济特征；地名用字要准确、规范，含义要健康，避免使用生僻字、异体字或者容易产生歧义的字；一般不以人名命名地名，禁止以国家领导人名、外国人名和地名，以及无明确中文含义的外语音译词命名地名；一地一名，名实相符。行政区划名称、专业部门使用的具有地名意义的名称，一般与所在地的主地名一致；全国县级以上政区地名及著名自然地理名称，省市内自然地理实体的名称，市内乡、镇、街道办事处的名称以及街路巷、住宅区、大型建筑物的名称，同一乡、镇内村民委员会、居民委员会、集镇、自然村的名称，不应重名，并避免同音。第三，城镇街路巷的命名符合层次化、序列化、规范化的原则。对街路、区片、居住区、桥、突出建筑物等名称实行系列和层次划分。地名更名还必须遵循一些前提条件。行政区划调整，需要变更相关行政区划名称；道路走向发生变化，需要变更相关路名；建设单位或者产权所有人提出申请，可以按程序变更建筑物名称；法律、法规规定的其他情形下，也可以变更相关地名。

权威、标准的地名命名、更名，需要规范的工作程序作保证。按照有关政策规定，区县级以上行政区划名称的命名、更名，需要地方政府逐级上报国务院审批；乡镇级行政区划名称的命名、更名，需要基层政府逐级上报省级政府审批；村民委员会、居民委员会名称的命名、更名，需要乡、镇政府和街道办事处上报区县级政府审批。对于自然地理实体名称的命名更名，属跨行政区的，由毗邻政府联合上报上一级政府审批；属于一定行政区之内的，由所属市区政府审批；对于集镇、自然村名称的命名、更名，也采取类似做法。对于市内非行政区划和自然地理实体的地名命名、更名，也应该规范审批程序。例如：主干道和跨区的城市道路名称命名由市政府审批；其他城市道路名称命名由区政府审批。有关专业部门使用的具有地名意义的名称由市主管部门审批，并报市地名主管部门备案。新建住宅区和具有地名意义的大型建筑物，建设单位将项目中涉及的地名报市地名主管部门备案；对于不合适地名，地名主管部门应及时提出修改意见。门牌号码以地名主管部门批准的地名为依据统一编制。地名命名更名还要完善相应的决策机制，通过召开论证会、听证会和地名公示，集思广益，保证决策的科学性、合理性。

四、科学设计，编制城市地名规划

为了从根本上规范地名的命名、更名，应该结合城市建设现状和发展规划，依据国家地名管理法规政策，对城市未来产生的新地名进行规划论证，科学拟定城市未来地名分布及变更情况，也就是积极开展地名规划的编制。城市地名规划的具体对象，是行政区划名称以外的居民区、街路巷、桥梁、标志性建筑物、自然景观等地名。城市地名规划应把握的总体思路是：依据城市建设规划来编制地名规划；编制地名规划要遵循名副其实、规范有序、雅俗共赏、好找易记的基本方针，做到地名规划与城市规划同步、规范通名与优化专名相结合，对各类地名进行科学设计，使城市地名序列化、层次化、科学化。城市地名规划应坚持的基本原则是：有利于保护、开发、利用和管理各类地名，满足城乡发展的需要；与城市总体规划相适应，体现历史、自然、社会特征，与原有地名相协调；充分体现系统性、规范化，统筹考虑各种相关因素；地名规划的相关指标应当适应经济社会发展的长远需要，具有超前性。要科学设计、认真编制地名规划，广泛吸收社会各方面意见。地名规划经审批后，应该作为地名命名、更名的技术依据和指导性文件。

编制城市地名规划，最终要明确地名的专名与通名。因此，要按照国家有关法规政策确定的地名命名、更名原则，结合实际情况，科学设计地名专名与通名技术标准。对于城市专名应该做到：新建城区的城市地名，一般不再使用全国的名山大川、行政区划和城市名称作专名；街道名称一般应使用具有当地特色的自然、人文地理实体名称或词语作专名；地名用字应符合国家通用语言文字规范。使用外语词音翻译命名的，其汉语译音应采用含义健康、语义明确、符合汉语语法规定和语言习惯的语词；禁止使用外国的人名、地名作专名；街道名称实行一线一名；凡以城区内的自然或人文地理实体名称作专名的街道、居民住宅区等，地理实体应在名称所指的地域范围内；建筑物名称应与使用性质及规模相符合。对于城市地名通名应该做到：街路、区片、居住区及大型建筑物等名称实行合理的分类、分层，从而实现系列化、规范化；街道通名可按街道长短宽窄分为大道、路、街、巷，根据需要可在通名前冠以方位词予以区别，较长的街道可分段命名；对于各类居民点、区片和大型建筑物等，各地可以结合实际确定具体的数量指标，起码一个城市要统一标准。总之，要科学设计地名专名与通名分类分级技术标准，保证地名命名的规范性与系统性。

五、加大力度，推进城市地名标准化

地名标准化，是指地名称谓书写及译写的统一和规范。地名标准化是地名管理的根本任务。实际上，开展地名规范化命名更名、编制地名规划、设置地名标志、开展地名信息化服务等，都是推进地名标准化的重要工作。地名标准化处理主要包括两方面工作任务：一方面，对不规范的专名进行标准化处理。主要是进行正字、正音等技术处理，纠正一地多名、一名多写等问题；通过更改专名，纠正重名或含义不健康问题。对可改可不改的，应保持相对稳定。另一方面，对通名进行系统的标准化处理。按照规范化、层次化、序列化的原则，对街巷、居民区等地名的通名进行分期分批改造，使之层次分明，井然有序；对新生的地名群进行系统命名，就是按照标准化、层次化、序列化要求，科学编制地名规划，提出地名命名方案；努力使地名充分反映地理、历史、文化、风俗等特点，体现鲜明的区域性、地方性等文化特色。

推进地名标准化，要十分重视推行地名书写的规范化。通过政策引导和广泛宣传，使社会各界及广大群众明确，只有按照国家地名管理法定程序批准的地名才能成为标准地名。公共场所、公开出版物、各种证件文书、各类媒体上的地名，都应当使用国家标准地名。地名的书写应当认真执行有关法规政策。地名的汉字书写必须使用规范的汉字；地名的罗马字母按照《汉语拼音方案》和《中国地名汉语拼音字母拼写规则(汉语地名部分)》拼写；禁止使用外文拼写地名的专名和通名。同时，做好少数民族语地名的标准化处理，推进少数民族语的汉字译写规范化。鉴于上世纪 80 年代初开展的第一次全国地名普查至今已有 30 年，各类地名发生了巨大变化。因此，有关部门要积极做好工作，适时开展新一轮全国地名普查，以便从根本上摸清地名情况，发现存在的问题，规范地名管理，推进地名标准化。各级地名主管部门要通过公共媒体发布权威、准确的地名信息，编纂标准地名出版物，及时向社会提供标准地名，推进地名标准化。

六、精心实施，搞好城市地名标志设置

地名标志是设置在公共场所的标示标准地名的牌、碑、桩、匾等标志物。规范地名标志设置，是满足社会交往需要和服务广大人民群众的有效手段。根据实际需要，应该在城市街路巷、住宅区、建制村、地下通道、桥梁和台、站、港、场等设置地名标志。一般情况下，对于点状地物，至少设置一处标志；对于片状地域，根据范围大小设置两处以上标志；对于线状地物，在起点、终点、交叉路口必须设置标志，必要时在适当地段增设标志。地名标志是广大人民群众对外交流及出行的基本向导，不少单位和机构自觉或不自觉地设置了各式各样的具有地名指示作用的标志。有的城市规定，将自然地理实体地名标志设置交由地名主管部门负责，城镇街路巷地名标志设置交由城市建设部门负责，集镇、建制村、自然村地名标志设置交由所在乡镇政府、街道办事处负责，门户标志设置交由公安部门负责，专业部门使用的具有地名意义的地名标志设置交由有关部门负责，新建住宅区、具有地名意义的大型建筑物地名标志设置交由建设单位负责。所以，目前地名标志设置存在着各自为政的问题。根据国家行政机构职能划分要求，地名管理职责由民政部门承担，地名标志设置是地名管理的一项重要职责，也应该实行统一管理，尽可能由地名主管部门统一负责地名标志设置。

做好地名标志设置工作，必须精心组织，规范操作。2005 年国家民政部提出实施地名公共服务工程以来，各地陆续开展了地名标志设置，全国已基本完成城市、县城地名标志设置任务，设标工作正在由城市、县城向广大农村地区推进。各地要总结经验，相互学习，加大力度，全面推进乡镇地名标志设置。要将地名标志设置与规范道路、居民点命名和楼门号码编制相结合，在开展地名标志设置的同时，认真做好相关地名命名、更名工作。设标工作中必须严格执行有关国家标准，即2008 年国家标准化管理委员会和民政部发布的《地名标志》国家标准。与以前的《地名标牌·城乡》标准对照，新标准有不少变化的新内容。例如，新标准删除了地名标牌、街牌、巷牌、楼牌、门牌的说法，增加了地名、地名标志的说法，增加了人文地理实体地名标志和自然地理实体地名标志的划分，对标志设置形式、文字书写、版面布局、制作材料等方面都有具体规定，新标准中不少内容属强制执行范畴，各地要认真贯彻落实。地名标志的生产，应该选择具有相应资格的专业厂家来承担。同时，要严格工作程序，做好地名标志的制作、埋设安装等各环节工作。对于街路巷埋设的地名标志，要做到埋设牢固、整齐，指向清晰，布局合理；对于单位、楼栋和居民门户标志，要按照统一编码、统一高度、统一方位安装，保证整齐美观，持久耐用。最后，要会同质量监督部门，做好地名标志的检查验收，还要制定好地名标志的保护措施。

七、开拓创新，提升城市地名信息化服务水平

开展地名信息化服务，是社会信息化发展的必然要求。地理信息是社会信息的重要支撑，而地名信息是地理信息的重要组成部分，所以，必须高度重视并加强地名信息化建设。地名主管部门应当建立完善的地名档案，不断丰富地名资料和内容，以此为基础，加强地名数据库建设和地名信息化服务，努力向社会提供及时、便捷的地名信息咨询及相关服务。要以城市地名信息为依托，通过与空间位置、空间目标以及附属之上的自然、社会、经济和文化资源属性相联系，利用现代信息化技术为政府和公众提供多方面的空间信息服务，从而拉近政府和公众与地名信息的距离，加强城市管理，完善城市功能，推动城市经济社会可持续发展。同时，寓管理于服务之中，在推进地名信息化服务过程中，将一些传统的地名管理工作纳入地名信息系统进行开发建设，积极推行地名管理网上办公。一方面，充分利用现代信息和空间技术改善地名管理手段，提高工作效率和质量；另一方面，也便于广大群众通过网络信息系统参与管理和监督，形成政府与公众的良性互动。

目前，全国各地陆续建设了各级地名数据库，以此为依托开发建设了一批地名信息系统和网站，通过互联网和电子政务网向社会提供地名信息服务。有的地方，还建立了覆盖城乡的1:1万、乡村1:5万比例尺的公众电子地图系统及相应的公共地名系统，为提升地名信息化服务水平提供了基础数据和平台。今后一个时期，各城市要继续加强数据和平台两项重点工程建设。对于数据建设，要利用民政部统一建设的地名数据库和相关部门建设的电子地图平台，将收集的各类地名逐步实现空间化，与电子地图上的空间位置和空间地物建立一一对应关系；丰富地名的语义属性，尤其要进一步丰富地名与自然、社会、经济和文化要素的联系，以地名为纽带，全面反映城市资源空间分布格局；不断添加城市单位名称、门牌号、城市各类重要建筑或景点等使用频率较高的地名信息内容，建立面向公众服务、语义丰富的地名信息数据体系。勇于开拓创新，建设包括互联网站、手机地图和手机短信的基于电子地图和三维景观模型的地名公共信息服务平台，实现公众地名信息查询与地理环境和空间位置的无缝连接。通过信息提取、信息传输、信息查询和信息可视化技术，为使用不同终端设备的用户提供丰富的地名和相关信息服务。

八、创造条件，完善城市地名管理措施

城市地名管理是一项庞大的系统工程，必须高度重视，加强领导，加大投入，完善措施，合力推进。首先，加强组织领导。各级政府要把地名管理提升到实行科学发展、打造现代城市、完善公共服务的战略高度，统筹安排。要将地名管理各项事务实行统一管理，理顺工作关系。市、区政府原则上都应设立地名管理委员会，负责地名管理的统一领导和综合协调。其次，抓好经费落实。市、区财政要尽力保障地名管理工作经费，采取多渠道筹集资金，建立财政投入与市场运作相结合、公益服务与有偿服务相结合、政府服务与民间服务相结合的地名管理与服务运行机制。同时，探索地名管理专项事务通过社会化、市场化筹集资金的新路子。第三，健全法规制度。建立健全从中央到地方的地名管理法规体系，各地要按照国家有关法规政策，科学合理地制定地方地名管理制度和措施。要科学制定地名管理的相关标准，为规范化、科学化管理提供必要的前提条件。争取出台城市地名通名的分类分级具体标准，有些标准国家应该统筹规划，有的可以由各地结合实际制定地方标准。第四，整合部门资源。民政部门是政府地名管理的职能部门，要搞好组织协调。政府其他各部门应当按照各自职责做好相关工作，密切配合，相互支持，形成合力，不断提高地名管理整体水平，服务改革开放和现代化建设，为全面建设小康社会做出积极贡献。

参考文献:

[1] 李炳尧,刘保全.地名管理学概论[M].北京:中国社会出版社,2008.

[2] 张军.国际化城市与深圳地名管理[N].深圳特区报,2006-01-16.

[3] 杭州市民政局.创新管理理念 全面构建城市地名管理体系[EB/OL].http://www.hzdm.gov.cn/0301/68.htm.

[4] 威海市民政局.关于加强城市地名管理工作的意见[EB/OL].http://www.whsmz.gov.cn/dm/text.php?id=190.

[5] 武汉市人民政府.武汉市地名管理办法[EB/OL].http://www.law-star.com/cacnew/200903/240032718.htm.

地名工作在构建和谐社会中的作用及其实现途径

人们日常生产生活离不开地名的引导。地名太常见、太平常，寻常得使人不屑一顾，除少数专业工作者外，很少有人停下脚步对地名作更多思考。当地名出现问题，产生错字歧义，污染语言文字及文化环境；或者误导人们的行动方向，造成时间浪费，经济受损；或者紧急时刻找不到准确地点，贻误救灾时机或战机，危及人民生命财产安全；或者被人有意歪曲，用以破坏政治秩序，甚至影响国家领土主权完整之时，才使人如梦初醒。增强地名意识，规范地名管理，完善地名服务，已成为形势发展的迫切要求。为此，笔者从构建和谐社会的角度出发，尝试对地名工作的作用与实现途径作简要探讨。

一、地名演变在政治文明建设中的作用

地名是国家主权及意志在地域空间的反映，是国家权力机关或政府职能部门按照一定法规政策，对所辖区域空间实体给定的文字符号，以此界定地理方位及范围。因此，从命名主体行为来看，地名就具有较强的政治性。地名按时间划分，包括遗留地名和现状地名。虽然遗留地名不是当今社会所为，但得到现今政府的认可。因为不符合主流政治意志的历史地名必然被淘汰或重新命名、更名，所以，不论是历史遗留地名，还是现状地名，都体现了特定历史条件下国家政权当局对所辖地域的主权或管辖权。地名命名有时表现为激烈的政治斗争。特别在边疆敏感地区，一个地名争议可能导致国家间的政治争议，甚至演变为军事冲突。小地名，大问题，不得不引起人们的高度重视。例如，台湾在殖民统治下被称为福尔摩莎，现今就是中国的台湾省，这就是主权意识的体现。目前，少数"台独分子"妄图推进渐进式台独，首先就从各类地名上采取"去中国化"，已遭到包括全世界华侨在内的全中国人民的坚决反对。

地名命名反映了国家政治形势的变化，某种程度上讲，地名演变就是政治气候的晴雨表。历朝历代统治者对地名命名、更名十分重视，在政区名称变更中尤为突出。秦朝统一天下，实行郡、县名称，演绎出2000多年的封建统治；元朝的诞生导致省名的出现，奠定了今天省级政区的基本格局。各朝各代为适应自身政治需要，无不在政区名称上大做文章。政区名称一般在朝代创立初期进行大变更，伴随政治、经济、社会变革而呈现起伏变化，一旦社会趋于稳定，地名就表现出渐变的特点。新中国成立后，建立了规范的政区名称体系，更改了带有大汉族主义和封建主义，以及带有歧视或侮辱少数民族含义的名称，巩固了国家政权。为弘扬革命传统，以革命先烈名字命名了一些地名，如左权县、靖宇县、尚志县、志丹县等。改革开放后，通过县改市、乡改镇的名称变更，推动了传统农业文明向现代城市文明的转型。地名既是对政治的反映，又是对政治的推动。因此，把握好地名演变规律，根据社会政治形势的需要，因地制宜做好地名命名、更名，可以充分体现国家意志，有效配合体制改革，推进政治文明建设。

二、地名文化在精神文明建设中的作用

从字面上看，地名是人们用充满思想的语言文字对地域空间或地理实体的表述，是人们世界观、价值观、传统习俗及思想意识与地域环境结合的产物，因而被赋予丰富的文化内涵。地名一旦产生，由于语言惰性力及惯性力的作用，往往打破时间、空间的限制广泛流传。地名在流传过程中并非一成不变，往往伴随语言文字的变化，或行政干预，或因新聚落及相应地名的出现，而在音、形、意上出现新的变化。这些变化会不断为地名加入新的元素，赋予新的内涵。经过历史长期作用，地名逐渐融入地域文化的大环境中，并成为其组成部分之一的地名文化。我国地名文化的主要特征在于，尊重华夏主体，认同儒家传统，表现太平吉祥，崇尚和谐美满。在此大前提下，各种地名文化丰富多彩，可谓一方地名一方文化，一个地名一段传说。丰富的地方文化孕育了多彩的地名，多彩的地名又丰富了多彩的地方文化。楚文化、秦文化、巴蜀文化、高原文化、江河文化等等，与地名文化交相辉映，丰富了中华文明宝库。

地名文化是人类社会发展的产物，不论你愿意也好，不愿意也罢，总是无孔不入，渗透于社会生活的各个角落、各个方面。我国历史上大量文献资料中都有地名记载，有关地名的专著也不少，如《二十四史》中有十六部专门记述地名方面的内容，《禹贡》《山海经》《汉书·地理志》《后汉书·郡国志》《魏书·地形志》《水经注》等都记载了大量地名及相关地名文化知识。这些地名文献既是对前人成果的归纳总结，同时也对后来地名文化走向起到了引领作用。特别在各类人文社科文献中，可以说地名支撑起文章内容，没有地名就没有历史，就没有文学，就没有新闻。地名文化的构建与传承具有一定规律，不能随意打破。历史上王莽篡权之后对许多郡县地名肆意更改，最后连官员都不能记，这种混乱局面伴随其政权垮台而告终。文化大革命地名“红化”也只是一阵子，广大群众在心灵深处从未认账，这些地名伴随“文革”的结束而得到纠正。近来有的城市大型建筑物名称也很不规范，或崇洋，或复古，“花园”无“花”，“广场”无“场”，与现实状况及现代文明不相协调。这些事例从反面说明，只有健康向上的地名文化才是和谐社会所需要的，才具有永久魅力。作为经过历史检验、长期流传下来的地名文化，是祖国先进文化的重要组成部分，是中华文明的瑰宝之一，能够给人以积极的熏染、激励、启示作用。加强地名文化的建设、传承、创新与发展，对于了解和研究博大精深的华夏历史脉络和文化底蕴，弘扬中华五千年文明和爱国主义精神，传播先进文化，振奋民族精神，繁荣文化事业，营造具有强大凝聚力和亲和力的文化氛围，有着深远的历史意义和重要的现实作用。

三、地名信息在物质文明建设中的作用

地名是人们交流中必不可少的媒介。除了政区名称外，在最早的田地契约、集市贸易中都要使用大量的地名。随着社会生产力的进步，人们对资源的开发力度不断加大，地域资源分布方位都需要用地名予以界定，从而使得地名在地域空间分布的密度加大，数量增多，并由人口密集地区向四周不断扩展。人们交流活动的规模越来越大，频率越来越快，人们认识世界和改造世界的活动不断向深度和广度进军，对地名指向、指位作用的要求也越来越高，人们对地名在物质文明建设中的依赖性随时代的进步而不断增强，逐步推进了地名信息的规范化和系统化。据了解，2006 年国内旅游人数 13.94 亿人次。随着形势的发展，这一数据还会不断攀升。今后二三十年，中国城市化水平将从现在 40%上升到 70%，城市新老地名变化总数年均在 2 万条以上。地名是物质文明建设的重要环境因素之一，地名管理与服务的任务十分繁重。除政区名称外，街、路、巷、桥、机场、车站、港口等名称离群众日常活动最近，使用频率较高，与经济活动的关系极为密切。人们居住的小区地名及门牌号码均属地名范畴，是邮寄物件、各种政务及市场服务必不可少的支撑条件。随着市场经济的发展，地名还成为直接创造经济财富的无形资产或品牌。改革开放后，一些地方为扩大知名度，发展旅游业，用名山大川名称来命名政区名，如黄山市、张家界市、井冈山市等等，使地名成为推动旅游经济发展的品牌，变为无形资产。有的城市将街、路、桥等名称通过拍卖或出让地名冠名权，使地名产生了直接的经济效益。虽然有的做法尚需进一步探讨，但地名在创造物质财富中的作用日益显现。

随着信息时代的到来，以信息化促进工业化、城市化和现代化发展成为当代社会的趋势。现代通讯技术和空间技术的发展，对地名信息数量与质量要求越来越高。发达国家地名信息化进程加快，地名信息系统（GNIS）建设力度不断加大，地名信息数字化、网络化使发达国家地名信息储存能力和传输速度大大提高，为社会信息化发展提供了强力支撑。现阶段，发达国家正在将地名信息系统建设由多部门各自为政、分散重复建设，逐步推向由国家综合部门统一协调、专业机构集中建设、全社会信息资源共享方向发展，使地名信息数据库变成一切与空间信息相关数据库建设的基础库，从而成为专业空间信息系统之间进行连接、交换数据、实现信息共享的桥梁和纽带，起到空间信息检索引擎的作用。欧美大国不仅建立了完善的国家 GNIS，并且将其广泛应用于相关各领域，除日常社会交往之外，在经济合作、交流与竞争，甚至政治活动、外交事务、军事斗争等方面都发挥着越来越重要的作用。这一切对我国地名信息化发展有着重要的启示作用。我国处在城市化、信息化快速发展时期，作为发展中的大国，要实现超常规发展，就应该加大信息化建设力度，以此带动相关产业的发展。因此，必须加快地名信息系统建设步伐，使其在数字国家、数字省、数字市等信息系统中发挥基础性作用。地名信息系统状况如何，已成为影响我国信息化综合竞争力的一个重要因素。

四、地名工作在构建和谐社会中的实现途径

地名工作的走向源于社会发展的需要。随着工业化、城市化、信息化和经济全球化进程的加快，国内外各种经济社会活动越来越频繁，社会交往流量飞速增长，对地名公共服务的需要越来越广泛，要求越来越高，大到国家政治战略，小到百姓日常交流，无不广泛使用地名。根据科学发展观要求，按照以人为本的理念，地名工作要从管理型向服务型转变，寓管理于服务之中，以服务促管理，从小处着眼，为大局服务，不断推动社会的进步与和谐。

一是加强地名法规制度建设，保持地名服务体系的完善与和谐。通过健全地名法规制度，理顺管理体制，整合政府部门及社会各界的相关资源，完善地名管理与服务机制，为地名工作的开展提供组织保证。适应法制社会的要求，以制度规范行为，从法规政策上为地名工作创造良好环境。

二是推进地名标准化，保持地名文化的健康与和谐。加大对出版、传媒文献资料中各类地名的监管力度，重点对含有生僻字、异体字、自造字的地名，一地多名、一名多写、重名重音的地名以及俗字俗音等不规范地名进行标准化处理。建立地名变更的专家论证与群众听证制度，实施科学民主决策，保证地名文字规范健康。重视国际地名交流，规范地名译写工作，纯洁祖国语言文字。

三是开展地名标志设置，保持地名与地理实体指向的一致与和谐。努力解决地名指向粗放、缺乏明确实地定位，以及普通百姓了解不够的问题，积极开展城乡地名标志设置工作。在城市、乡村、道路和标志性建筑物普遍设置规范化的地名标牌，为人们出行提供看得见、摸得着的向导。

四是做好地名规划，保持地名命名和城乡建设的同步与和谐。结合城市建设现状和发展规划，对城乡未来需要命名的新地名进行前瞻性规划，从源头上把好地名命名、更名关。重点规划好居民区、街路巷、桥梁、标志性建筑物、自然景观等地名，彻底解决各类专业地名及单位内部地名命名的随意性问题。

五是开展数字地名建设，保持地名信息与相关信息系统的协调与和谐。建立信息全、合标准、现势性强、处理系统先进的各级地名数据库，开展地名网站、地名电话问路、地名电子地图、地名触摸屏等地名信息化服务。运用地名信息为各类相关信息系统提供结构支撑，特别要配合做好社会治安、抢险救灾、急病防控等紧急预案信息系统建设，维护社会的稳定。

总之，地名工作涉及面广，内涵丰富，意义重大，需要全社会的广泛关注和参与。政府部门应高度重视，加强领导，将地名专项事务列入地方经济社会发展的中长期规划，认真组织实施。社会各界要整合资源，协调行动，形成合力，把地名事务当做社会公益事业来抓，当做分内事情来做。广大公民要从我做起，增强地名意识，遵守地名法规，弘扬地名文化，为构建和谐社会做出应有的贡献。

地名标志设置与地名文化建设

文化的内容与形式总是相辅相成，相互影响，互相促进。积极、主动的形式构建，能够为文化发展提供良好载体与依托，从而推动社会文明进步。进入新世纪，湖北民政部门围绕经济社会发展大局，以地名标志设置为切入点，积极推进地名文化建设，取得明显成效。至2008年上半年，全省完成全部36个城市的地名设标任务，街路巷设标覆盖率近100%，楼门牌覆盖率98%；完成地名设标的县城达95%；乡镇村地名设标工作正有序推进，部分重点乡镇已完成设标任务，还有不少建制村开展了门户牌设置。各级党委、政府将地名设标纳入议事日程，使之成为打造荆楚文化、构建和谐湖北的举措之一。特别是在广大农村，地名设标悄悄地改变着百姓日常生活及交流方式，地名标牌“美了当地人的脸，亮了外来人的眼”。地名文化伴随地名设标凸显荆楚大地。

一、积极推动地名设标，使之成为打造地名文化的重要抓手

在地方党委政府领导下，各地将地名设标与构建和谐社会、实行科学发展相结合，与推进工业化、信息化、城市化发展相结合，与全面建设小康社会宏伟目标相结合，寓地名标志设置于文化建设之中，提升了地名管理与服务水平，创新了湖北地名文化。进入新世纪，湖北民政部门每年要组织召开专题会，出台新举措，营造良好氛围，动员社会力量，把地名工作及地名文化建设当做大事要事抓好抓落实。2000至2002年，湖北开始进行城市设标试点，积累经验。2003至2004年，分别召开全省城市地名标志设置现场会，要求各地把地名设标当做树立城市形象、完善城市功能、提高城市品位的“形象工程”“民心工程”和“亮点工程”，扎实推进。2005年积极贯彻落实全国地名公共服务工程视频会议精神，召开全省地名管理暨县城设标工作现场会，将地名设标由城市向县城推进。2006年召开全省地名公共服务工程专项工作会议，全面启动乡镇地名设标。2007年召开全省实施地名公共服务工程及培训会，进一步强化地名管理与服务意识。2008年

4月召开全省地名公共服务工程暨乡镇地名设标工作现场会，全面推进乡镇村地名设标，推动地名标牌走进城乡千家万户，使地名设标成为地名文化建设的重要抓手。

同时，县市政府及相关部门以设置地名标志为契机，大力宣传规范地名管理及服务的意义与作用，积极推广标准化地名的使用，使地名文化逐渐被越来越多的人所关注。各地通过会议、文件及其他宣传媒体，对地名管理工作进行广泛宣传，使广大民众认识到，开展地名服务、打造地名文化是践行“三个代表”重要思想、落实科学发展观及构建和谐社会的重要举措，是提高政府服务水平、改善投资环境、提升文化品位的需要。许多市县都将地名公共服务上升到打造服务型政府、建立城乡统一公共服务体系的战略高度认真对待，当做政府部门改进管理方式、履行服务职能、强化服务能力的有效途径，纳入到打造文化软环境、增强发展硬实力的大局中统筹安排。有的城市将地名设标纳入城市社区及新农村建设战略，由政府采取财政等手段强力支持，在“美起来”“亮起来”文化环境建设中发挥了积极作用。许多市县专门针对地名设标工作印制文件，发放宣传品，张贴标语，开展广播电视宣传，有效促进了地名设标，繁荣了地名文化。

二、规范地名命名、更名，体现地名的政治性、权威性及地域文化特征

规范地名命名是地名设标的前提。湖北各地抓住地名设标的机遇，进一步加强地名命名、更名工作。由于地名使用者众多，许多地名分属不同的部门、单位，加上历史原因，地名使用不规范的问题时有发生。各市县高度重视地名规范化管理，近年来陆续对一些内容不健康、用字不规范的地名进行了清理。特别在地名设标工作中，把地名清理作为一项重要工作进行安排部署，以便为地名标志提供最权威、最标准的地名。一些地方根据国家地名管理条例及相关法规政策，结合实际制订或完善地名管理办法和措施，以此作为地名命名及管理的依据。许多市县还制订了地名标志管理规定、门牌号码使用论证制度等，将地名管理与服务纳入法制化轨道，从制度上保证地名能够正确反映国家意志，代表先进文化发展方向，体现健康向上的精神面貌。同时，高度重视地名命名的审核报批工作，顺应形势发展要求，改变传统的暗箱操作方式，将专家论证制度和地名公示制度引入地名命名审核程序，提高了地名的权威性和代表性。

为了提高地名命名质量，湖北各市县近年来广泛开展编制地名规划工作，陆续在城市、县城乃至乡镇开展地名规划编制，从源头上为地名设标提供规范化、标准化的地名。例如，武汉市按照“新开发区编制前瞻性地名规划、旧城改造区编制保护性地名规划、建成区编制完善性地名规划”的工作思路，将全市规划建设的道路命名实行超前考虑。先后开展并完成了武汉新区、东湖高新技术开发区、王家墩商务区、盘龙城经济开发区的地名规划编制，同时指导部分中心城区和远城区完成已建道路和乡镇地名规划方案的编制。各地在地名命名过程中，坚持体现地方特色文化。如十堰市茅箭区结合当地赛武当国家4A级风景区、休闲旅游区、红色旅游区等旅游资源，深度挖掘其文化内涵，命名了一批能够充分反映地方经济及地域文化特色的路名。有的地方以商业、金融、生态旅游、物流、工业、科技等功能区为依据，分别派生出相应的地名，使经济发展与地名文化交相辉映。鄂中部分市县结合当地人文自然资源特点确定地名采词取向，将新地名定位于展示地方历史文化、人文文化、时代文化及水乡园林特色，与江汉平原水乡湖区文化相协调。规范化、系列化、特色化的地名命名，进一步丰富、繁荣了多姿多彩的荆楚文化。

三、科学制定地名设标方案，把地名文化融入人们社会生活

地名设标，就是通过统筹规划、合理安排及设置地名标牌，将标准地名用标志形式展示出来，用以指明不同地理实体及人们居住的空间单元。所以，必须科学设计地名标牌布局，使其能够准确反映特定地理实体空间及文化环境。从另一视角看，地名设标就是将承载地名文化信息的标志进行合理布局，从而将文化信息融入人们日常生活空间。各地按照设标工作程序，组织专班工作人员走街串巷，深入实地调查，摸清街路巷及居民区实地分布情况，在此基础上精心研究制定地名设标方案。

关键工作是以街路巷及住宅小区为单位绘制街路巷及门牌编码示意图，按序排列，填写门牌编码表，做到街路相连、门户相接、不重不漏，保证地名标志设置的数量、布局适应大众需要，保证标志指向准确、规范。然后，采取多种形式征求社会各界及民众的意见，并对方案进行不断修改完善，最后将方案提交地方政府批准实施。从而做到每一个地名标牌就是一张名片，并反映一定地域文化。

由于农村设标是一项全新工作，湖北各地加大了农村设标探索创新的力度，摸索出一些好的做法和经验。鄂西部分市县结合山区特点，在农村门牌编码中采取行政村加居民点加编号的方法，即行政村名称+居民点（自然村）+数字，得到村民的肯定。一个居民点内不限户数多少，均用该居民点的名称依次编号；一个行政村内的居民点（自然村）名称不重名、不同音；居民点（自然村）门牌序号以主要进口为首号，或取东头及南头为首号，依次排列；对较大的自然村内形成的巷道，用数字冠名，然后编排门牌号码；一个自然村内既有东西走向、又有南北走向巷道的，东西走向用单数冠名，南北走向用双数冠名。通过科学制定设标方案，在农村实行地名编码网络化管理，由规范、标准的地名编码将广大村民纳入现代管理体系，将地名信息及理念通过地名标志传递给广大群众，从而把地名文化信息注入人们日常社会生活。

四、制作标准地名标志，提供看得见摸得着的标准地名依据

地名标志是标准地名发布的平台，是大众使用地名的重要依据，所以，必须保证地名标志制作质量。各地的地名标志严格使用政府部门批准的标准地名，认真执行《中国地名汉语拼音字母拼写规则》和《地名标志·城乡》等国家标准。按标准汉语拼音拼写地名本身就为推广标准汉语言文字起到了示范作用，有利于纯洁我国语言文化环境，有利于标准地名的使用。为落实好全国地名标准化技术委员会《关于加强地名标志产品质量等有关问题的通知》精神，湖北省民政厅编写了地名标志设置工作规范，要求各地加强地名标准化工作，加强标志质量的管理。各市县坚持按国家相关标准要求，制定具体工作方案，以公开招标的形式，请有资质的生产厂家负责标志承制。对各种标志的规格、数量、制作材料都统一拟定合同，请质量技术监督部门负责检测，并由所在政府及相关部门负责组织验收，确保地名标志产品符合质量标准。大多数市县城区的主次干道一律采用不锈钢式双立柱标志，所有路、门户牌采用国标规定的长余辉蓄光标牌。鉴于目前国家对乡镇村牌没有统一规格标准，各地结合实际，由市县统一村牌的规格、着色、书写、用材等技术标准，充分体现地方群众审美情趣与传统文化。

各市县在设标过程中十分重视地名文化建设，通过多种途径广泛宣传地名设标的意义和作用，使民众认识到，城市设标是一项“文化工程”“窗口工程”“形象工程”，也是一项推广标准化地名的工程。因此，相关工作人员始终把标志质量放在首位，认真对待每一个工作环节，高标准，严要求，一丝不苟，努力做出高质量、高标准的地名标志。省民政厅及各级民政部门在设标工作中多次召开现场会、培训会，实行典型示范，专题讲解，推广经验，确实抓好地名标志质量。各市县在工作中认真抓好调查登记、地名拼写及标志制作等方面的工作，做到把标准地名印在标志上，为社会大众提供标准地名依据。同时，并积累下丰富的有关地名标准化的档案资料，为以后全面推行地名公共服务打下基础。

五、大众参与地名标志设置，充分展示和传播地名文化

地名设标需要多方面的配合与支持，不仅前期工作需要广泛支持，后期标志安装与埋设更需要社会大众的参与。由于埋设地名标志涉及多个行政职能部门、相关单位及广大居民群众，所以必须加强部门配合，充分吸收社会大众参与其中，共同抓好地名标志的安装埋设工作。在前期调查摸底与方案设计的基础上，按照有路就有名、有名就有标、标志数量适宜及布局合理的原则，全面规划了地名标志的安装位置。在标志具体安装及埋设过程中，城建部门积极配合，从城市规划及管理上提供便利条件，使地名标牌成为城市建设的组成部分；公安部门从社会治安综合治理角度积极支持，为地名标志维护提供保障，使地名标志在人们需要时特别是紧急情况下能够有效发挥导向作用；电力部门负责为标志接通输电线路，保证地名标志夜间能够为行人提供服务，让地名标志为城市亮起来工程添光彩；交通部门将地名标志设置与道路指向相结合，使地名标志能够为众多车辆及行人指示方向。各方面密切配合，为顺利完成设标工作提供了重要保证。有的单位及住户，在思想认识上由不理解到理解、由消极观望到积极配合支持，后来甚至有些单位及居民主动要求在自家门前设立地名标志，并承担起保护及管理标志的责任。

在政府主导及各部门各单位配合支持下，形成了大家合力推进地名设标工作、共同建设地名文化的良好局面。特别是主管地名设标的民政部门，认真抓好地名标志设置的组织与指导，保证街道地名标志安装埋设牢固、整齐，指向清晰，布局合理。对于单位、楼栋及居民门户牌的安装，严格按照一个产权单位一个主号的原则，科学拟定起止点，实行统一编码、统一高度、统一方位安装，保证标志整齐美观，持久耐用。在具体工作步骤上，按照先路、巷，后门楼、单元、户牌的顺序，实行定人、定位、分片、分区安装。在埋设过程中，各地民政部门积极会同城建、质监等部门组成验收小组，对埋设的街、路牌和安装的门户牌进行质量验收，对出现的问题及时予以纠正，保证地名标志设置工作让百姓满意。目前，各市县地名标志名称规范正确，安装牢固稳定，整齐划一，美观大方，成为湖北城乡一道道亮丽风景。

总之，地名设标是一项社会公共服务系统工程，也是一项文化建设工程。湖北各市县通过开展地名设标，有效打造及繁荣了湖北地名文化，同时也带来一些有益启示。城市标志面向社会、服务大众，作为公共基础设施，需要社会各界的广泛关心和支持。特别是楼门牌直接涉及千家万户，需要广大居民群众的参与，否则，设标工作就寸步难行。地名是人类文化的重要记录和传承载体，地名文化在历史长河中不断发展、丰富、完善，成为人类文明进步的重要标志之一。因此，社会各方面必须高度重视地名设标工作，并利用设标工作涉及面广的特点，以地名标志为依托，高度重视地名文化建设，把地名设标与地名文化建设相结合，将“硬件”建设与“软件”建设相结合，做到“软硬兼施”，不断提升地名公共服务水平，繁荣地名文化，促进社会和谐。

乡镇地名标志设置

摘 要： 本文从地名概述入手，论述了乡镇地名标志设置的作用和意义，以及乡镇设标工作的政策依据、基本思路；指出了乡镇设标组织领导与部门配合的重要性，分析了多渠道筹集设标经费的方法；阐述了乡镇地名标志设置工作方案的基本内容，以及乡镇设标工作培训、调查摸底、街路巷和居民点命名及楼门号码编制等作法；结合新出台的《地名标志》国家标准，强调了乡镇地名标志制作中应注意的问题；最后，提出了地名标志埋设安装与保护的方法。

关键词： 乡镇；地名标志；设置

因为地名是人们交流必须使用的基础信息，所以，向社会提供地名信息服务就属于公共服务范畴，从而成为政府基本职责。提供地名信息的方式有多种多样，相对而言，设置地名标志是最便捷、最广泛、大众最易接受的服务形式。在设置地名标志工作中，城市设标历史较长，也积累了比较丰富的经验，而大多数乡镇从未进行过系统化的地名标志设置工作。因此，从农村经济社会发展和广大农民群众生活需要出发，在这里重点探讨乡镇地名标志设置相关问题。

一、地名概述

地名的定义有多种说法。《中国大百科·地理卷》表述：地名是人们赋予各个地理实体的专有名称。《测绘词典》中表述：地名是识别各种地理物体的语言和文字。在联合国地名标准化所用技术词汇中，地名被定义为地理名称或地方名称。有人认为地名应该指地域的名称，也有人认为是地点、地物的名称。地名不是代表广义的地理实体，而是代表各个不同的地理实体，是一个地理实体区别另一个地理实体的标志，主要是它具有独立的方位和范围。归纳起来讲，地名是人们对具有特定方位、范围的地理实体赋予的专有名称。

依据不同的原则和标准，地名的分类方法可以有多种。按地名的地理属性分类，地名可以分为自然地名和人文地名。自然地名可分为自然地理区名、山文名、水文名等；人文地名可分为行政区划地名、居民片地名、交通地名、文化地名、经济地名等。按地名体存在的形态分类，地名可以分为面状地名、线状地名、点状地名。按地名存在与发生的时间分类，地名可分为古代名（1840 年以前）、近代名（1840—1949 年）、现代名（1949 年至今）。除上面 3 种常用分类方法之外，地名还有其他多种分类。

从不同角度看，地名有多种特性，如社会性、地域性、继承性、语言性、民族性、政治性、指代性，等等。综合起来看，地名最突出的特性更多地表现在指代性、地域性、继承性方面。地名的指代性，指地名用语言文字指示和代表具体的地理实体；地名的地域性，指地名描述的是一定地域范围的地理实体；地名的继承性，指地名作为一种历史文化现象会随着时间的延续而代代相传。

二、乡镇地名标志设置的作用和意义

随着经济社会的快速发展，我国已进入全面建设小康社会的新时期，中国社会正在由传统的农业社会向工业社会、由乡村文明向城镇文明转型。工业化、城镇化、市场化进程不断加快，国际国内交流活动日益频繁，社会各个领域使用地名的频率越来越高，对地名信息服务的要求越来越迫切。城乡流动人口不断增多，人们迫切需要更加规范、准确、系列化、标准化的地名标志作导向。由于种种原因，农村地名管理很不规范，有路无名、有名无标志、有户有门而无标志的现象还比较普遍。这些问题的存在，给农村广大群众带来了多方面的困难和不便，导致寻路难、通邮难、消防难、治安难、急诊难，等等，严重影响了社会交往和社会管理。同时，我国正处在城镇化快速发展时期，城镇建设日新月异，乡镇道路数量不断增加，城镇住宅小区、商住房、企业数量不断增多和变化，加强乡镇地名管理、设置规范化的地名标志已成为农村地区广大人民群众的迫切要求。

地名标志是“本地人的脸、外地人的眼”，准确、规范的地名标志，不仅可以方便群众日常交流交往，而且是群众办理各种证件、执照的法定基础资料之一。从实际需要出发，做好乡镇地名标志设置工作，对于促进农村地区科学发展和构建和谐新农村具有十分重要的意义。一是有利于营造良好环境，促进对外开放交流，推进招商引资，促进农村经济发展。二是有利于维护农村社会正常秩序，规范社会管理和服务，建设服务型政府。三是有利于方便群众日常交流交往，以人为本，服务民众，促进和谐社会建设。四是有利于推进农村地名标准化，纯洁地名语言文字，打造健康向上的地域文化。

三、地名标志设置的依据和基本思路

地名标志设置，就是将地名以标志的形式展示出来，为人们交流交往提供看得见、摸得着的地名导向。地名标志是标示地理实体专有名称和相关信息的设施，这种设施可以有多种形式，包括立柱式、悬臂式、附着式、碑碣式地名标志，以及其他方式设置的地名标志。乡镇地名标志设置，主要指在城市、县城之外的乡镇设置地名标志，包括在乡镇驻地集镇、建制村、自然村、机关企事业单位和村（居）民楼门设置地名标志。

地名标志设置是一项服务社会的公益事业，是政府部门必须做的事情。国家为地名管理及地名标志设置出台了专门的政策，包括 1986 年国务院发布的《地名管理条例》、1996 年民政部发布的《地名管理条例实施细则》、1991 年湖北省人民政府发布的《湖北省地名管理办法》、2005 年民政部印发的《关于实施地名公共服务工程的通知》、2005 年李学举部长和罗平飞副部长在全国地名公共服务工程视频会议上的讲话、2008 年国家标准化管理委员会和民政部发布的 GB17733—2008《地名标志》国家标准，等等。

根据这些政策精神，结合农村实际，乡镇地名标志设置工作的基本思路是：以邓小平理论和“三个代表”重要思想为指针，坚持科学发展观，以人为本，统筹安排，健全制度，规范管理，因地制宜，合力推进，在广大农村地区全面开展街、路、巷、村、楼、门地名标志设置，逐步形成地名准确、书写规范、牌面美观、设置牢固、系列化、规范化的地名标志体系，为构建社会主义和谐新农村做出积极贡献。

做好地名标志设置工作，必须从服务党和政府中心工作任务的战略高度出发，着重抓好“三个结合”。一是把乡镇设标与新农村建设相结合。将乡镇设标工作纳入新农村建设统筹规划，凡是新农村建设有关试点乡镇都要率先启动乡镇地名标志设置，并将此项工作作为年度检查考评的内容进行考核。二是把乡镇设标与文明创建相结合。现在各地都在进行多种形式的文明乡镇村创建活动，要将设标工作纳入创建活动之中，当“亮点工程”“民心工程”进行建设。三是把乡镇设标与社会事务管理相结合。以地名管理部门明确的地名为法定依据，为办理身份证、工商营业执照，以及其他有关证件提供标准地名，使地名标志设置工作真正成为打造服务型政府的重要抓手之一。

四、组织领导

地名标志设置工作涉及面广，事关广大人民群众的切身利益，各级政府部门必须高度重视，切实加强领导。考虑到设标工作协调工作量大，市县应该建立地名标志设置工作领导小组，由政府领导任组长，民政、交通、公安、工商、城建、财政、物价、规划、质监等部门为成员单位，具体负责设标工作的组织领导。乡镇也应该成立地名标志设置工作领导小组，具体负责乡镇设标工作。市县、乡镇都要把地名标志设置列入年度目标责任制。同时，按照国家有关机构职能设置规定，理顺地名管理体制，将地名标志设置工作归口到民政部门统一管理，从体制上解决政出多门的问题，保证设标工作的顺利开展。市县民政部门要在地方政府领导下，统筹安排，精心组织，搞好协调，扎实推进乡镇设标工作。最好由市县政府统一下发乡镇地名标志设置方案，构建“政府主管、民政牵头、部门配合、乡镇落实”的工作机制。市县、乡镇和村居委会都应该设立临时工作专班，落实好工作人员，为设标工作奠定坚实的组织基础。同时，还要加大设标工作宣传力度，通过召开专门会议、张贴宣传标语、利用报纸、电视等媒体进行广泛宣传动员，统一思想，提高认识，为乡镇地名标志设置工作提供良好的社会氛围。

五、经费来源

2006年，民政部和财政部联合印发的《关于加快实施地名公共服务工程有关问题的通知》中明确要求，采取多渠道筹集资金，建立财政投入与市场运作相结合、公益服务与有偿服务相结合、政府服务与民间服务相结合的地名公共服务运行机制。各地民政部门要认真对地名公共服务工程项目进行可行性论证，合理提出需要财政给予支持的项目；各地财政部门要积极支持地名公共服务工程建设，根据需要和财力可能，合理安排项目资金，加强资金管理，促进工程项目的顺利实施。对于财政困难的县（市、区），省级财政可酌情给予适当补助。

各地要按照上述通知要求，积极争取将包括设标工作在内的地名公共服务工程建设经费列入地方财政预算。除争取财政支持外，还应该采取其他办法筹集设标经费。各地在实际工作中，采取单位筹集一点、企业赞助一点、广告招租一点、受益单位和个人支付一点的办法，形式了多渠道筹措设标经费的良好模式。具体讲，就是坚持地方财政适当支持与市场运作相结合，设标经费由地方政府从财政解决一部分的同时，采取找相关企业拍卖地名使用权，或者采取广告招租方式筹集部分资金；动员当地大型企业把地名标志设置当做公益事业进行赞助；楼、栋、单元、门地名标志费用本着“取之于民，用之于民”的原则，由楼房产权所在单位、物业管理单位或户主承担。但是，对特困户、优抚对象、散养五保户等特殊困难群体的楼门标志制作费用，有关部门要纳入财政预算，负责为其制作、发放和安装。湖北一些地方近几年来，积极采取市场运作的办法，将部分道路标志设置交给广告公司承办，由广告公司投资一部分、城管部门减免一部分、广告费用征收一部分，有效解决了设标经费不足的问题。广告招租的办法在大中城市设标工作中效果比较明显，在乡镇设标中可能难度比较大。随着城镇化和工业化快速发展，农村消费市场逐渐兴旺，在乡镇设标工作中开展广告招商的潜力会越来越大。

六、方案的制订

市县乡镇都应该根据实际需要制定设标工作方案，规范工作程序，确保工作质量。各地设标工作侧重点不同，设标工作方案也不尽相同，大体上包括以下几方面内容：

1.指导思想。确定设标工作总体思路、原则和要求，保证工作沿着正确的轨道推进。

2.目标任务。根据上级主管部门要求，结合本地实际，明确设标对象、范围，设标乡镇要仔细确定每条街路巷的长度和道路交叉口的数量，由此合理确定设置地名标志的数量和埋设地点，绘制出地名标志设置总体规划图。

3.职责分工。明确政府及职能部门在设标工作中的主要职责，以及需要配合支持的相关单位的任务。

4.明确街路巷等标准地名，以及居民楼门号码编制要求。

5.按照国家地名标志制作标准，结合本地实际情况，科学拟定地名标志制作要求。

6.工作步骤。明确准备、调查、制作安装、检查验收等各阶段先后顺序和基本要求。

7.经费的筹措。做好价格预算，确定经费总数，明确各项经费的来源。湖北省有的市县规定，街路巷地名标志及表格印刷、会议、宣传等工作经费由县、市、区财政解决。门（楼）牌和门牌证制作费责任为：农村居民的住宅，由个人承担；城镇散户居民住宅，由个人承担；单位的房产和职工房改房，由单位承担；出租门面，由承租方承担；在建的商品房，由房地产开发商承担；特困人群由县、市、区财政解决。

如果采取广告招租形式开展地名标志设置，那么设标工作方案应该明确与商家合作的相关内容，特别要做好价格预算，合理确定经费总数。除了常规方案内容之外，进行招标的，要依法确定供应商。首先，制作招标文件。方案批准后，及时与政府采购中心和商家联系招标事宜，制定项目招标方案和相关文件。其次，发布招标信息。在政府采购网或电视台等媒体发布招标公告，吸引商家前来参与竞标。第三，进行正式竞标。根据所用经费的多少，分别采用招标、竞争性谈判或议标形式，由此确定生产商，并对生产商进行考察，最终确定中标单位。然后，由中标单位实施设标工作。民政部门要抓好质量检查验收，保证圆满完成设标工作任务。

七、工作培训和调查摸底

因为大多数市县从未进行过系统化的乡镇设标工作，所以开展培训和调查摸底是做好设标工作的重要前提。首先，选择具有代表性的乡镇进行地名标志设置试点，积累经验。市县民政部门要与试点乡镇一起，科学制订方案，精心组织实施。现在，不少城市和县城都开展过地名标志设置，积累了许多好的经验，可以相互学习借鉴。其次，在试点工作的基础上，召开乡镇地名标志设置现场会，或者举办专门培训班，现场观摩，典型引路。重点对参与设标工作的乡镇分管领导、民政办主任以及各村居委会干部进行设标工作培训，使他们熟悉设标工作的基本政策，掌握设标工作的程序和方法，以及具体的技术要求。

通过培训，形成了设标工作的专业化队伍，即可开展设标的前期工作。开展乡镇地名标志设置，首先要对所在区域地名状况和其他相关情况进行深入调查了解。调查工作直接关系到地名设标方案的制定和实施，并对地名标志设置的准确、规范与否产生很大影响。通过调查摸底，合理确定地名标志设置的数量、布局，特别是通过对地名的确认与选择，保证地名标志的权威和准确。各乡镇专班人员要与各村居委会积极配合，争取广大居民群众的支持。采取“上路、到街、进巷、入户”的形式，对集镇主次干道的条数、长度、起止点、名称来历，以及单位、楼门户标志等情况进行详细摸底、登记，并填写好街路巷及楼门号码登记表。同时，对已经命名的街路巷名，要从字音、字形、字义上严格审定把关，登记造册，为制作地名标志提供准确的资料。

八、街路巷和居民点命名及楼门号码编制

不少乡镇驻地的街路巷及居民点都没有经过法定程序命名，所以要结合地名设标工作，按照有关法规政策，科学、规范命名这些地名，为设标工作奠定基础。有条件的地方，要开展地名规划工作，就是以城乡建设规划为依据，科学编制地名命名规划。地名命名要本着“符合习惯、照顾历史、体现规划、好找好记”的基本思路，遵循正确的地名采词原则：一是标准化、规范化的原则；二是整体化、层次化、序列化的原则；三是保护传统地名文化的原则；四是与时俱进和创新的原则；五是好找好记、公众认可的原则。

要根据不同情况，成立地名命名专家论证组，聘请有关方面的专业人士参加。由专家组确定地名命名的总体思路、原则和标准。将专家论证与人大代表、政协委员和群众意见相结合，集思广益。由专家、群众、领导共同拟定能够反映地方文化特色的地名，并形成正式地名命名方案在媒体进行公告，广泛征求社会各界意见。最后，按法定程序正式批准地名命名。

下面，举例说明如何确定道路、居住区地名类型、层次及编码。

例一，道路通名层次的确定。多数大中城市划分为大街（大道、大路），街（路），巷（胡同、弄）三级。小城市一般只分街（路），巷（弄、胡同）二级。各级通名用字在一些地方不尽相同。有的城市把东西走向的道路称为街，南北走向的称为路，有的城市则正好相反。相对于大中城市而言，乡镇街路巷的层级不要太多。各乡镇集镇规模差距比较大，要因地制宜，一个市县最好确定统一的乡镇街路分层、分类原则。

例二，居住区通名层次的确定。城市大型居住区通常是区（村、新村）、小区、苑（里）三级；中型居住区一般为小区（或新村）、X（指序数）区两级；小型居住区以苑、里相称。乡镇居住区不必分层太多，但要体现分类，就是不同区域要有相应的地名。

例三，农村门户号码的编制。以湖北省十堰市的做法为例。农村居民住宅门号组合顺序为，建制村名+居民点（或自然村）名+数字，例如：李家河村徐家畈1号。一个居民点内不限户数多少，均用该居民点的名称依次编号。一个建制村内的居民点（或自然村）名称，不应重名，并避免同音。填发《门牌证》时，农村居民住地门号组合顺序为，县（市、区）名+乡（镇、街办）名+建制村名+组名+居民点（自然村）名+门牌号码，例如：茅箭区鸳鸯乡许家村一组许家棚1号。农村居民点（自然村）门牌序号，一般以主要进口为首号，或者取东头或南头为首号，然后依次排列。农村较大的自然村形成的巷道，可用中文数字冠名，然后编制门牌号码。一个自然村内，既有东西走向（含斜向）又有南北走向（含斜向）巷道的，东西走向的用单数冠名，南北走向的用双数冠名，例如：龙门塘村金家一巷（东西走向），龙门塘村金家二巷（南北走向）。乡镇驻地形成的街路巷，可先命名街路巷里，然后编门（楼）号。东西走向（含斜向）的街巷，北侧为单号，南侧为双号；南北走向（含斜向）的街巷，西侧为单号，东侧为双号。这些做法可供参考。

九、地名标志的制作

2008年10月21日，国家标准化管理委员会和民政部下发了《关于做好<地名 标志>国家标准宣传贯彻工作的通知》。该通知宣布，(GB17733—2008)《地名 标志》系列国家标准已于2008年4月23日批准发布，2008年8月1日起正式实施。该标准规定了地名标志的分类与型号、要求、试验方法、检验规则及包装等，明确了街、巷、楼等标示的汉字名称、汉语拼音要求，特别是对地名中汉语拼音的拼写作出了规定。

《地名 标志》国家标准是对《地名标牌城乡》(GB17733—1999)的修订。该标准增加了人文地理实体地名标志和自然地理实体地名标志等类型，修改了地名标志的颜色、尺寸规格和外观的要求；增加了地名标志的设置、版面内容、版面布局的要求，以及LED地名标志、金属腐蚀地名标志以及碑碣式地名标志的特殊性能要求，同时增加了“汉语拼音字母字样和阿拉伯数字字样”“地名标志版面示例”“地名标志长余辉蓄光粉的要求”等附录，进一步提高了标准的科学性、合理性与可操作性；提高了地名标志的质量，突出了地名标志用材的环保性能。该标准适用于地名标志的生产、流通、使用和监督检验。国家标准化管理委员会和民政部特别强调，《地名 标志》（GB17733—2008）是强制性国家标准。该标准中有关地名标志上的汉字书写、少数民族文字书写、地名的罗马字母书写和少数民族语汉语拼音拼写的规定和地名标志辐射性能指标、电气安全性能指标等方面的要求是强制性条款，各地区和部门必须执行。

结合乡镇地名标志设置，在贯彻执行《地名 标志》国家标准中需要重点关注以下内容。

1.与《地名标牌城乡》（GB17733—1999）对照，删除了地名标牌、街牌、巷牌、楼牌、门牌，增加了地名、地名标志的说法。

2.增加了人文地理实体地名标志和自然地理实体地名标志。人文地理实体地名标志包括居民地地名标志、行政区域地名标志、专业区地名标志、设施地名标志，以及纪念地和旅游地地名标志；自然地理实体地名标志包括海域地名标志、水系地名标志、地形地名标志。

3.设置地名标志不能存在对人身造成任何伤害的潜在危险和对环境造成任何污染的潜在危险。

4.地名标志一般可采用立柱式、悬臂式、附着式、碑碣式，以及其他方式设置。

5.一般情况下，立柱式、悬臂式、附着式地名标志下边缘距地面高度不宜小于2m，小于2m的，地名标志边角应为圆弧形。

6.因地制宜确定标志设置密度，以确保其充分发挥指位导向功能。一般情况下，街巷交叉口均应设置街巷地名标志，当两交叉口间隔大于300m时，可适当增加街巷地名标志数量。

7.地名标志上的汉字应使用规范汉字书写。下列地名标志可增加图形符号：专业区地名标志、设施地名标志、纪念地和旅游地地名标志。符号应符合（GB/T10001）中的相关规定。街巷地名标志可增加标明街巷走向的指示方向信息。大门地名标志可增加所在区域邮政编码。

8.标志上文字、拼音、图形、指向、邮政编码等符号的书写排版，以及标志颜色，必须严格执行《地名 标志》具体规定。

9.基板可采用金属、无机非金属、高分子材料。基板应具有一定的硬度、抗冲击性能、耐弯曲性能和抗拉伸性能，基板表面应光滑平整，没有伤痕、裂纹、污垢，还应有防锈、抗高温、抗低温、抗辐射性能。有时还应根据需要增加特殊功能，制作反光地名标志、长余辉蓄光地名标志。

乡镇地名标志的生产，应选择具有相应资格的专业厂家来承担，标志制作要采用国家标准，选用符合要求的材料。在制作过程中，要与厂家签订规范的协议书，明确双方责任义务，要求对方在规定时间内生产完成标准、规范的地名标志。要加强督办落实，对运送的地名标志进行检查验收，确保标志质量。制作乡镇地名标志不能贪大求洋，要从地方财力和群众实际需要出发，实事求是，重点保证地名书写及标牌板面符合国家标准。

十、部门的配合与支持

地名标志面向全社会、服务全社会，作为公共基础设施，需要社会各界的关心和支持。楼门标志涉及千家万户，需要广大居民群众的参与，没有他们的配合与支持，设标工作就无法开展。根据湖北省市县设标工作经验，地名标志设置需要多个部门配合与支持，设标工作涉及的单位，除党委、政府、政法委之外，包括民政、文明办、公安、交通、工商、质监、建设、规划、统计、广电、物价、供电、财政、地税、电信、邮政、旅游、园林、房改、铁路，另外还有街道办事处、村居委会、各种开发区等。因此，加强设标工作的配合与支持显得十分重要。

各级民政部门要充分发挥牵头作用，努力与相关部门搞好沟通、协作。各部门应该积极配合，形成整体合力，使设标工作有条不紊地向前推进。要在设标工作中明确划分职责，保证各负其责。例如，民政部门负责设标的综合协调和技术指导；公安部门负责门牌的摸底和保护；规划部门负责街路巷起止点的确定和城区图的绘制；建设部门负责标志点的确定和协助标志安装；工商部门负责标志广告审查；物价部门负责楼门标志价格审定；电力部门负责广告灯箱供电；财政部门安排专项经费；质量监督部门做好产品的验收。在地名标志管理关系尚未完全理顺的地方，民政部门要以高度的责任感和事业心，发挥主观能动性，积极协调，争取支持，形成大家齐努力、共同抓设标的良好局面。

十一、标志的埋设安装与保护

在专业厂家制作地名标志之后，就要进行标志的埋设与安装。按照工作方案要求，科学确定标志埋设位置，组织专业施工队进行埋设。一是做好埋设安装前的准备工作。及时向城建部门提出安装申请，与城建工程部门、城管大队、园林等单位协调标志埋设安装事宜，办好相关的施工手续。二是埋设街路巷地名标志。派专业人员进行规范安装，或者派技术员进行指导，由地方村居委会组织埋设，保证标志埋设符合相关技术要求。三是认真安装楼门标志。要争取相关单位和住户的配合与支持，统一安排人员到社区村组安装楼门标志。四是严把质量关。对于街路巷埋设的地名标志，要做到埋设牢固、整齐，指向清晰，布局合理；对于单位、楼栋和居民门户标志，要按照统一编码、统一高度、统一方位安装，保证整齐美观，持久耐用。五是加强检查督办。民政部门要抓好督办，会同质量监督部门组成验收小组，对埋设的街路巷地名标志和安装的楼门标志进行质量检查验收，对于出现的问题要及时给予纠正。

最后，要落实好地名标志保护责任制，使其长期发挥作用。要高度重视街路巷地名标志保护工作，制定专门的管理措施和办法。湖北各地在地名标志管理工作中积累了一些成功的经验。对于地名标志的保护，有的委托给所在村居委会负责，有的委托给所在的企事业单位负责，有的委托给标志制作厂家或广告公司负责，有的直接委托给个人负责，都取得了比较好的效果。各地要从实际出发，建立健全管理制度，保护好地名标志，更好地为地方经济社会发展服务，为广大人民群众服务。

试论地名信息化发展

摘　要：本文对地名信息化建设中的几个认识问题进行了分析研究。阐述了地名信息是社会信息的基本支撑，没有规范的地名信息化就不会有社会信息化的健康发展；指出地名信息化已明显滞后于社会信息化发展要求，必须引起高度重视。最后，从统筹规划、地名标准化、地名普查、地名数据库及地名管理信息系统建设、地名信息化服务等方面，提出了推进地名信息化发展的思路。

关键词：地名；信息化；认识

和谐社会需要和谐的社会秩序，和谐的社会秩序需要发挥社会信息化的媒介、桥梁与引导作用。而地名信息化是社会信息化的基本支撑，所以加快地名信息化发展在构建和谐社会中具有重要的基础性作用。虽然人们处在地名的包围之中，但地名及地名信息化的作用却未能得到应有发挥。对地名信息化认识不够，缺乏统筹，投入及开发不力，从而导致地名信息化滞后于社会信息化发展。上世纪末期“数字地球”概念的提出，将地名信息化推向基础性地位。因此，提高认识、加大力度、全面推进地名信息化发展已成当务之急，对此应予以高度关注。

一、地名是关于地理空间信息的描述，基于地名的地理空间信息是社会信息的基本支撑

地名是描述地理空间实体的文字符号。这里所说的地理空间实体，是指地球空间上所有具有定位意义的物体。从洲际大陆板块、海洋到不同国家、地区，从国家内部不同级别政区划分到各种地形、地物、湖泊、河流、街道、居民点，一直到独立地物及住户门楼牌等，都属于地名描述范畴。地名就是通过用语言文字描述地球空间各种定位地物，为人们提供指位作用。因为地名是一种语言文字符号，所以说地名是人们意识对地物的客观反映。当人们对地物进行命名时，必然反映出命名者的世界观、价值观、文化习俗及审美情趣；而且许多地名

命名又是一种政府行为，从而使地名充满了政治色彩，体现出国家意志。地名的诞生早于国家的出现，地名经历了长久演变发展的历史，许多地名都是历史沉淀的结果。因此，地名内涵十分丰富，信息量远远超过地名文字本身。地名代表各类不同的地理实体，文字上不断经历从约定俗成到法定规范的过程。随着社会进步，地名成为人们对具有特定方位、范围的地理实体的专有名称，并逐步形成专有名词加通名的标准构词形式。这种专名加通名的结构能够有效发挥指位和指类的功能，便于区别和识别不同类型、不同位置、不同性质的地理事物。如今，只要是人类活动可以触及到的地方，都被人们确定了地名。人类不仅对陆地、海洋进行命名，甚至在普通人难以到达的极地地区都进行了代表各国特征的地名命名。地名信息就像空气和水一样无处不在，渗透到我们生活的方方面面。

在国家信息化体系中，地名是不可或缺的重要节点和桥梁，在信息传递中发挥着重要作用。人类活动始终离不开特定的自然环境和人文环境，作为国家自然资源、社会管理和地理空间信息的重要组成部分，地名信息与经济活动、社会管理、科学研究、国防建设和群众生活都有着密切关系，这些领域的现代管理和服务活动都需要地名信息的支持。社会信息源于人类活动，人类活动离不开一定的空间，而各种地域空间都有地名予以定位或命名，所以说地名是社会信息的基本支撑一点都不过分。同时，地名信息对社会生产力发展也起着越来越重要的作用。国家提出以信息化促进工业化，进而实现现代化的发展战略。信息化、工业化发展都要以特定地域空间为依托或载体，所以，描述地域空间的地名必然成为信息化、工业化发展的基础信息平台。有人做过估计，人类信息80%以上与地理空间信息有关。政治活动、国防安全、经济建设、社会发展、新闻传播、旅行交往等所产生的信息都离不开地名信息作引导或连接。就是法律、文学艺术、宗教、哲学等意识形态也与地名信息有着这样或那样的联系，如法律在不同地域的效力、具有地方特色的文化习俗、宗教活动的地域性、哲学对不同历史地理条件下人类思维的深刻剖析和影响等，都或多或少地以一定地域空间为背景。不同层级、不同类别的地名如同一张天网覆盖在地球表面，为社会信息提供了平台，有时甚至能够用地名信息对社会信息进行串联、演绎。

二、地名信息化是时代的呼唤，没有规范的地名信息化就不会有社会信息化的健康发展

人类社会经过农业社会、工业社会，现在已进入信息社会。在农业社会，由于生产力低下，科学技术手段落后，信息传播只是言传身教和纸质形式。在工业社会，人类科学技术和知识得到快速发展，信息量大增，传播形式除了语言文字之外还有电声像，传播模式发展为人际传播、组织传播、大众传播等多种形式。进入信息社会，尤其是进入21世纪，随着信息技术和现代通讯技术的发展应用，互联网技术全面普及，给信息传播提供了更便捷的技术手段。也正是由于现代科技的发展，为“数字地球”的产生创造了条件，使得人们有可能将地球海量信息集成为虚拟的“数字地球”。而地名以地球空间实体为描述对象，从而成为“数字地球”的基础平台。地名作为人民群众最常使用的地理空间信息，具有信息量大、类型结构复杂、空间性强、动态变化大等特点，既具有相对的稳定性，又具有相当的变动性。随着人类活动的增多、人口的增加和经济社会的发展，新的地名不断出现，地名信息的总量还在不断增大，而且总有一些地名因为种种原因在发生变化。特别是我国正处于工业化、城镇化的快速发展时期，地名变更尤其频繁。与此同时，随着生产力的不断发展，社会经济活动的总量和范围不断扩大，人民群众的交往、交流、出行活动也大大增加，这些因素都使社会对地名信息服务的需求呈现出强劲的增长趋势。依托计算机及现代信息技术的地名信息化服务，是满足人民群众和社会公共管理对地名信息需求最灵敏、最有效的形式，也是现代化地名管理必不可少的支持手段，还是建设数字地球、数字国家、数字政府和数字城市的基本保证。

在当代社会中，许多信息都要通过计算机网络进行传播，要求信息符合一定的规范。地名信息的规范化与标准化主要体现在两个方面：一方面是地名文字本身必须规范化与标准化。地名命名更名要依据国家法定程序审批，严格执行国家地名管理法规政策及有关具体要求，地名构词完整、准确，词义健康，实现国内地名标准化，全球地名单一罗马化，使地名书写形式最大可能的一致。另一方面，地名信息在网络上运行必须规范化与标准化。例如，为了使地名信息传输顺畅，全国必须遵守统一的行政区划代码编排顺序；地名字节长度、书写形式等方面都应该统一标准，以便不同系统之间的信息交换；地名信息系统的支撑软件应尽可能保持统一或兼容。如果地名信息本身不能做到规范化与标准化，甚至自身运行都出现障碍，那么就难以起到支撑其他社会信息的作用。从一些省区开展电子政务的实践来看，地名信息是各信息系统交换最多、需求最多的信息之一。各种社会公共信息服务最终都要落实到具体的管理单元乃至居民点或住户，只有以准确、规范的地名信息为引导，才能保证其他信息的准确定位。没有地名信息化，社会信息化就失去基础平台；没有规范的地名信息化，社会信息化就会出现盲目性，就难以健康发展。

三、地名信息化已明显滞后于社会信息化发展要求，必须引起高度重视

基础地理空间信息主要包括图形与文字注记两大类，而文字注记基本上可以归为地名类。目前，我国基于地图的空间信息化得到政府及社会各界的高度重视，发展水平在一些方面还处于世界先进行列。特别是基于 GIS、GPS、RS 的地球空间信息技术在太空技术、国防安全、土地管理、环境保护和国土开发等领域得到广泛运用，其发展前景得到越来越多的认同。在宏观决策方面建有国家综合国情 GIS、国家防汛气象信息系统、国家电子地图系统等；在经济开发建设方面，如三峡工程、南水北调、青藏铁路等项目建设中都充分发挥了地理空间信息技术作用；各地在电子政务建设中也开发了多种形式的地理信息系统。但是，与地球空间信息化密不可分的地名信息化却没有得到应有的重视。主要原因在于，人们在建立地球空间信息系统中一般仅从本部门、本行业所了解的情况输入了部分地名信息，这些非标准化地名满足了用户低层次、低水平的需求，普通民众便以为这样的地名就是标准化地名。例如，现在不少地方或单位研制出道路交通导航系统、紧急救援系统、农业信息服务系统、土地管理信息系统等等，这些信息系统在服务经济社会发展过程中起到了积极作用。但是，其中涉及的地名信息存在着严重的不规范、不标准问题，有的地名没有经过法定程序命名，有的地名没有经过标准化处理，许多地名存在着错、漏、不完整等情况。这些通过网络传播的错误地名信息影响更大，危害更深，不仅从技术层面影响到社会信息的正确，而且从文化层面对我国语言文字的健康与纯洁都产生不良影响。同时，由于缺少地名信息的桥梁与纽带作用，政府各部门信息系统难以实现有机整合与资源共享。

归纳起来看，地名信息化滞后于社会信息化发展主要表现在：一是地名信息采集困难。我国地图制作技术相对成熟，而且许多地形地物的图形采集可以通过 3S 技术及计算机直接生成，效率极高。而地名采集必须通过大量的人工收集、整理后才可进入计算机网络系统，工作量大，效率低。二是我国没有覆盖全国的完整的地名数据库。地名数据库是推进地名信息化的基础，缺乏地名数据库的地名信息化就仿佛“无米之炊”，地名信息化管理与服务就无法开展。三是没有完善的地名管理信息系统。现在许多地名管理与服务形式还停留在传统方式、方法上，地名资料的调查、收集、整理、传输、接收等还是以人工操作为主，计算机的作用极其有限，导致工作效率低下。地名信息为海量数据，只有通过建立地名信息系统才能满足社会各界对地名信息的需求。四是地名与相关信息整合未能跟上。地名本是基本的地理空间信息，或者说是社会信息的基础平台，除了单独使用之外，更多的是与其他社会信息同时出现和使用。而目前各部门开发的系统很少与地名信息主管部门协作，导致相关信息系统空间定位不准或失去依据，给使用者带来损失，也扰乱了地名信息化建设。总之，在社会信息化快速推进的今天，计算机互联网为主导的现代网络信息技术对地名信息基础性作用提出了更高要求，社会各方面“井喷”式出现的信息化与地名信息化如同两个轮子一快一慢，明显不协调。地名信息化远远落后于形势发展需要，社会各界及相关部门必须高度重视地名信息化建设。

四、顺应形势发展需要，加大开发与创新力度，推动地名信息化快速发展

信息社会为地名信息化发展带来挑战，也带来发展机遇。国家和地方各级政府部门的积极态度、计算机技术的广泛应用、现代网络和通信技术的快速发展、3S为主导的空间信息技术的支持、地名信息化的实践经验，这一切都为地名信息化发展创造了有利条件。我们要以科学发展观为指导，把握机遇，精心组织，规范管理，开拓创新，努力加快地名信息化进程。

（一）统筹规划，将地名信息化建设纳入国家电子政务基础项目。地名信息化建设是一项庞大的系统工程，具有较强的基础性、社会性、长期性及投资大、直接经济效益低等特点，不可能由社会或市场主导，必须由政府将其纳入经济社会发展战略实施统一规划建设，也就是将其作为电子政务基础项目进行重点建设。地名是其他空间信息的基础或载体，起着引导作用。只有将其纳入电子政务基础项目，才能真正体现地名信息化的基础作用，妥善解决与其他信息系统的资源共享及兼容问题。同时，社会各界及广大群众对地名信息有着经常性需求，将地名信息化建设纳入电子政务基础项目，广大民众特别是贫困弱势群体才有可能以最经济、最便利的形式享有地名信息化服务，以弱化“数字鸿沟”。

（二）推进地名标准化，从源头上规范地名信息。要想改变各部门各自为政，提供不规范、不全面的地名而误导民众的问题，就必须强化地名管理，规范地名命名。通过宣传介绍使社会各界及广大民众了解国家地名管理法规政策，自觉使用标准化地名，消除使用地名信息过程中存在的随意性。地名管理部门要加大工作力度，通过编制地名命名规划，从源头上规范地名信息。完善地名命名程序，建立专家论证机制，同时广泛征求社会各界及居民群众意见，保证地名命名更名的科学性、合理性，使地名经得起历史检验。另外，做好已有地名的审字定音工作，推进习惯地名的标准化及法定化。为了国内外交流的需要，不仅要做好国内汉字与少数民族地名之间的转译，还要做好中外文之间的互译。

（三）开展地名普查，全面掌握地名信息情况。由于种种原因，产生地名的渠道很多，而且随着时代发展，各个地名的内涵还在不断变化，没有任何部门能够独立掌握所有地名情况。20 世纪 70 年代末、80 年代初我国进行过第一次地名普查，距今时间长，地名变化大，加上限于当时的客观条件，很多地名没有查到和录入。随着城乡开发建设的快速推进，城镇建成区面积日益扩大，不断有旧城区改造更新，导致新地名大量涌现，旧地名不断变化、消失，新建的街道、道路、住宅区、居民区的名称命名工作量成倍增加，地名产生、消亡数量之大和变化之快前所未有。所以，必须适时开展地名普查，为地名管理、服务积累资料。根据实际需要，地名普查主要内容包括行政区、群众自治组织、居民点（住宅小区）、建筑物、各类企事业单位、道路、河流、湖泊、山峰、山脉、岛、礁、旅游景点等。在收集地名资料的同时，要做好地名资料的分类处理，并将地名普查与地名标准化相结合，与规范管理相结合。

（四）建立地名数据库，为地名信息化奠定坚实基础。根据国家地名管理职能划分及社会对地名的普遍需求，应该建立完善的国家、省、地、县四级地名数据库，形成及时、有效的数据更新机制，向社会提供优质地名信息服务。为保证地名指向定位功能，地名数据类型应尽可能涵盖地名管理的所有类型，健全完善空间数据库和图形处理功能以及区划、边界信息管理功能。最好由国家统一开发地名数据库软件，各地自行开发的相关软件以及其他区划地名工作管理软件应能与国家统一软件之间实行数据交换。地名数据由属性数据和图形数据组成，属性数据包括各种文字、数字信息，图形数据主要包括地图和遥感影像数据。属性数据由各级地名部门搜集，图形数据主要由上级部门统一制作配发，由各级地名部门进行充实、更新与完善。各地要采取不同形式开展地名调查、搜集相关信息，并争取由当地政府牵头，交通、土地、测绘、基层社区等部门参与信息收集及建库工作。要最大限度地利用政府已有的相关信息库资料，共享已有成果，避免重复劳动。

（五）加大创新力度，建立完善的地名管理信息系统。地名管理信息系统，就是以完善的地名信息数据库为基础，利用计算机技术、网络技术、办公自动化技术及3S技术，形成地名信息与时间、空间的集成以及基于网络共享和分发服务，提供地名信息获取、管理、维护、更新、查询及分析等功能，既为社会提供各种相关地名信息服务，又为政府领导和相关部门在制定政策、实施管理等方面提供辅助决策支持。系统设计应遵循以下原则：一是实现系统体系结构和功能上的可扩展性、灵活性；二是系统可重用性，保证系统的升级维护能够充分利用已有的资源；三是系统可靠性，能够在各种异常情况下进行适当处理；四是充分考虑网络系统级、操作系统级、数据库系统级和应用程序的安全性。在系统总体结构设计上，要具有良好的系统分布配置能力，能够很好地实现跨区域、跨部门的系统应用，实现多用户同时处理和协同处理，提高系统的应用范围和能力。

（六）整合资源，开展多种形式的地名信息化服务。根据社会信息化发展要求和现阶段技术条件，地名信息化服务形式主要表现为：一是地名信息直接运用。以地名数据库及地名管理信息系统直接为各专业空间信息系统提供基础数据，通过现代通信和GIS技术使地名信息走进千家万户和社会各个领域。二是地名信息耦合与集成运用。以地名信息为基础，开发建立各种信息管理与服务系统，以此支撑各专业数据库及系统；或者将地名信息嵌入到各种电子政务系统之中，发挥其基础性作用。三是建立地名网站。充分发挥国际互联网的功能和作用，经由有线和无线两种方式同时为互联网计算机和手机等移动终端提供通用及个性化地名信息服务。四是开通地名声讯及短信服务。开通专门的电话声讯服务台，以电话方式为用户提供地名信息服务；开展个性化短信服务，将有关信息以图像和文字短信的形式提供给手机及掌上电脑用户。五是制作地名光盘电子地图。光盘电子地图不仅能够通过一台普通的多媒体计算机在GIS软件的支持下进行各类地名服务查询，而且能够显示与地名相关的地图、地物、声音、照片、表格和动画等多媒体信息，还能提供诸如距离量算、统计分析、最佳路径查找、GPS定位导航、图表自动生成等高级地名服务功能。六是设立地名触摸屏查询系统。通过大堂摆放的、或墙内嵌的、或户外专设的触摸屏查询平台，向广大公众提供各种地名信息化服务。

地名信息化建设是一项庞大的系统工程，涉及面广，工作量大，任务繁重，意义深远，需要采取得力措施。首先，要加大地名信息化宣传力度，提高广大干部群众认识，使之自觉参与到地名信息化建设之中。其次，加强制度建设，统一标准、规范，完善工作机制，协调各部门关系，形成工作合力。第三，加大资金投入，既要有财政支持，又要从社会、市场广泛吸纳资金用于地名信息化建设。第四，积极引进人才，加强人员培训，提高队伍素质。第五，抓好试点，以民政、交通、公安、通信、急救、地震等部门为突破口，大胆探索地名信息化服务方式，积累经验。第六，从大局出发，立足于信息共享，建设完善的国家基础地理信息系统，形成覆盖全国乃至全球的地名信息化网络，为“数字地球”、“数字中国”建设，为实现我国经济社会又好、又快发展提供基础信息支撑。

参考文献:

[1] 陈述彭. 地理信息系统导论[M]. 北京: 科学出版社, 2000.

[2] 徐冠华. 迎接“数字地球”的挑战[J]. 遥感学报, 1999(2).

[3] 浦善新. 数字地球与地名信息化[EB/OL]. http://www.szdm.gov.cn/dmwh/llwz/201006/t20100603_55963.html.

[4] 金江军. 电子政务建设中地理空间信息产业的机遇与挑战[EB/OL]. http://edu.zdor.cn/edu/0704/200197.htm.

电子政务对民政工作的作用及影响

摘　要：本文立足民政工作实际，以网络信息技术视角，探讨了电子政务下民政工作的创新方式与方法。文章从6个方面分析了电子政务对民政工作的作用与影响，包括电子政务在促进民政职能转变与创新、推进民政决策科学化与民主化、提高民政工作效率和质量、提供优良社区服务、推行民政政务公开及廉政建设、实行民政节约开支等方面的作用与影响。通过分析，明确要加快民政信息化建设步伐，加强各级民政信息系统及网站建设，努力打造网上虚拟民政，更好地服务于民，并提出了相关对策与措施。

关键词：电子政务；民政工作；作用及影响

引　言

电子政务（Electronic-Government），就是应用现代电子信息技术和管理理论，对传统政务进行持续不断地革新和改善，以实现高效益的政府管理与服务。根据国际惯例和我国有关规定，电子政务网络区分为内网和外网，政府内部信息交换在内部高速网上运行，属于政务公开和网上交互式办公的内容，运行在互联网上，内网和外网须物理隔离。电子政务是电子信息技术与政务活动的交集，是政府办公自动化系统在范围和功能方面的延伸，从内部办公延伸到对外服务，从内部网（Intranet）延伸到政府机构间交换网（Extranet）乃至互联网（Internet），从而成为“面向社会的办公自动化”。近年来，我国各级政府纷纷实施上网工程，逐步推行电子政务，在我国信息化发展中起到了引领作用。民政工作具有服务对象数量多、覆盖面广的特点，民政部门作为政府的主要职能部门之一，在信息化建设中面临多方面的挑战。2006年，中共中央和国务院办公厅正式印发了《2006—2020年国家信息化发展战略》，其中对电子政务建设作出了重要部署，从而为民政信息化建设带来新的机遇。为进一步提高电子政务工作的认识，增强民政信息化建设的自觉性与主动性，本文就电子政务在民政工作中的作用及影响作一探讨。

一、电子政务对民政职能转变与创新的作用及影响

传统行政事务重在管理，而且强调“事必躬亲”及“无微不至”，既导致管理者工作量大，同时也给被管理者带来包括精神压力在内的种种负担。电子政务是现代电子信息技术在政府工作中的全面应用，从而对民政工作的各个方面包括信息的收集与传播、管理方式和手段等都会产生深刻影响。一方面为民政收集信息、规范管理、为民服务提供了便利；另一方面，扩大了民政管理及回应社会的范围。网络经济的发展，使得企业及大众可以通过网络直接从事各种经济活动。但在非营利、非竞争性领域，如公益事业、社区服务、社会福利等市场失灵行业则需要政府的积极介入。电子政务不是用电子技术去适应传统的民政管理方式，而是借助电子信息技术对传统民政业务进行更新改造，以更好地实现为民服务的宗旨。电子政务通过行政流程的集约化、综合化、高效化，为转变政府职能提供了技术支撑。实施民政系统上网办公，建立民政文件资料电子化中心，可以使各种审批项目尤其是大量的民政对象福利费发放在网上得以实现。网络服务使民政部门直接面向众多的民政对象，减少了一些不必要的中间层次和环节，为内部结构向扁平化发展创造了条件。而组织结构状态如何，往往是衡量机构管理及服务孰轻孰重的重要依据。电子政务在一定程度上打破了部门之间条块分割、等级森严的格局，使各级政府部门拥有统一的服务平台。公众在这个服务平台上面对的是一个虚拟化的政府服务机构，不必担心自己打交道的是哪级政府哪个机构，只要获取服务就可以了。市场经济条件下，民政业务成为政府重要的基础性工作，成为打造服务型政府的重要手段之一。因此，民政部门应该充分利用网络技术，直接面向社会，与广大公众进行互动。一方面向公众提供个性化服务，起到稳定社会秩序的作用；另一方面，向社会提供相关信息，推进市场活动走向健康。民政部门还可以发挥管理与服务民间组织的作用，促进非政府组织的发展。发挥民政网络及信息资源的优势，将民政网络与相关非政府组织机构实行链接，协同服务，以此转变或拓展行政职能。甚至可以利用民政信息资源，搭建区域性或者国际化的电子商务平台，直接服务经济建设主战场。

二、电子政务对推进民政决策科学化与民主化的作用及影响

作为现代民政，要作出科学决策或制定正确、合理的政策，有赖于丰富的信息资源。电子政务通过建立决策支持系统，能够为民政科学决策提供必要的相关信息，改善决策者的有限理性，使之在较为全面了解所需信息的前提下进行决策，避免依靠经验决策和由于信息不完备导致的盲目决策现象，从而提高决策的科学化水平。例如，通过建立救助、优抚、婚姻、双退、低保等业务的电子应用系统，对业务应用系统进行统筹开发、处理、整合和利用，形成统一的信息集散及数据中心，实现各业务系统数据库之间的数据交换和共享，建设办公决策服务平台，能够为相关政策研究和领导决策提供支持服务。同时，电子政务系统支持下的决策，更有利于推进决策的民主化。尽管原来制定了一些推进民主化的措施，但是由于技术手段跟不上而难以落实。上网后就能够使这一难题迎刃而解。电子政务为公民参与民主化进程，对行政管理和社会事务进行民主监督、反馈意见等提供了有效的技术手段。电子政务系统提供了公民广泛参与民主政治的可能性，能够实现公民与政府部门之间的直接对话，提高民意在行政运作中的分量，从而扩大公民参与政治活动的广度和深度。通过在网上针对各项民政决策或战略设置讨论专栏，可以使广大民众轻而易举地参与到民政政策制定的过程中。在各级民政网站，群众可以通过 BBS 发表对民政事务的看法和观点，利用电子邮件与民政业务主管部门进行沟通，为决策提供参考意见。民政部门也可以通过网上虚拟市场及社会空间获得真实、全面、准确、及时的相关信息，并建立起大型的专门数据库，并运用统计模型进行分析、计算，由此进行辅助决策，调节民政政策。不仅大的决策，甚至一些小的政策方案，例如低保对象标准划分、灾害救济对象的确定，以及相关救助及抚恤对象的分类管理等，都可以通过电子政务技术手段进行分析研究，在网上征求意见，以利于科学决策。还可以在网上设立电子公告牌，发布电子命令，动态调控民政对象的进出。

三、电子政务对提高民政工作效率和质量的作用及影响

网络的一大特点就是能够开放、充分地提供各种信息。如果将民政部门众多的管理及服务项目实现网上服务，自然要求有规范、准确的资料、档案和数据库配套，迫使人们将传统的粗放管理转变为规范、准确和标准化的管理。民政事务繁多，民政对象存在大量个性化的服务需求。传统服务方式存在手工式抄写、人工传递，大量人力精力都陷入琐碎事务之中，而且还存在着数字不准确，传递不及时等问题，严重影响办事效率和质量。电子政务为民政工作人员提供了现代化的办公手段，降低了信息传输过程中可能出现的人为错误；将许多例行性和常规性的咨询答复等工作编制为程序，实现无人化操作与管理，既节约成本，又准确可靠。网上办公、远程会议、虚拟机构的产生，打破了民政部门间、民政与外部门间的时空界限，加强了民政与社会及公众之间的信息沟通、互动，使许多以前无法想象、无法实现的服务成为现实，使民政管理和服务更加精干高效。除了电子政务决策支持系统的运用之外，民政工作的许多单项业务都可以在电子政务系统支持下提升工作质量与水平。通过视频网络系统，可以便捷地召开各类民政视频会议，使得远在千里之外的相关人员如同围坐一堂，基层干部群众也能够与远方的上级政府领导人进行交流。通过政府专网建设全方位的数字民政应用系统，建立省、市、县三级民政信息广域网传输平台，可以形成网络环境下的数据收集、处理、服务及办公自动化体系。优抚安置、救灾救济、地名管理、婚姻登记、殡葬管理、计划财务、民间组织管理等都可以结合实际建立专业数据库，实现从中央到基层的数据库联网，由此报送数据、查询资料，提高工作效率和质量。这些业务软件的开发应用，不但能够大大提高业务运作效率，而且能准确及时反映服务对象的动态变化，加强服务指导，优化民政资源配置，实现科学有效的管理和服务。

四、电子政务对社区服务的作用及影响

政府管理的基层组织是社区。公共安全、公共健康、社区娱乐、社会福利、家政服务，包括农村社区面向农民生产生活的一些专门服务等，都属于社区服务的范畴。民政部门作为政府主管社区建设工作的职能部门，在开展电子社区服务方面具有义不容辞的责任和义务。电子政务通过建立社区信息基础设施，能够将电子政务系统与社区服务紧密结

合，为社区居民提供网络服务，支持居民对社区公共事务进行民主管理和民主监督。从塑造服务型政府的角度看，信息化服务的基础在社区，特别在城市网格化管理中，社区信息化发挥着不可替代的作用。我国一些大城市正在建设市、区、街道社区信息基础网络平台，除了提供街道共性业务之外，涵盖民政、劳动、综合治理、计划生育等专业应用系统。主要是以社区服务为主线，建立智能呼叫中心。呼叫中心通过因特网、单键专项呼叫、短信发布、热线电话等方式接受社区居民的服务请求，在传统社区实体服务手段的支持下，为社区居民尤其是老弱病残提供方便快捷的服务。长远来看，社区服务信息平台可以整合更多资源，为社区居民提供全方位的服务。特别是民政部门自身可以结合数字民政工程，把各项民政基层管理工作移植到这一信息平台上，实现民政业务的网上办公。通过实施系列化集成电子项目，可以跨越政府、私人和商业部门，使电子社区直接进入数字经济的核心。现在，我国各地的电子社区服务网站如雨后春笋，发展迅速，积累了越来越丰富的经验。通过建立城市社区互联网站，为居民提供了各种自助式服务。不仅为老弱病残和失业者提供专门的电子信息服务，还可以建立网上图书馆或电子图书，向社区居民开放。利用计算机网络技术，可以为社区提供 24 小时全天候服务。建立交互式虚拟教室，为一定区域提供远程教育，条件成熟的，可以向更广阔的区域提供服务。社区网络程序的科学编制与安排，不仅可以提供民政部门系统内的“一网式”服务，也可以与政府其他部门工作有机整合，实现政府各部门的“一站式”服务。

五、电子政务对民政政务公开及廉政建设的作用及影响

民政部门管理的业务种类较多，涉及的法律、法规及政策也非常多，许多具体标准和规定直接涉及广大群众的切身利益和日常生活。民政对象不了解相关政策，就无法维护自身的合法权益。尤其是大多数民政对象处于弱势地位，更需要通过推进民政政务公开来改变信息不对称的状况。电子政务的功绩之一，就是推进网络平民化，为弱势困难群体低价甚至免费提供信息服务，弥合数字鸿沟，达到电子扶贫的目的。政务公开就是政府按照法律、法规要求，向公众提供非保密政府信息的检索。电子政务系统的运用使民政工作成为阳光作业，在最大程度上保证行政管理的公开性，保证民政对象的合法权益。以民政信息网站为平台，通过设立工作职责、法律法规、民政动态、办事指南、电子公告、举报电话、电子信箱等栏目，详细介绍各项民政业务的办理程序及相关事宜，能够为群众提供便捷、公开的信息服务。通过积极向社会各界宣传民政政策，发布民政信息，提供便民服务，使民政网站成为政务公开、便民服务、廉政监督的重要窗口。通过拓宽信息渠道、捕捉民政新闻、快速更新内容、加强日常维护，不断丰富网上内容，扩大政务公开与服务范围，推进民政部门与大众的互动，满足城乡居民多方面的需求。目前，已有一些民政网站在公开民政业务的同时，还拓展了公开服务的内容，提供了群众所需要的办事指南及办事流程图，甚至还提供了有关信息内容的下载。网上信息公开可以有效防止信息被少数人垄断，也能防止信息被更改、掩盖，从而防止人为干预。还可以建立相关程序对信息发布及流程进行全程监控。实施电子政务后，由于所有办事程序都是可视的，每一个环节的办事情况都可以被看到，把办事的要求归纳成标准的规范，降低不确定因素，增加办事的透明度。电子政务能够使民政信息公开化、透明化、互动化，从而提供真实、公开的良好信息环境。在实施电子政务系统中，信息全部为电子式，即进行无纸化办公，各项运作中的不足之处将得到监督，便于及时进行修正与完善。通过网上实施电子化采购，不仅可以节省大量工作时间和精力，更重要的是可以加强监控，防止腐败现象发生。

六、电子政务对节约民政开支的作用及影响

网络运作中，办事人员与计算机结合形成基本平台，以现代信息技术来代替人力，建立起标准化、简单化的办事流程，使原来几个人办的事情转化为一个人的工作量，所以分工及专业化所带来的效率本身就意味着高效节约。通过建立完整的民政信息数据中心，促进业务协同和办公手段科学化。通过集成化的方法将各个单项的民政业务信息系统集成到民政电子化办公平台，便于获取相关应用系统中的数据和信息，集中处理各种民政事务，使现有的数据和应用无缝地集成到一起，建设统一的信息集散地和数据中心。通过开展对业务应用系统资源的开发、处理、整合，实现各业务系统数据库之间的数据交换和共享，可以实现最大程度的节约。民政部门通过电子政务专网实现与政府政务专网的宽带连接，实现接收公文速度与质量的升级，从而提高工作效率，节省人力物力。对照传统民政工作手段，实施电子政务系统后，可以从多方面节省开支。通过计算机网络，可以减少大量重复性劳动，节省大量人力和工作时间，为精简机构或转变职能创造条件。最直接的作用在于，以往人们到政府部门办事，往往要到各管辖部门的所在地逐一办理，费时费力。通过网络服务或者集中办公，减少一些不必要的中间环节，直接服务广大民众，取得高效行政和民众受益的双赢效果。通过在线招标与网上采购，扩大选择余地，低价采购到所需的各类物品；还能减少人员工作量，增强办事透明度，防止腐败现象发生。通过网络决策支持系统实施决策，不仅可以节约大量调研过程中的人力、物力，更重要的是有利于保持决策的科学性与合理性。错误的决策往往造成巨大浪费，而正确的决策就是最大的节约。此外，民政部门不仅自己拥有大量的各类信息资源，而且也需要大量的社会信息资源，也就是说民政部门与外界经常需要进行大量信息资源的交流。民政部门与外界信息交换方式网络化，能够减少很多不必要的人工往返和重复工作，即减少不必要的劳动和消耗。所以，电子政务系统的应用，能够加快工作节奏，提高工作效率，从根本上节约人力、物力和时间。

结语

从上述分析不难看出，在民政工作中积极推进电子政务，具有无穷魅力。根据民政部信息化发展战略，今后一个时期逐步构建管理型和服务型两大网络。管理型网络即民政系统广域网，该网络将覆盖至县级（大中城市将覆盖至街道一级）民政部门，通过平台上运行专项民政业务管理软件及办公自动化系统。服务型网络即集因特网查询、单键专项呼叫、热线电话三位一体的智能呼叫中心，探索多终端接入方式，为公众提供多种接入手段。从社会信息化发展趋势及广大民众的需求来看，必须加快民政信息化建设步伐，积极推动电子政务系统在民政工作中的运用。首先，要统筹规划，避免重复投资建设。遵循统筹规划、国家主导、统一标准、联合建设、互联互通、资源共享的原则，加强各级民政信息系统及网站建设，特别要加强部门间的协调与沟通，努力建成一批质量可靠的数据库，努力实现资源共享。其次，加强民政网站的规范化管理，使电子政务系统能充分发挥作用。结合民政工作实际，强化网络保密与安全措施，搞好分工协作，确保各类民政信息能够及时、准确、全面上网发布，并能与公众实现互动。第三，适应网络化及政治文明建设需要，积极推进民政管理体制的改革创新。发挥电子政务作用，推进政务公开，实现职能转变，为公众参政议政提供更多机会，由此推动组织机构、决策体系、人事管理、行政方式的改革创新。第四，加强基础设施及人员队伍建设。积极争取前期适当投入，以此换来今后的巨大节约，并为长远发展奠定坚实基础。同时，要不断提高人员素质，以适应网络社会发展的需要。第五，借鉴与创新相结合，有计划有步骤地推动民政电子政务工程。既要借鉴其他行业部门已有的技术成果和经验，也要创造出具有民政特色的具体运用程序或系统。积极开展各类试点，摸索经验，循序渐进。特别要注意整合资源，形成合力。例如，以地名空间信息为基础，形成对社区服务、救灾救济、城乡低保、福利院、福彩等众多信息匹配与支撑，从而将民政信息化建设与服务推向新的高度。因此，在民政工作中开展电子政务，势在必行，大有可为，前景广阔。

参考文献:

[1]徐晓林.电子政务导论[M].北京:科学技术出版社,2002.

[2]张基温.电子政务导论[M].北京:人民邮电出版社,2008.

[3]毛承洁.论电子政务对公共行政的影响和作用[J].中山大学学报论丛,2006(2).

[4]汪玉凯.中国政府信息化与电子政务[EB/OL]. http://www.e-gov.org.cn/ziliaoku/news005/wangyukai/200304/7877.html.

保障条件

构建中国社会保障体系的思考

摘 要：本文以科学发展观为指导，采用理论与实践相结合、历史与现实相结合、宏观与微观相结合的分析方法，对我国社会保障事业的发展及体系建设进行了比较全面的分析研究。文章回顾了我国社会保障事业发展的历史，深刻分析了目前存在的矛盾和问题。在此基础上，按照构建统一的城乡一体化保障体系的战略设想，确立社会保障体系的五大支柱，即社会救助体系、社会保险体系、社会福利体系、社会优抚体系、社会互助体系。然后，针对社会保障体系建设提出具体的实施措施和办法。全文最大的特点就是努力探索构建中国大的“社会保障”，或者说构建“大保障”。

关键词：社会保障；五大支柱；体系构建；创新策略

引 言

社会保障制度主要指实施社会保障的法律、政策、规范及准则。社会保障体系主要指社会保障管理职责、机制、内容的设置与划分。实际工作中，社会保障制度的确立在许多方面已经对保障体系的构建作出了安排；另一方面，在进行保障体系建设中也伴随着相关法规政策的制定与改革。社会保障制度与社会保障体系是同一问题在不同视角下的反映。因此，人们常常把两个概念交替使用。从我国社会保障事业发展现状来看，要对13亿人口的中国实施有效的社会保障，必须加强统筹规划，优化管理机制，努力使有限的资源最大限度地发挥作用。如此才能满足人民生活需要，保持社会和谐。而这一目标的实现，首先有赖于从宏观上构建完善的社会保障体系。

一、历史回顾

(一) 新中国之前的社会保障

三千多年以前，中国就出现了社会保障制度的萌芽。《周礼·地官司徒》中大司徒职责就提到：“以保息六养万民，一曰慈幼，二曰养老，三曰振穷，四曰恤贫，五曰宽疾，六曰安富。”封建社会的保障制度经历了一个连续不断的发展历程。如产生于汉代用于临时收容抚恤的居养制度，到宋代以后便成为定式。清末，社会保障体系已颇具特色。1906 年，中央政府设 11 部，民政部的民治司、卫生司负责社会保障工作。南京临时政府成立后，社会保障事务由内务部的民政局和卫生局兼管。北洋政府时期，灾荒频繁，社会保障机构不断变化。南京国民政府兼管社会保障事务的机构是内政部，后来改为社会部。除了常规社会保障机构外，国民政府曾设立了一些临时性、地区性的救灾机构。南京国民政府时期的抚恤对象和机构不断膨胀，除了文官、警察、军人之外，对中国国民党党员、铁路员工、邮政人员、赈务人员、学校教职员及抗日中伤亡的民众等，都建立了抚恤制度。抗战胜利后，社会部社会福利司负责农工福利、儿童福利、社会救济、国民救业及国际劳工等事项。民国建立之后保险事业开始起步，抗战结束时社会保障已开始由传统的社会救助型向现代社会保险、社会救助及福利混合型转变。

（二）计划经济条件下的社会保障

新中国成立初期，社会保障事务主要包括优抚、复员安置、社会救济、生产救灾、困难补助、移民安置、游民改造等，后来陆续发展了社会保险、社会福利生产等事业。农业合作化之后，对农村中丧失或基本丧失劳动能力，生活没有依靠的孤、老、残、幼采取了依靠集体供养并辅之以国家救济，形成了保吃、保穿、保住、保医、保葬（对孤儿实行保教）的“五保”制度。建国初期，国家对城市社会救济提出了通过组织生产来解决烈军属、贫民生活问题的方针，并形成了福利生产。一些地方建立了光荣院、疗养院，部分城镇建立了教养院、养老院、儿童院。新中国成立之初，我国颁布了一系列优待抚恤法规，建立起以军人及其家属为对象的优抚制度。1959 年以后，一些省市开设了精神病院。大中城市普遍设立了收容站（所）。20 世纪 50 年代初颁布的《劳动保险条例》，拉开了新中国保险事业发展的序幕。经过后来的不断调整，逐步形成了城乡分离的二元社会保障体系。该时期社会保障主要集中于城镇，其特点是低工资、多就业、高补贴、高福利。正是这种“大锅饭”体制使我国经济发展丧失了宝贵时间，造成当代体制转换过程中难以摆脱的大量历史包袱。

(三) 改革开放后的社会保障

国家一系列法规政策的出台，有力推动了我国社会保障事业的发展。1987 年国务院发出《关于加强贫困地区经济开发工作的通知》，1994 年国务院发出《关于印发国家八七扶贫攻坚计划的通知》，2000 年国务院决定实施《中国农村扶贫开发纲要（2001—2010 年)》，使得农村扶贫不断向前推进。1993 年党的十四届三中全会作出的《关于建立社会主义市场经济若干问题的决定》中提出了“一个中心、两个确保、三条保障线”的举措；1999 年国务院颁布《城市居民最低生活保障条例》。社会保险事业发展迅速，1986 年国务院发布《国营企业实行劳动合同制暂行规定》和《国营企业职工待业保险暂行规定》；1991 年国务院发布《关于企业职工养老保险制度改革的决定》；1993 年国务院修订颁布了《国有企业职工待业保险规定》；1995 年国务院发出《关于深化企业职工养老保险制度改革的通知》；1997 年国务院颁布《关于建立统一的企业职工基本养老保险制度的决定》；1998 年中共中央、国务院发出《关于切实做好国有企业下岗职工基本生活保障和再就业工作的通知》；1998 年国务院发布《关于建立城镇职工基本医疗保险制度的决定》；1999 年国务院颁布《失业保险条例》；2003 年国务院颁布《工伤保险条例》；生育保险制度也在不断探索中。

其他各项保障事业全面推进。1988 年国家颁布实施《中国残疾人事业五年工作纲要》；1990 年全国人大通过《中华人民共和国残疾人保障法》。1991 年全国人大通过《中华人民共和国未成年人保护法》；1992 年全国人大通过《中华人民共和国妇女权益保障法》；1996 年全国人大通过《中华人民共和国老年人权益保障法》。我国优抚安置工作具有良好传统，1981 年和 1982 年国务院和中央军委分别颁布了《关于军队干部退休的暂行规定》和《关于军队干部离职休养的暂行规定》。1984 年全国人大通过了《中华人民共和国兵役法》，建立了国家、社会、群众三结合的抚恤优待制度。1994 年国务院发布《农村五保供养工作条例》。2003年国家正式实施《城市生活无着落流浪乞讨人员救助管理办法》。社会慈善事业迅速发展。特别是近年来，各级政府为应对各类突发性灾害事故，纷纷建立了各种形式的紧急预案，成为新世纪社会保障事业的又一亮点。

二、问题分析

我国正处于向市场经济体制过渡的转型期，社会保障事业发展面临许多新情况、新问题。

（一）职责越位与缺位并存

在社会救助方面，贫困人口的住房、疾病医疗、子女教育还存在较大的困难。一些乡村还未真正建立制度化的贫困救助制度。有近半数以上的城市劳动者未被基本养老保险所覆盖；农村养老保险滞后，多层次养老保险制度未能确立，老年福利供需之间的矛盾较大。参加工伤保险的劳动者只占需保非农劳动者总数的10%左右。生育保险制度缺乏。残疾人需要的康复服务还非常欠缺。以农民工为主体的流动人口未纳入有效的社会保障之中。社会保障财权与事权分离，政府责任边界不清。

（二）困难群体规模大

我国目前贫富两端人口特别是贫困人口多，而中间阶层人口相对较少，社会保障压力大。我国传统的救济对象主要集中于老弱病残、鳏寡孤独及灾民。现在除上述对象之外，市场经济条件下社会转型的结构性失业、人口过剩失业，特别是大量农村剩余劳动力出现，由此产生的贫困群体已占社会保障对象的绝大多数。有人估算，如果对城乡贫困人口、结构性失业和下岗职工等困难人口加总，全国需要社会保障的人员总数约在1亿多人。

（三）资金欠缺

在社会保障财政性资金供应方面，尽管中央自1998年以来逐年大幅度增长，但地方财政尚未全部到位。在社会保险费征缴方面，大多数非国有单位并未参与，部分国有企业拖欠社会保险费的现象屡禁不绝。其他筹资渠道亦不畅通。一些省市统筹层次不高，基金调剂功能有限，不能确保养老金按时足额发放。有人预测，未来30年我国60岁以上的老人将接近4亿，养老保险基金缺口将累计高达2.8万亿元。

(四) 管理方式滞后

由于社会保障中有些项目的行政权、财权、事权由某一部门统一行使，从而造成对社会保障基金的管理和监督不够。有的部门甚至把管理本身当做一种利益分享。由于投入资金不足，信息网络建设滞后，统计数据置信度差，给社会保障管理和决策造成不应有的失误。中央对地方的监督和调控也缺少基本的技术手段。社会动员不力，行业组织缺失造成效率低下。

(五) 法律制度不健全

一是立法缺乏整体考虑，存在“头痛医头，脚痛医脚”的问题；制定出台的社会保障法规衔接不够，甚至存在冲突；同时，还有不少立法空白地带。二是立法层次低，人大立法少，行政法规多，行政性政策多。三是立法体制不规范，立法主体多元，立法层级无序，部门利益法律化问题严重。四是法律规范强制力较低，行政性收费缺乏刚性约束。

三、目标体系的构建

(一) 总体思路

构建中国社会保障体系的总体思路是：以科学发展观为指导，根据构建和谐社会的要求，按照社会主义市场经济发展的需要，从我国国情出发，巩固发展现有基础成果，整合资源，不断创新，建立与经济社会发展水平相适应，保障形式多层次，资金来源有保证，权利与义务相对应，管理和服务社会化，城乡一体、分类指导、规范有序的社会保障体系。

(二) 基本原则

构建中国社会保障体系应坚持以下原则：

一是有利于经济社会可持续发展。正确处理好改革、发展与稳定的关系，处理好公平与效率的关系。使社会保障真正成为社会发展的“稳定器”、经济运行的“减振器”和实现社会公平的“调节器”，促进经济社会健康发展。

二是有利于体现“以人为本”的理念。高度关注市场经济中竞争失利人口增多的态势，不断加大社会保障事业发展的力度，逐步提升各项保障工作的质量。

三是有利于发挥各方面的积极性。不仅要发挥政府的职能作用，还要调动社会、企业、家庭、个人、社区、社团等各方面的积极性。

四是有利于社会化动态管理。根据市场经济条件下人员流动性大的特点，社会保障制度应该在不同地区、不同所有制企业和不同身份之间实行有效衔接，实施动态化管理，以适应现代化大生产的需要。

五是有利于统一体系下的分类指导。一方面，使具有较多共性的保障项目集中起来统一管理；另一方面，更好地发挥各部门的优势，使之相互协调一致，互相配合。

（三）目标体系的构建

十六届五中全会通过的《十一五规划建议》中对我国社会保障事业进行了全面规划，指明了方向。所以，现在的工作重点是加强社会保障机制、资源的整合与体系结构的创新。总的来看，我国社会保障目标可分为两个层次描述。长远目标是：公平效率并重，发展成果共享。近期目标是：低水平，广覆盖，分层次，有重点——人人都有权力享受社会保障，集中力量扶助贫困群体。落脚点是：贫困生活得救济，风险生活得保障，老弱病残得照顾，特殊人员得优抚，弱势群体生活质量不断提高。

以保障主体、职能及对象为依据，将社会保障目标分解为五大系统，从而形成社会保障体系的五大支柱，即社会救助、社会保险、社会福利、社会优抚、社会互助。

1.社会救助体系——由政府主导，包括紧急救援、扶贫救济、生活低保、“五保”供养、流浪人员救助。主要特点是救助处于贫困及灾害中的人群，救助对象不像保险那样预先设定，而是具有一定的偶然性。谁遭灾，谁得救，全体公民都包括在内。救助资金主要由国家财政支付。

2.社会保险体系——由政府、社会、个人共同主导，包括养老保险、失业保险、工伤保险、医疗保险、生育保险。主要特点是防止人们进入贫困；保障劳动者在其失去劳动能力之后的基本生活；具有互济性，保险费由国家、社会（企业）、个人三方负担，通过建立社会保险基金来统一调剂、支付受保人，使其生活得到保障。

3.社会福利体系——由政府、社会主导，包括老龄事业、残疾人事业、妇女儿童权益保障、社会医疗、福利企业。主要特点是扶助生活中由于身体、生理等原因所形成的弱势群体，与自然灾害形成的贫困有所区别。福利资金主要由财政支付和社会承担。

4.社会优抚体系——由政府、军队主导，包括“双拥”、军人优抚、退伍军人安置。主要特点是以在伍和退伍军人及其家属为工作对象，国家从资金、物质、荣誉、政策等方面给予一定的优惠待遇，或者解决相关困难，解决军人的后顾之忧。

5.社会互助体系——由社会主导，包括慈善捐赠、社区服务、税收调节。这些都需要社会广泛参与，基本上依靠民间、市场或社会力量来推动。总体趋势来看，社会保障社会化的路子将会越走越宽。

四、创新策略

（一）社会救助

社会保障是一个多层次的体系，而救助灾民和极度贫困者是实现人类生存权的核心环节。必须构建完善的社会救助体系，以此保证人民群众在遭遇困境时免于绝望。

1.紧急救援。现实生活中时常因天灾人祸造成突发性灾害事故，对这些灾害事故的处理往往需要特别的应急反应体系，以便对人民生命财产实行及时抢救。要加强及时有效的信息沟通，强化集中统一的指挥系统，建立不同层次的应急队伍。各单位、各部门都要构建应急反应机制，整合资源，形成社会化的安全网络。由于每年发生大量自然灾害，所以要特别做好自然灾害的生活救济，加强日常救灾物资的储备工作。

2.扶贫救济。国家把贫困人口集中的中西部少数民族地区、革命老区、边疆地区和特困地区作为扶贫开发的重点。东部以及中西部其他地区的贫困乡村则主要由地方政府负责扶持。“十一五”规划期间，我国要尽快解决少数贫困人口温饱问题，改善贫困地区基本生产生活条件，巩固温饱成果，提高贫困人口生活质量和综合素质，加强贫困乡村的基础设施建设，改善生态环境，逐步改变贫困地区经济、社会文化的落后面貌。

3.生活低保。以现行城市居民最低生活保障制度为基础，在全国构建一个包括最低生活保障、公共房屋、疾病医疗救助及其他相关救助措施在内的城乡一体化的综合性保障体系。城市要做到应保尽保，不留死角。农村要以乡村最低生活保障制度的确立和促进城乡最低生活保障制度一体化为基础，以互助合作原则构建新型的乡村医疗保障体系，以农村计划生育户保障为突破口构建农村社会养老保险制度。

4.“五保”供养。要加大农村敬老院建设力度，提高农村五保对象集中供养率。建立以政府投入为主、社会各方面支持为补充的五保供养体系，并提供多种选择。除政府和社会建立儿童福利院抚养孤儿和被遗弃的病残儿童外，还要积极开展公民收养工作。要加大筹资力度，提升管理水平。同时，提倡私人投资兴办福利院，推动福利社会化。

5.流浪人员救助。县级以上城市人民政府应当根据需要设立流浪乞讨人员救助站。国家鼓励、支持社会组织和个人救助流浪乞讨人员。救助强调自愿原则，不得侵犯救助对象的基本权利。救助站要根据当地经济发展条件提供救助，不能超标准救助从而把救助站变成福利院，不能形成养懒汉的不良风气。

（二）社会保险

我国实行三层次的社会保险：国家基本保险，由政府强制推行；企业（单位）补充保险，由雇主自愿选择；个人储蓄保险，由个人自愿选择。保险三支柱模式已被大多数国家所采纳，分层责任制符合一般保险规律。但是，我国基本保险水平太高，替代率80%多。因此，可适当调整个人账户比例，提高社会统筹部分。在国家基本保险层面，根据不同的保险项目，确定相应的统筹层次。基本养老保险实行省级统筹，适时建立中央调剂金制度；医疗、失业、工伤、生育保险实行地级中心城市市级统筹。根据不同项目、险种确定不同的覆盖范围。应选择适当的时机和方式将各险种逐步向农村延伸。

1.养老保险。通过国有资产的转移、征收新税收、发行国债等形式，多渠道积累养老保险改革的转制成本。应当在划清历史责任与现实责任并对历史责任采取措施加以化解的条件下，将管理责任与基金统筹层次提升到以省级为主。国家可以逐步将现行的基本养老保险改造成普惠式的国民养老金和差别性的职业养老金。现阶段可以逐步考虑多元化的养老制度安排。

2.失业保险。按照国民待遇原则，将城镇所有失业人员包括个体工商户、农民合同工等均纳入失业保险范围。完善失业保险管理制度和方式，加强动态管理。现行失业保险应当强化其促进就业的功能。通过城乡统一的最低生活保障制度的建设，突出失业保险的功能，使之在维护失业工人利益的过程中，由消极干预转向积极干预，充分提升失业保障效能。

3.工伤保险。在传统的劳动保险制度已经退出现行社会保障体系、多数单位未执行原有的工伤保障政策的同时，针对工业及其他非农产业劳动者尤其是农民工的工伤保险制度，应当作为中国最基本的社会保险项目优先得到确立。要采取得力措施遏制职业病增长趋势。政府部门及社会各界要加强配合，严格工伤保险鉴定、审核、支付及其他管理程序。

4.医疗保险。一是在医疗保险政策中真正注入福利公平的原则，取消按身份确定等级待遇的旧规定。二是坚定不移地实行医疗保险、医疗（医院）体制、医药体制三项改革同步推进，割断医疗方借医谋利的利益链条，适当引入竞争机制以便实现公共卫生资源的优化配置。三是在医疗保险改革中摒弃片面的效率观念，可以采取多元化的制度安排，以适应不同群体的疾病医疗保障需要。

5.生育保险。进一步规范生育保险制度的各项操作标准，保障女职工及时足额地享有生育保险的各项待遇。要建立生育保险基金，扩大社会统筹覆盖面，逐步改生育保险企业管理为社会统筹管理。提高统筹层次，逐步实现在直辖市和地市级范围内统一保险项目、统一保险费率、统一支付标准。

（三）社会福利

这里所谈社会福利主要指老年人福利、残疾人福利、妇女儿童福利、医疗福利、福利企业等方面。我国现有老年人近1.3亿人，据预测，今后每年以3.2%的速度攀升。全国有残疾人6000多万人，还有一定数量的孤儿和弃婴。因此，必须广泛动员社会力量，推进社会福利社会化。

1.老龄事业。根据人口老龄化的发展趋势，必须建立健全老龄管理和服务体系，发展老龄产业及其服务业，逐步建立以家庭养老为基础、社区服务为依托，社会养老为补充的养老机制。深化改革，引入市场机制，加快推进老龄福利机构自主经营、自我发展，逐步实现投资主体多元化、管理服务社会化和服务队伍专业化。

2.残疾人事业。必须坚持“以人为本”，贯彻现代人道主义精神，继续在思想观念、组织建设、法制建设、财力投入等方面，加大工作力度，为残疾人事业的发展创造较好的社会氛围。坚持以政府救济为主，社会救济与集体救济为辅。通过广泛动员社会各方面的力量，引导社会资金支持残疾人事业，使残疾人和谐地融入到现代化建设中去，共享人类文明的进步成果。

3.妇女儿童权益保障。一是大力促进妇女人才成长，为各类妇女人才成长搭建平台；二是促进妇女平等就业，千方百计为她们创造更多的就业机会；三是改善妇女儿童健康水平，加大妇女病普查力度，减轻艾滋病对妇女儿童的危害；四是切实维护妇女儿童的合法权益，消除用工过程中的性别歧视，防止和杜绝使用童工。司法、公安部门要采取切实措施，严厉打击各类侵犯妇女儿童权益的违法犯罪活动。

4.社会医疗。建立多项医疗救助金（资金）和专项经费，形成立体式的全方位医疗救助体系。农村医疗救助制度是政府拨款和社会各界自愿捐助等多渠道筹资，对患大病的农村五保户和贫困农民家庭实行医疗救助的制度。要积极开展面向普通农民的新型农村合作医疗。城市医疗救助的重点是城市居民最低生活保障对象中未参加城镇职工基本医疗保险的人员、已参加城镇职工基本医疗保险但个人负担仍然较重的人员和其他特殊困难群众。积极推动城市社区医院建设，使之在解决广大群众看病难、看病贵的过程中发挥重要作用。

5.福利企业。一是要完善机制，有条件的地方要成立福利企业协会，更好地为福利企业服务；二是要加强和改善福利生产宏观管理，建立现代企业制度，增强自身竞争力；三是政府职能部门要为福利企业提供法律、政策、科技、管理、人才、贸易等方面的综合服务；四是要规范运作，严格执行国家有关规定，确保福利企业安置残疾职工的比例；五是福利企业要积极开展多渠道、多形式的回报社会活动，以取得经济效益和社会效益的双赢；六是要切实抓好安全生产，杜绝残疾人残上加残的悲剧发生。

（四）社会优抚

社会优抚分为“双拥”、军人优抚、复员退伍军人安置三大项。做好社会优抚工作，具有重要的政治意义和国防意义。

1.“双拥”。就是地方拥军优属，军队拥政爱民。这是密切军政军民关系，加强军政军民团结的根本大计。“双拥”工作包含军人优抚和复员退伍军人安置的一些内容，但又不完全一样。“双拥”是从宏观政治层面加强军队与地方的关系。拥军优属，是国家行政机关拥护人民军队，优待优抚对象的一项重要的行政管理工作。要广泛深入地进行拥军优属教育，认真落实拥军优属方面的政策法规，扎扎实实开展群众性的拥军优属活动。军队拥政爱民表现在两大方面：一是拥护政府，自觉尊重地方党委和政府的领导，积极支持地方党委、政府的工作。二是爱护人民、关心人民、尊重人民、保护人民、智力助民等。军爱民，民拥军，军民共同构建坚固国防。

2.军人优抚。就是国家和社会给予军人及其家属的优待和抚恤。优抚对象主要包括中国人民解放军和人民武装警察部队的现役军人、革命伤残军人、复员退伍军人、革命烈士家属。军人优抚实行国家、社会、群众三结合制度。国家保障军人的优待抚恤与国民经济的发展相适应，优待抚恤标准与人民生活水平同步提高。社会各行各业和人民群众都有拥军优属的责任和义务。开展拥军优属活动，要为党的中心任务服务，以军民“同呼吸，共命运，心连心”为总要求，以提高部队战斗力和巩固国防为主要目标，坚持经常，讲求实效，不断丰富和发展拥军优属的内容和形式。

3.退伍军人安置。要把做好思想工作与解决实际问题结合起来，对退伍军人在生产、生活、住房等方面遇到的困难，各地要安排专项补助经费帮助解决。各级行政企事业单位都有接收退伍军人的义务。有条件的地方要积极创办退伍军人经济实体，安排退伍军人就业，提倡和鼓励退伍军人到非国有经济单位就业及自谋职业。同时，要做好退伍军人子女、配偶的安置工作。各地要把开发使用退伍军人两用人才工作纳入地方发展生产力和提高劳动者素质的总体规划。要适应劳动力和人才市场发展的需求，加快建立和完善退伍军人育才、荐才、用才的服务体系。

（五）社会互助

通过社会互助增强社会保障能力和水平，是我国的一大政治优势和文化优势。在我国社会主义大家庭里，互相关心、互相爱护、互相帮助已成为广大人民群众的自觉行动。

1.社会慈善。要尽快完善慈善事业的法律制度，使之走上法制化、规范化的轨道。参照国际惯例，在政策上对慈善事业有所倾斜。慈善机构不能完全依赖政府的财力支持，应努力提高开发社会资源的能力。普及慈善意识，传播慈善文化，广泛开展慈善活动，聚集广大群众参与。在现阶段，社会资源是慈善机构筹款的主渠道。慈善机构的救助模式要逐步改变行政化倾向，探索社会化的运作手段，形成科学、合理、高效的救助方式。

2.社区服务。在推行社区服务的过程中，要充分体现政府为主导、社会为依托、群众参与为基础的特点。社区靠近百姓家门，在保障服务中具有明显的区位和地缘优势，可以为家庭提供多形式、全方位的服务，既具有明显的经济效益，又会产生巨大的社会效益。例如，利用青年志愿者为保障对象服务；有些钱物发放直接由社区组织实施；利用社区组织加强对保障对象的动态化管理、监督等。社区服务，大有可为。

3.税收调节。利用税收杠杆倾斜，对慈善公益捐献减免税收，开征遗产税、所得税、赠与税乃至特别消费税等，实现对公益事业参与者的税收照顾和优惠，从而鼓励人们积极参与扶贫济困。应用政策和法律调控机制，让企业和富人承担更多的社会责任，促使这部分能量巨大的社会资源向社会保障流动。

4.社会捐赠。这里所谈捐赠主要指现金以外的各种物资捐赠，包括衣服、被子以及其他贫困家庭生活日用品，甚至包括中小学生的书籍等。加强社会互助机制建设，有必要完善经常性的社会捐赠体系。要在全社会范围内倡导社会互助，提倡“我为人人，人人为我”的精神。

五、相关措施

（一）完善法律法规

本着适当综合、平行立法的思路，加快社会保障立法步伐。当务之急是尽快出台应对突发事件的法律，维护社会秩序；社会救助事务繁杂，需要以法律形式规范各方面的职责和行为；养老、医疗、失业、工伤、生育保险相互之间矛盾较多，为协调保障资金的运作，应该制定统一的社会保险法予以统管；社会保障社会化进程加快，有必要综合相关法律法规内容制定慈善事业促进法。同时，对已有的层次较低的法规要提升层次。

（二）明确职责任务

完善社会保障责任共担机制，合理界定政府、企业及个人在社会保障中的责任。明确地方政府在社会保障中的财政职责，将一定的财政资金用在促进就业和保护弱势群体上。要在划清历史责任与现实责任的条件下，尽快明确界定企业责任并迅速实现企业负担平等化。采取一定的制度、机制设置，让劳动者分担相应的社会保障费，为大家，也为自己。

(三) 构建城乡一体化的保障机制

除了特殊业务要从机构上进行调整外，大量的工作是加强各部门的有机联系。统一制度，把行政企事业单位职工以及农民都纳入到统一的社会保障体系；统一标准，统一基金征缴基数和比例，并实行分类指导；统一社保资金的征集，然后再按事先确定的比例在各社会保险项目之间分割；统一个人社会保险账户，将养老保险、医疗保险以及住房公积金等合并成一个账户，总账户下面分设户头，逐步做到一定程度上调剂使用；统一社会保障积累资金的保值增值运作。

(四) 加大资金筹集与监管力度

要拓宽资金筹集渠道，开征保障税，在全国范围内均衡负担。地方政府对有关项目实行统筹保障资金，将专项事务资金列入专项财政预算。国家在农村“费改税”后设置的“公益事业建设税”中明确专项保障资金的比例，在发行社会福利彩票时按比例提取社会保障金。还要广泛动员社会各界捐赠和个人赞助筹集保障资金等。鉴于社保基金的特殊性，必须做好相应的监管工作。

(五) 积极推进社会保障社会化

发展我国社会保障事业，必须走社会化的路子，以居家为基础，社区为依托，福利机构为补充。实现投资主体多元化，服务对象公众化，服务内容多样化，服务队伍专业化和志愿者相结合。只有走与市场相结合的路子，才能有效地满足不同层次的需求。社会保障应当引入非营利机构，政府应该对其加以扶持。

(六) 加强队伍建设

要适应管理细化及工作方式技术含量不断增加的新形势，努力提高工作人员的素质。如社会保险、查灾核灾、城乡低保等项目，在缴费、支付、调整等方面，都需要进行精确计算和相关政策研究，对某些指标还要进行分析预测。各项管理都已经专业化、网络化，所以，必须加强社会保障队伍的建设。

结束语

目前，我国以市场为导向的经济体制改革取得了明显成效，经济"腿长"、保障"腿短"的矛盾日益突出。根据科学发展观的要求，按照公平—效率关系原理，必须高度重视社会保障事业的发展。从实际出发，基于低水平、广覆盖、分层次、有重点的目标要求，以保障主体、职能和对象为依据，将我国社会保障体系分解为社会救助、社会保险、社会福利、社会优抚、社会互助五大支柱进行建设。这五大支柱虽然各具特色，但在工作原则及思路上存在共同点，即党和政府的领导是其必要前提，社会的广泛参与是其基础，有效地服务于保障对象才是目的。构建完善的社会保障体系是一项浩大的系统工程，必须统筹规划，科学设计。要以系统结构的优化创新为切入点，加强制度建设，整合机制资源，努力建立起高效、协调、城乡一体化的社会保障体系，为构建和谐中国提供强力支撑。

参考文献:

[1] 郑功成. 社会保障学[M]. 北京: 商务印书馆, 2000.

[2] 王进东. 中国社会保障制度的改革与发展[M]. 北京: 法律出版社, 2001.

[3] 多吉才让. 努力构筑具有中国特色的社会救助体系[J]. 中国民政, 2001(9).

[4] 常宗虎. 中国社会保障制度的总体框架问题[J]. 中国民政, 2002(11).

[5] 郑功成. 社会保障制度改革必须确立公平的价值取向[J]. 社会保障制度, 2003(6).

[6] 宵行. 我国社会保障问题讨论综述[J]. 社会保障制度, 2003(11).

[7] 罗志先. 关于完善我国社会保障管理体制的法律思考[J]. 社会保障制度, 2005(2).

[8] 国务院新闻办公室. 社会保障体系初步建立[N]. 人民日报, 2002-04-30.

正确把握中国社会福利事业发展的基本抓手

摘 要：全面建设小康社会就是要努力满足人民日益增长的物质文化需要，使广大人民群众福利最大化。为了促进社会福利事业又好又快发展，必须以关键环节和重点领域工作为突破口，形成基本抓手，即抓好社会基本福利、社会保险福利、社会救助福利、社会养老福利、社会儿童福利、社会助残福利、社会优抚福利建设。通过体制创新和强化措施，以基本抓手带动整体社会福利事业发展，积极推进剩余性社会福利向适度普惠的制度性社会福利转变，为将来建立发展性社会福利创造有利条件。

关键词：社会福利；制度建设；基本抓手

社会福利是国家和社会为保障和提升社会成员生活质量，满足其物质和精神需要而采取的相关政策，以及提供的物资、资金和服务。狭义的社会福利，是指对生活能力较弱的无依靠孤儿、老年人、残疾人、精神病患者、流浪乞讨人员、特困家庭等弱势群体的社会照顾和服务；广义的社会福利，是指提高全体社会成员生活水平的各种政策和社会服务，旨在解决广大社会成员生活和工作各方面的福利待遇问题。推进科学发展，构建和谐社会，就是要最大限度地满足人民群众日益增长的物质文化需求，提高全民福利待遇及生活水平。我国是拥有十多亿人口的发展中国家，为了有效促进社会福利事业的发展，必须以关键环节和重点领域工作为突破口，抓好重点带全局，循序渐进，不断推进我国社会福利事业发展迈上新台阶。

一、背景与形势

福利事业在我国有着悠久的历史，只是在不同时代以不同说法或者面目出现。《周礼》中就比较系统地反映了设立专门官职负责社会救济事务，例如，“遗人”负责日常及灾荒时的救济与施舍，还提出了系列荒政措施。我国长期的封建社会在灾害救助、贫困救济、老年照料、孤幼抚养，以及士兵及其家属优待等方面进行了大量实践，这些实践活动体现了对弱势及特殊群体的生活保障和福利待遇。新中国成立初期，我国的社会福利和社会救济结合在一起，统称为救济福利事业，主要任务是解决旧社会遗留下来的大量无依无靠的鳏寡孤独及残疾者的收容安置。20 世纪 50 年代后期，社会福利与社会救济分流发展，逐步形成了以“三无”老人、孤儿、残疾人及精神病患者为主要对象的狭义的社会福利。在“文革”期间，社会福利事业与其他各项工作一样受到严重挫折。改革开放之后，以弱势群体为对象的社会福利事业得到快速发展，与社会救助、社会保险、社会优抚、残疾人事业等一起构成我国的社会保障体系。伴随着改革开放和现代化进程的加快，在引入西方市场经济体制的同时，社会福利概念越来越多地渗人到社会生活之中。2000 年 12 月，民政部社会福利和社会事务司与有关单位联合举办了首届全国社会福利理论与政策研讨会，意味着新形势下我国社会福利建设正式拉开序幕。进入新世纪，有关部门进行了大量的社会实践和理论探索，有力地推动了社会福利事业的发展。2008 年民政部社会福利和慈善事业促进司与有关单位联合举办了全国第三届社会福利理论与政策研讨会，有专家在会上提出，社会保障向社会福利制度的战略升级与构建中国特色福利社会的发展思路。随着市场经济快速发展，我国社会福利事业承担着越来越多的责任，面临着诸多挑战和难得的发展机遇。

经过 30 年的改革开放和现代化建设，我国经济社会和人民生活发生了翻天覆地的变化。在看到取得辉煌成就的同时，也要清醒地认识到社会福利事业发展所面临的挑战。一是人口老龄化趋势加剧。中国人口基数大，未富先老，导致多重经济社会压力接踵而至。据有关统计和预测，2004 年底，中国 60 岁以上老龄人口有 1.43 亿，2014 年将达到 2 亿，2026 年达到 3 亿，2051 年达到最大值之后会维持在 3 亿~4 亿的规模。老龄人口的快速增长会加重在职人口的抚养负担，影响劳动生产力的提高，大量增加老年福利费用，影响现有产业与消费结构，并带来其他相关社会问题。二是城市化浪潮带来的冲击。农村人口大量向城市地区流动，导致经济、社会、人口、需求结构都呈现多元化特征，广大农民对医疗、住房、子女上学等方面要求越来越迫切，必将进一步激化社会福利矛盾。三是公共财政投人不足。据有关统计，改革开放以来，我国公共财政支出中社会福利性支出无论与发达国家还是与发展中国家相比都显得较低。公共财政投入不足，直接导致困难群体基本保障经费偏低，社会保险金难以兑现，救助资金较少，基础福利设施欠缺等等。四是一次分配不合理对二次分配产生巨大压力。一个时期以来，我们遵循“一次分配重效率、二次分配重公平”的原则，实际上重视前者，忽视后者，导致收入差距拉大，二次分配压力加大，一些基本的、急需的社会福利难以保证。五是受全球化经济形势影响更加明显。我国经济的外贸依存度越来越高，国际经济的周期性波动、汇率的变化都可能导致国内一批企业、特别是中小企业停产关闭，从而造成社会福利的压力。我国已有大量社会保险基金进入资本市场寻求保值增值，在出现国际金融危机时，必然增大社会保险基金的投资风险。

另一方面，我们也要看到社会福利事业发展面临的难得机遇，坚定信心，承担起推进中国社会福利事业发展的历史使命。首先，改革开放以来，中国经济快速发展，为社会福利事业发展奠定了一定的物质基础。2007 年中国人均 GDP 已经达到 2500 美元，按照有关国际通行准则，我国已由低收入国家跃升到中等偏下收入国家行列。按照现有发展速度，到 2012 年，中国人均 GDP 预计达到 3700 美元左右，发达地区可能超过 1 万美元。国家财政收入快速增长，1999 年财政收入突破 1 万亿，2005 年突破 3 万亿，2008 年超过 6 万亿，财政收入占 GDP 的比重也由 1995 年的 11.7%上升到 2007 年的 20.8%，意味着我们有了加快社会福利事业发展的基本物质条件。其次，党中央提出科学发展观和建设和谐社会的政治理念，为加快社会福利事业发展奠定了思想和政治基础。科学发展观的核心是以人为本，和谐社会建设要求全体人民共享改革发展成果。党的十七大将民生问题提到从未有过的战略高度，对最低生活保障制度、社会保险、社会救助、基本福利、基本养老和医疗、慈善事业、优抚安置、残疾人事业等作了全面部署。近年来，党中央全面加强了事关民生问题的各项工作，实施了一系列有利于社会福利事业发展的战略举措。特别是为应对当前国际金融危机，国家采取了一系列扩大内需的种种政策，将投资重点放在许多事关民生问题的领域，为社会福利事业发展提供了难得的机遇和可能性。同时，各级民政部门开拓创新，整合资源，将传统民政范畴的各项社会福利做大做强并逐步向适度普惠型社会福利推进，中国社会福利事业发展呈现出蓬勃的生机。

二、总体思路

确定我国社会福利事业发展的思路，理论上讲有两个基本前提：一是以马克思主义世界观和价值观为指导；二是符合世界社会福利事业演变发展的普遍规律。马克思主义提出共产主义远大理想，指出人类社会最终要实现最大的社会公平、正义和效率。我国现在处于社会主义初级阶段，新形势下要以当代马克思主义的最新成果——科学发展观作为指导社会福利事业发展的价值观。同时，要借鉴西方社会福利理论和实践经验，参照剩余性、制度性、发展性社会福利三阶段的发展规律，有序推进我国社会福利事业的发展。剩余性社会福利，指通常情况下家庭和市场是满足个人福利需要的自然渠道，不足时则需要社会福利制度介入。制度性社会福利，是指人们福利被纳入国家社会发展进程中以常规化制度进行安排，福利对象从特殊的弱势群体扩展到社会全体公民。发展性社会福利，要求社会建立起一套旨在提高人民生活质量和满足人类发展需要的福利制度，更多地关注整个社会发展、正义及公平，而不仅仅限于解决社会问题。长期以来，我国社会福利更多地表现在对弱势群体的扶贫济困方面，社会福利从属于大的社会保障体系。随着经济社会发展及国家财力的增强，社会福利关注对象将逐渐由弱势群体将普通大众延伸。所以，由社会保障走向社会福利是我国现代化建设和市场经济发展到一定阶段的必然要求。

基于上述分析，中国社会福利事业发展的总体思路是：以科学发展观为统领，以构建和谐社会为目标，坚持“以人为本”，始终把实现好、维护好、发展好最广大人民的根本利益作为社会福利事业发展的出发点和落脚点，坚持发展为了人民、发展依靠人民、发展成果由人民共享，维护人民各项福利权益；统筹个人利益和集体利益、局部利益和整体利益、当前利益和长远利益，坚持公平、效率并重，随着社会财富的不断积累，更加注重社会公平；逐步实现广大人民群众福利权利和待遇的公平性，推进城乡社会福利与公共服务的均等化，逐步建成全覆盖的中国社会福利体系。目前我国社会福利事业发展的重点、难点和基础性工作主要集中在民政系统。因此，要进一步拓展民政各项福利事业，重点完善城乡困难群众最低生活保障制度、提升灾害救助水平、推进养老服务业发展、关爱孤残儿童健康成长、保障残疾人生活权益、做好优抚安置工作，同时加快社会保险事业发展，由此形成我国社会福利事业发展的几个重要抓手，即社会基本福利、社会保险福利、社会救助福利、社会养老福利、社会儿童福利、社会助残福利、社会优抚福利等等。充分发挥社会福利基本抓手的带动作用，逐步建立起中国社会福利体系的基本框架，积极推进剩余性社会福利向适度普惠的制度性社会福利转变，为将来建立发展性社会福利创造有利条件，最终使广大人民群众充分享有美好、幸福的生活。

三、基本抓手

（一）抓好社会基本福利建设，完善城乡困难群众最低生活保障制度。目前，全国基本建立起比较完善的城市困难群体最低生活保障制度，今后要进一步规范该项制度，采取有效手段维护低保对象的合法权益，着力健全低保对象进出机制，使之形成良性循环。依据消费品价格上涨因素给城市低保家庭基本生活带来的影响，科学确定城市低保对象生活保障的自然增长机制，不断提高困难群众生活水平。在农村全面推行最低生活保障制度，逐步扩大农村低保范围与规模。采取民主评议与收入核算相结合的办法，严格审核程序，把符合条件的农村困难户纳入低保范围。建立覆盖城乡的困难群体医疗救助体系，逐步降低起付线，有条件的地方可以取消起付线，不断上调救助比例，提高封顶线。积极创造条件，全部放开大病救助病种，县市要发放门诊定额救助卡，实行分类救助。县市实行定点医院垫付救助资金，变事后救助为医中救助，努力提高救助效率。简化服务方式和程序，在定点医疗单位将城乡贫困群众大病医疗救助管理与城镇职工医疗保险、新型农村合作医疗整合为一个窗口，为贫困群众提供方便快捷的医疗救助服务。此外，要加强政府各部门及社会各界的联动，建造低保群体共享机制，使低保户在生活中能够享受多方面的优惠待遇。

（二）抓好社会保险福利建设，加快社会保险事业发展。不断扩大社会保险覆盖面，逐步提高社会保险水平。积极贯彻落实中央确定的新型农村养老保险制度，吸取新型农村合作医疗的成功经验，加强农村养老保险试点工作，调动广大农民参保的积极性，全面推进农村养老保险事业发展。考虑到目前农民工收入普遍较低、就业流动性强，可以适当降低其保险缴费比例。同时，通过全国信息联网和发给社会保障卡来实现跨地区参保管理与转换，达到规定条件的可以与城镇企业职工一样按月领取基本养老金，也可转回农村的新型农保制度。对于职工医保、城镇居民医保、新型农村合作医疗，要全面提升参保率。鉴于计划经济时期没有为退休人员留下必要的积累，目前城镇职工基本养老保险缴费较高，降低了制度的吸引力。因此，要通过适当降低缴费基数和费率等措施鼓励和引导私营企业、个体就业人员参加基本养老保险。要采取财政投入与多渠道筹资方式相结合，积极解决体制转轨过程中的历史遗留问题，将集体企业职工的养老保险问题、关闭破产企业退休人员医疗保险问题、老工伤人员工伤保险待遇问题，尽可能纳入现行社会保险体制框架内妥善解决。已经有了制度安排的社会保险项目，要不断扩大覆盖面，将符合条件的人员尽可能纳入制度范围。

（三）抓好社会救助福利建设，提升灾害救助水平。我国自然灾害种类繁多，突发性强，影响面大，加强灾害救助是一项重要的社会福利。现代管理科学、技术手段和物质财富为灾害救助提供了极为有利的条件，使得我们在灾害的预防、救助过程中能够提高效率，为广大人民群众谋取更大的福祉。首先，要建立完善的救灾响应机制，保证对突发灾害的及时反应，避免或减轻人民群众生命财产的损失。其次，加强救灾物资储备与分发工作，保证紧急情况下能及时下拨各种救灾物资。灾情稳定后，要做好灾民住房恢复重建、日常生活安排等工作。还要及时组织和接收社会各界捐款捐物，积极协助卫生部门开展伤病员的救治。特别对于突发性、季节性的暴雨洪涝、山体滑坡等灾害袭击，要能够及时组织相关人员深入灾区查灾核灾，协助和指导地方开展救灾工作，保证受灾群众的基本生活，维护灾区社会稳定。严格执行救灾资金使用发放回告制度，积极推行救灾资金“一卡通”社会化发放，强化救灾款物的管理。积极开展灾害救助的宣传、培训、演练等工作，努力提高全民防灾减灾意识。

（四）抓好社会养老福利建设，推进养老服务业发展。按照党政主导、社会参与、全民关怀的方针，坚持政策引导、政府扶持、社会兴办、市场推动的原则，逐步建立和完善以居家养老为基础、社区服务为依托、机构养老为补充、投资主体多元化、服务内容多样化、监督管理规范化、适宜老年人需求的养老服务体系。积极推进养老事业向养老产业转换的进程，坚持事业养老和产业养老“两个轮子一起转”。充分利用现有社会福利设施、人员队伍和技术经验发展养老服务业，发挥城乡社区组织作用，以便在居家养老、老年人日常照顾等方面提供更多更好的服务。发展养老服务业，要着眼满足老年人日益增长的物质、文化和精神需求，立足为更多的普通老年人提供周到服务。各级政府要进一步研究、制定、落实支持养老服务业发展的优惠政策，对养老服务项目要优先办理立项、规划、建设、验收等行政核准手续，采取多方面的财税补贴、优惠、减免等措施，扶持养老服务业发展。利用多种手段和办法引导各方面力量参与养老服务业，把养老服务业当“朝阳产业”、而不是当“暴利产业”对待，强化社会责任感。通过多种措施积极培育和发展老年服务组织和机构，规范养老服务市场，引导老年人合理消费。

（五）抓好社会儿童福利建设，关爱孤残儿童健康成长。建立健全“三落实、一兜底”机制，即落实救助资金、落实监护人、落实安置方式，将无收养、代养、寄养人的孤残儿童由民政部门兜底纳入福利机构进行抚养，认真落实好相关福利政策，使孤儿养育水平不断提高。加大工作力度，争取更多的资金和物资用于儿童福利，积极推进儿童福利基础设施建设。开发孤残儿童信息管理系统，全面掌握孤残儿童福利机构、孤儿弃婴以及贫困家庭儿童等基本情况，为完善儿童福利政策和开展相关设施建设提供依据。积极支持不同病类的残疾孤儿实施专项康复治疗。例如，开展贫困家庭唇腭裂儿童手术康复行动，为贫困唇腭裂患儿进行手术治疗；及时下拨生活救助经费，对艾滋病致孤儿童进行生活和医疗救助。做好儿童收养工作，以国办福利机构为依托，及时收容孤儿、弃婴等儿童，将符合救助条件的农村分散供养孤儿全部纳入救助范围。根据社会需要，充分利用现有儿童福利设施，探索适度面向普通儿童的日常照料服务。

（六）抓好社会助残福利建设，保障残疾人生活权益。加大扶持力度，妥善解决残疾人吃、穿、住等方面困难，充分保障其基本生活。在推进新型农村合作医疗、城镇职工基本医疗保险工作中，要特别关注残疾人权益。同时，加强残疾人在养老、失业、医疗、救助等方面的福利建设。结合各地正在开展的农村危房改造工程，确实解决好农村贫困残疾人无住房或者住危房的问题。根据国家政策及各地实际情况，优先扩大残疾人低保全覆盖等政策，提高其福利待遇和水平。通过专门针对残疾人的人力资源交流会、扶持农村种植和养殖业、扶持个体经营、发放小额贷款等措施，努力使有劳动能力和就业愿望的残疾人得到有效扶持。进一步抓好残疾人的职业培训，增强针对性和实用性，使残疾人掌握一技之长并提高就业竞争能力。加强助残宣传教育，增强服务手段和措施，落实好残疾人享有的各项优惠政策，充分利用社会资源开展残疾人康复工作。一方面抓好白内障复明、助听、助行等重点工作；另一方面抓好康复指导中心建设，使残疾人的康复医疗、康复训练、康复服务等真正进入社区，进入家庭。

（七）抓好社会优抚福利建设，做好优抚安置工作。优抚安置与其他社会福利相比，显著特点是与军队建设关系密切，既需要做好物资、资金的支持，又需要做好退伍军人的安置及思想工作。各级党政部门要积极做好军属优抚工作，开展多种形式的拥军慰问活动，解除军人后顾之忧。积极开展拥军优属、拥政爱民暨双拥模范城（县、区）创建活动，命名表彰双拥模范城（县、区）、双拥先进单位、双拥先进个人，形成军爱民、民拥军的良好氛围。落实好各种优抚政策，及时下拨优抚经费，保障优抚对象的基本生活。完善优抚对象医疗保障办法，将重点优抚对象纳入相应的城乡医疗保障制度范围，使之享受医疗补助和医疗优惠。逐步提高残疾军人护理费标准，规范带病回乡退伍军人生活补助，加大优抚事业单位规范化管理力度。积极接收并妥善安置好城镇退役士兵，提高退役士兵自谋职业率。将退役士兵职业技能培训和就业推荐作为安置工作的重点，科学制定培训方案，通过免收或补贴培训费、生活费等办法，切实维护退役军人的生活权益。

四、措施与对策

（一）建立有利于社会福利事业发展的管理体制。政府部门要进一步转变管理职能，改变过去直接经营社会福利事业的做法，从具体事务管理转向政策法规管理，从行政隶属管理转向行业管理，将主要精力用于制定规划、政策引导、宏观调控和检查监督。社会福利事业涉及面广，应该具有整体的统一性、协调性和互补性。因此，应该尽可能地统筹相应的行政管理，整合资源。对于无法归口管理的，也要建立日常协调机制，以利于研究有关社会福利制度改革与发展的重大问题，协调跨部门的涉及社会福利事业发展的重要政策和事务。

（二）实施有利于社会福利事业发展的财政投入。加大公共财政对社会福利事业的支持力度，逐步提高社会福利支出占公共财政的比例。改革社会福利事业的管理体制和政策模式，实行多渠道筹集社会福利资金。立足于我国实际情况，进一步提升保险基金统筹层次和力度，全面实现省级统筹，在此基础上，合理划分中央和地方保险金责任，推进基础性保险金全国统筹。特别要加强新型农村养老保险制度的财政支持，尽量减轻农民负担，使新型农村养老保险制度尽快惠及广大农村老龄人口。

（三）坚持有利于社会福利事业发展的社会化、市场化路子。在社会福利项目建设、运行过程中，政府应鼓励和引导非政府公共组织以及城市社区、农村集体参与，使之贡献各自的资源，广泛运用于灾害救助、孤残儿童抚养、贫困救济、失学儿童教育、孤寡老人照料等方面。充分发挥市场机制的作用，在政府、企业与社会之间建立一种合作互动的关系，积极引入合作组织、基金组织、慈善组织、志愿组织、社会公司、发展信用联盟等共同开展社会福利项目建设，以适应多样化的社会福利需求。

（四）完善有利于社会福利事业发展的募捐形式。本着“扶老、助残、救孤、济困”的宗旨，积极发行福利彩票，募集社会上的闲散资金用于福利事业发展。要深入研究彩票发行的运作规律和办法，不断探索适合中国国情的福利彩票发展之路。要大力促进慈善事业发展，调动社会资源解决困难群众生产生活问题。加强宣传工作，推进慈善文化的广泛传播，表彰奉献慈善爱心的典范，使整个社会的慈善潜能得到激发，营造良好的慈善氛围。组织好各类慈善活动，包括设立慈善超市、举办慈善义演、捐赠困难群体所需生活物品等活动，吸引更多人参与到慈善活动中来。

（五）开展有利于社会福利事业发展的社区服务。采取得力措施，引导社会福利服务项目进入城乡社区，构建以家庭为基础、社区为依托、社会福利机构为补充的服务体系。要在城市和农村积极建设社区服务中心、养老院或敬老院、儿童福利院，以及卫生服务站、文化活动站、信息服务站等，为城乡居民提供多种社会福利服务。特别要加强社区养老与家庭养老配套工程建设，积极推进社区养老服务，把我国巨大的养老压力化解在基层社区。根据实际需要，加强社区志愿者队伍建设，不断提高社区福利服务水平。

（六）健全有利于社会福利事业发展的法规制度。积极开展社会福利法规制度建设，推进社会福利事业法制化、规范化管理。重点加强社会基本福利、社会保险福利、社会救助福利、社会老年福利、社会助残福利等方面的法规制度建设。一方面加强已有法规政策的整合，另一方面科学拟定新的福利法规制度，努力形成完善的社会福利法规体系，使社会福利事业发展走上有章可循、管理高效、手段先进、服务优质、监督有力的轨道。

参考文献：

[1] 黄黎若莲.中国社会主义的社会福利——民政福利工作研究[M].北京：中国社会科学出版社，1995.

[2] 周烨.社会福利政策导论[M].上海：华东理工大学出版社，2007.

[3] 莫邦豪.中国社会福利研究文集[M].北京：社会科学文献出版社，2007.

[4] 孟钧.中国社会福利事业管理改革的依据与方向[J].中国民政，2007(9).

试论现代民政工作在构建服务型政府中的作用

摘 要：民政工作是具有中国特色的传统政务。随着改革开放和现代化建设向前推进，民政工作与时俱进，正在实现内容和形式由传统向现代的历史性转变，在服务经济发展、构建和谐社会中发挥着越来越重要的作用。现代民政工作，从宗旨上坚持以民为本、为民解困、为民服务，从职责上形成保障民生、发展民主、服务社会的核心职能体系，从服务对象上由传统的困难群体向实现城乡公共服务均等化拓展，从机制上更加注重政府主导下的协调联动，从手段上将依法行政提升到更加突出的位置，从发展上正在走出为民服务的新途径，现代民政工作已成为建设服务型政府的重要工作。

关键词：现代民政工作；服务型政府；重要作用

民政工作是我国最古老、最基础、最基本的社会管理事务。后羿射日、女娲补天，是民政救灾济困的远古神话；西周大司徒、小司徒履行的封国立社、荒政等事务，是民政事务形成发展的源头；宋代军政分设而出现"州谓民政焉"，是民政概念的肇起；清末正式设立民政部，是民政机构和职责一体化的历史性标志；新中国成立以来民政组织系统化、民政职责规范化发展，是民政工作的繁荣时期。光阴荏苒，斗转星移，民政成为我国现代政府体系中历史最悠久的品牌职能和机构，可谓"千年政务""百年老店"。我们正处于改革开放和社会主义现代化快速发展时期，社会体制大转型，社会结构大调整，社会形态大变迁，现代民政工作应运而生。现代民政工作，从内容上看是以民生为主线的社会管理与服务，从时间上看是趋向未来并对先进水平的追赶，从空间上看是顺应全球化及普遍联系规律的统筹兼顾。为了进一步增强现代民政工作以民为本、为民解困、为民服务的自觉性和使命感，必须从战略高度充分认识并准确把握现代民政工作在建设服务型政府中的地位、作用和意义。

一、现代民政工作的宗旨是服务型政府本质特征的充分体现

为人民服务是党的根本宗旨，也是各级政府的神圣职责。党和政府的一切工作，归根到底都是为了实现好、维护好、发展好最广大人

民群众的根本利益。服务型政府是为人民服务的政府，是在公民本位、社会本位理念的指导下，在整个社会民主秩序的框架中，把政府定位于服务者的角色，并通过法定程序，按照公民意志组建起来的以为人民服务为宗旨、以公正执法为标志并承担着相应责任的政府。服务型政府以"公民本位"代替"官本位"，以"社会本位"代替"政府本位"，以"权利本位"代替"权力本位"，政府以公民利益和公共需求为尺度，尽可能公正地、有效地为公民提供满意的、高质量的公共产品和公共服务。建设服务型政府，是坚持党的全心全意为人民服务宗旨的根本要求，是深入贯彻落实科学发展观、构建社会主义和谐社会的必然要求，也是加快行政管理体制改革、加强政府自身建设的重要任务。新的历史时期，服务型政府要在经济发展的基础上，不断扩大公共服务，将逐步形成惠及全民、公平公正、水平适度、可持续发展的公共服务体系，提高为经济社会发展服务、为人民服务的能力和水平，更好地推动科学发展，促进社会和谐。

民政乃为民之政，民政之要在于为民。现代民政的宗旨是以民为本、为民解困、为民服务，从更深层次体现了服务型政府的为人民服务的本质特征。现代民政工作的宗旨并不是应对服务型政府的权宜之计，而是由来已久，有着深刻的历史背景。早在新中国成立初期，民政工作就确立了上为中央分忧、下为百姓解愁的工作理念，反映了民政工作所具有的组织群众、服务人民、密切党和人民血肉联系的本质特征。改革开放初期，根据社会主义初级阶段理论，民政部门从国家政权建设、社会保障和行政管理的战略高度，深刻分析了民政工作的性质和任务，提出了发挥社会稳定机制作用的重要理念。随着社会主义市场经济体制改革的推进，民政部门又提出了为人民群众服务、为困难群众服务、为改革发展稳定大局服务的思想。进入新世纪，在深入贯彻落实科学发展观、全面推进小康社会建设、构建社会主义和谐社会的广阔背景下，民政工作现代化步伐加快。党的"十七大"提出经济、政治、文化、社会建设"四位一体"战略布局，2009 年以来党中央又提出经济、政治、文化、社会、生态建设"五位一体"新格局，目的在于推进科学发展、实现社会和谐。民政部门从加强社会建设和管理的全新高度，进一步提升和发展了民政工作理念，逐步形成现代民政工作价值体系。就是以保障和改善民生为主线，将尊重人、理解人、服务人放在工作的首位，一切为了困难群众，为了一切困难群众，为了困难群众的一切，突出以民为本的特色；将解决困难群众生活放在突出位置，特别是解决好传统民政特困对象的基本生活，使其在社会发展过程中生活水平不断提高，基本权利得到保证；随着国家经济社会发展水平逐步提升、综合国力不断增强、公共财政体系不断完善，民政工作正在以实施普惠型社会福利为新的突破口，把推进城乡公共服务均等化作为又一新的价值追求目标。

推进科学发展，构建和谐社会，需要将服务型政府“以人为本、服务为民”的宗旨落到实处。民政部门在服务为民工作中有着良好传统，也有着现实基础，通过顺势而为，积极开展现代民政建设，使为人民服务的本质特征在实践活动中熠熠生辉。坚持以民为本、为民解困、为民服务的核心理念，认真履行保障民生、发展民主、服务社会的核心职责，优先安排民生工作，着力解决民生问题，切实把困难群体、特殊群体和优抚群体的基本生活保障好，同时积极推进面向社会大众的普惠式服务，现代民政工作正在得到社会的广泛认可，也得到人民群众特别是困难群众的肯定，彰显了服务型政府的作用，充分显示出人民政府为人民的本质特征。按照现代民政工作要求，要将解决民生问题、落实人民群众的生存权和发展权作为首要任务和目标，顺应服务型政府建设的新形势，积极倡导开放、透明、参与的工作理念，倡导为民、务实、清廉的工作作风，从履行职责、不辱使命、提高素质、开拓创新的高度，打造现代民政形象，实质上也代表了现代政府的形象。作为政府职能传统组成部分，民政工作一直坚持以民为本，视人民的利益高于一切，特别是把为民解困作为民政工作的第一要事，把为民服务作为首要任务，把群众满意作为检验工作的主要标准，时刻把人民群众的安危冷暖放在心上，成为困难群众感情上的贴心人、呼声上的代言人、权益上的保护人，这也是现代政府本质特征所要求履行的使命。现代民政工作承担着保障人民群众基本生活权益的职责，关系千家万户的切身利益，是保障和改善民生、构建和谐社会的重要基础性工程，是践行科学发展观的具体体现。通过做好现代民政工作，把以民为本、为民解困、为民服务的民政宗旨落到实处，着力解决人民群众的具体困难，切实加强社会建设和管理，更好地为经济社会发展全局服务，对于建设服务型政府具有重大而深远的意义。

二、现代民政工作的任务是服务型政府主体职能的分解细化

我国政府职能处于重大转型时期，正在实现由全能型、管制型政府向服务型、治理型政府转变。为了适应社会主义市场经济发展的要求，根据我国建立行为规范、运转协调、公正透明、廉洁高效的行政管理体制改革总目标，必须将政府职能转变到宏观调控、市场监管、社会管理、公共服务方面来。建设服务型政府，要着力转变职能、理顺关系、优化结构、提高效能，在履行好经济调节、市场监管职能的同时，把公共服务和社会管理放在更加重要的位置，努力为人民群众提供方便、快捷、优质、高效的服务。市场经济条件下，政府职能必须从生产经营、市场竞争和社会可以自主管理的领域有序退出，充分发挥市场在资源配置中的基础性作用。同时，在个人或企业无力或不能有效提供公共产品的领域，例如社会建设、公共服务、社会保障和救济等，政府要认真履行好职责，真正起到弥补市场失灵的作用。在服务型政府中，公共服务职能更加突出、更加重要，逐步成为主要职能或者核心职能。建设服务型政府，根本目的是进一步提高政府为经济社会发展服务、为人民服务的能力和水平，关键是推进政府职能转变、完善社会管理和公共服务，重点是保障和改善民生，主要任务是促进基本公共服务均等化。我们要以邓小平理论和“三个代表”重要思想为指导，深入贯彻落实科学发展观，努力构建社会主义和谐社会。按照全体人民学有所教、劳有所得、病有所医、老有所养、住有所居的要求，围绕逐步实现基本公共服务均等化的目标，创新公共服务体制，改进公共服务方式，加强公共服务设施建设，逐步形成惠及全民的基本公共服务体系。

围绕中心，服务大局，是做好民政工作的关键所在。提供公共产品和服务，核心是在以公共财政为后盾的公共服务方面要真正关注普通百姓尤其是困难群众的利益、需要和愿望，使公共服务真正惠及基层群众，使人民群众安居乐业、心情舒畅、生活幸福。民政部门围绕党和国家不同历史时期的中心任务履行职责，在推进经济社会发展中发挥了不可替代的作用，逐步形成了以保障民生、发展民主、服务社会为核心的职能体系。随着经济、政治、文化、社会、生态建设“五位一体”新格局的要求，服务型政府建设快速推进，民政各项职能正在得到进一步加强，为经济发展、社会进步创造了有利环境和条件，同时也促进了传统民政向现代民政的转变。新世纪，中国特色社会主义事业全面发展，综合国力不断提升，为现代民政的形成与发展提供了广阔的空间。服务型政府的职能主要在于宏观调控、市场监管、社会管理、公共服务。社会管理、公共服务职能涵盖了民政工作的大部分业务，是民政工作的主体职能；在宏观调控、市场监管职能中，民政工作的社会组织管理、市镇规划等方面也有大量工作任务。履行现代民政工作职责，对于推进科学发展、铸造社会利益平衡机制、促进社会和谐稳定具有重要作用。

现代民政工作职能达 20 多个大项，涉及保障民生、发展民主、社区建设、服务国防军事、专项事务管理等诸多方面，是现有政府部门中职责类型最多的领域。现代民政工作处于创新发展中，正在逐步形成富有特色的职能体系。在困难生活救助上，开展新型社会救助体系建设，坚持应保尽保原则，建立健全了城乡最低生活保障制度，并整合困难群众医疗、学生上学、住房等方面救助，使困难群体生活得到充分保障；在自然灾害救济上，完善灾害应急工作机制，切实做好减灾宣传、救灾预案、救灾物资储备、相关装备配置、灾情评估、紧急救援等工作，努力提高灾害救济水平；在社会福利上，发展以“扶老、助残、救孤、济困”为重点的社会福利事业，做好服务孤老、孤儿、孤残的福利服务，推动社会福利事业社会化，以拓展老年服务为突破口，逐步建立适度普惠的社会福利服务体系；在慈善事业上，培育发展各类社会慈善组织和志愿者队伍，促进慈善公益事业健康发展，推动社会捐助经常化、制度化、规范化，营造慈善事业发展的良好氛围；在发展民主上，加强基层民主政治制度建设，推行民主选举、民主决策、民主管理、民主监督，提高了村（居）民自我管理、自我服务、自我教育的能力和自治水平；在社区建设上，积极开展城乡社区建设与服务，立足地方实际，整合相关资源，完善服务设施，逐步建立起与社会主义市场经济体制相适应的基层社区管理服务体系；在双拥工作上，深入开展创建“双拥模范城(县)”、军地共建社会主义新农村和群众性双拥共建活动，将双拥工作落到实处，巩固了军政军民团结的大好局面；在优抚安置上，完善优待抚恤制度，深化退役士兵安置改革，维护了军人及其家属的合法权益；在社会组织管理上，坚持发展与管理并重的原则，加快建立与地方经济社会发展水平相适应、布局合理、结构优化、功能到位、作用明显的社会组织发展体系；在专项事务管理上，推进行政区划体制创新，加快地名公共服务工程建设，健全行政区域界线管理体制和界线纠纷应急处理机制，规范婚姻登记管理，深化殡葬改革与服务，等等。现代民政工作职责任务不断增多，管理与服务更加专业化和科学化，从而将政府主体职能分解、细化，落到实处。

三、现代民政工作的对象是服务型政府特别关注的重点群体

科学发展观的核心是以人为本，党和政府的宗旨是为广大人民群众服务，以人为本就是以人民群众为本。党中央强调，要以全心全意为人民服务、摆正同人民群众关系的求真务实精神来落实以人为本重要思想，把人民的利益作为一切工作的出发点和落脚点。这就要求政府必须实现基本观念创新，从社会的控制者转变成为社会服务的提供者，从传统的管理型政府向现代服务型政府转变。以人为本重要思想与服务型政府本质特征相契合。科学发展观规定了服务型政府的服务主体是各级政府和工作人员，服务对象是公民、组织和社会，服务内容由民意决定，服务工作的最终评判在于民意。服务型政府将群众满意不满意作为评价政绩的决定性因素，这是广大人民群众的要求，也是历史的必然。20世纪70年代后期，西方国家普遍兴起了以新公共管理理论为依据的行政改革热潮，主张“政府是一个以顾客为导向、具有企业家精神的竞争性政府”的观点。新公共管理理论提出的“顾客导向”和“企业家导向”命题，对于推行科学行政、提高行政效率产生了一定积极作用，值得参考和借鉴。当然，我们更应该从中国国情出发，建设服务型政府就是要充分关注服务对象，关心人民群众，特别要关心困难群众，将社会效益和社会公平放在十分重要的位置，以实现广大人民群众的公平、公正及诉求。

现代民政工作与民生、民主、民权问题密切相连，直接面对广大人民群众尤其是困难群体、特殊群体，是体现社会主义制度优越性的重要工作，是促进共同富裕、推动社会文明进步的重要力量。社会主义制度要求实现共同富裕，共同发展。服务型政府必须充分尊重广大人民群众的意愿，按照"三个代表"重要思想要求，代表最广大人民群众的根本利益。保证最基层、最贫困群体的根本利益，保障他们的基本生活，努力使他们走上共同富裕的道路，是服务型政府承担的最重要、最艰巨的任务，所以，最基层、最贫困的群体一定是服务型政府特别关注的重点群体。只有民政工作做好了，困难群众的生活得到了保障和改善，整个社会的生活状况才能得到改善，全面建设小康社会战略目标才能得以实现，社会主义制度的优越性才能充分体现出来。随着综合经济实力的不断增强，政府要逐步调整财政收支结构，扩大公共服务及社会保障覆盖范围，把更多财政资金投向公共服务和社会保障领域，把更多公共资源投向公共服务薄弱的农村、基层、欠发达地区和困难群众。作为政府主管民生领域的民政部门，就是要按照以民为本、为民解困、为民服务的宗旨和保障民生、发展民主、服务社会的职责要求，将党和政府的关怀送到困难群众手中，送到基层群众手中。

现代民政工作面对着不断扩大的服务对象或群体，并呈现出多个层次，既有特殊对象，也有适度普惠的群体，还有许多工作直接面向社会全体成员。一是城乡基本生活特殊困难群体。这是阶段性稳定的群体，构成人员总体上处于动态平衡，他们的基本生活在社会成员平均水平之下，需要政府最低生活保障制度予以支持。其中，有大量阶段性陷入生活困境的人员，还有农村五保对象、大病特困群众，以及城市生活流浪乞讨人员。二是因自然灾害等需要救济的人员。这是不固定的群体，谁都可能陷入其中。我国是自然灾害多发国家，每年因暴雨、暴雪、洪涝、干旱、地震、滑坡以及人为事故等，导致许多人处于困境，需要政府救济。例如，2008 年南方特大雨雪冰冻灾害和四川汶川特大地震灾害，就使不少人陷入困境；2009 年 11 月北方罕见暴雪灾害，同样造成人员伤亡和较大经济损失。三是民政社会福利对象。这是集中在民政系统的特殊困难群体，包括孤寡老人、残疾人、孤儿等。上世纪 90 年代以来，我国逐步进入老龄化社会，老年福利服务开始由补缺型向适度普惠型转变，越来越多的老年人陆续进入该服务范畴。四是各类社会组织及相关人员。这是改革开放以后市场经济新型主体，是发展社会主义市场经济的生力军。市场经济条件下，政府、市场（企业）、社会组织应呈三足鼎立态势，而我国社会组织发展比较滞后，换言之，社会组织发展前景广阔。五是优抚安置对象。这是新中国成立以来民政工作的重要工作对象，包括对在军队和国防现代化建设中伤残军人的抚恤，对残疾军人实行医疗保障，确保优抚对象相关权益；对退役士兵合理安置和扶持，还有对军队离退休人员安置服务。六是专项社会事务面向社会全体成员。行政区划、地名与界线管理承担着为全社会及广大民众提供服务的任务；婚姻登记和殡葬管理与服务也是面对所有家庭。七是村（居）委会和社区建设面对基层广大人民群众。基层群众性自治组织如同一张网络覆盖全国，由此构筑共和国大厦的基石。综合起来看，现代民政工作对象既有特别关注的困难群体、特殊群体，也有基层广大人民群众，都是服务型政府重点关注的群体。

四、现代民政工作的机制是服务型政府直接主导的协调联动

科学发展观提出全面协调可持续发展及统筹兼顾理念，集中体现了辩证法与系统科学思想，是指导服务型政府创新工作机制、统筹各项事业健康发展的有效方法。现代社会是实行严密社会分工与合作而连接起来的多要素结合体，社会各要素以及各要素之间的关系都十分重要。社会各部门和各方面更像是被连接起来的链条和链网，一个环节出现不良反应，就会带动一个网络或是一个链条的联动，就有可能带来对整个社会体系的风险和冲击，产生所谓的“多米诺骨牌”效应。正是由于现代社会这种多要素联动的特点，决定了每一个社会要素、每一个重要的社会问题和方面都不能忽略，都需要纳入社会宏观管理体系内认真考量。新形势下构建服务型政府必须立足新时期工作特点，积极探索新的工作模式，实现工作机制创新。服务型政府所面对的各项工作具有极强的相关性，各部门、各行业、各领域、各方面工作都是有机联系、相互制约的，都是整个网链上的不可替代的环节，每个环节都与其他方面相互影响和联系。因此，加强部门合作、建立协调联动的工作机制是建设服务型政府的必然要求。

现代民政工作具有业务多元、层次多级、单位众多、涉及面广，以及区域、城乡发展不平衡的特点，必须坚持重点突破、协调联动。推动现代民政事业发展，需要各种资源的大整合、多方力量的大聚合，必须实现政府主导和社会参与的有机结合。改革开放以来，民政部门在党委领导下，在政府主导下，认真履行市场经济条件下的管理与服务职能，加快推进职能转变，全面落实建章立制、规划协调、财政投入、政策引导、行政监管等方面的主体责任，取得积极成效。特别是正确引导、多方发动社会部门、组织和民众以各种形式参与到民政事业发展中来，形成了科学的工作机制。通过加强对城乡、区域民政事业发展的统筹协调，推动资源配置向农村、基层和欠发达地区倾斜，促进了公共服务均等化。通过相关部门协调配合，改革系统内单一封闭运行的工作模式，形成民政事业发展的强大合力，推动了民政工作在政府主导下向社会化方向迈进，社会力量参与支持发展民政事业的力度不断增强。根据经济社会发展规划和实际情况，各地确立了分级实施、各负其责、上下配合、相互协调的工作体制，按照建设服务型政府要求，将民政工作职责重点转向出思路、建制度、出政策、立法规、定规划，注重激发和调动基层民政部门的积极性，增强了民政工作的整体效能。正是依托党和政府对于民政事业的领导、主导、投入和监管，加强相关部门的协调配合，才形成了政府主导、部门协作、社会参与的民政工作机制，推动了各项民政工作的开展。

依靠政府并不是依赖政府，在党委政府领导和主导下，民政部门必须充分发挥主动性和创造性，积极争取相关部门和社会支持，有效聚合社会人力、物力和财力发展民政事业。民政部门在政府主导下，通过深化改革和扩大开放，创新和完善了一系列具有自身特色的业务工作运行机制。倡导和健全政府统一领导、部门分工负责、灾害分级管理、属地管理为主的减灾救灾领导体制，建立灾害应急救助指挥体系，强化了重大灾害抗灾、救灾、减灾综合协调机制；改革探索城乡社会救助制度，建立起城乡低保、五保、特困救济、临时救济与教育、医疗、住房和司法等救助制度配套的衔接机制；推进城乡基层民主选举、民主决策、民主管理、民主监督，健全党组织领导的充满活力的村（居）民自治机制；建立社会组织分级登记、双重管理的工作体制，确立培育发展和监督管理并重的工作方针，规范了社会组织产生、管理、运行机制；打破社会福利事业由国家包揽的格局，建立面向公众、多元化投资、多层次发展、专业化服务的社会福利事业发展机制；推行社会捐赠制度化、经常化，建立以慈善文化、慈善组织、慈善政策、慈善募捐为基本架构，政府支持、社会举办、公众参与的慈善事业发展机制；改革和完善优抚安置政策，建立优抚标准自然增长机制，创新以政策扶持就业和培训促进就业为主体，发放退役金、安排工作、退休、供养等多种方式相结合的城乡一体化退役士兵安置机制，等等。在政府主导下，通过各项体制机制改革创新，理顺工作关系，清除发展障碍，激发工作活力，开创了现代民政工作新局面，为实现民政事业全面、协调和可持续发展，为建设服务型政府奠定了坚实基础。

五、现代民政工作的手段是服务型政府依法行政的必然要求

服务型政府是法治政府，依法行政是现代政府的一个基本特征，是建立合理的政府与社会、政府与市场、政府与公民关系的前提。我国政府就其本质来说，是依据宪法精神建立并按照宪法原则运作。宪法是我国的根本大法，只有尊重宪法并按照宪法原则办事，才能在全社会树立政府的权威，确立政府的社会公信力。建立服务型政府，核心是政府必须尊重宪法精神，按宪法原则办事，只有这样，人民才会相信政府，政府服务才能为群众所接受。依法行政是提高党和政府执政能力的重要环节。因此，在继续加强立法建设的同时，推进依法行政，切实保证各项公共事务都在法律框架内进行，营造出依法治国的良好氛围，就成为新时期深化我国公共行政管理改革的关键。依法规范中央和地方经济社会事务管理责权，特别是依法推进公共管理与服务，有利于实现管理与服务有机结合，在服务中实施管理，在管理中体现服务。加强服务型政府建设，是实现管理与服务科学化、规范化、法制化、标准化的必然要求，是形成为民长效机制的基本保证，是提高服务质量和水平的重要依托。因此，必须把按制度办事与突破制度性障碍有机结合起来，加快建立健全各项管理规范和工作规程，完善法律法规体系，全面推进依法行政，不断提高法制化管理与服务水平。注重加强制度的配套衔接，增强制度的系统性，发挥制度的综合效益和整体效能。

现代民政法制建设是服务型政府依法行政的重要组成部分，是民政工作改革和民政事业发展的重要保证。现代民政工作具有多元性与包容性同生、社会性与局部性共存、群众性与特定性同在的特点，必须加强法制化、规范化管理。上世纪 90 年代中期民政部就提出把健全法制、依法行政、依法管理作为民政工作的一项重要任务，要求在各项民政业务工作中推进依法行政、规范管理，而且要把加强法制建设、加快民政工作法制化进程作为加强自身建设的重要内容。民政系统的法制建设取得了显著成绩，制定出台了一大批有关民政工作的法律、法规、规章和规范性文件，形成了包括中央和地方两个层次在内的民政法规体系基本框架。各级民政部门把民政工作法制化、规范化建设作为推进民政事业发展、提高民政工作整体水平的战略措施，抓紧落实，取得了积极成效。民政工作是有关社会事务的公共管理，各项民政业务管理都要做到有法可依、依法行政、依法管理。这是依法治国方略对民政工作的基本要求，是做好民政工作的根本途径，是提高民政工作整体水平的重要保证。通过系列立法、执法措施的实施，将众多民政事务及民政对象纳入法规制度中实施管理与服务，政府部门不再是“人治”背景下的“施恩者”身份，民政对象不再是“人治”背景下的被动“受惠者”，而成为“法治”背景下享受社会成果的主人。

推进民政工作法制化是建设服务型政府的必然要求，是广大人民群众的迫切愿望。从现代民政工作各项业务来看，加强法制化建设是重要手段，更是长效机制，势在必行。我国是世界上自然灾害发生最频繁、灾种最多、造成的经济损失最严重的少数国家之一，自然现象造成的灾害严重危害人民生命和财产安全，影响国民经济发展和社会稳定。救灾工作涉及面广，参与部门多，涉及人口多，因此，需要提升灾害救助法规级别，强化依法应对灾害的意识，更有效地防御、减轻灾害损失，维护灾民的基本生活权益。建立城乡最低生活保障制度，是党和政府帮助城乡居民解决困难生活的重要举措，是完善社会保障制度的重要方面，是关系改革、发展、稳定的一件大事。建立城乡最低生活保障制度本身就意味着通过法制化、制度化的形式保障人民群众基本生活权益，是维护社会和谐稳定的战略性措施。社会组织管理工作，需要通过社会团体管理、民办非企业单位管理有关法规，按照培育发展与管理监督并重的方针，发展社会组织，提高社会组织整体素质，强化宏观管理，调整组织结构，使社会组织的发展尽快适应我国政治、经济和社会发展的要求，在市场经济中发挥更大作用。优抚安置工作有着光荣传统，国家较早出台了系列法规政策，需要进一步完善制度措施，建立优待抚恤金自然增长长效机制，保障优抚安置对象的合法权益。区划地名工作是政府重要的行政管理工作，需要进一步修订完善各类行政建制设置标准与管理法规，推进行政区划体制改革创新，优化城市结构与布局，建立完善的行政区划体系。行政区域界线需要依法加强界线日常管理，维护边界地区和谐稳定，为行政管理和资源开发提供活动依据。要进一步完善地名管理法规和地名命名、更名规则，落实地名国家强制性标准，建立起完善的地名公共服务体系。殡葬管理工作需要以法规政策为依据，推行火葬，改革土葬，推行文明节俭办丧事。婚姻登记、儿童收养、流浪人员救助工作，也要完善法规，规范管理，文明服务。

现代民政法制化建设往往伴随民政工作手段的现代化、科学化，目的在于不断提升民政工作效率，树立民政良好形象。通过建立健全法规制度，在管理与服务的程序上积极倡导公开透明，建设阳光政府、责任政府、法治政府。民政工作事务繁杂，通过政务公开，能够保证管理与服务依法开展，自觉接受社会监督。推进民政职责公开、办事程序公开、常用法规公开，以及办事结果公开，有利于方便人民群众，提高工作效率。随着“电子政务”“数字民政”的普及，信息技术越来越多地应用于民政管理和服务之中。以法规制度形式和要求，整合民政信息与工作，实现办公自动化、社区资源信息化和社区服务网络化，可以提高民政管理和服务水平。以法规制度为依据，以信息技术为手段，推进民政与政府各部门工作信息的整合，建立横向覆盖政府各单位、各部门，纵向贯通省地县乡的政务信息网，并依托该网络建立统一的民政信息平台，把民政各项业务信息系统都纳入其中，开展网上交互办公，实现信息资源共享，建成联系民众、服务民众的重要窗口。

六、现代民政工作的开展是服务型政府履行使命的有效途径

在社会主义市场经济条件下，服务型政府将其基本职能确定为经济调节、市场监管、社会管理和公共服务四大方面，尤其注重提高政府的社会管理和公共服务职能，按照社会发展要求和公众需求提供充足而优质的公共产品和公共服务。建设服务型政府，就是要紧密围绕建设和谐社会的任务，以解决民生问题为根本着眼点，建立健全各种应急机制，提高政府应对各种突发事件的能力，大力推进社会生活领域里公共事业的发展，及时提供公共服务和公共产品。进入新世纪，我国在保持经济持续快速发展的同时，进入了经济社会结构深刻变化的历史阶段。经济发展遇到资源环境和自主创新能力的新约束，社会变革出现了新特征，政府管理面临许多新问题，如城乡差距、地区差距、居民收入差距持续扩大，公共服务及社会保障等社会事业发展滞后，人口增长、经济发展同生态环境、自然资源的矛盾加剧等。按照科学发展观要求，必须坚持以人为本，把人民的利益作为一切工作的出发点和落脚点，在经济发展的基础上，不断满足人们的多方面需求，保障人民物质生活的多样化、政治生活的民主化、精神生活的丰富化、人与自然的和谐化，积极创造条件促进人的全面发展。

根据建设服务型政府要求，必须树立科学发展观和注重长远发展的绩效观，把由单一追求效率转变到追求社会公平和提高公众满意度上，进一步增强建设服务型政府的紧迫感和责任感，切实把建设服务型政府列入重要议事日程，制定工作规划，加强领导，精心组织，积极推动，不断取得新进展。要抓住重点领域、重点工作进行探索和实践，深入分析新情况、新问题，及时总结推广新作法、新经验。在30多年改革开放进程中，民政工作在以民生为重点的公共管理与服务方面进行了大量的探索，为建设服务型政府积累了经验，现代民政工作理念与体系正逐步形成，在服务经济建设中心工作任务中发挥着越来越重要的作用。在改革开放的有力推动下，现代民政工作对象由特定群体向城乡广大居民拓展，工作目标从主要保障困难群众基本生存向保障全体公民的生存发展权利和民主政治权利转变，工作重心从以农村为主向城乡并重转变，工作方式从重管理审批向管理和服务并重转变，工作机制从以政府为主向政府主导和社会参与相结合转变，工作手段从以行政手段为主向行政、法律、经济手段并重转变。现代民政工作已远远超出传统民政范畴，不再是传统民政仅服务于特殊群体，而是涵盖了社会的方方面面，正在向以全体社会成员为本的制度化模式转变。现代民政工作是党和政府代表广大人民群众根本利益的最直接、最具体的体现，关爱民生是做好现代民政工作的永恒基点。现代民政工作对象是广大人民群众，工作内容与广大人民群众的根本利益紧密相连。

秉承优良传统，指向未来发展，现代民政形成于生存型民政向发展型民政转变的重要历史时期，成为服务型政府履行职责的重要途径之一。努力做好现代民政工作，对于践行党的为人民服务宗旨、实现新形势下人民政府的历史使命具有重大作用和意义。一是有利于维护社会稳定。通过做好优抚对象、困难群体、特困对象、灾区灾民等人员的生活救助、抚恤和帮扶，可以稳定军心、稳定民心、稳定街头、稳定灾区，有效化解和降低社会风险，确保社会底线稳定。二是有利于维护社会公平。现代民政承担了我国社会保障制度框架四大部分中除社会保险以外的社会救助、社会福利、慈善事业等工作任务。通过推进社会救助体系化、社会福利社会化、慈善事业制度化，对于维护社会公平、公正具有十分重要的作用。三是有利于统筹城乡发展。通过统筹城乡公共服务及社会保障事业，能够巩固农村政权基础，加快农村城镇化，促进社会主义新农村建设，逐步缩小城乡差距。四是有利于增强基层社会管理和服务水平。通过完善居民自治，增强基层社会管理的活力；通过整合社区服务，搭建为民服务的平台，从而在构建和谐社会中发挥不可替代的作用。五是有利于建设公民社会。通过周到的组织、服务和监管，为社会组织的发展成长提供有利条件和氛围，为公民个人创造发展空间，为市场经济发展增添主体。六是有利于强化专项社会事务管理和服务。做好行政区划地名管理，可以为依法行政提供依据，为广大群众提供地名信息服务；推进婚姻、殡葬管理与服务，能够有效提升群众生活质量；开展社区建设与基层自愿者队伍建设，可以提供多种便民利民服务。总之，现代民政工作将党和政府的关怀及相关公共服务送入千家万户、送到百姓手中，是建设服务型政府的重要工作，是服务型政府履行使命的有效途径。

参考文献:

[1]张江明,梁渭雄,天丰.科学发展观与社会发展辩证法[M].汕头:汕头大学出版社,2005.

[2]王齐彦,王然.现代民政的生成与构建[J].中国民政,2009(9).

[3]何水.国内服务型政府研究述评[J].政治学研究,2008(5).

[4]民政部党组.60年民政事业发展历程[N].中国社会报,2009-09-28.

试论我国养老服务业发展取向

摘　要：本文阐述了我国养老服务业基本内涵与发展特点，指出养老服务业是一个很宽泛的产业，是为老年人提供特定商品和服务的行业，包括老年公寓、医疗、旅游、保健、生活照料、教育、中介服务以及各种特殊用品等诸多方面。分析了养老服务业发展所面临的问题及其产生问题的深层原因，指出了养老服务业发展的有利条件和机遇，以及在解决老年人需求、构建和谐社会、推动科学发展、建设小康社会中的作用和意义。在此基础上，提出今后一个时期我国养老服务业发展的基本思路和任务，即加强养老机构建设、积极推进社会福利社会化、全面推进社区养老服务设施建设、拓展居家养老服务、加大老年服务及专用品市场开发力度、积极培育老年服务组织和队伍、创新养老服务体制机制。最后，提出了扶持养老服务业发展的相关措施。

关键词：老龄化；社会福利；社会保障；养老服务业

“老吾老以及人之老”，自古以来人们就一直非常关心、关注老年人生活。我国在照料老年人实践活动中，从历史上单纯救助赡养、到现代社会福利和社会保险，逐步形成了当今以保障基本生活为特征的综合性社会保障体系。人们进行了大量养老活动的探索与实践，积累了丰富经验，取得了显著成就，推动了社会发展进步。当历史进入新世纪，我国也正式步入老龄化社会，“银发浪潮”成为神州大地上又一景观。在物质财富与精神生活同时提升的情况下，传统的社会保障制度已经难以满足新时期老年群体生活的需求，发展养老服务业，从根本上转变养老模式，成为众多老年人的共同心声，也是经济社会发展的必然要求。高度重视并积极推进养老服务业发展，时不我待，势在必行。因此，本文尝试对我国养老服务业发展作一探讨。

一、我国养老服务业的内涵与特点

新中国成立以来，我国老年服务一直以老年福利保障的形式出现，并由政府及机关单位主导。老年福利保障主要集中在城镇行政及企事业单位，农村一般只实行“五保”集中供养。在计划经济条件下，不存在规范化的养老服务产业。改革开放之后，随着社会结构多元化及市场经济发展，特别是第三产业迅速成长，使得老年服务逐渐由事业型向产业化方向发展。老龄人口迅速增多，社会老龄化趋势加剧，促进了养老服务业的兴起。到目前为止，我国养老服务业无论作为一个概念、还是作为一种实际产业，都处于发展完善之中。养老服务是一个很宽泛的产业，是为老年人提供特定商品和服务的行业，包括老年公寓、医疗、旅游、保健、生活照料、教育、中介服务以及各种特殊用品等诸多方面。与少儿和成年群体比较，老年群体有很大不同，消费需求的多样化、层次化十分明显。在城市及发达地区，一些老年群体中很多人有钱、也有地位，消费需求较高；在落后的农村地区，一些老年人相对困难。老年服务必须考虑老龄人口的差异性，老年产品生产要贯彻求实创新的理念，不断推出适销对路、价廉物美的新产品和新服务来吸引老年人消费。归纳起来看，老年服务业是以满足老年人的特殊需求为目的，以开发老年消费市场为途径，以促进国民经济增长为目标，集生产、经营、服务为一体的综合性产业。从发展趋势看，养老服务业是一项具有广阔发展前景的朝阳产业。在党和政府的大力扶持以及社会各界的积极参与和支持下，我国养老服务业有了一定发展，但城乡之间、区域之间发展很不平衡。目前，一些地区老年服务业社会化、产业化、市场化趋势明显，正在自觉不自觉地融入到市场经济进程中。

由于传统养老服务机构以国家“直办、直管、直属”为特点，完全依靠国家投入，对政府依赖性过大，生存能力较差，满足不了日益增长的老年服务需求。现在，不少地方逐步对已建的国有福利性、公益性养老服务机构进行改革，按照产业化发展方向，建立适应市场经济要求的运行机制，面向全社会老年人服务，正在从单纯供养模式向供养、教育、医疗、康复一体化和服务经营一体化模式转变。处于转型期的我国养老服务业呈现三大特点：一是养老服务机构与相关设施仍以国家和集体投入为主。现有养老服务、老年文化体育消费基本定位在福利性、公益性范畴，大多数养老设施主要集中在民政部门主管范围之内，最具代表性的是遍布城乡的各类福利院、敬老院、养老院等机构及相关设施，并由国家及各级财政支持。二是非公有制养老服务发展较快。改革开放初期，各地非公有制养老机构所占比例很小，但近年来发展较快，少数地区已占相当比例，其中一些单项指标超过公有制养老机构。相对国营与集体养老服务机构而言，受市场利益驱动，非公有制养老服务起点较高，一般服务质量较好，收费较低，社会反映较好，竞争力较强。但相对于其他产业来讲，养老服务业利润不高，参与者仍不多。国营、集体所办养老机构经济压力较小，因而竞争意识不强。但由于有政府支持，目前在集中供养方面仍起着主力军作用。三是养老服务投资模式不断创新。一些经济发达地区已经开始老年服务社会化、产业化、市场化探索，出现一些新的经营模式，如国办民营、个体、合伙、股份、合资等投资、经营模式。有的地方对国家、集体投入的养老服务机构进行改革，采用福利性投资、产业化经营的办法，经营者自负盈亏，获得较好经济效益与社会效益。在各方面共同努力下，具有中国特色的养老服务业正在逐步形成与发展。

二、养老服务业发展面临的挑战和机遇

养老服务业发展的直接动力，来源于人口老龄化加剧。人口问题是当今世界人们最为关心的问题之一。经过 30 年的努力，我国在人口控制上取得了显著成绩。从另一方面看，随着生育率的下降，人口老龄化所带来的矛盾与问题日益突出。人口老龄化是指一定区域老龄人口的比重不断增加，总人口年龄结构发生变化的过程。按国际通用标准，60 岁以上人口占总人口的 10%以上，或 65 岁以上人口占总人口的 7%以上，便可以称为老龄化社会。据统计，目前我国 60 岁以上的老龄人口已达 1.49 亿，占全国总人口的 11%，占全球老龄人口的 21.4%，我国已进入老龄化社会。上世纪 90 年代初，我国每 10 个年轻人赡养 1 个老年人，现在这一比例已经达到 3 比 1。越来越多的家庭将逐步出现 4 个老年人、1 对夫妇和 1 个孩子的所谓“4–2–1”格局，家庭可以为老年人提供照料的资源越来越少，老年人照料将更多地求助于社会。所以，单靠政府主导的社会保障已难以满足越来越多老年人多方面的需求，按照国际惯例及市场经济要求，发展养老服务业成为必然选择。虽然我国养老服务业发展取得了一定成绩，但从规模日益扩大的老年群体和越来越高的服务需求来看，还存在不少问题。据统计，2006年年初，全国城乡共有社会福利院、敬老院、养老院、老年公寓和老年护理院等养老服务机构39500多个，总床位149.7万多张，其中农村乡镇敬老院及福利院29680多个，总床位89.5万多张。目前，这一数量虽有所增加，但与庞大的老年群体相比，远不能满足老年服务需要。由于在理念、政策、财力及运作等方面存在差距，各地养老服务业发展极不平衡，与老龄人口增长速度与服务要求相比差距较大。乡镇基层养老服务机构还有不少空白点；城市养老服务机构的能力和条件还不能适应老年人多层次、个性化服务需要；受现有公务员考核制度影响，一些地方干部过多关注经济GDP和所谓“形象工程”，忽视养老服务业发展；同时，老年生活专用品的生产也严重滞后。

我国养老服务业发展缓慢有着深层原因，概括起来主要有三个方面：

一是体制性障碍。随着市场经济体制改革的不断深入，养老服务的投资主体与经营模式发生变化，投资主体由国家、集体单一投资变为国家、集体、企业、社团、个人、外资等多元化投入，经营模式由原来单纯国营转变为国办民营、民办公助、私营、股份制、合资经营等多种形式。但国家对养老机构的政策仍定位在福利性、非营利性范畴，这就使许多非公有制养老机构难以按市场经济规律进行运作。有的地方甚至不公正地对待民办养老机构，给其发展带来很大困难。二是传统观念影响。长期形成的福利化养老认识误区，影响了养老服务社会化、产业化、市场化进程。一些领导干部习惯于计划经济下形成的思维模式，简单地把养老服务看成是政府的事，单纯地依赖政府发展社会福利事业，对养老服务社会化、产业化、市场化不理解，甚至抵触，从而不引导、不支持非公有制经济进入养老服务领域。还有人担心非公有制经济进入养老服务领域会损害老年人的利益。同时，老年人的消费观念也影响养老服务市场的形成。一些老年人的收入虽然逐步增加，但重积累、轻消费，重子女、轻自己的传统观念难以更新，直接影响老年人消费增长。三是缺乏宏观规划指导和政策扶持。国家对养老服务业还没有系统化的、宏观的、可持续发展的总体规划，尤其在市场培育和开发方面，缺乏相关产业规划指导，使养老服务业处于自主、无序、盲目发展状态。再加上职能部门条块分割，各自为政，增加了相关企业或个人创业的难度。不少省市对发展养老服务业还没有列上议事日程，存在等一等、看一看及难有作为的思想。养老机构缺乏统一的行业标准，没有科学规范的评估体系，大多数老年机构的管理和服务人员没有经过系统化或专业化的技术培训。各级政府扶持养老服务业不得力，重公办、轻民办，公办养老机构受到地方政府大力支持,而民办养老机构往往处处受卡，举步维艰。如果这些问题不能妥善解决，必将严重制约养老服务业发展。

另一方面，我们也要看到养老服务业发展存在的有利条件和机遇，增强工作信心。首先，党中央、国务院高度重视发展养老服务业，并确定了大政方针。2000 年党中央、国务院下发了《关于加强老龄工作的决定》，2001 年国务院颁发了《中国老龄事业发展“十五”计划纲要》，这两个文件都对发展养老服务业提出了相关要求。2006 年国务院办公厅转发了国家相关部、委、办、局《关于加快发展养老服务业的意见》，对养老服务业发展进行了全面部署，提出了有关措施和办法。特别是党的“十七大”将民生问题提升到实行科学发展、构建和谐社会的战略高度，为养老服务业发展创造了前所未有的良好环境。其次，社会保障制度的完善为养老服务业发展奠定了基础。改革开放以来，我国把健全社会保障体系作为完善社会主义市场经济体制的重要支柱，现在已经初步形成了以养老保险、医疗和工伤保险以及居民最低生活保障为重点的社会保障基本框架。加上我国经济持续发展，老年人收入不断增加，必将提升老年人购买力，活跃老年消费市场，从而为养老服务业发展创造极为有利的条件。第三，市场经济快速发展为养老服务业发展带来活力与动力。随着社会主义市场经济体制的进一步完善和市场管理的逐步规范，特别是民营经济的迅速发展，必将吸引越来越多的企业和个人进入养老服务领域，从而为养老服务业发展提供难得机遇。老年生活不断改善，消费层次不断提高，与之相关的老年产品需求呈现多样化趋势，养老设施、老年旅游、临终护理、专项用品、康复保健等方面都有着广阔发展前景。这一系列服务项目将会整合社会相关人力、物力和财力资源，逐步形成围绕老年人群的产业链，推动老年消费市场向规模化发展。第四，国际养老服务业发展为我们提供了成功经验。一些发达国家较早开发建设养老服务业，进行了多方面的探索和实践，取得了丰富的经验。一些国家高度重视养老服务业，建设多种类型的老年中心或公寓，专门为老年人提供服务；一些单位如银行、剧院、商店、公交等，也对老年人常有优惠；另外，有关养老服务的日托照料、老年痴呆病院、老年活动社区、临终关怀等项目，深受群众欢迎。这些国家良好的养老服务模式，为老年人提供了个性化的周到服务，形成了比较完善的养老服务产业，值得我们学习借鉴。

三、加快养老服务业发展的作用和意义

老年人为社会进步做出了积极贡献，为后人生活积累了财富。而随着年龄的增长，老年人在身体上成为弱势群体，需要社会的关爱和照顾。随着经济社会发展和人民生活水平提高，以及社会生活方式的转变，老年群体在日常生活照顾、专业用品、精神慰藉、心理支持、康复、护理、临终关怀、紧急救助等方面呈现出日益增长的需求。而这些物质与精神方面的需求，很大程度上不可能由传统的社会保障予以满足或解决，所以，需要拓展养老服务领域，最为有效的办法就是大力发展养老服务业。近几年来，我国养老服务业有了一定发展，但是，受经济收入、传统观念、资源配置、政策制约等诸多因素影响，养老服务业发展仍十分缓慢，远远不能满足老年人口急剧增长所产生的多种需要。目前，我国养老服务业仍处于起步阶段，开始涉及老年基本生活保障及日常服务的少数领域，只有集中供养居住发展较快，但总体水平不高，区域之间不平衡。而其他方面，特别是老年消费品市场亟待开发。所以，迫切需要加快养老服务业发展，以此为手段妥善解决老年人生活中的实际问题，实现家庭和谐、人与社会和谐。同时，也可以借养老服务业发展带动相关产业，推动经济增长，提高全体人民生活质量和水平。

发展养老服务业有着多方面的作用。首先，发展养老服务业，有利于适应社会老龄化新形势，更好地服务于规模越来越大的老年群体。养老服务业是随着人口老龄化而逐步发展起来的一项新兴产业，它的产生与发展不是偶然的，是老龄人口特殊需求增长拉动市场消费增长的结果。老龄人口增多是养老服务业赖以发展的最根本的社会基础，只有大力发展养老服务业，才能有效满足老年人的生活需求。其次，发展养老服务业，有利于和谐社会建设。老年人是经济建设的功臣，是文化建设的传承人，关心老年人市场消费，为老年人提供必需的社会服务，是构建和谐社会的内在要求，也是社会文明与进步的重要标志。我国现在的老年人是为民族解放和国家建设做出过重要贡献的一代人，由于建国很长一段时间内，国家战略安排是先生产、后生活，老年人的劳动付出与收入回报不成比例。因此，充分考虑当代老年人的实际情况，发展具有当代特色的养老服务业，是我们党立党为公、执政为民的本质要求，是缓解社会矛盾，构建和谐社会的重要举措。第三，发展养老服务业，有利于更好地落实科学发展观，促进经济又好又快发展。养老服务业的主要对象是老年人，老年群体中蕴含着巨大的消费潜力。随着时代进步，老年人在市场消费总需求中的比重将不断提高。所以，通过适当调整产业结构，制定相关扶持政策，积极发展养老服务业，可以振兴老年消费市场，培植新的经济增长点，从而推动国民经济协调、健康、持续发展。第四，发展养老服务业，有利于实施全面建设小康社会伟大工程。我们要建设的小康社会，是一个全面的、均衡的、高水平的小康社会，同时又是一个伴随人口结构快速老龄化的社会。这样的小康社会要求有健全的社会保障制度，还要有发达的养老服务业作支撑，使老年人在有保障、有尊严、有安全的社会环境下快乐、健康地生活。由于老龄人口所占比重越来越大，没有老年人的小康，就不会有全社会的小康。加快养老服务业发展，提升老年人生活水平和质量，对建设小康社会具有重大意义。

四、养老服务业发展的原则思路和任务

我国作为世界人口大国，同时也是老龄人口大国，在“未富先老”的情况下，要根据本国实际，努力通过社会化、产业化、市场化手段来促进养老服务业发展，满足老年人多方面的需要，使养老服务成为经济增长的助推器，从而变“包袱”为“财富”，创造一个新的服务业增长极，形成巨大的社会经济效益。养老服务业发展总的思路，要坚持以中国特色社会主义理论为指导，按照科学发展观和构建社会主义和谐社会的要求，认真贯彻党政主导、社会参与、全民关怀的方针，从经济社会发展实际出发，坚持政策引导、政府扶持、社会兴办、市场推动的原则，逐步建立和完善以居家养老为基础、社区服务为依托、机构养老为补充、投资主体多元化、服务内容多样化、监督管理规范化、适宜老年人需求的养老服务体系。养老服务业发展应坚持以下原则：一是以完善社会保障体系为前提。在完善社会保障体系的基础上，大力推进养老事业向养老产业转换进程，坚持事业养老和产业养老“两个轮子一起转”，实现投资主体多元化、服务对象公众化、运行机制市场化、服务方式多样化、服务队伍专业化与志愿者相结合。二是着眼提升和拓展社会福利。要努力推进社会福利覆盖面逐步扩大，不断提高福利标准，并推动社会福利由救助型向适度普惠型转变。充分利用现有社会福利服务的设施、人员队伍和技术经验发展养老服务业。三是立足服务广大居民群众。要特别注意发挥城乡社区组织作用，使其在居家养老、老年人日常照顾等方面提供更多更好的服务。发展养老服务业，要着眼满足老年人日益增长的物质、文化和精神慰藉需求，立足为普通居民提供周到服务。四是加大政府扶持力度。各级政府要进一步研究、制定、落实支持养老服务业发展的投资、建设和经营的优惠政策。对养老服务建设项目要优先办理立项、规划、建设、验收等行政核准手续；同时，采取强有力的措施多方面实行财税补贴、优惠、减免，扶持养老服务业发展。五是争取全社会的参与和支持。采取多种手段和措施引导各方面力量参与养老服务业，把养老服务业当“朝阳产业”、而不是当“暴利产业”对待，强化社会责任感。通过多种措施积极培育和发展老年服务组织和机构，规范养老服务市场，拓展老年消费市场，引导老年人合理消费。

今后一个时期，推进养老服务业发展要着重抓好以下几方面工作：

（一）加强养老机构建设。鼓励和支持国办养老机构利用管理、人才等方面的优势，扩大经营规模，并通过改革、发展解决自身存在的不足和问题，努力建设住养、生活护理等功能于一体的综合性养老服务机构。继续巩固完善政府投资兴建的国办养老机构，根据老龄人口状况增设新床位，包括省、地、县、乡级国办养老机构新（扩）建床位，建设不同级别的示范性、综合性养老机构。地方各级人民政府和有关部门要采取有效措施，大力支持发展各类社会养老服务机构，引导和支持社会力量兴建适宜老年人集中居住、生活、学习、娱乐、健身的老年公寓、养老院、敬老院，鼓励下岗、失业等人员创办家庭养老院、托老所，开展老年护理服务，为老年人生活创造良好的环境和条件。

（二）积极推进社会福利社会化。在建立健全社会保障体系的基础上，解放思想，转变观念，突破“国家福利”藩篱，推动社会福利投资主体逐步由国家、集体单一投资变为国家、集体、企业、社团、个人、外资等多元化投入。在继续加大财政资金投入养老服务业的同时，积极探索公有制多种有效实现形式，形成经营模式由原来单纯国营转变为国办民营、民办公助、私营、股份制、合资经营等多种形式并存。改变福利供给方式，对政府必须承担的福利养老如“五保”老人的供养问题，可采取“按收住五保老人人数给养老机构补贴”的办法解决，国家用福利资金购买服务，企业机构提供服务，老年人享受服务。同时，要调动社会各方力量兴办养老服务业的积极性，使广大老年人能够自主选择优质的个性化服务。

（三）全面推进社区养老服务设施建设。社区养老服务设施是指建在社区，为老年人提供生活照料、医疗保健、文化娱乐等服务的设施。加强社区养老服务设施建设，使每个街道、乡镇都建有一个为老年人服务的综合性社区服务中心，并不断提升中心服务水平。每个市县都要集中力量建设一批示范性社区老年日间照料服务中心，完善现有社区服务中心和社区养老服务设施，提升为老年人服务的功能，不断拓展服务项目。努力促进各部门、各单位设在街道、乡镇社区的各类生活服务和文化体育设施向老年人开放，满足老年人需求。

（四）拓展居家养老服务。现阶段，大多数老年人仍然生活在自己家中，需要由社会向老年人家庭提供必要的、专业化的服务。要结合实际，把做好生活照料、家政服务、精神慰藉、医疗保健、应急救助等作为居家养老服务的重点内容，以社会孤老、企业孤老、空巢老年人、高龄老年人、不能自理或半自理老年人以及经济困难老年人作为居家养老服务重点。要立足社区实际，为老年人提供便利、优质、高效的服务。特别注意发挥志愿者队伍和老年人协会等群众组织的作用，为老年人提供邻里关照、协议包户、亲情陪伴、自助互助等服务。积极探索政府为特困老人购买服务、服务机构提供服务、老年群众组织或中介组织监督评估的新型服务模式。

（五）加大老年服务及专用品市场开发力度。重点做好养老机构、医疗护理、特需用品等老年服务及用品开发工作，从而带动整个养老服务业发展。把“空巢家庭”、高龄老人的家庭照料、医疗护理当做首要开发领域，同时积极开发老年特需的其他服务与用品，包括老年人饮食、起居、衣着、旅游、文化、娱乐等方面。制定鼓励措施，引导企业开发、生产老年人特殊用品，如老年服装、老年保健用品、老年专用营养、化妆品等，促进老年用品市场发展，满足老年人多方面需求。要利用老年人有时间、收入增长、渴望交流等有利条件，积极引导老年人旅游，创造更好的社会效益和经济效益。要积极兴办多种类型的老年学校，继续做好老年报刊、图书及音像的发行工作，丰富老年人精神生活。

（六）积极培育老年服务组织和队伍。鼓励和支持更多人投身养老服务业，不断扩大从业人员队伍，逐步实现从业人员的职业化、专业化。加强养老服务人才队伍建设，努力提升从业人员素质。加强养老服务人员培训，提高职业道德、服务意识和业务技能水平。规范养老服务队伍建设，逐步实行养老机构院长持证上岗和养老护理员持证上岗。制定和完善养老服务业的行业规范和质量标准，建立完善的资质评估、认证、管理体系，加强监督检查和指导。鼓励和支持相关高等院校和中等职业学校增设养老服务专业和课程，培养专门人才。

（七）创新养老服务体制机制。国办养老机构继续做好保障“三无”、“五保”、低收入老年人和优抚对象的集中供养，适当拓展服务范围，增强服务社会能力。按照管办分离原则，积极推进养老机构公建民营或其他社会化运营模式，推进养老服务社会化、市场化、产业化。各级政府要针对影响养老消费的主要问题，采取对策，有效调控老年服务市场。对养老服务业发展，一方面要大力倡导，积极培育，另一方面要通过加强监管，保证服务质量。积极培育和发展养老服务的市场中介机构，在土地使用、工商注册和税收等方面给予必要的扶持。要研究制定收养国外、域外老人的相关政策，拓宽收养范围，培育老年服务市场。

五、养老服务业发展的相关措施

（一）增加养老机构建设资金投入。国办养老机构建设所需资金，应列入地方财政预算。对新增国办养老机构床位所需资金，争取由地方财政预算、福利彩票公益金安排落实。实施财政激励措施，对于按标准建设、依规定运营的新增国办养老机构，凡收养“三无”、“五保”和困难老年人占床位总数比例较高的，由地方财政给予一定补贴。金融机构要支持老年服务业发展，增加对养老服务机构及其建设项目信贷投入，适当放宽贷款条件，并提供优惠利率。政府有关部门要主动做好服务，协调解决好养老机构贷款抵押问题。对于规模较大、前景较好、市场急需的养老服务项目，财政部门要给予必要的贷款贴息。

（二）加大对养老机构的政策支持。引导和支持社会力量以独资、合资、合作、联营、参股等形式，兴建、扩建或在原有其他设施基础上改建适宜老年人集中居住、生活、护理的养老机构。经民政部门批准和社会团体管理部门认定，符合国家相关养老机构标准的，可申请享受一定扶持政策，包括：免征养老机构养老服务收入营业税；减免养老机构行政事业性收费；养老机构缴纳水利建设专项资金确有困难的，可报经税务部门批准，予以减免照顾；用水、用电、用气（燃料）等价格与居民用户实行同价，并免收相应的配套费；免收养老机构电话、有线（数字）电视、宽带互联网一次性接入费，并减半收取通信费、听视费；对于按标准建设、依规定运营的新增养老机构床位，对于从事养老服务的人员，对于规模较大、入住率较高的养老机构等，都要采取一定的政策支持或补助。对于企业及个人向非营利老年服务机构的捐赠，应采取适当税收优惠政策。

（三）鼓励扶持居家养老服务。通过政策引导和资金支持，鼓励社会力量开展老年人生活照料、家政服务、精神慰藉、康复保健等居家养老服务，为居家老年人营造良好的生活环境。地方财政应设立“居家养老服务补贴”专项经费，为享受最低生活保障待遇和特困救助、需要生活照料的老年人购买服务；对公益性公司招用的养老服务人员，同等享受养老机构用工补贴政策，所需资金从财政专项资金中列支；对新建具有一定规模、符合标准的示范型老年人日间照料服务中心，由地方财政给予补贴；支持兴办老年护理、临终关怀性质的医疗机构。对开展老年护理、临终关怀服务的机构，按实际收养老年人人数，由医疗保险基金给予政策补贴；地方财政根据工作需要，为民政部门拨付一定数额居家养老服务工作专项经费。

（四）鼓励社会力量投资养老服务业。按照“谁投资、谁管理、谁受益”的原则，鼓励和支持不同所有制性质的单位和个人投资兴办养老机构，开发老年用品和服务。对承担“三无”对象养老任务的民办养老机构，各地方政府可按一定比例和供养人数采取“民办公助”的办法予以扶持和资助。鼓励社会组织和个人向养老服务机构捐款、捐物或提供无偿服务，并给予一定的政策优惠和荣誉鼓励。支持采取股份制、股份合作制等形式，扩大资金来源，兴办养老服务机构。同时，鼓励国有疗养院所、培训机构、国有企业等利用闲置的宾馆、招待所、托儿所、学校等开展养老服务业务。

（五）培育和规范养老市场。各级政府要针对影响养老消费的主要问题，采取对策，有效调控市场。对社会力量办养老机构的，一方面要大力倡导，积极培育，另一方面要通过法律规范和执业许可审批、法人登记和年检等环节进行规范和监督，保证办院质量，维护企业和在院老人的合法权益。对无照经营、服务质量差、设施达不到标准要求的养老服务机构，要及时予以清理和整顿。要积极培育和发展养老服务的市场中介机构,在土地使用、工商注册和税收等方面给予必要的扶持。研究制定收养国外、域外养老人员的相关政策，拓宽收养范围，培育养老市场。

（六）加强组织领导。各地要大力宣传发展养老服务业的必要性、重要性和有关政策法规，不断提高认识，形成共识，调动社会各方力量支持和参与发展养老产业的积极性，营造良好工作氛围。各级政府要把发展养老服务业列入重要议事日程，科学规划，精心组织，因地制宜，开拓创新。民政部门要当好政府参谋和助手，做好服务协调和督促检查工作，抓好试点，培育典型，总结经验，协调推进。有关部门要密切配合，大力协助，形成合力，妥善解决养老服务业发展中的问题，促进养老服务业健康发展。

参考文献:

[1] 孙炳耀. 中国社会福利概论[M]. 北京: 中国社会出版社, 2002.

[2] 孟昭华. 中国民政思想史[M]. 北京: 中国社会出版社, 2000.

[3] 吕学静. 现代社会保障概论[M]. 北京: 首都经济贸易大学出版社, 2005.

[4] 郑功成. 中国社会保障制度变迁与评估[M]. 北京: 中国人民大学出版社, 2002.

[5] 袁新立. 制定扶持政策 发展老龄产业[J]. 老龄工作导刊, 2004(8).

[6] 苏振芳. 构建与我国社会福利事业相适应的福利模式[J]. 福建论坛, 2006(10).

村民自治背景下农村公共产品供给模式的构建

摘　要： 本文采用系统分析法，借鉴公共经济学理论、财政学理论、市场经济学理论、村民自治理论及其他相关方面研究成果与方法，对村民自治背景下农村公共产品供给问题进行探讨。力求做到实事求是，有的放矢，将农村公共产品供给与村民自治有机结合，使研究成果紧贴农村社会发展实际，重视成果的可操作性。本文首先提出了村民自治背景下农村公共产品供给所存在的问题，即农村公共产品供给总量不足、效率低下、结构失调、缺乏财力保障；并对产生问题的原因进行了深入分析，认为问题主要源于经济体制改革带来的挑战、县乡村职责不明确、地区经济发展不平衡、村民自治体制不尽完善等原因。然后，以邓小平理论、“三个代表”重要思想和科学发展观为指导，从政府转变职能、建设新农村、打破城乡二元结构和落实科学发展观等方面提出了解题依据。在综合分析的基础上，提出了村民自治背景下农村公共产品供给模式，就是建立完善的公共财政体制、合理界定各级政府公共产品供给职责、营造农村公共产品供给的良好氛围、科学规划农村公共产品的空间布局、创新农村公共产品供给的决策程序、推进农村公共产品供给多元化。

关键词： 村民自治；公共产品；供给模式

我国的村民自治制度，是在党的领导和乡镇人民政府的指导下，村民群众按照党的方针政策和国家的法律法规，通过民主选举、民主决策、民主管理、民主监督活动实现村民的自我管理、自我教育和自我服务，全体村民自行管理或处理自身公共事务和公益事业。作为村民自治重要支撑的农村公共产品，是指在农村地域范畴内私人不愿提供的、具有非排他性和非竞争性的社会产品，它不仅包括物质范畴的各种产品，而且还包括各种管理服务，特别是包括大量信息供给。在市场经济体制下，利益最大化的私人竞争机制占据主导位置，以致具有外部效应的公共产品无法有效地由私人提供，只能由各级政府供给。村民委员会不是一级政府，也不是一般的社会与经济组织，而是基层群众性自治组织。由于村民自治组织的特殊性，加上处于转型期社会的特点，使得村民自治背景下农村公共产品的供给存在一些不尽完善的方面，需要重新进行模式构建。

一、问题的提出

改革开放之后，农村实行了家庭联产承包责任制，由此带来农村经济的飞跃。为适应农村经济体制改革的需要，或者说为了适应农村生产主体多元化的新形势，引导农民自觉自愿实施合作成为当务之急，村民自治便应运而生。总体来看，村民自治经历了三个发展时期。一是创立时期，即从1978年党的十一届三中全会到1987年《中华人民共和国村民委员会组织法》（以下简称《村委会组织法》（试行）的出台，一些地方农民自发组建村委会，1982年宪法中明确了村委会的法律地位，我国亿万农民开始找到了重新组织自己、扩大基层民主、实行村民自治的路子。二是发展时期，即从1988年《村委会组织法》（试行）实施到1998年修订后的《村委会组织法》正式颁布，逐步建立了村民自治的框架。三是完善时期，即从1998年至今，《村委会组织法》为全面推进村民自治提供了法律保障，各种相关制度处于逐步完善之中。村民自治在探索中发展，在前进中完善，虽然取得较大进展，但是还存在一些问题，特别是在公共产品的供给方面不能适应农村经济发展和广大村民群众生产生活的需要。长期以来，我国在公共产品供给上实行两套政策，即城市所需要的水、电、路、通信、学校、医院、图书馆等公共基础设施都由国家来提供；农村的公共基础设施主要靠农民自己解决，国家仅给予适当补助。村民自治本是新生事物，配套制度不完善，加上各级政府惠农支农政策不到位，农村公共产品供给存在较大问题。

（一）农村公共产品供给总量不足

改革开放以来，农村公共基础设施落后的状况在一些地方有所改善，但总的来看仍不能适应形势发展的需要。农业基础设施建设滞后于农村经济发展，特别是事关农业兴衰的水库、防洪排涝设施、农田基本建设等公益事业投入明显不足；事关农民文化生活的各类设施，如学校、文体设施、医疗卫生设施等不断向城市聚集，城乡差别不断加大。城市公共基础设施建设远远好于农村，农村落后面貌没有得到明显改变。不仅城市道路和基本生活设施建设比农村好，而且事关可持续发展的教育、医疗卫生保障、疾病预防和控制体系建设方面城市也远远好于农村。国家的教育投资主要是向城市和大中专倾斜，农村义务教育的投资在整个教育投资中的比重仍然很低。医疗卫生和疾病预防控制投入情况也是如此，我国农村人口占全国总人口的比重约70%，但农村卫生费用占全国卫生费用的比重却只有30%多一点。此外，城市社会保障体系无论从完备程度讲，还是从覆盖的人口角度看，都超过了农村。目前，只有少数经济发达的省市建立了农村医疗保险和社会养老保障体系，绝大多数省市区还处于起步阶段。村民自治后，随着政府职能的转变，国家不再像原来那样对农村公共产品进行大量投入，农村公共设施欠账越来越多。在我国这样一个农业大国，长期的以农补工已使我国农业基础设施严重不足，多年来农业基建投资始终偏低。同时，我国财政的支农支出徘徊不前。我国的农业属于弱质产业，比较利益低，农民与城市居民的收入差距越来越大，农村大部分人口还未享受医疗保险，也没有社会保障。由村集体供给的公共产品，也因农村经济发展缓慢、乡镇企业效益低下、大部分农户收入较低等原因缺乏资金，供给极其有限，造成农村公共产品供给普遍不足。

（二）农村公共产品供给效率低下

相对于城市，农村本来就地广人稀，公共产品使用效率较低。家庭承包制使农民的生产进一步分散化。但是，各农户的生产对象和生产过程存在的共性，都需要良好的大型水利浇灌设施、大型农用固定资产以及良种的培育，即需要社会化的服务与合作。而我国农民收入普遍较低，由每个农户单独提供相关公共产品是不可能的，也是缺乏效率的。同时，农民由于交通不便，信息闭塞，常常因缺乏市场供求信息而盲目生产，所以才会出现产量增长而收入下降的现象。由政府提供全国性的市场供求信息在近年来已成为农民的迫切愿望。就目前而言，在我国大部分农村，农民急需的公共产品供给还是严重缺乏，虽然国家已开始关注这些公共产品的供给状况，对其增加了投入，但仍嫌不足，难以适应加入 WTO 后国际竞争所带来的挑战。同时，部分公共产品的提供损害了农民利益。即使政府的出发点是好的，政府提供的公共产品也不是一定会使全部农民受益。还有多种因素影响公共产品供给效率，如政府的决策出现偏差，影响资源的有效配置；政府官员中的少数或者说个别人为了谋取私利，导致“豆腐渣”工程出现等。在我国农村，带有普遍性的问题是政府对公共产品配置的调查研究不够，就草率地决策，甚至强制农民更换产品品种，常给农民带来严重后果。有的服务机构为了谋取非法利润，在向农民提供良种、化肥等农业生产资料时，以次充好，损害农民利益。

（三）农村公共产品供给结构失调

一方面，财政供养人员过多，县乡编制超编问题尤其突出。主要原因在于县乡二三产业欠发达，人员分流渠道有限，长期积压，因人设事，需要大量公共支出。同时，受不良考评制度的影响，“形象工程”“政绩工程”“面子工程”“窗口工程”等，也耗费了大量公共开支。另一方面，涉及老百姓急需的公共产品供给不足。特别是在教育、医疗卫生、环境等方面，公共产品供给矛盾突出。农村文化教育水平普遍较低，导致农民文化素质低下，吸纳科学技术的能力较差，思想狭隘，无法适应市场经济改革带来的变化，减少了农民在市场经济中取胜的机遇，也限制了农村劳动力的转移。国家将农村教育丢给地方政府，在地方政府财力的限制下，大部分农村的教育供给不足，学校的数量和教师的质量无法满足农村发展的需求。我国农村医疗保障普遍缺乏，农民成为最大的自费医疗群体，农民因病致贫、因病返贫的问题一直是农村扶贫工作的重点和难点。加之政府对农村卫生防疫投入不足以及现行的医疗卫生防疫能力的限制，导致农民身体素质下降，影响了农村社会的进步和可持续发展。我国农村的生态环境恶化，如土壤肥力减弱，水资源匮乏，旱涝灾害频繁，环境污染严重。虽然近年来国家采取了一系列的措施，如退耕还林、退牧还草等，但大部分农村地区仍缺乏保护环境的政策、措施和资金投入，一些地方政府追求短期和局部的经济发展，甚至鼓励经济效益好但污染严重的企业扩大规模，负面外部性问题严重。

（四）农村公共产品供给缺乏财力保障

农村公共产品建设和发展需要有财政的大力支持，以及符合市场经济的完备融资机制，这两方面构成了农村公共产品长效发展机制的主要内容。从目前的情况看，无论是财政支持还是市场融资机制的建立，都存在很多问题。首先，缺少一个公共产品筹资的法律保障机制。公共产品的投入往往需要通过立法来给予保障，例如，在教育和疾病预防与控制投入方面，世界上一些国家均采取了相应的法律制度来给予足够的经费投入保障。虽然我国也在这方面做了一些工作，但还是存在较大差距。其次，筹资的制度安排不合法。县乡政府负债或者向农民集资、摊派的筹资行为，是一种没有法律保障的行为，本身就存在合法性问题。随着农村税费改革的不断深化和国家严格信贷制度，县乡集资、摊派和负债筹资将受到极大的限制。这样一来，以前可行的农村公共产品建设筹资渠道越走越窄，在缺少其他新的、有效融资渠道补充的情况下，相当于减少了资金的来源。第三，缺少一个长期的农村公共产品建设和投资规划。从长远发展的角度看，农村公共产品建设一直缺少一个整体的和可持续发展的筹资规划。国家只有到了出现问题或者问题已经很严重的时候，才会紧急拨款进行建设。各级地方政府也是如此。这样一来，各级政府在财政资金的安排上，就很少考虑到农村公共产品的长远建设和发展。

二、问题的成因

（一）宏观看——面临经济体制改革的挑战

虽然家庭承包制对农村经济发展产生了巨大推动作用，但在农村公共产品供给方面则存在较大缺陷。在家庭承包制下，对于劳动密集型公共项目的建设，政府和村集体的动员远不如改革前见效了，农村公共产品生产成本增加，从而造成了公共产品供给不足。家庭承包制的实施极大地促进了农村私人产品的供给，但却带来了农村公共产品供给方面的问题，即家庭承包制缺乏对农村公共产品供给的激励。换句话讲，由于家庭承包制的实施，原有的公共产品供给制度不再适用了。改革开放以后，我国原来统收统支的财政体制被打破，中央政府下放了事权，却没有给予地方相应的财权，在规范的转移支付未建立起来的情况下，各级政府为了自求资金平衡，都力求扩大预算外资金和制度外收费。乡镇政府作为我国目前五级行政体系中最基层的政权机构，在争取财权及公共产品方面处于弱势地位，财政状况岌岌可危，多数是负债运行。村民委员会依法进行自治，没有聚财功能，只有受托履行自我管理与服务的职能。上面转移支付不到位，村民自治就成了一句空话，"巧妇难为无米之炊"。你办不好事，老百姓对村委会就失去信心，如今许多农民外出打工，对村民选举等自治活动不屑一顾就是最好的例证。

（二）纵向看——源于县乡村职责不明确

基层政府承担了过重的农村公共产品供给职能，这里包含两个方面：一是县乡政府应该承担的农村公共产品供给职能，由于自身财政能力所限，即由于现有财政体制上存在的一些问题，承担不起供给责任；二是在公共产品供给上，由于不同级别政府事权划分存在着不合理性，一些本不该由地方政府，特别是不应由或不应仅由县乡政府承担的职能，也在行政和财政体制改革的名义下，转移给了县乡政府，结果造成县乡政府财政负担过重而无法承受。这就是我们通常所说的公共产品供给上的财权与事权不对称。这一现象在实行分税制以后表现得尤其突出。在这样的背景下，县乡政府只能通过创办政府型企业、采用集资和摊派、甚至乱收费、负债等形式，以解决公共产品供给资金不足的问题。现阶段我国农村社会管理体制中有两种相对独立的权力，即乡（镇）行政管理权和村民自治权，它们构成了党领导下的农村社会"乡政村治"的总格局。实际工作中二者又经常发生矛盾。一种倾向是过度自治化，村民自治超出了法律规定的范围，村自治组织擅自做出不属于村自治范围的决定。另一种倾向是削弱自治权，乡镇政府仍把村委会当做自己直接的下属行政组织；或对属于村委会自治范围内的生产、经营等村务活动横加干涉，村民自治在一定程度上名存实亡。乡村关系处理不好，直接影响到公共产品的分配与公共资源的配置。最大的问题就是存在"由上而下"的公共产品供给模式，缺乏群众基础。

（三）横向看——源于地区经济发展不平衡

公共产品供给总体上讲实行分级负责，所以，地方财政状况或者说经济发展水平的高低，直接制约着地方公共产品的供给。经济发展在区域上表现出来的不平衡性，也反映到农村公共产品供给上。公共产品供给上的地区差距要比经济发展上的差距大，并且还有进一步扩大的趋势。例如教育投入，从我国农村义务教育的发展情况看，西部农村地区义务教育投入水平与东部农村地区存在较大差距，省（市、区）之间的差距更大。导致不同地区农村公共产品供给差异的主要原因在于：一是不同地区财政收入总量和人均占有数量不同，导致财政在农村公共产品投入上的差距。二是不同地区市场化程度不同，直接影响到公共产品建设经费的来源。在市场化进程较快的沿海地区，多渠道筹集农村公共产品建设资金，公共产品投入多主体的格局初步形成。例如，在农村教育发展过程中，发达地区政府办教育和民办教育并存；在贫困地区中民办和私立学校数量很少。特别是城乡之间经济发展差距较大，所以，城乡之间公共产品供给水平的差距也最明显。

（四）内部看——源于村民自治体制不尽完善

村民自治组织内部各种关系不顺，必然影响公共产品供给。导致村内机制失调的主要原因是：村党支部、村委会、村民代表会、村民大会等方面关系协调不好。有的地方以村支部代替村委会，以村委会代替村民代表会，或者直接代替村民大会，使公共产品配置未能代表广大村民的意愿。《村委会组织法》规定党支部是领导核心，很多村支部书记自认为是村里的“一把手”，不论什么事都由自己拍板定案。而村委会成了摆设或执行者，从而导致村民自治很难全面开展，村民选出的村委会形同虚设，群众逐渐对民主政治丧失热情，对集体事业产生冷漠。在有些地方，村委会制定的自治章程和村规民约不同程度地存在违法规定，这在很大程度上挫伤了农民的积极性。有的地方还存在宗族、帮派势力操纵村民自治或基层政权，严重影响了村民自治进程。此外，村务交接存在问题，有些村新任村主任上任后其前任村委班子却不移交村务，不移交公章、账目及办公设施，甚至在一些事关全体村民利益的经济活动中仍然行使着权力；或者新任村主任不接受前任村委会的账务，不承担其债务；或者移交手续混乱。这些做法严重影响了村委会的信誉，不利于村民自治活动的开展，也不利于发展本村经济和其他有关事务的处理，使公共财产遭受损失。

三、解题依据

根据邓小平理论、“三个代表”重要思想和科学发展观要求，满足人民群众日益增长的物质文化生活需要是我们一切工作的出发点和落脚点，从而成为我们破解农村公共产品供给难题的根本依据。除了《宪法》、《村委会组织法》及其他法规政策依据外，构建科学合理的农村公共产品供给模式，主要有下列依据：

（一）完善农村公共产品供给是转变政府职能的必然要求

政府要由计划经济时期的计划性政府转变为服务型政府，决定了财政体制必须由原来的控制性财政转变为公共财政。公共财政是指国家为市场经济提供公共服务而进行的政府分配行为。具体讲，公共财政是以市场失效为存在前提，是政府以政权组织的身份，依据政治权力，在全社会进行的以市场失效为范围的，以执行国家的社会管理者职能为市场提供公共服务需要为目的的一种政府分配行为。其分配具有公共性和非市场盈利性两个基本特征。在市场经济条件下，政府不再参与微观经济领域的各种活动，公益事业、公共服务，或者说公共产品供给成为政府基础性职能。公共财政要求政府为居民提供更多的纯公共产品。近年来，国务院承诺将在农村的教育和医疗卫生上投入大量资金，农村其他方面的公共服务也在逐步加强，以体现政府“以人为本”的行政理念。因此，搞好新形势下公共产品供给，实质上成为政府职能转变的重要标志。

（二）完善农村公共产品供给是建设新农村的保证

增加农村公共产品供给，是新阶段促进农村居民生活走向高水平“小康”的客观需要。公共产品供给和居民消费水平如何，直接反映了居民生活综合质量和现代化程度。目前，城乡居民在吃、穿、用等方面的个人消费水平差距正趋于缩小，而在公共产品消费，尤其是享有社会保障、公共福利方面的差距在拉大。公共产品的严重短缺，已严重制约了我国农村居民生活综合质量的提高。现代社会，应该在生存、发展、健康、文化娱乐等方面满足村民群众多层次和多样化的需求。然而，在不少农村地区“行路难、就医难、上学难”等问题依然存在，一些地方因缺少基础设施，仍不能消费现代家用电器，使用现代通信手段，享受现代文明带来的新生活。在我国农村温饱问题基本解决，许多地区基本达到“小康”的情况下，农村居民消费需求结构正由低层次向高层次转变，增加公共产品的供给就成为建设新农村的一项主要任务。

（三）完善农村公共产品供给是打破城乡二元结构的突破口

在我国过去“二元”发展模式和体制下，由于实行的是“以农补工”、“重城轻农”、优先发展城市的战略和政策，因而形成了城乡不均衡的国民收入和社会利益分配格局，以及与之相适应的城乡有别的公共产品供给体制。这种供给制度主要表现为：城市所需的公共产品由政府包揽供给，所需资金主要由财政预算安排，而农村所需的公共产品政府提供较少，许多方面主要由农村基层负责提供，所需资金主要通过筹措方式解决，成本支出主要由农村居民来承担。政府承担提供公共产品的责任及界限不明确，本应完全由政府提供的一些公共产品，如义务教育等，由于受财力限制，政府并未提供或未完全提供。这就使得在各级政府财力一定和有限的情况下，重点或优先把财力、社会资源用于城市公共产品的供给，而对农村公共产品供给严重不足，从而造成了城乡公共产品供给的严重失衡，形成了很大的历史欠账。因此，要增加农村公共产品供给，首先要加快推进城乡分割的“二元”宏观体制及公共产品供给制度的改革与创新，使农民享有真正的“国民待遇”。

（四）完善农村公共产品供给是落实科学发展观的战略举措

切实转变发展观念，增加农村公共产品的供给，是贯彻落实科学发展观的具体体现。必须站在实现以人为本、“五个统筹”、全面协调可持续发展和全面建设小康社会的战略高度，充分认识增加农村公共产品的战略内涵、意义和迫切性，切实实现发展观念的根本转变。要按照新的发展观要求，创新农村公共产品供给的理论与实践。要彻底纠正只重视个人消费、不重视社会福利，只重视生活物质数量、不重视生活综合质量，只重视经济发展、不重视社会发展，只重视人的经济关系、不重视人与自然的关系的传统发展观念；摆脱传统的、根深蒂固的“重工轻农”、“重城轻乡”的思想观念影响，以及思维方式、习惯和定势的束缚；要进一步推进政府自身的改革，树立正确的政绩观，增强责任意识，搞好政府各部门的协调与配合，形成强大推动力，积极促进农村公共产品的增加和发展。根据科学发展要求，影响社会和谐的许多因素取决于“三农”问题的解决。所以，要切实把解决好“三农”问题作为工作的重中之重，不折不扣地落实党和国家及各级政府对农业、农村的政策。要积极进行农村政策的完善与创新，尤其要制定和完善促进农村公共产品建设、发展和供给的配套政策和法规。加大农村公共产品供给上的政府投入和扶持力度，进一步完善惠农政策，增加对农业的补贴，优化财政支农结构，把各种支农资金的使用与增加公共产品供给结合起来。要在使城市对公共产品需求继续得到一定程度满足的情况下，逐步把农村公共产品领域作为政府实施宏观调控政策和投资的重点。

四、模式构建

（一）建立完善的公共财政体制

构建中国特色公共财政体制，本质上是以国家为主体的分配关系的进一步优化，最终表现为本着财政为市场提供合格公共产品的原则，把财政的规模、结构和效益有机地结合起来。优化财政规模，要注重对收支结构的优化，更要重视财源建设，支持高效益产业的发展。对于财政结构的优化，一是要使国家财政适应政府职能的转变，退出某些竞争性领域，而加强对某些必要公共事务的参与。二是要进行财政收支结构自身的改革，如费改税、税制优化、完善政府采购制度等，使财政自身运作更加顺畅。财政体系的运作应尽可能建立在长期、稳固、健康、平衡的基础之上；财政政策的职能发挥要尽量与每个特定经济时期的现实需要相适应；财政制度必须成为促进经济、政治、社会可持续发展的机制之一。相对来讲，加强财政收入制度建设易于引起各级政府的高度重视。因此，要以战略的眼光加强财政支出方面的制度完善与创新，在明确财政职能的基础上，重新界定财政支出的项目，把支出的重点放到社会亟需的公共产品或劳务上；大力推行政府采购制度，把竞争机制引入政府部门的经济活动，以提高财政支出的透明度和效率，消除非生产性寻租行为；对财政资金分配后的使用情况加强监督和效益评价，并努力把相关的措施加以制度化；支出的选择要尽量避免挤出效应，防止“挤出”民营部门的有效需求，而应注重以财政投入引入民营部门的追加投资。要实现地方基层政府的角色转换，改变其长期承担地方经济发展推动者的角色，使之成为地方经济的服务者，提供当地居民所需的公共服务。西方财政理论认为，地方最适合的税种首先是受益税或使用费，其次是对不流动的要素征税。农村最适合的征税对象应是土地本身以及一些不具有流动性的财产。如何设计对效率影响最小的并具有公平性的农村税费体系是一个重要课题。农业和非农业的税收负担均等化应是改革的方向。同时，建立和完善政府间转移支付制度。要求转移支付的最重要的理由是外部性的存在。当前地方基层政府税源的薄弱致使地方政府财政紧张与农民负担过重同时并存，减轻农民负担和减少政府收入之间的矛盾需要多方面的协调。建立和完善政府间转移支付制度，对进一步推进农村税费改革意义重大。

（二）合理界定各级政府公共产品供给职责

总体上讲，由中央政府供给全国性公共产品并按照公平性原则对地方性公共产品给予资助。对于全国性公共产品，包括社会治安、货币稳定、公平分配、政府活动等，应该由中央政府无偿提供。这些公共产品大多与农民的直接利益关系较小，但它们关系到国家的总体利益，应由中央政府承担供给责任。同时，国家应本着公平的原则，按贫穷程度通过转移支付的形式对农村地方性公共产品，包括卫生防疫、基础教育、环境保护、计划生育等的供给给予支持。公共产品供给应呈现出分层次的特点，通过合理划分事权确定财权，明确界定中央与地方政府提供公共产品的责任和范围。受益范围遍及全国的公共产品，由中央政府提供；受益范围主要是地方的公共产品，则由相应层次的地方政府提供；具有外溢性的地方性公共产品则由中央政府和地方政府或各个受益的地方政府共同提供。中央政府在提供农村公共产品时，主要是从事跨经济协作区的大江大河大湖的治理、农业科技成果推广、农业环境保护、农业信息网的建设、农业基础科学研究，以及与国防建设有关的民兵建设，与国民素质相关的义务教育等。地方政府应主要从事本区域内的农业基础性及社会效益较显著的项目的投资及管理。要积极进行乡镇行政管理体制改革，合理界定乡镇政府的职能和事权范围，使乡镇的财权和事权相符合。在科学界定乡镇政府职能的基础上，推进乡镇机构改革，把转变职能与减人、减事和减支结合起来，降低行政运行成本。同时，要进一步理顺乡镇政权与村委会的关系，使村民自治这一组织形式在配置村级公共产品中发挥核心作用。明确了各级政府和村民自治组织在农村公共产品供给方面的职责，便可防止上级政府将公共产品供给责任转移的现象发生，从而杜绝基层政府因事权与财权不统一，以乱收费和加重农民负担的形式来提供公共产品。

（三）营造农村公共产品供给的良好氛围

《村委会组织法》从宏观上明确了村民自治中的各种关系，但对一些具体问题的处理并没有给出具体办法和措施，从而给各地实施村民自治留下了较大空间。各地应该结合实际，以地方法规、规章及政策的形式进一步明确村民自治中的各种关系，坚定不移地推进村民自治，为公共产品供给创造良好的制度环境。在乡村关系中，乡镇政府除采取必要的行政管理方式外，应更多地运用法律、经济和教育等管理手段，在尊重村民自主权和村委会相对独立性的基础上实现有效管理，并从传统上过多干预农村经济发展转变到搞好公共服务即提供公共产品上来。国家应当就乡镇与村委会的关系制定更为明确，更具有可操作性的法规，加快村民自治进程。另一方面，村民自治组织应自觉协助乡（镇）政府做好各项工作，防止和杜绝违法违规现象的发生。要正确处理村党支部与村民自治组织的关系，加强和改善党对农村工作的领导。在当前，尤其需要规范村党组织的职责范围和工作方式。目前在这一方面许多地方有一些可贵的探索，如“一肩挑”也有叫“两肩挑”，就是村主任和村支书由一个人担任；“两票制”，就是当村支书首先要拿到群众的同意票，再经过全体党员的选举，实现“两委”的和谐。村民自治制度的配套化、一体化已经成为当务之急。村民对村庄自治事务的参与也不会仅仅局限于选人、用人上，他们要寻求更多地表达意志的机会，特别是对公共产品配置上要求有更多的参与权、自主权。乡（镇）村关系、两委会关系应当有更明确的规定；村委会新旧班子的移交应当制度化、规范化，应当有明确的程序、纠纷处理途径及责任承担；村民对两委会的监督机制应当进一步完善。单打一地抓某一项村民自治制度建设已经不能满足形势的需要。因此，村民自治制度的相互配套、相互衔接、融为一体将是必然趋势。还应当总结经验，指导各地制定具体的乡村关系条例，推动完善村民自治的制度体系。转变基层政府对农村的管理方式，引导农民正确行使民主权利，正确指导和帮助村民自治，促进“乡政村治”格局的规范化运行，这样才能为公共产品有效供给创造良好氛围。

（四）科学规划农村公共产品的空间布局

多数公共产品限制在一定区域，不同地区的人们享用公共产品客观上是有地域差别的，所以，公共产品供给的空间布局显得十分重要。宏观上看，城市体系的空间布局直接影响国家及地区公共产品的总体分布，城镇社区的分布对地方公共产品供给和地方群众对公共产品的享用起到一定的限制作用。因此，要科学设置村民委员会。在加强社区居民委员会建设的同时，要高度重视村民委员会的设置。要推动条件好的村民委员会向社区居委会的转变；同时，通过撤并村民委员会，扩大其面积和人口规模，推动人口向发达地区或者集镇转移，为生产要素的聚集创造条件。农村早已实行家庭联产承包责任制，随着市场经济的发展，农民更多地需要市场及市场服务体系，而这些正是村委会的“软肋”。要加大村委会的撤并力度，改变以往只在发达地区撤并村委会的策略，要在欠发达地区积极推进村委会撤并工作，使村委会密度与人口密度和经济发展水平相协调。积极推进村委会向社区居委会的转变，放宽设立社区居委会的条件，像改革开放初期发展建制镇那样采取优惠政策加大社区居委会发展力度。将撤并村委会与设立社区居委会结合考虑，实行“推拉战术”，促进农村地区人口向社区聚集，从而提高公共产品供给效率。同时，建立城乡一体化公共产品供给体系。实施工农业协调发展的战略，实现工业反哺农业。我国农民在工业化初期通过农业税及“剪刀差”等形式为城市工业化作出了重要贡献。当前，我国已经建立完备的工业体系，结束提取农业剩余的时机已经成熟。不仅要消除工农产品价格剪刀差，使农产品价格真正反映其价值，而且要使工业反哺农业，给予农民相应的补偿，为农村公共产品供给注入有力的财力支撑。加大农业投入，将农村公共事业建设列入公共财政范围。农业是弱质产业，国家应加大对农业的扶持力度，以法律法规来落实农业的基础地位，提高财政支农比例，将农村公共基础建设纳入国家财政预算，特别要加大中央财政对农村基础教育、医疗卫生、社会保障等方面的投入力度。只有这样，才能真正建立起城乡一体化公共产品供给体系，增加农村公共产品供给，推动农村的可持续发展。

（五）创新农村公共产品供给的决策程序

在村级公共产品供给的决策规则上，必须强调决策的“自下而上”。“自上而下”的农村公共产品供给是行政指令的结果，这种由外生变量即来自社区外部的各种因素来决定公共产品的供给方式，往往违背大多数村民意愿，违背实际情况，是造成农村公共产品供给出现偏差的主要原因。因此，要改革农村公共产品供给决策程序，实现农村公共产品供给决策程序由“自上而下”向“自下而上”转变，建立由内部需求决定公共产品供给的机制。一是搞好村委会选举，保证村级领导人对选民负责。乡镇干部也要加大民主选举力度，通过选举约束，使他们真正对本地选民负责，把自己的政绩做给本地选民看，把增进本地选民的利益放在首位。要采取制度措施使村级领导人相信，他们的当选完全取决于本地选民，而与其他任何因素无关。这样，村级领导人才敢于抵制来自外部的各种达标、升级活动，抵制各部门、各系统出台的收费规定。二是搞好村务乃至政务公开，完善公共产品供给的表达机制。这就需要进一步推进农村基层民主制度建设，在村民委员会制度和乡人民代表大会制度的基础上，由全体农民或农民代表对本社区的公益事业建设进行投票表决，使农民的意见得到充分反映。要增加公共资源使用的透明度，积极推进政务公开，定期将收支情况公之于众。三是加强公共产品供给的调研，努力实施科学决策。乡村领导班子要深入了解农民对公共产品的实际需求，加强可行性分析，不做脱离当地农村实际情况的决策。随着形势发展，要扩大农民在公共产品供给过程中的参与决策权。不仅要保证村民参与决策，而且事前还要积极组织、引导村民参与公共产品配置的调研活动，努力提高决策水平。

（六）推进农村公共产品供给多元化

我国是一个发展中国家，农村地域广阔，对农村公共产品的需求规模较大，单靠政府供给是无法满足农村公共需求的。因为政府资源是有限的，供给成本又大，而且难于保证所提供的公共产品适合各地的情况，所以应改革农村公共产品资金筹集制度，积极利用市场力量、农村社区力量和非政府组织来提供公共产品。对于全国性公共产品，国家应本着公平的原则，按贫穷程度通过转移支付的形式对农村地方性公共产品包括卫生防疫、基础教育、环境保护、计划生育等给予支持，中央政府应无偿足额提供，不应再向农民征收。地方政府提供的某些公共产品具有很大的正外部性，如果没有相应的补偿，这些产品的供给就会陷入不足的境地，比如我国乡镇级政府承担的基础教育投入，由上级或邻近地区、政府对其进行适当的补助，平衡这类公共产品成本的分摊，调整当地居民税费支付和受益享用间的偏差。对于部分准公共产品可以采用政府与市场混合的方式来提供，在明确产权的前提下，积极引进民间资金和外资，按照“谁引进、谁收费”，“谁投资、谁收益”的原则，大力兴办农村公共产品建设事业。针对社会供给主体力量薄弱，发展缓慢的特点，政府应提供优惠政策，鼓励经济实体、个人和其他社会力量投资农村公共产品，推动多渠道、竞争性供给格局的形成。通过投资主体多元化，减轻乡村财政压力，也就减少了农民对公共产品的成本分担。更为重要的是要培育和壮大其他社会供给主体。

五、结束语

村民自治背景下的公共产品供给是一个新课题，没有现成的模式可以借鉴。我国幅员辽阔，各地经济社会发展水平极不平衡，公共产品模式的构建应该兼顾不同情况。因为模式本身就具有高度的概括性，所以，从宏观上看构建具有中国特色的农村公共产品供给模式是社会发展的必然要求。综上所述，构建我国农村公共产品供给模式的主体思路表现在：建立完善的公共财政体系是前提，合理界定各级政府公共产品供给职责是关键，营造农村公共产品供给的良好氛围是保证，科学规划农村公共产品空间布局是基础，创新农村公共产品供给决策程序是焦点，推进农村公共产品供给多元化是方向。当然，建立一个完善的农村公共产品供给模式不可能一蹴而就，需要国家及各级党委政府的全力推动，需要社会各界及广大村民的广泛参与，需要法律法规的强力支撑，需要加强理论与制度创新，需要完善相关配套措施。相信通过各方面的共同努力，我国村民自治背景下的农村公共产品供给一定会走出一条良性发展的新路子。

参考文献：

[1] 洪银兴，刘建平. 公共经济学导论[M]，北京：经济科学出版社，2003.

[2] 王冰. 现代市场理论——关于市场的经济学[M]. 武汉：湖北人民出版社，2003年.

[3] 蒋满霖. 我国农村公共产品供给与农民负担研究[J]. 南京农业大学学报(社会科学版)，2003(2).

[4] 黎炳盛. 村民自治下中国农村公共产品的供给问题[J]. 开放时代，2001(3).

[5] 崔智友. 中国村民自治的法学思考[J]. 中国社会科学，2001(3).

[6] 李建国. 论增加农村公共产品供给[N]. 光明日报，2004-03-23.

[7] 屠辛庚. 农村公共产品供给及财政支农政策的探讨[EB/OL]. http://www.hzft.gov.cn/gb/hzft/hzch/2004/200405/201102/t20110222_81784.htm.

[8] 农村地区公共产品筹资方式研究课题组. 农村地区公共产品筹资：制度转型与政策建议[EB/OL]. http://www.zhaoyuan.gov.cn/docs/jcck/20050824/1124873034779.html.

[9] 李健. 村民自治中的村民委员会定位分析[EB/OL]. http://www.chinaelections.org/NewsInfo.asp?NewsID=36641.

[10] 傅德辉. 农村基层民主法制建设研究报告[EB/OL]. http://www.hbjzh.com/cmzz.asp?pid=3&cid=13&id=349.

[11] 韩成. 论村民自治的完善[EB/OL]. http://xzt.2000y.com/mb/1/ReadNews.asp?NewsID=108181.

[12] 中华人民共和国村民委员会组织法[EB/OL]. http://www.law-lib.com/law/law_view.asp?id=402.

新形势下行政区域界线管理对策

摘　要：本文针对我国全面勘界工作结束后行政区域界线逐步纳入日常行政管理的新形势，论述了行政区域界线管理的作用和意义，深刻分析了界线管理工作中存在的矛盾和问题，强调了加强界线管理的必要性与重要性。根据现代社会发展和法治政府建设需要，明确了行政区域界线管理的基本思路和原则；结合实际，提出界线管理工作任务与实现途径，包括建立完善的界线档案、搞好界线联合检查、加强界线相关标志物的管理、妥善处理边界纠纷、编制行政区划图、建设界线信息管理系统、开展平安边界创建活动等；最后，就如何保证界线管理工作顺利开展提出相关措施。

关键词：行政区域界线；勘界；界线管理

行政区划是国家行政的基本前提，而行政区域界线是行政区划的基本要素之一，它为辖区地方政府及社会活动提供相关法律活动依据，在国家政治、经济生活中发挥着不可替代的作用。我国历史悠久，行政区划管理积累了极其丰富的经验，但行政区域界线却一直处于相对粗放的管理状态。到上世纪末，我国才开始全国性的行政区域界线勘定工作。经过 5 年的努力，至 2002 年年底，除局部地区外，全国 31 个省区市之间总长 6.24 万千米的 68 条省级陆地行政区域界线、总长 41.6 万千米的 6400 多条县级行政区域界线全部勘定。勘界是我国行政区划管理史上前无古人的壮举，工程浩大，顺乎民心，合乎民意，功在当代，利在千秋，对促进经济社会发展和国家长治久安具有重大而深远的意义。以 2002 年国务院发布实施的《行政区域界线管理条例》为标志，我国行政区域界线管理进入一个新的历史时期。在新形势下怎样做好界线管理工作，是一项新任务、新课题。这里，笔者就此问题作一探讨。

一、界线管理的作用和意义

首先，加强界线管理，有利于实施依法行政。根据宪法规定，各级地方行政机关必须按照行政区域从事各种管理活动，行使管理职权；

地方权力机关必须按照行政区域行使立法、执法和监督权。以《宪法》为依据，国家陆续颁布了许多法律法规，如《民族区域自治法》《森林法》《草原法》《矿产资源法》《土地管理法》《渔业法》《环境保护法》《海洋环境保护法》《文物保护法》《统计法》《民事诉讼法》《刑事诉讼法》，等等。这些法律都明确规定，按照行政区域予以实施。因此，只有明确划定行政区域界线，搞好日常界线管理工作，现代社会条件下的依法行政才能得到有效保证。

其次，加强界线管理，有利于服务人民群众。坚持以人为本、全心全意为人民服务，是我们党和政府的根本宗旨。界线的准确及稳定，直接关系到边界地区的安定团结，事关人民群众的根本利益。边界地区和谐安定，人民群众就可以安居乐业；边界地区纠纷不断，人民群众的生命财产就要遭受损失。纵观历次边界纠纷事件，受害的首先是群众，直接利益损失最大的也是群众。界线管理不仅对边界地区群众生活产生影响，而且还会影响到全局政治、经济和社会活动。所以，搞好界线管理工作，就是贯彻“以民为本，为民解困，为民服务”的行政理念，是人民群众的根本利益所在。

第三，加强界线管理，有利于实行科学发展。科学发展观是我党对社会主义市场经济条件下经济社会发展规律认识上的重要升华，是从新世纪党和国家事业发展全局出发提出的重大战略思想，是统领我国经济社会发展全局的根本指导。落实科学发展观，必须抓好“五个统筹”，而区域协调发展成为现代化建设的重要任务之一。离开了行政区域界线的科学、合理定位，必然造成行政责任不明,行政秩序混乱，就谈不上区域协调发展。按照我国“十一五”规划，要建设资源节约型和环境友好型社会。边界纠纷的实质是资源纠纷，处理不好，往往造成边界地区资源的破坏和浪费。因此，推进界线规范化管理，是落实科学发展观和建设节约型社会的必然要求。

第四，加强界线管理，有利于构建和谐社会。通过抓好界线管理工作，有效化解边界矛盾，可以保持边界地区安定团结与社会和谐。边界纠纷事发一个点，牵动一条线，影响一大片，对所在区域各级政府及相关部门影响非常大。全面勘界虽然解决了行政区域界线不清的问题，但随着经济社会发展和资源开发利用程度进一步加深，界线附近地区在资源使用和管理过程中仍有可能发生纠纷，部分地段因界线实地认定不一致引发的争议还会存在。如果管理工作跟不上，纠纷和矛盾就会加剧，边界地区社会不和谐因素就会随之增多。通过有效的界线管理，妥善处理和解决边界纠纷，保持界线明确定位，对依法维护边界地区社会稳定，构建社会主义和谐社会具有重大意义。

二、界线管理面临的形势和挑战

全国勘界工作结束后，行政区域界线管理逐步成为各级政府部门的日常行政职能。根据现代社会发展需要，地方各级政府及相关部门在界线管理中承担着重要使命，必须从改革发展稳定大局出发，站在构建和谐社会的高度，保护边界地区群众利益，维护国家法律法规和勘界协议书的权威，妥善解决界线管理中的各种矛盾和问题。国家界线主管部门“十一五”规划要求，“逐步建立健全法规配套、管理规范、适应构建和谐社会要求的界线管理制度，严格依法治界，及时调解和处理边界纠纷，积极维护界线附近地区的社会稳定与和谐”，并对界线管理提出了明确、具体的目标任务。按照国务院颁布的行政区域界线管理条例，各级政府及相关部门界线管理任务十分繁重，包括建立健全界线管理责任制，建立完善的界线联合检查制度；妥善处理边界地区纠纷，维护边界地区稳定；执行勘界协议书的各项规定，维护法定界线的严肃性、稳定性；完善法制建设，保证界线管理有法可依，有章可循，等等。新形势下，依法行政、建立法治政府成为时代的呼唤，也对界线管理提出了新要求；各级政府部门推进精细化管理，需要准确的界线依据及相关信息；开发利用边界地区资源，更是离不开良好的边界环境。特别是党的“十七大”明确提出，开展平安创建活动。国家有关部门结合界线管理实际，作出了开展平安边界创建活动的安排，进一步丰富了界线管理的内涵。

同时，我们要清醒地认识到，全国勘界工作结束后，虽然取得了历史性界线成果，但由于种种原因，目前界线管理还存在一些消极因素与不足之处。①思想认识不到位，一些地方不同程度地存在重勘界、轻管界的现象，忽视界线管理在现代法制社会中的作用。②缺乏界线管理经验，没有历史经验可以借鉴，只能在实际工作中逐步摸索管理办法。③缺乏较高素质的专门人才，勘界结束后一些技术人员陆续分流离开，现有管理人员有些不了解或不熟悉界线管理的专业技术，工作起来比较吃力。④一些地方工作经费得不到保证，特别是省际界线大都在边远贫困地区，地方财政普遍比较困难，增加了工作难度。⑤工作机制不够健全，对于一些突发性边界纠纷缺乏有效的回应，存在一定的被动性。因此，必须尽快解决这些矛盾和问题，全面加强界线管理工作，以适应现代法制社会建设的要求。

三、界线管理的基本思路与原则

作为国家行政管理的重要事务，行政区域界线管理必须适应党和政府中心工作需要，努力服务经济社会发展大局，为依法行政、高效行政创造良好体制环境。界线管理要以邓小平理论和“三个代表”重要思想为指导，以科学发展观为统领，着眼于和谐社会建设，按照“十七大”关于平安创建的总体要求，完善界线日常管理机制，搞好界线联合检查，保持界线明确定位，提供标准界线信息，及时化解边界纠纷，促进资源开发利用，保持界线平安和谐。

按照上述基本思路，工作中应遵循以下原则：

一是法制化原则。首先，坚持法定的行政区域界线，即国务院或省级人民政府批准的界线，包括有关双方签订的勘界协议书及其附图。协议书所确定的行政区域界线是具有法律效力的界线管理工作的基本依据，任何组织或个人都不得擅自改变。其次，认真遵守界线管理的有关法规政策。2002年国务院颁布的行政区域界线管理条例是界线管理的专门法规，近几年该条例的配套规章及政策也相继出台，许多省区还制定了相关政策措施。这些法规政策成为界线管理的重要依据。

二是规范化原则。行政区划具有较强的政治性、历史继承性、地域性和综合性等特点，作为行政区划要素之一的行政区域界线，除了具有这些基本特点之外，还具有较强的技术性、专业性等特点。行政区域界线要落实到具体地点、地物，还要用界桩来表示，直接向社会及广大民众指明界线走向。所以，界线管理必须规范程序、严格标准，采取有效形式、手段和方式，强化界线管理工作，向社会提供准确的界线依据。

三是管理与服务并重原则。加强界线日常管理，引导社会各界特别是界线两侧的组织和个人自觉遵守界线的法律地位，严格守界生产经营，需要越界或跨界经营的，都必须遵循有关法规政策，履行相关手续，严格依法从事生产经营活动。通过政府及相关部门卓有成效的工作，维护界线的法律权威性，向社会提供标准界线信息服务，促进边界地区安定团结，实现经济社会又好又快发展。

四是平安和谐原则。按照"属地管理、谁主管谁负责"的基本要求，做好平安边界创建工作，维护边界地区和谐稳定。把平安边界创建工作纳入地方政府经济社会发展总体规划，统筹安排，建立健全地方党委领导、政府负责、部门配合、社会参与、各司其职、协调推进的平安创建工作机制。通过建立科学的指标体系，采取规范化考核手段，推动平安边界创建活动顺利进行。

四、界线管理的主要任务与途径

（一）建立完善的界线档案

界线管理有赖于大量准确规范的界线资料，建立界线档案是做好界线管理工作的必要前提和条件。由于勘界中相关部门的主要精力放在实际勘界工作上，资料档案工作相对滞后。如果不把勘界档案整理好、保管好，勘界工作就会前功尽弃。因此，全面勘界结束之后，加强界线档案建设显得十分必要。国家有关部门就建立界线档案问题专门作出规定，要求各地高度重视界线档案建设，认真做好省、县两级界线档案工作。首先，要抓紧勘界成果立卷归档。全面收集界线勘定、维护、检查、变更过程中形成的成果资料，并将其认真整理、立卷、归档和保管。近年来，民政部整理并移交勘界档案 8777 卷（盘），接收并整理县界勘界档案 16672 卷（盘）；各地民政部门完成了 21000 多卷本级勘界档案的整理和归档工作，积累了丰富的档案资料。其次，要完善界线档案制度建设及日常工作机制。建立健全界线档案保管、使用制度，实现界线档案制度化、规范化管理；加强日常界线资料的归档、整理和保管工作，严格借阅登记及保密制度；做好界线档案资料的开发利用工作，采用现代科技手段对已有界线成果资料进行加工处理，向社会提供高质量的界线信息服务。

（二）搞好界线联合检查

根据国务院《行政区域界线管理条例》规定，每 5 年要对行政区域界线进行一次联合检查。各省区也相继出台了省级行政区域界线联合检查实施办法，使界线联检工作逐步走上法制化、制度化轨道。对勘定界线进行联合检查，可以有效保护界线标志物，保持法定界线实地位置清晰明确，维护边界地区社会稳定。开展界线联检，应重点把握好三个环节：第一，把思想统一到勘界协议书的各项规定上来。界线联合检查的目的就是检查勘界协议书的贯彻执行情况，维护勘界协议书的权威性和严肃性，而不是改变协议书的有关规定。对勘界协议书任何规定的变更，都必须经双方协商同意并形成一致意见，然后按照有关规定专题办理。第二，严格工作程序。要规范联检工作内容、程序和方法，确保联检工作质量。国家及省级相关部门对界线联检工作都作出了明确规定，关键要抓好落实。根据界线联检专业性及规范性强的特点，可以在一些主要环节上建立起统一模式，完善联检工作各项资料成果。第三，加强沟通与协作。界线联检最大的特点就是界线毗邻双方政府的合作与协调。从制定工作方案开始，一直到上交联检成果，都需要双方政府的密切配合。对联检中发现的问题，双方要坚持“实事求是、顾全大局、互谅互让”的原则，及时、妥善地协商解决。对边界地区资源开发利用，双方要从全局及长远利益出发，努力实现合作共赢。通过界线联检，加强沟通联系，维护界线稳定。

（三）加强界线相关标志物的管理

界线相关标志物的管理与维护是界线管理的核心内容，关键要认真执行国务院《行政区域界线管理条例》的有关规定，将各项管理措施落实到位。①严格执行勘界过程中形成的界线批准文件和界线协议书的各项规定，任何组织或者个人不得擅自变更行政区域界线。②边界双方政府要按照界线协议书的规定，对界桩进行分工管理，采取签订协议或其他措施，将界桩保护直接落实到人；对损坏的界桩，由分工管理该界桩的一方在毗邻方在场的情况下修复。③对于因建设、开发等原因需要移动或者增设界桩的，界线毗邻有关政府应当协商一致，共同测绘，增补档案资料，按程序备案并归档。④界线毗邻的任何一方不得擅自改变作为界线标志的河流、沟渠、道路等线状地物；因自然原因或者其他原因改变的，应当保持界线协议书划定的界线位置不变，界线协议书中另有约定的除外。⑤界线协议书中明确规定作为指示界线走向的其他标志物，应当维持原貌；因自然原因或者其他原因使标志物发生变化的，有关县级以上民政部门应当组织修测，确定新的标志物，按程序备案并归档。⑥生产、建设用地需要横跨行政区域界线的，应当事先征得毗邻有关政府同意，分别办理审批手续，按程序备案并归档。此外，还要做好“飞地”“插花地”等特殊情况的处理，因为这些问题往往是矛盾及纠纷的“导火索”。总之，必须对界线协议书中记载的每个界线标志物都要高度关注，采取有效措施进行维护与管理。

（四）妥善处理边界纠纷

行政区域界线的勘定，为解决边界纠纷提供了法定界线依据，但并不能杜绝边界纠纷的发生。由于边界地区情况复杂，加之诸多主、客观因素，边界地区因行政区域界线认定及土地、山林、草场、水利、矿产等资源管理使用引发的纠纷还会发生。从近年来边界地区发生纠纷的情况看，多数是资源权属纠纷，只有一部分是界线认定不一致引发的矛盾，这两类纠纷矛盾有着本质的区别。第一，两者的法定概念不同。资源权属纠纷是指因土地、山林、水利等资源所有权或使用权不清引发的争议，而行政区域界线争议是指因行政区域界线不清而引发的矛盾。第二，两者的法律依据不同。行政区域界线划定与管理的依据是《行政区域界线管理条例》《行政区域边界争议处理条例》、国务院和省级人民政府关于勘界工作及界线管理的规范性文件，而土地、山林、水利等资源权属纠纷处理的依据是《土地管理法》《草原法》《森林法》《水法》《行政复议法》《行政诉讼法》，以及相关资源纠纷处理的法律、法规等。第三，两者的主管机关不同。行政区域界线划定和争议处理的政府职能部门是各级民政部门，而土地、山林、水利等资源纠纷处理的政府职能部门是相应的资源主管部门。第四，两者的法律生效不同。行政区域界线是由毗邻的有关政府以签订协议方式，经有批准权的上级政府批准后就具有法律效力；而资源权属纠纷处理如果是达成协议的，只要合法，无需批准即生效；如果由政府作出裁决，必须经过法定的复议期限、起诉期限或最终裁决才能生效。因此，对于边界地区发生的纠纷，相关部门要深入实地调查研究，区分性质，妥善处理。

（五）编制行政区划图

为了向社会公布及提供标准行政区域界线，需要开展行政区划图的编制。过去由于没有全面勘界，很多地方的行政区域界线不清，未能编制出版具有标准界线的行政区划图，有的行政区划图只作为示意性地图。行政区域界线是各级政府依法行政的依据，也是经济、社会所必需的重要信息资源。全面勘界结束后，各级政府和民政部门通过多种形式向社会公布勘界成果，而最有效的途径之一，就是编制行政区域界线详图及相关行政区划图。2002年民政部发布了关于省、自治区、直辖市人民政府联合勘定的省级陆地行政区域界线的公告，将已勘定的68条、62400多千米省级陆地行政区域界线的名称、编码、长度、国务院批复等信息向社会进行了公告。2004年6月，经国务院批准，民政部、国家测绘局联合编制了《1:100万中华人民共和国省级行政区域界线标准画法图集》和《1:400万中华人民共和国省级行政区域界线标准画法图》，并向社会公布，明确了比例尺等于或小于1:100万的各种地图上省界的画法。一些省、自治区、直辖市均以省级人民政府名义发布公告、编制出版全省及分县行政区划图、行政区域界线详图，公布行政区域界线勘定成果。实践证明，勘界成果的及时公布，不仅可以在日常界线管理及处理边界争议中发挥重要作用，也可以为国土、水利、林业、农业、测绘等部门加强资源管理提供服务，从而实现界线信息资源社会共享。今后要进一步加强相关行政区划图的编制工作，使之成为向社会发布标准行政区域界线的常规渠道。

（六）建设界线信息管理系统

在现代信息社会，建立界线信息管理系统是开发、利用勘界成果，实现界线管理科学化、现代化的基础工作，也是提高界线管理与服务水平的根本途径。在总体思路上，要立足将界线信息系统打造成社会信息的基础平台，使之成为整合各种空间信息的重要依托；在系统定位上，要实现勘界成果的数字化档案管理，实现界线空间地理信息和属性说明信息的多项检索与查询，以及各类行政区域界线的叠加、统计、更新、编辑及对档案成果的浏览、输出和复制等，并实现界线信息的可视化，使之能够充分满足界线管理与服务、争议处理及领导决策的需要；在系统内容上，要涵盖勘界工作中形成的协议书、请示、批复文件、界桩登记表、成果表及各类附图等所有资料，实现对勘界成果的全数字化保存。2003年，民政部组织完成了省级行政区域界线信息管理系统建设。2004年，各省区按时完成了县界勘界电子档案的录制工作。各地通过整理勘界档案和建设信息管理系统，有效保护了勘界原始资料成果，及时向社会提供了界线信息数据，取得较好的社会效益。今后，要充分发挥界线信息管理系统的作用，为妥善保管勘界成果、有效解决争议、提供空间信息、提升行政效率等服好务，为政府其他部门如农业、土地、建设、林业、水利、环保、交通、公安等信息化建设提供法定的基础数据，全面拓展服务功能。

（七）开展平安边界创建活动

创建平安边界是界线管理工作的重要任务，是保持社会稳定、构建和谐社会的重要组成部分，越来越受到社会各界的关注和重视。中央及国务院有关部门对创建平安边界作出了专门部署。各地要结合实际，重点做好以下几方面工作：第一，建立睦邻友好公约。界线双方政府要通过签订友好公约形式，维护边界地区安定团结，将界桩维护、文物管理、资源保护、插花地管理、联席会议制度、边界纠纷调处、社会治安综合治理、民风建设、区域合作等内容囊括其中，确保公约具有较强的可操作性和约束力。第二，建立信息共享与会商机制。建立跨边界信息共享和横向联系机制，走出去、请进来，增进相互了解和信任。通过边界双方政府定期召开联席会议，互通信息，交流思想，增进友谊，促进和谐。第三，组织文化交流。在边界乡村开展多种形式的文化交流活动，以此为纽带建立友好关系。通过举办联谊活动、体育比赛、文艺汇演等等，加强友好往来，做到“亲戚越走越亲”。同时，在边界地区开展平安乡镇、平安村庄、平安家庭等创建活动，营造“讲大局、讲团结、讲文明、讲友谊、讲支援”的良好氛围。第四，加强社会治安综合治理。结合边界实际情况，建立边界联处机制。针对边界治安难点，相关部门要搞好跨界协作，实行联合巡逻，联合出警，挤压犯罪空间。对发生在边界的刑事案件，毗邻双方政府要密切配合，联手打击犯罪分子。第五，共同开发边界资源。利用边界地区资源丰富的优势，加强友好合作，促进资源合理开发，将资源优势转化为经济优势。要引导边界地区生产经营者依法办事，互通情况，避免产生误会和不必要的纠纷，努力做到双赢。

此外，根据经济社会发展和行政管理需要，妥善做好局部行政区域界线的调整工作。对于依法批准变更的行政区域界线，毗邻有关政府应当及时按照勘界测绘技术规范进行测绘，埋设界桩，签订协议书，完善备案手续，做好相关资料立卷归档。同时，有条件的地方，还可以参照县级界线管理办法，做好乡镇界线管理工作，全面推进行政区域界线法制化、规范化管理。

五、界线管理的保障措施

一是加强组织领导。各级政府及相关部门要高度重视界线管理工作，要以高度的责任感和使命感，将界线管理纳入地方政府目标责任制，列入构建和谐社会的重要内容，作为造福一方的“民心工程”“一把手工程” 抓好抓落实。建立好边界领导或组织机构，落实相关责任人，采取必要的组织措施，建立上下结合的界线管理网络。

二是营造良好氛围。要利用多种形式搞好宣传，积极争取各级党委政府部门对界线管理工作的重视和支持，争取社会各界及广大民众的参与和配合。使广大干部群众了解界线管理的重大意义、相关法规、主要内容和活动形式，营造良好工作氛围。特别要将界线管理与各级政府平安创建活动相结合，使界线管理在构建和谐社会中发挥更大作用。

三是搞好部门配合。在党委及政府主导下，充分发挥各级政法委、综治委及相关部门的作用，采取得力措施排查矛盾和问题，强化治安防范，打击违法犯罪。搞好部门协调，加强信息沟通，充分发挥人民调解在化解边界矛盾中的重要作用，坚持抓早、抓小、抓苗头的原则，做到防患于未然。政府相关部门要各负其责，密切配合，共同维护边界地区的安定团结。

四是加强业务指导。针对界线管理技术性强的特点，努力推进科学化、规范化管理。注意利用社会技术力量为界线管理服务，加强对基层业务工作的技术指导。将平安边界创建活动与社会治安综合治理工作相结合，使两者做到同考核、同评比、同奖惩。界线主管部门要开拓进取，积极探索界线管理的有效形式，不断总结交流经验，提高工作水平。

五是建立长效机制。加强界线管理的法制化建设，建立起从上到下完善的界线法规政策体系。建立健全边界地区纠纷应急处理机制，妥善解决边界纠纷。边界毗邻地方政府要通过建立联席会议制度等途径，加强沟通，加强理解，促进协作，增进团结。不断完善边界地区信息交流、治安协作及友好公约等机制，从制度上保证边界地区长治久安。

六是提升工作条件。加强基层界线管理队伍建设，配备相关人员，加强技术培训，提高业务水平。加大财政支持力度，特别是对贫困地区要采取必要的转移支付手段，解决好所需工作经费，提供必要的财力保障。还要根据界线管理技术要求和界线联检实际情况，配备相关交通通信设备以及办公设施，提供必需的物资保障，推进界线管理工作顺利开展。

参考文献:

[1] 民政部全国勘界工作办公室. 中国勘界纪实[M]. 北京: 中国社会出版社, 2003.

[2] 孙平. 中国行政区划分析[M]. 武汉: 湖北人民出版社, 2004.

[3] 民政部区划地名司. 全国行政区域界线管理工作会议文件汇编[C]. 2007.

[4] 湖北省民政厅. 全省平安边界建设工作座谈会材料选编[C]. 2008.

从构建和谐社会的战略高度推进平安边界建设

摘　要：省、县级行政区域界线是国家行政管理的重要依据。由于边界地区情况复杂，在资源开发利用和经济建设中所出现的边界纠纷难以避免，因此，必须深入开展平安边界创建活动，维护边界地区和谐稳定。本文就如何做好平安边界建设工作提出几点设想，即加强宣传教育，营造良好氛围；强化组织领导，落实目标责任；健全制度规范，有序推进工作；搞好协作配合，形成整体合力；不断探索创新，丰富工作内涵。通过开展平安边界建设，为边界地区群众生产生活创造良好环境，为推进科学发展和构建和谐社会做出新的贡献。

关键词：行政区域；边界；平安建设

党的“十七大”和十七届三中全会明确提出，深入开展平安创建活动。平安边界建设作为各级党委、政府领导下的平安创建活动之一，在维护边界地区社会稳定、推进依法行政、促进地方开发建设中发挥着越来越重要的作用。这里所谈边界，指国内省、县级行政区域的分界线，是国家依法实施行政管理的重要依据。1995 年至 2002 年全国全面勘定了省、县两级行政区域界线。全面勘界工作结束后，因为边界地区情况复杂，行政区域界线认定及相关资源管理使用引发的纠纷还不可能完全避免，所以，必须从构建和谐社会的战略高度积极推进平安边界建设，维护边界地区的和谐稳定。由于平安边界建设是一项全新的工作，各地存在经验不足、进展不够平衡等问题，因此，迫切需要改善方法，加大力度，全面提升平安边界建设工作水平。

一、以宣传教育为先导，营造良好氛围

平安边界建设是一项政策性、社会性、群众性很强的工作。为了有效推进平安边界建设，必须从抓好宣传教育入手，全面提高广大干部群众对平安边界建设的认识，争取社会各方面的配合与支持。首先，抓好各级党委、政府及界线管理部门有关法规政策的宣传学习。通过召开专题会议，使各级领导干部和相关工作人员了解平安边界建设的

政策要求，统一思想，把平安边界建设上升到推进科学发展、构建和谐社会的高度来认识，并将其列入重要议事日程。结合实际，统筹安排，做好相关业务知识的学习培训，为平安边界建设工作培养一支思想觉悟高、业务素质强的骨干队伍。同时，抓好面向社会特别是边界地区广大干部群众的宣传教育，通过电视台、广播、报纸、张贴标语、开辟宣传栏等形式，深入宣传平安边界建设的法规政策和工作意义。将国家《行政区域界线管理条例》以及各级党政部门关于开展平安边界建设的政策性文件编印成册，直接发给边界地区基层干部和工作人员，通过他们向边界地区群众进行宣传教育，提高广大基层干部群众依法治界的法律意识和责任意识。

宣传教育要突出重点，以提高认识、统一思想、明确工作要求为目的。使大家充分认识到：创建平安边界是深入学习邓小平理论和“三个代表”重要思想的具体体现，是贯彻落实科学发展观、构建社会主义和谐社会的需要，是建立平安、稳定、团结、和谐边界关系的客观要求；边界地区的稳定是社会稳定的重要组成部分，平安边界建设是国家平安创建活动的重要组成部分，对于推进全国平安建设、维护社会和谐稳定具有极其重要的作用；创建平安边界是老百姓一要富裕、二要平安的迫切需要，是党和政府维护稳定、促进发展，为群众解难事、做好事、办实事的重要举措；开展平安边界建设，维护边界地区和谐稳定，减少纠纷发生，是推行依法行政、建设法治政府、践行立党为公和执政为民宗旨的具体体现。通过宣传教育，使相关法规政策家喻户晓，使边界地区广大干部群众思想认识不断提高，更加关心、支持平安边界建设，充分增强责任感和紧迫感，自觉参与到平安边界创建活动之中，从而形成良好的工作氛围。

二、以组织领导为重点，强化目标责任

平安边界建设是一项涉及面广的系统工程，必须加强组织领导，落实好目标责任。按照国家有关文件精神，平安边界建设总的目标任务是，以邓小平理论和“三个代表”重要思想为指导，以科学发展观为统领，以维护界线毗邻地区稳定、构建和谐边界为出发点和归宿点，贯彻落实国务院《行政区域界线管理条例》和中央综治办、民政部等部门关于开展平安边界建设的意见精神，充分利用国家平安建设的大舞台，推进行政区域界线的法制化、规范化管理，促进省、县两级行政区域界线附近地区的稳定，确保不发生因界线在实地位置不清而引发的恶性刑事案件、群体性械斗事件和集体上访事件。同时，相关部门要做好界线附近地区的资源纠纷处理。根据上述精神，各级党委、政府要把平安边界建设作为国家平安创建活动的重要组成部分，纳入总体规划，制定具体目标，明确相关任务。通过建立健全地方党委领导、政府负责，有关部门各司其职、密切配合，边界地区广大干部群众广泛参与的工作机制，采取积极预防、区分性质、快速处置等各种行之有效的措施，从源头上预防、减少新的边界纠纷的发生，使得刑事犯罪率显著下降，治安乱点明显减少，群众安全感不断增强，把边界地区的矛盾纠纷解决在基层，解决在萌芽状态，实现边界地区长期和谐稳定，促进经济社会稳步发展。

为了将国家平安边界建设目标任务落到实处，各级党委、政府要切实加强领导，精心组织，科学规划，细化目标，层层分解，落实责任。首先，加强组织领导。各级党委、政府要高度重视，把开展平安边界建设、维护边界地区稳定纳入维护社会和谐稳定的领导责任制，并作为重要内容实施“一把手”工程，各级党委、政府主要领导要作为平安边界建设第一责任人，分管领导作为直接责任人，其他相关领导承担分管工作范围内的有关责任；相关部门也要落实责任制，明确责任人；同时，加大组织协调、经费保障和工作支持力度。其次，坚持正确原则。各级党委、政府和相关部门领导要提高认识，坚持顾全大局、实事求是、互谅互让的原则，牢固树立为官一任、稳定一方、发展一方、富裕一方的思想理念，坚决摒弃寸土必争、寸步不让的狭隘的本位主义和地域观念，从维护边界地区群众共同利益的大局出发，将平安边界建设办成“民心工程”“为民工程”。第三，完善保障措施。加强人、财、物的保障。组建好工作专班，做到有人从事工作；财政要尽力提供工作经费，保证工作顺利开展；有关部门要积极配备办公用品，提供良好工作条件。第四，健全工作机制。各级界线管理部门要主动与党委、政府等有关部门沟通协商，制定平安边界建设的政策文件，拟定总体实施方案和工作计划；在有关部门配合支持下，建立健全党政领导、民政主管、部门配合、有关乡镇及社会各方力量共同参与、合力推进的平安边界建设工作机制。

三、以健全制度为主线，有序推进工作

在坚持属地管理和谁主管、谁负责的原则基础上，努力健全边界地区各级党委、政府和有关部门之间共同创建平安边界的制度规范。着眼法制化、规范化管理，以建立健全规章制度为主线，有序推进平安边界建设工作。

（一）签订毗邻双方平安边界共建协议。加强省际平安边界建设，相邻省市间要积极联合起草平安边界创建协议、公约或者相关文件，以供双方干部群众共同遵照执行；省内县级界线毗邻双方也要积极创造条件签订平安边界建设协议、公约或者乡规民约，明确平安边界建设各项事务。边界双方的共建协议应该体现法律性、可操作性、长远性特点，将国家界线管理条例及有关专项工作制度的原则规定等内容囊括其中。

（二）建立联席会议、定期互访沟通制度。省、市、县都要明确平安边界建设联络员，双方界线主管部门要主动建立联席会议与联络员定期互访、座谈沟通制度，定期召开联席会议，开展业务培训、经验交流等活动，互通信息，交流情况，排查隐患，协调解决边界地区纠纷。边界双方的县市政府领导每年都要出席联席会议，交流感情和思想，真正做到“亲戚越走越亲”，并共同研究平安边界创建活动，解决相关问题。

（三）建立界桩及标志物委托管理制度。边界地区各相关部门都要以责任书的形式将界桩及相关标志物的管理落实到具体单位和管护员，规定护界内容，明确相关责任。以制度形式要求管护员定时清除界桩周围的遮挡物和威胁界桩安全的物体，对松动的界桩予以加固，对边角磨损的界桩予以修补，对界桩字迹模糊的予以刷新。界线毗邻的乡镇村都要通过签订睦邻友好公约形式，共同管理好界桩及相关标志物，维护法定界线的准确性和严肃性。

（四）完善行政区域界线联合检查制度。根据国家有关规定，每5年要对勘定的省、县级行政区域界线开展一次联合检查。从2003年至今，各级民政部门认真履行职责，精心组织，周密安排，密切合作，圆满完成了第一轮省、县级行政区域界线联合检查任务。今后要按照国家有关规定组织好每5年一次的界线联合检查。目前要做好第二轮省、县级行政区域界线联合检查，认真抓好联检方案制定、资料准备、作业程序、实地核查，以及成果上报等各环节工作，严把质量关，按时完成省、县级行政区域界线联检年度工作任务，及时处理发现的问题。

（五）健全边界争议及纠纷处理机制。根据实际情况，结合部门特点，建立相关部门参与的边界争议和纠纷处理机制，明确规定边界线认定不一致及各类资源纠纷处理的原则和方法。按照“发现得早、化解得了、控制得住、处置得好”的总要求，及时处理行政区域界线实地位置认定不一致引发的争议，对于影响边界地区稳定的土地、矿产、水利、林业等资源管理使用的纠纷，界线管理部门要主动与相关部门沟通，协助相关部门处理好纠纷。通过处理解决边界相关矛盾纠纷，维持边界地区正常生产生活秩序。

四、以协作配合为手段，形成整体合力

平安边界建设不仅需要各级党委、政府的高度重视和支持，而且需要各部门的配合，还需要社会各界的广泛参与，做到各负其责、各司其职、相互协作、共同推进。各级党委、政府要组织协调好各职能部门的配合，从体制机制上整合相关部门的职责任务，形成“一盘棋”格局；在重大问题处理上积极发挥领导、主导、引导作用，为平安边界建设营造良好体制环境；加强监督检查，促进平安边界建设各项任务顺利完成。各级党委、政府要从全局上把握好平安边界建设工作的走向，重点协调好边界地区的矛盾纠纷调解处理、排查整治治安混乱地区和突出治安问题、强化治安防范和管理、打击违法犯罪、预防和处置群体性事件等方面的问题；组织协调深入开展平安边界建设相关活动，督促有关部门在掌握情况信息、处置跨界矛盾和纠纷等方面的工作。

各部门要充分发挥职能作用，做到优势互补，相互支持。从维稳方面讲，要加大对维护稳定工作的组织协调和检查指导力度，促进预防、调解、教育、管理和服务等各项维稳工作措施的落实。从维护民族团结方面讲，要做好边界地区少数民族干部群众的思想工作，及时化解矛盾，促进民族团结。从打击犯罪方面讲，要积极防范和坚决打击边界地区的违法犯罪活动，对于跨区域流窜作案以及挑动边界纠纷的，要及时处理。从日常界线管理方面讲，要认真开展界线联合检查，及时处理行政区域界线实地位置认定不一致引发的争议。从司法方面讲，要加强边界地区的普法和依法治界工作，努力营造和谐稳定的法治环境；充分发挥人民调解在化解边界纠纷中的重要作用，坚持抓早、抓小、抓苗头，努力把矛盾纠纷化解在萌芽状态。从资源管理方面讲，相关资源主管部门要依法及时处理边界地区资源纠纷问题。同时，要引导边界地区村（居）民委员会自治组织及广大群众参与进来，共同推进平安边界创建活动深入持久开展。

五、以探索创新为动力，丰富工作内涵

按照科学发展观与构建和谐社会的总体要求，积极探索创新，通过平安边界建设为文化交流、资源整合、产业互动、市场互利、设施共享、平安共建等方面提供广阔的合作空间和平台，使平安边界创建活动在服务改革开放和现代化建设中发挥更大的作用。

一是通过平安边界建设打造边界地区和谐建设的抓手。紧紧把握维护社会稳定、促进社会和谐的主旋律，不断深化平安边界创建活动。湖北省在平安边界建设中总结出的“五联”就是具有代表性的创新举措，即联责、联心、联防、联治、联谊。“联责”，就是边界双方建立协调组织，制定工作措施，落实工作责任；“联心”，就是边界双方交流感情，互通信息，齐心协力，共商维护边界稳定大局；“联防”，就是边界双方互通辖区治安状况，结合实际制定相应措施，形成边界联防网络，共同维护边界地区社会秩序；“联治”，就是边界双方狠抓社会治安综合治理，创建平安边界带；“联谊”，就是边界双方沟通信息，交流文化，巩固平安边界的群众基础。

二是通过平安边界建设推进边界地区共同开发与经济发展。在边界地区建立有效对话机制，构建边界地区经济交流协作平台。打破地方保护、区域封锁、市场分割，积极推动边界地区资源整合、产业互动、市场互通，建立边界区域经济一体化新格局，促进经济融合与发展。统筹布局边界地区道路、给排水设施，以及其他基础设施，减少重复建设造成的浪费。推进资源合理开发，共同利用好边界地区的荒滩地、沙地、水域等资源，力求创造更高的经济效益。加强边界森林防火、植树造林等方面的合作，促进资源的合理保护、开发和利用。条件成熟的地方还可以在边界地区共同建立经济开发区，培植新的经济增长点。

三是通过平安边界建设推进边界地区文化交流。边界双方通过签订平安创建、文化交流等方面的协议，使平安边界建设在促进文化交流中发挥积极作用。可以定期开展边界文化交流，举办各种体育友谊赛，开展各种形式的民间艺术交流，通过多样化的文化交流起到沟通感情、凝聚人心、丰富生活的作用。结合边界少数民族特点和地域特征，组织具有民族特色的文化交流、文艺汇演和体育竞赛等活动，使各族群众真正享受平安祥和、富裕繁荣的新生活。要重视加强青少年之间的文化交流，为边界地区长期繁荣和谐打下坚实基础。

四是通过平安边界建设提升界线信息化服务水平。适应平安边界建设需要，积极开展界线资料档案和信息化建设。做好对界线资料的收集、整理和归档工作，保证资料收集完整、档案管理规范、规章制度健全。以勘界成果为基础，编制行政区域界线图，向社会发布权威、准确的行政区域界线信息。同时，顺应信息社会发展要求，科学筹划，建设好省、县级行政区域界线信息管理系统。通过完善档案、编制行政区域界线图和建设行政区域界线信息管理系统，满足社会各界对法定界线信息的需求，有效促进行政区域界线的规范化、法制化管理，为平安边界建设创造良好条件。

如何应对突发性灾害事故

“天有不测风云，人有旦夕祸福”,但各地在处理突发灾害事故中的表现还是不尽如人意，回眸2004年年底印度洋大海啸发生后死亡15万人的惨状,至今心有余悸。2005年飓风“卡特里娜”登陆美国后所造成的巨大损失及混乱局面同样令人震惊。新奥尔良市几天之内就成了“一座名副其实的人间地狱”。这些灾害事故虽然各不相同，但产生灾难的深层原因存在一些共性，如情报信息滞后，低估灾害的危险性；指挥协调不力，应急反应跟不上；缺乏强有力的保障支撑体系，群众自救水平较低。根据灾害事故突发性、复杂性、综合性日渐增强的特点，结合我国实际，笔者认为处理好突发性灾害事故必须坚持“以人为本、科学筹划、总体把握、专业操作、务实高效、精心实施”的原则，重点抓好几个关键环节。

一、加强及时的信息沟通

灾害信息是组织救灾的依据，情况不明，就无法开展救灾工作。只有掌握了灾害的相关信息，才能及时拟定救灾对策并及时实施。然而，灾害事故发生的偶然性强，区域范围不确定，给及时掌握灾情增添了很大的难度。如偏远地区夜间突发洪水，江河沿线预警状况如何直接决定着人民群众的生命安全，此时的信息等同于生命。突发的火灾、危险化学品泄漏、地震、矿洞坍塌等事故，都需要及时沟通信息，争取抢救时间，生死存亡都在分秒之间。因此，获得及时、准确的信息是有效应对突发灾害事故的前提。新形势下要充分发挥现代科技的优势，抓好日常灾害信息网络的建设。特别要注意发挥各级政府直到村（居）委会组织的信息网络作用，将其建成灾害事故信息传输的主要通道。有条件的地方或者重点防范地区，如森林防火、重点工程及单位的保护等，应该加强GIS、GPS、RS信息系统建设。同时，还要建立常规的灾害信息专用通道，整合各种资源，报警电话要明确好记，各类救灾电话不要分得过多过细，例如由110统一报警，电信内部再进行分类，这样可以方便群众。信息沟通贵在做到双向互动，下情上达、上情下达都能畅通。也就是通过信息渠道加强上下各方面的通信联络，使上级相关部门能够及时准确掌握灾害情况，作出有效反应；同时，也使灾区群众在第一时间撤离危险地区或者及时作出应急反应，避免或减轻损失。

二、保证统一的现场指挥

虽然灾害事故发生在特定地区、单位或部门，但是，它们所产生的影响及破坏作用却呈现综合性特征。灾害事故一旦发生，对所在区域的群众生活、经济建设、社会稳定等方面都会产生重大负面影响。为了有效组织抗灾救灾，必须加强政府、社会各方面的密切配合，努力避免各自为政打乱仗的局面。从我国实际情况出发，灾害处理应该在各级党委政府统一领导下进行，只有党委政府才能将社会各方面的力量有效整合在一起。近年来，不少地方党委政府均成立了专门处理灾害事故的领导小组或办公室，政府各部门及相关单位也成立了应急专班。部门之间职责划分越来越细，灾害事故的种类越来越多，更需要强调救灾统一指挥。有效的救灾现场指挥，不仅要协调好政府各部门的关系，还要协调好社会各方面的关系，有时还要协调好参与救灾的武警、军队的关系。对于连续发生的灾情，例如，水灾导致大规模人口迁移和瘟疫发生，自然灾害又接连发生治安犯罪，等等，都不可能由单个部门来组织处理，需要加强集中统一领导。对于现场指挥要临时授予特殊的权力，而这种权力又与责任连在一起。对于特大重大灾害事故的处理，现场指挥要直接承担控制社会局面、维护社会秩序的责任；必要时还要能够驾驭现场政治形势，保持政局稳定。统一集中指挥不仅表现在领导人员的集中，特殊时刻还可以配备专门的指挥设施，必要时可开设现场指挥通信枢纽机动车，保证指挥系统的高效运转。

三、强化快速的应急反应

大部分灾害事故是突发性的，需要抓住有利时机实施抢险救灾。对于大江大河的抗洪救灾，及时堵住管涌是防止洪水破堤的关键；扑灭火灾就是与时间赛跑，多提前一分钟灭火生命财产就少一份损失；对于处理人为事故乃至恐怖事件，有时就是赌时间，所以需要灵活机动的应急队伍。从事高度紧张及危险下的应急工作，一般人员难以胜任，必须有专门的队伍可供调度。在社会分工越来越细的今天，理论上讲各行各业都应该有自己的应急队伍，以处理突发性灾害事故。但是，果真如此的话，“养兵千日，用兵一时”，社会成本将会大大提高。特别是对于有的事故如地震、化学用品爆炸的处理等，也许十年百年不遇，专门供养的救灾人员将成为所在单位的包袱。因此，必须由国家或者公共部门来履行“守夜人”的职责，组建专门的应急队伍。根据不同情况，可以组建不同层次的应急队伍以应对程度不同的灾害事故。第一层是地方志愿人员队伍，第二层是公安干警及城市消防队，第三层是武警部队，第四层是驻地部队。这些队伍平常都有自己的工作任务，应急队伍只是他们的第二角色，重要的一点是他们都接受过专业训练，不仅能参与抢险救灾，还能维护社会秩序。对于特大重大灾害事故，动用武警及军队应成为最佳选择。一般情况下，各地要加强志愿者队伍建设。他们熟悉环境，人数众多，身份业余，成本低廉，招之即来，挥之即去，灵活性强，在我国灾害救助领域最具发展潜力。

四、构建完善的保障体系

作为完善的救灾保障体系，应该由众多部门或单位的专业保障体系所组成，包括灾情核查体系、医疗救助体系、生活救济体系、交通援助体系、保险救助体系、工程建设体系、电力保障体系、通信联络体系、治安保障体系、气象预报体系、法律援助体系，等等。这些专业体系不能等同于各部门的日常业务工作，而是从抢险救灾的角度出发，结合各自的业务工作特点建立的专门救灾保障体系。这些保障体系主要是以为灾区及时提供所需的特有资源为目的，包括提供物质、资金、技术、人员、信息等资源。每个专业体系都要形成一套相对完整的运作机制，其建设内容及程序也许十分复杂，但其操作应十分简捷明确，即“复杂机制、傻瓜操作”，便于紧急情况下能及时调用。当然，这些专项救助保障体系不一定会同时启用，使用哪些体系要依灾情所定。为减少或降低成本，可以做到“平战结合”，即日常业务与紧急救助相互兼顾。但是，有些专门的救灾体系还是要纳入日常化管理，如消防灭火救助、生活救济、防化设备和救灾物资储备，等等。有的可能还要建立专门日常机构，如全国设立了10多个中央救灾物资储备库，各省（自治区、直辖市）以及多灾的地、市、县也建立了地方救灾物资储备库，已在我国抗灾救灾中发挥了积极作用。对于相对少发的灾害事故，如地震、化学武器爆炸的防范，可由国家集中建立专业的救助体系。

五、提高群众的自救水平

增强群众防灾意识、提高群众自救水平十分重要。只有充分认识到各种潜在灾害隐患的存在才能自觉产生防范意识，有了正确的认识才会有自觉的行动。因此，相关部门要加强宣传、教育，增强全民防灾意识，并采取多种办法提高广大群众的自救水平。宣传媒体可以发挥特殊作用，国外有些关于救灾性质的影片和影视剧具有借鉴作用，寓教于乐，效果较好。我们要学习日本在防灾救灾教育中的做法，他们从小就教育和训练学生们在地震发生时如何逃生和自我保护的能力，这种教育与训练是日本法律强制规定的必修课。日本每年都举行各种各样的防灾演习，这些演习不仅有政府专办，不少公司企业也有演练。我们要尽快在中小学开设安全防灾自救课程，安排专门的教师开展教育和训练。同时，通过多种办法将防灾救灾意识和技巧渗透到群众生活的各个方面，做到家喻户晓，人人明白，不断增强群众的自救能力。

与灾害事故抗争必须从长计议。关键要逐步从制度、机制上构建科学合理的防灾救灾体系，即全国联动，分级负责；政府主导，全民参与；法规制度完善，职责任务明确；协调机制健全，物质基础牢固。最终目的只有一个，就是尽最大的努力将各种灾害事故的损失降到最低限度，保障人民的幸福安康。

湖北实践

30年行政区划演绎湖北改革开放辉煌成就

行政区划是中央及地方政府统一管理、依法行政的基本前提和手段，历来都是社会政治与经济活动的“晴雨表”。改革开放30来，湖北行政区划工作围绕党和政府中心任务，通过推进市带县、发展城市建制、改革乡村体制、调整行政区域、设置民族自治地方等卓有成效的工作，服务地方经济社会发展大局，服务群众生产生活，取得了前所未有的丰硕成果，成为展示湖北改革开放及现代化建设辉煌业绩的缩影。

一、全面实行市带县体制，优化区域经济布局

改善经济布局、优化经济结构是现代经济社会发展的必然要求。改革开放初期，受传统计划经济影响，湖北各地区行署大都与区域中心城市同驻一地，在机构、产业、基础设施等方面重复建设，矛盾与摩擦不断，严重制约了区域经济协调发展。从20世纪80年代初起，湖北就开始探索市带县管理模式，以此作为解决地市及条块分割矛盾的突破口。首先将襄阳地区与襄樊市合并实行市带县试点，取得“一加一大于二”的效果，积累了成功经验。进入上世纪90年代，陆续在全省推广市带县作法，以此为契机构建新的区域经济格局。实行宜昌地市合并，促使宜昌区域发展与三峡工程建设有机结合；将县级孝感市与孝感地区合并，打造武汉经济辐射向鄂西北梯度转移的大平台；郧阳地区与十堰市合并，创造了专业汽车城与欠发达地区协调发展的新模式。沙市市与荆州地区合并的同时，在发达的江汉平原产生“裂变效应”，仙桃、潜江、天门以及鄂北随州市被确定为省直管县级市，形成“几只小老虎”平等竞争促发展的良好局面，也为精简行政层级作了有益探索。原黄冈、咸宁地区分别与驻地市合并，实行市带县，强化了鄂东与鄂西南两大区域经济板块。到上世纪90年代末，湖北撤销了所有地区行署，除恩施土家族苗族自治州及鄂州市外，全部地级市均实行市带县。从此，城乡一体、工农并举的省域经济新格局逐渐

形成，并随着改革开放与市场经济发展而不断完善，最大限度实现资源优化配置，从而带来经济结构的优化和全省经济实力的提高。2006年湖北省地区生产总值7581.32亿元，比1978年的151亿元增长49.2倍；2006年第一、二、三产业产值各占15%、44.4%、40.6%，结构上比1978年的40.5%、42.2%、17.3%更合理、更优越。

二、积极发展城市建制，不断提升城市化水平

首先，稳步推进地级市发展，培植湖北城市经济增长点。改革开放初期，就将设市历史较长的襄樊、沙市、宜昌3个市同时升为地级市，形成了武汉、沙市至宜昌鄂中南城镇带和武汉、襄樊至十堰鄂北城镇带的基本框架；后来设立地级荆门市，填补了湖北中部中等城市空白；设立地级鄂州市，适应了鄂东产业密集发展的需要；设立地级孝感市，成为武汉市重要的卫星城之一；设立地级黄冈市，成为湖北大别山南麓区域中心城市；设立地级咸宁市，成为湖北向南开放的重要窗口；设立地级随州市，填补了孝感至襄樊近2万平方千米内中等城市的空白。其次，积极推进整县设市，全面加快湖北城市化进程。改革开放以来，湖北县制发生变化的主要标志是整县设市，由此发展了一大批各具特色的县级市。有以大冶、应城为代表的矿业城市，有以潜江为代表的水乡园林城市，有以丹江口为代表的水电城市，有以赤壁、当阳为代表的旅游城市，有以武穴、宜都为代表的港口城市，有以利川、麻城为代表的省际“窗口”城市，有以恩施、仙桃为代表的区域中心城市，等等。湖北县级市布局合理，大部分位于京广铁路、汉渝铁路、焦枝铁路，以及长江、汉江等交通干线；在江汉平原设市较为密集，而且部分市多年来一直位居湖北十强县市前列；在省际边沿地区设立了一些市，促进了对外经济交流。伴随城市数量的增多，市辖区呈稳步发展态势。湖北设区体现了分类指导、因地制宜的原则。武汉是湖北省会、华中重镇，也是全国特大城市之一，共设有13个市辖区，成为全国设区最多的省会城市；对几个规模较小的地级市，都只设1个市辖区；宜昌、黄石、襄樊是我省较大的市，分别设4个左右的区。从设区模式上看，改革开放前多为“切块设区”，实行严格的城乡分治。后来在大城市郊县实行撤县设区。

武汉市将 4 个郊县整县设区，优化了城市功能分区；襄樊和宜昌市也分别将郊县改设市辖区，两个市现在已成为湖北省副中心城市。还有个别情况是在原开发区基础上设区。30 年间地级市由 3 个增加到 12 个，增长3 倍；县级市由 3 个增加到 24 个，增长 7 倍；市辖区由 14 个增加到 38 个，增长 1.7 倍。同时，湖北城镇化水平由 1978 年的 14.6%上升到 2007 年的 44%。这些城市建制的设置，促进了武汉城市圈的形成与发展，完善了湖北城市体系，提升了全省城市化水平，成为省域经济发展的重要支撑。

三、开展乡村体制改革，推动农村经济社会发展

我国划时代意义的重大改革源于农村家庭联产承包责任制的实施。与此相对应，行政区划体制改革就是撤销公社，建立乡镇政权。改革开放初期，湖北首先恢复了部分“文革”期间撤销的建制镇，为农民离土不离乡从事二三产业作了有益的探索。1984 年湖北省开展撤社建乡工作，各地在充分考虑自然条件、历史习惯，以及经济、水系、交通等因素的基础上，撤销全部公社，建立起区乡体制。湖北在建乡过程中积极发展建制镇，促进了农村市场经济发展。撤社建乡的意义在于，从体制上解决了农村“一大二公”“政社不分”“政企不分”的矛盾，促进了农村生产力的解放和发展。为了深化撤社建乡成果，1987 年湖北省又开展了撤区并乡的改革。除边远山区和交通不便的地区外，在全省范围内撤掉区公所，同时加强乡、镇政权建设。各地结合实际，科学规划，集中力量，在较短时间内完成了撤区并乡任务。通过撤区并乡，减少了行政层次，解决了“区实乡虚”的问题，减轻了财政压力，强化了基层政权。进入世纪之交，随着农村各项改革的深入和市场经济的快速发展，湖北乡镇体制面临许多新情况、新问题。乡镇规模偏小，综合经济实力弱；机构设置多，财政压力大；一些乡镇设置不符合经济流向。因此，1999 年，红安等县市主动开展撤并乡镇试点，起到了示范作用。从 2000 年底开始，湖北省按照经济主导、促进发展，合理布局城镇、加强城镇建设，精简、效能、统一，调优调强、减压减负，实事求是、因地制宜的原则，全面开展撤并乡镇工作，全省共撤销 25%的乡镇。撤并乡镇成为新世纪深化农村改革的突破口，有些地方进一步开展了村组合并。随之而来，逐步实施了农村税费改革、机构改革、教育设施调整等一系列重大改革，从此踏上全面推进新农村建设的征程。据统计，湖北省2006年农业总产值1871亿元，比1978年的84.46亿元增长21倍；2006年农村居民人均纯收入3419.35元，比1978年的110.52元增长30倍。农村行政区划体制改革，充分调动了广大基层干部群众的积极性和创造性，极大地促进了农业经济发展，实现了农村的繁荣与稳定。

四、合理变更行政区域、建制名称和政府驻地，服务地方经济建设

改革开放以来，湖北进行了大量的行政区域调整，在正确引导经济流向、服务开发建设、优化资源配置等方面发挥了积极作用。上世纪80年代，孝感地区黄陂县、黄冈地区新洲县划归武汉市，拓展了武汉城市发展的空间；郧阳地区神农架林区改由省直管，促进了自然资源保护与旅游业的发展。上世纪90年代中期后，咸宁地区阳新县划归黄石市，整合了该地矿产资源开发；荆州市所辖的京山县、钟祥市划归荆门市，在湖北中部形成了新的区域经济；孝感市所辖的广水市划归随州市，形成鄂北新的经济增长点。乡级行政区域调整较多，大都是为了满足地方经济建设的需要。规范行政区域名称，是行政区划工作打造健康地方文化，促进对外开放交流的重要功能之一。上世纪90年代，鄂西土家族苗族自治州更名为恩施土家族苗族自治州，突出了恩施地域文化；根据广大群众的呼吁和荆州悠久历史传统的客观实际，荆沙市更名为荆州市；为弘扬三国文化，促进地方旅游业发展，将蒲圻市更名为赤壁市。改革开放以来，为实行地域分类管理，还进行了大量建制名称的更改，例如乡改镇、乡镇改设街道办事处等，提升了管理层次，促进了城镇化发展。此外，围绕地方开发建设，迁移了一些政府驻地。因长江三峡工程建设需要，秭归县驻地由归州镇迁至茅坪镇，兴山县驻地由高阳镇迁至古夫镇，各自建成了新的县域经济中心，并成为富有地方特色的旅游城镇。随着各地交通条件变化及开发建设的需要，湖北先后迁移了一些乡镇驻地，由此建设了一批新兴农村小城镇。

五、设立民族自治地方，促进各民族共同繁荣

改革开放给湖北民族地区带来变化的重要标志，就是开创了自新中国成立以来设立民族自治地方的先河，并一直延续到21世纪。1983年设立鄂西（后改为恩施）土家族苗族自治州，1984年设立五峰、长阳土家族自治县，从此奠定了湖北省自治州、自治县的基本格局。1983年国务院发文要求，凡是相当于乡的少数民族聚居地方，应当建立民族乡，并提出了相应的设置标准。湖北省结合撤社建乡改革，在鄂西设立了首批民族乡，后来在湖北中部陆续设立部分民族乡镇。进入上世纪90年代，应少数民族干部群众的要求，在继续发展民族乡的同时，对恩施土家族苗族自治州部分规模较小的民族乡作了优化调整。进入新世纪，湖北依然十分关注民族自治地方建设，又陆续设立了土家族、回族、白族乡各1个。截至2008年年底，全省民族自治地方共有1个土家族苗族自治州、2个土家族自治县，以及12个民族乡镇，分别包括土家族、回族、侗族、白族等少数民族。这些民族自治地方的设置，加强了民族团结，突出了少数民族群众主人翁的地位，使得各级党委和政府能够集中力量帮助民族地区群众加快脱贫致富奔小康的步伐，同时，也能够更好地传承民族文化。据统计，湖北民族地区生产总值“十五”期末达到228.59亿元，人均GDP达到5147元；全社会固定资产投资“十五”期间完成了44.31亿元，超过新中国成立以来的总和，民族地区各项建设都取得了前所未有的进步。

回顾30年湖北行政区划演变历程，深感改革开放带来的巨大变化。实践证明，作为上层建筑范畴的行政区划，必须与经济基础相适应，而科学合理的行政区划能够为改革开放和现代化建设带来活力与动力。我们已经站在新的历史起点上，新一轮开放开发大潮涌动，新一轮改革发展大幕拉开。我们要按照党的“十七大”精神，顺应经济社会发展的客观规律，进一步发挥行政区划工作在加快城市化进程、改革政治体制、优化经济布局、实行集约发展中的作用，坚持科学发展，促进社会和谐，在实施中部崛起及全面建设小康社会进程中继续创造湖北蓬勃发展的新辉煌。

武汉城市圈"两型社会"试验区建设战略设想

武汉城市圈包括武汉市和黄石、鄂州、孝感、黄冈、咸宁、仙桃、潜江、天门市，这里是湖北人口、产业、城市最为密集的地区。2002年，武汉城市圈建设由湖北省委、省政府正式提出并启动，几年来发展势头强劲，一体化进程不断加快，得到国家相关部门及社会各界的广泛关注。2007年12月，国务院批准武汉城市圈为全国资源节约型和环境友好型社会建设综合配套改革试验区（简称"两型社会"试验区），体现了党和国家对武汉城市圈建设的充分肯定、对湖北未来发展的殷切希望、对中部地区的高度重视。开展武汉"两型社会"试验区建设，没有现成模式，没有特殊政策，没有明确的项目安排，一切都有待于自身探索、试验。这就需要加强战略研究，实行战略整合，搞好统筹规划，把握正确方向，真正将试验区建设成为既体现地方特色、时代特色，又面向全国、面向世界、面向未来，并成为带动湖北乃至中部地区又好又快发展的引擎。

一、试验区建设要以科学发展观为战略指导

武汉城市圈"两型社会"试验区是党的"十七大"之后国家确立的首个试验区，是国家贯彻落实"十七大"精神的重要战略举措之一。所以，试验区建设要与"十七大"战略布局相吻合，从而获得在全国发展大局中的地位与配合。"十七大"高举中国特色社会主义旗帜，全面系统地阐述了科学发展、和谐发展的战略思想，为武汉"两型社会"试验区建设奠定了坚实的理论基础，指明了发展方向。地处中部的湖北省最大的问题是发展不够，缺乏沿海发达地区的市场环境与创新氛围。因此，试验区建设必须以科学发展观为统领，以改革创新为主导，牢牢抓住经济建设这个中心，坚持聚精会神搞建设、一心一意谋发展，不断解放和发展社会生产力。坚持统筹兼顾，正确处理好城乡发展、区域发展、经济社会发展、人与自然和谐发展、国内发展和对外开放中的各种关系，形成共同发展的合力，增添开发创新的动力。深入贯彻落实科学发展观，必须与构建社会主义和谐社会有机结合。

要根据新时期的新形势、新任务、新要求，实行经济建设与政治建设、文化建设、社会建设“四位一体”，协调推进，努力避免“短板效应”。从实际出发，大力弘扬楚文化筚路蓝缕、追新逐奇、兼收并蓄等精神特质，大胆创新，勇于进取，把改革创新精神贯彻到试验区建设的各个环节，提高改革决策的科学性，增强改革措施的协调性。加快重要领域和关键环节的改革步伐，着力构建充满活力、富有效率、更加开放、有利于科学发展的体制机制，全面提高改革开放水平，为持续、健康、快速发展打下坚实的基础。

二、试验区建设要突出资源节约型与环境友好型战略主题

我国改革开放初期设立的经济特区具有速度优先、政策优惠和点状提升的特点，缺少资源及环境条件相配套，这样的发展模式存在一定的局限性。武汉“两型社会”试验区则强调综合配套、好字优先、区域协调，明确将资源节约与环境友好作为建设主题。具体讲，就是将传统的先发展经济、后治理环境“两步走”，转变到发展经济与治理环境并举“一步到位”；将传统的粗放型经济增长，转变到通过资源节约、环境友好型模式实现经济社会协调发展的轨道上来。按照“十七大”精神，要坚持生产发展、生活富裕、生态良好的文明发展道路，实现速度和结构质量效益相统一、经济发展与人口资源环境相协调，使人民在良好生态环境中生产生活，实现经济社会永续发展。根据湖北多水、少煤、缺油和人多地少、产业相对密集的特点，完善有利于节约能源资源和保护生态环境的可持续发展的体制机制。加强能源资源节约和生态环境保护，增强可持续发展能力。把建设资源节约型、环境友好型社会放在工业化、现代化发展战略的突出位置，落实到社会生活的方方面面。要实施节能减排工作责任制，大力开发和推广节约、替代、循环利用和治理污染的先进适用技术，发展清洁能源和可再生能源，保护土地和水资源，建设科学合理的能源资源利用体系，提高能源资源利用效率，从根本上改善武汉城市圈及湖北能源资源过度受制于外的状况。妥善处理好资源节约与经济发展的关系，加大节能环保投入，重点加强水、大气、土壤等污染防治，改善城乡人居环境，提高经济发展质量，实现更高层次、更高水平的可持续发展。

三、试验区建设要强化建设创新型国家及转变经济发展方式战略要求

武汉城市圈是我国中部比较发达的城市圈，是湖北生产力布局的核心地区和最具创新活力的地区，应该在建设创新型国家及推动经济发展方式转变方面起到积极的带头作用，这也是国家对设立试验区的基本要求。湖北是科教大省，但在发挥科教优势，实现科教优势向经济优势转化方面却存在着“软肋”。武汉科研院所的综合实力位居全国省会城市前列，现在已经形成学科体系较为齐全、在校教师及学生人数众多、科研成果丰富的良好局面。而且科教资源大都聚集在武汉东湖四周，形成了武汉·中国光谷，在全国众多高科技开发园区中占有突出地位。要发挥武汉科研院所的优势，按照建设国家创新体系要求，支持基础研究、前沿技术研究、社会公益性技术研究。加快建立以企业为主体、市场为导向、产学研相结合的技术创新体系，引导和支持创新要素向企业聚集，促进科技成果向现实生产力转化。重点发挥武汉科研院所在激光及基础软件、大规模集成电路制造及新一代宽带无线移动通信、转基因生物新品种培育、高分辨率对地观测系统等领域的优势，努力提高核心竞争力，以科技创新的优势弥补湖北远离沿海所产生的外向型经济的不足。通过创新发展，加快转变经济发展方式，推动产业结构优化升级。坚持走新型工业化道路，加强武汉城市圈产业统筹，形成合理的梯度转移。依托武汉大科技，加大高新技术产业建设力度，使之成为打造活力武汉、创新武汉的先导。依托武汉大市场，发展现代服务业，不断提高服务业比重和水平。依托武汉大交通，积极推进区域基础设施一体化，加快发展现代物流业和综合运输体系。在产业结构调整中打造一批具有国际竞争力的大企业集团，提升武汉城市圈总体竞争力和综合实力。

四、试验区建设要立足打造中部地区崛起战略支点

改革开放以来，国家生产力布局由南向北、由沿海向内地逐步推进，实施了沿海沿边开发、西部大开发、全面振兴东北地区等老工业基地战略，设立了一批具有代表性的国家经济特区和试验区，形成了南部——深圳特区、东部——上海浦东新区、北部——天津滨海新区、西部——重庆成都试验区等四个经济增长极。现在，国家把目光聚焦中部地区，就是希望武汉“两型社会”试验区能够走出一条适用范围更广的发展路子，通过聚集与辐射作用带动湖北及中部地区共同发展。武汉城市圈位于我国版图中部，自古以来就有“九省通衢”的美誉，如今东西大动脉长江与南北大动脉京广、京九铁路，以及其他多条高速公路及铁路在这里垂直相交，呈“四面开花”的格局。因此，武汉城市圈及湖北是我国经济地理位置上最为典型的中部地区。没有中部地区的崛起，我国改革开放就是不完整、不完善的改革开放。中部地区不发展，中国经济巨龙必然缺乏腰部支撑，难以实现腾飞。要抓住武汉“两型社会”试验区建设战略机遇，按照统筹城乡、布局合理、节约土地、功能完善、以大带小的原则，推进武汉城市圈及湖北其他地区大中小城市和小城镇协调发展。以增强综合承载能力为重点，以武汉城市圈为依托，努力培育新的经济增长极。充分发挥武汉城市圈区位优势，加强我国东西交流和南北沟通，促进国家生产力布局由发达的东部沿海地区向欠发达的中西部地区推进，形成全方位开放格局，将武汉城市圈及湖北打造成中部地区崛起的重要战略支点。

五、试验区建设要与省域经济战略布局相呼应

武汉“两型社会”试验区处于湖北省域之内，实现与省域经济的一体化是其对外发展的前提和基础。经国家批准的湖北省城镇体系规划确定，武汉是湖北省域经济的中心，同时还有宜昌、襄樊两个省级副中心。如果把武汉视为湖北省域经济发展的“龙头”，那么，沿长江及宜黄高速公路沿线、沿汉江及汉十高速公路沿线就成为“骨架”，全省县域经济则成为“身躯”。推进武汉“两型社会”试验区建设，必须实现“龙头”与“骨架”“身躯”的呼应与互动。

第一，加强以宜昌为重点的鄂中南沪蓉高速公路城镇带的互动

沪蓉高速公路由东向西横贯湖北省全域，而且与长江、清江、宜万铁路处于大致平行状态，特别是宜昌为三峡大坝所在地，由此所形成的以宜昌为重点的鄂中南沪蓉高速公路城镇带是湖北省生产力布局的重要

地带。三峡工程具有发电、防洪、水运等巨大的综合性功能，特殊的水电资源成就了宜昌水电城的特殊地位。要将三峡工程后期建设与武汉“两型社会”试验区建设有机结合，重点加强水运、防洪、水电、道路、旅游、移民开发等设施建设的统筹，科学制订三峡地区中长期发展规划，把宜昌市按照现代化国际水电旅游城的方向进行高起点、高标准、高规格地设计与建设，使之成为武汉市后花园，成为湖北西部的重要支撑点。做好恩施与武汉、宜昌在交通、信息、能源、旅游方面的统筹布局，强化武汉与鄂西乃至重庆、成都等西部地区的协调联动。同时，加强武汉城市圈与荆州市在农业及物流业方面的合作与交流，发挥其对江汉平原及湖南洞庭湖平原的辐射作用。

第二，加强以襄樊为重点的鄂西北汉十高速公路城镇带的互动

汉十高速公路沿线的孝感、随州、襄樊、十堰等市在产业结构中有一个共同特点，近年来都提出大力培植汽车支柱产业，并已取得初步成效。孝感市紧邻武汉，现有三江航天集团下属的一批“三线”迁建汽车企业，还有中法、中德、中国—白俄罗斯等合资汽车企业，现已初步形成汽车工业体系。襄樊市建有亚洲最大的汽车试验场、亚洲最大的中重型车桥生产厂、全国最大的汽车动力生产基地、全国最大的汽车座椅调角器生产基地，汽车产业快速发展。随州市大力发展专用汽车及汽车零部件产业，被中国机械工业联合会授予国内目前唯一的“中国专用汽车之都”的称号。十堰是二汽成长发展的摇篮，虽然面临二汽重心逐步向东转移至襄樊、武汉的形势，但仍将是东风商用车的生产基地。因此，要以武汉“两型社会”试验区建设为契机，统筹汉阳及汉南汽车开发区建设，在武汉长江沿岸兴建城内汽车工业走廊，以此为核心及辐射源，着力推进包括武汉、孝感、随州、襄樊及十堰在内的湖北汽车工业城镇带建设。加强武汉与汉十城镇带其他城市的交流与配合，搞好分工合作与优势互补，全力打造鄂北汽车工业走廊，由此带动相关产业及区域经济协调发展。

第三，加强以新农村建设为主题的县域经济的互动

我国改革开放的实践证明，发达的农村经济及良好环境，是经济特

区成长壮大的重要条件。试验区建设需要良好的环境，良好的环境能够为试验区发展提供必需的“养料”。湖北是农业大省，随着市场化改革的不断深入，种粮成本高，农民收入低，农村经济发展滞后已成为影响省域经济社会发展的“瓶颈”。所以，要充分利用武汉大市场、大交通、大科技的优势辐射广大农村；另一方面，利用湖北传统农业优势服务武汉城市发展。坚持把发展现代农业、繁荣农村经济作为重要任务，加强农村基础设施建设，健全农村市场和农业服务体系。探索集体经济有效的实现形式，发展农民专业合作组织，支持农业产业化经营和龙头企业发展。通过武汉“两型社会”试验区建设，带动城镇化发展，推动农村剩余劳动力有序转移，不断加快工业化、现代化、城镇化进程，为城市经济发展提供重要的动力来源。利用武汉“两型社会”试验区具有的先行试验的政策优势，积极探索统筹城乡经济社会发展的有效途径，推进城乡一体化及区域协调发展。真正做到：武汉城市圈强，县域经济就强；县域经济强，武汉城市圈更强。

总之，要以武汉“两型社会”试验区建设为契机，科学制定发展战略，统筹各项改革方案，共同做好“新特区”建设大文章。着眼武汉“两型社会”试验区在全省、中部地区乃至全国发挥更大作用，“由外而内”确定战略思路，明确战略定位，把握战略趋势。着眼实现武汉“两型社会”试验区基础设施、产业布局、区域市场、信息网络、生态环境、城乡发展一体化，“由内而外”确定各项具体改革方案，实现与外围地区有效互动，形成持续发展的良好机制与环境。着眼武汉“两型社会”试验区科学发展以及满足资源节约型和环境友好型社会建设要求，“内外互动”全面推进改革开放，努力建设人才“高地”、资金“凹地”、生活“绿地”、创业“重地”，全面提升以武汉城市圈为代表的湖北城市集群综合实力，努力开创中部地区乃至全国区域协调发展的新局面。

推行省管县市：湖北科学发展的战略抉择

根据科学发展观要求，必须坚持全面协调可持续发展，促进生产关系与生产力、上层建筑与经济基础相协调。湖北已经站在新的历史起点，面临新的发展机遇。顺应改革开放及现代化建设需要，推行省管县市体制改革，从根本上解决了省域经济发展不平衡及县域经济“短板”问题，成为湖北科学发展的战略抉择。

一、在不同历史时期，湖北积极创新县市体制，促进生产力发展和社会进步，形成了敢为天下先的创新精神

早在春秋战国时期，楚国等大国开历史先河，把兼并得来的小国改设为县，而不用作卿大夫的封邑。县的设置，强化了集权统治，巩固了边防要地。楚国一度成为当时最强盛的国家，形成了光辉灿烂的楚文化。秦统一中国，县成为地方基层行政建制单位，两千多年来在全国行政区划体系中的地位没有发生大的变化。近代以来，湖北在推进县制向市制转化方面进行了大胆创新。上世纪 20 年代，随着工业化、城市化浪潮在中国的兴起与发展，湖北积极发展城市建制，1926 年由武昌县城析置武昌市，由夏口县城析置汉口市，1927 年 2 市合并为武汉特别市。除个别沿海地区外，湖北成为我国内地最早设市的省。

新中国成立后，湖北城市化进程加快，特别是改革开放之后城市数量迅速增加，在上世纪 80 年代中后期，湖北成为我国设市数量最多的省。同时，结合实际，在精简行政层级、实行省管县市方面也进行了有益的探索。上世纪 90 年代中期，湖北将随州、仙桃、潜江、天门 4 个县级市实行省直管，成为内地第一个实施省管县市的省。随州已发展为地级市，另外 3 个市一直位居湖北 10 强县市前列。近年来，湖北省委、省政府高度重视县域经济发展，实行强县扩权和省管县财政体制改革，取得了较好经济效益和社会效益。目前，全省上下围绕经济建设这个中心，解放思想，开拓进取，形成了大张旗鼓创新体制机制、齐心协力发展县域经济的良好氛围。

二、随着改革开放及现代化建设向纵深推进，湖北县市发展深层矛盾和问题凸显，推行省管县市成为创新发展的必然选择

新形势下，县市体制不顺的问题越来越明显，关键是行政层级过多。改革开放以来，市管县将地区行署由“虚”变“实”，强化了纵向序列；而市场经济又需要少层级的扁平化行政模式。这种“纵”、“横”之间的矛盾成为当今行政管理体制改革的焦点所在。湖北一些地级市经济带动作用较弱，“小马拉大车”现象比较普遍。虽然省委、省政府已采取强县扩权和省管县财政体制改革，但创意有限。新中国成立后一直采用省管县财政体制，只是上世纪 80 年代逐步实行市管县，特别是 1994 年实行分税制改革时才形成了省管市、市管县财政体制。由于强县扩权和省管县财政体制改革主要集中于经济范畴，行政改革没有跟上，从而产生一些新问题。县市在直接应对省级相关部门的同时，还要应对所属市，面临“两个婆婆”，处境尴尬；另一方面，市里没有了财权，但各部门还要对所辖县市行政工作乃至经济事务进行管理，这又造成财权与事权不对等。

从实际出发，积极开展省管县市改革，对于从根本上解决上述矛盾和问题，全面推进湖北改革开放及现代化建设，具有重大战略意义。一是有利于实现扁平化管理模式，减少行政层级，提高行政效率，降低行政成本，为全面协调可持续发展提供制度保证；二是有利于统筹全省经济社会发展，有效推进鄂西生态文化旅游圈和武汉“两型社会”试验区建设，突出重点，解决难点，弥补弱点，实现省域经济均衡发展；三是有利于服务重心下移，使得中央和省级政策及服务直接到达县市，实现以人为本，建设服务型政府；四是有利于调动和发挥县市积极性，激励各地加大发展力度，提高发展质量，形成抢前争先促发展的良好局面。

三、提高认识，解放思想，以宪法为依据，按照科学发展观要求，正确把握省管县市改革的总体思路

按照宪法规定，我国行政区划体系中不存在市管市，市管县也限于直辖市和较大的市，从而为省管县市提供了法律依据。从历史上看，我国各朝代行政区划层次以三级居多，省县之间的建制很不稳定。从世界范围看，一些市场经济国家或规模较大国家的行政区划层次大多为二三级。因此，在新形势下推行省管县市，减少行政层级，有大量历史经验和国外经验借鉴。而且湖北近年来进行了省管县财政体制改革，加上全省交通及通信状况极大改善，这些都为推行省管县市创造了必要条件。

综上所述，开展省管县市改革的总体思路是：以科学发展观为指导，按照宪法有关规定，根据党的“十七大”关于行政体制改革的原则精神，稳步推进省管县市改革。要将省管县市改革与促进湖北开放开发和现代化建设相结合，与武汉“两型社会”试验区建设相结合，与鄂西生态文化旅游圈建设相结合，与发展县域经济相结合，与调动地方积极性相结合。深入调查研究，综合分析论证，科学拟订方案，精心组织实施，强化配套措施，使省管县市改革成为湖北新一轮改革发展的强大动力。

四、根据湖北经济社会发展战略要求，科学规划，统筹兼顾，稳步推进省管县市改革的实施

近期即2010年前，将湖北西部地区资源环境独特、区位条件优越、城市化水平较高、发展前景广阔的少数县级市实行省直管，以此强化鄂西生态文化旅游圈建设，改善湖北东西发展不平衡的问题。改革开放以来，武汉城市圈大多数地级市都有不同程度的改革调整，还设立了3个省直管市，形成了一些新的经济增长点或增长极，鄂东开放开发势头强劲。而鄂西市州版块相对稳定，基本上保持建国初期的管理格局，只是内设城市建制有所调整。因此，应当结合鄂西生态文化旅游圈建设，积极开展省管县市试点，推进湖北开放开发由东向西转移。近期可以选定3至4个县级市实行省直管。选取的原则标准：一是旅游资源特色鲜明，例如，“赵子龙大战长坂坡”、“汉光武帝刘秀故里”、“龙船调的故乡”、“中国水都”等，都可以作为选择依据；二是城市化水平及综合经济实力较强，在西部地区具有比较优势；三是区位条件优越，在省域经济交流与发展中具有特殊地位和作用；四是布局比较合理，偏离所在地级市城区，实行省直管后对地级市发展空间不会产生制约作用。

中期即 2010 年后的 5 年里，将更多综合经济实力较强、城市化水平较高、具有较强辐射能力的县级市实行省直管。选取对象主要是资源型城市、交通枢纽型城市、其他专业型城市，由此强化专业分工，实现优势互补，充分发挥直管市在省域经济中的支撑作用，努力提升湖北城市化和现代化的总体水平。

远期即 2015 年之后，随着新农村建设的全面推进，可以加快省管县市改革进程，并将条件较好的县逐步实行省直管，形成县域经济发展的群体优势。届时，湖北将依据经济社会发展水平，呈现出省、县二级和省、市、县三级并存体制，行政区划体系将更加完善。

结语

推行省管县市改革是一项重大的战略抉择，必须高度重视，着眼长远，统筹兼顾，合力推进。坚持解放思想，加强科学规划，实行科学决策，精心组织实施；搞好部门配合，突出发展重点，加大扶持力度，不断打造新的经济增长点；对地级市与县级市发展功能作出科学定位，充分发挥两个积极性，地级市要做大做强，努力提升核心竞争力；完善武汉“两型社会”试验区和鄂西生态文化旅游圈建设协调机制，营造平等竞争促发展的良好环境；积极推进政府机构改革和职能转变，有些机构如金融、电力、通信、政法等机构可设在区域中心城市，服务周围各县市。总之，要把改革的力度、发展的速度和社会可承受的程度统一起来，稳步推行省管县市改革，促进湖北早日建成中部地区振兴崛起的重要战略支点。

湖北省地名信息化服务探讨*

一、湖北省地名工作的基本情况

地名是人类重要的文明成果之一，是社会、经济交流和国家行政治理下的产物。湖北历史悠久，远古时期就有人类在此繁衍生息，“郧县人”距今已有50万年历史，“长阳人”距今也有10多万年历史。长期的人类活动，在荆楚大地上留下了极为丰富的地名资源。春秋时，省内有楚、随、邓、若、权、唐、厉、郧、庸等诸国，以楚国最大。战国时统一于楚。秦统一中国后，随着长江、汉江两岸开发力度不断加大，城镇逐渐兴起，江陵、襄阳、黄州等重镇在全国知名度较大，各类居民点、自然地理名称密度不断增加。清康熙三年（1664年），湖广分治，因居洞庭湖以北而冠名湖北，由此形成现今湖北省地名体系。到清末，省会驻武昌府江夏县，领武昌、汉阳、黄州、安陆、德安、荆州、襄阳、郧阳、宜昌、施南10府，以及荆门直隶州和鹤峰直隶厅，各类行政建制名称体系进一步完善。民国时期，湖北地名中的一个显著变化就是出现了市镇建制。到1949年新中国成立时，省内有武汉、沙市、宜昌3个市，同时还有孝感、黄冈、大冶、荆州、沔阳、襄阳、宜昌、恩施8专区，下辖65县。

新中国成立后，随着政治、经济、文化的发展，地名发生了较大变化。解放初期，更改了一批政治上、思想上不健康的地名，例如将黄安县更名为红安县，同时将一些带有封建迷信色彩的地名进行更名。随着社会主义现代化建设的不断推进，湖北地名也不断更新完善。一是行政区划名称变化较大，例如建国初期设区建乡，大跃进时期建立人民公社，改革开放后撤社建乡、撤区并乡、撤并乡镇，等等，管理体制改革往往导致地名的大量变化。二是城市化进程中出现大量地名命名与更名，除了市镇建制名称的更名之外，随着城区不断向外扩展，城区内还产生了大量新的街路巷及居民点名称。三是城乡建设事业全

---

* 此文为合作。

面开展，围绕各种建筑设施及单位人员的生产生活形成了大量地名。四是随着社会进步和思想观念方式的不断更新，进行了大量的地名命名更名。

湖北地名的规范化管理始于改革开放之后，具体讲可分为3个时期。一是20世纪80年代地名管理兴起时期。我省历史上首次出现了专门的地名管理机构，省地县各级政府都下设了地名办公室，配备了专门人员。该时期的最大成果是，进行了全省地名普查，积累了数千万字的地名资料，每个县市都编印了地名志，为后来地名管理工作奠定了基础；同时，也为地名事业的发展作了人员与技术方面的准备。二是20世纪80年代末至90年代末管理规范时期。根据国家对政府机构改革与职能转变的总体部署，地名工作在政府内部进行了调整。我省各级地名办公室陆续由政府直属管理系列转交民政部门，并实行地名与行政区划工作的整合，各级民政部门均成立了区划地名处、科（办），地名管理逐步走上日常化、制度化的轨道。三是20世纪90年代末至今的推动时期。为适应经济社会快速发展的形势，20世纪90年代末地名工作开始积极介入并服务于经济建设，做了大量卓有成效的工作。主要包括：开展各类地名图及地名文字资料的编辑出版，为社会提供标准的地名资料；开展全省国道设标，在全省国道两侧设立整齐划一的地名标牌，方便社会交往；适应城市化、信息化发展需要，开展城市设标，在全省36个城市全部设立街、路、巷及楼、门牌，有条件的地方正在将设标工作向农村推进；一些地方进行编制地名规划的试点工作，取得了良好效果；此外，在规范地名命名更名方面做了大量工作，诞生了一大批各类地名。

二、开展地名信息化服务的必要性

随着工业化、城市化、信息化和经济全球化进程的加快，国内外各种经济社会活动越来越频繁，社会交往流量飞速增长，对地名信息化服务的需要越来越广泛，要求越来越高，大到内政外交，小到走亲访友，无不广泛使用地名信息。特别是在当今信息化时代，国内外经济运行速度明显提升，经济活动节奏日渐加快，从天空到陆地、从现实到网络，各种交流交往活动的深度与广度、频率和空间都有了前所未有的发展与扩大，地名信息在各种经济活动中，特别是航空、铁路、公路、海运、电信等交通通信活动中的使用频率大幅提高，经济建设对地名信息的需求量越来越大，对快速获取和传递地名信息的要求越来越高。人民群众交流交往活动越来越多，交流交往范围越来越广，对地名信息化服务的要求也越来越高、越来越广泛。在经济全球化的新形势下，国际间政治、经济、文化的交流交往活动越来越频繁，地名作为交流的基础信息和媒介，是国际间交流必不可少的工具。因此，仅仅依靠传统地名传播方式已经远远不能满足国际交往及广大人民群众的需要，开展地名信息化服务已成为现代社会生活的必然选择。

从全国范围来看，我国地名信息化建设开发利用水平低，信息量少，发展不均衡；不具备空间分析能力，标准化程度低，其应用基本限于少数地方的地名管理部门；信息的准确、翔实、时效性较差，信息的管理、开发利用和辅助决策水平低，不能满足地名管理和社会各界的要求。因此，测绘、城市建设与规划、国土、公安、交通、邮电、通信、国防等部门在建立与空间信息相关的数据库过程中，不得不投入大量的人力、财力来收集、整理、录入地名数据。由于缺乏统一协调，各部门各自为政，不仅因重复建设造成资金、人力、时间的浪费，而且地名数据来源各异，资料统计口径与时间不一致，标准化程度低，一地多名、重名问题比较突出，地名中生僻字、多音字、特殊读音带来的录入、检索、排序等问题没能有效解决，严重降低了数据库的使用价值。因此，不利于不同数据库之间的连接，无法实现空间数据的共享，地名数据得不到及时更新，与专业数据在时间上不配套，而对地名数据的更新则造成更严重的重复建设。

从我省情况来看，20 世纪 80 年代地名普查之后，各地再也没有进行过地名普查，地名资料陈旧，根本无法对外提供咨询服务。地名信息化建设起步晚、基础差，不能适应形势发展的需要。地名档案的保存仍以文件卷宗、卡片等纸质为主，占用的空间大，对保存条件要求高，保管、更新困难，很多资料不能及时归档，已存档的资料得不到妥善保存，档案丢失、损毁相当严重，地名资料的查询只能通过手工检索。近年来我省有些市县地名管理部门开始尝试建立本地区小型地名数据库，实际上采用简单的计算机资料存储与检索，或只有地名属性资料，很少有矢量化地图，更无法实现地名属性资料与地图、多媒体信息的链接和交互式访问，仍停留在普通数据库管理的水平。而其他一些非地名管理部门却围绕本系统工作，如交通、土地管理、城市建设等部门，开始在地理信息系统上通过对地名的综合使用来服务社会，取得了一些进展，积累了一些经验。但由于没有统一的技术标准，相互之间缺乏兼容性，无法实现资源共享。所有这些矛盾和问题的出现，使得地名信息化建设及服务的重要性、必要性、紧迫性日益凸显。

三、地名信息化服务的基础和条件分析

党和国家领导人高度重视信息化建设工作。早在1984年，中国改革开放的总设计师邓小平同志就指出："搞现代化要从交通、通信入手。"江泽民主席把信息化作为社会主义现代化建设的基础之一，要求有关部门和科研机构下大力气进行"数字中国"建设。以胡锦涛总书记为首的党中央提出科学发展观，进一步强调了信息化在现代化进程中的地位与作用。十六届五中全会通过的《十一五规划建议》中提出，"加强信息资源开发与共享，推进信息技术普及和应用。"民政部领导重视、支持地名信息系统GNIS建设，专门召开全国地名公共服务工程视频会议，强力推进地名信息化工作。各级地名管理部门在实际工作中逐步认识到地名信息化建设的重要性，有开发、建设GNIS的愿望和积极性。结合我省实际，除了国家、民政部及地方政府部门的战略决策和积极态度外，还拥有良好的基础和条件。

（一）现代通信技术的支持

信息技术的发展正在影响着整个社会的发展与进步，而通信与网络技术是信息技术的主体。互联网的普及和应用，移动通信的崛起，以及卫星通信等各种通信技术与互联网技术的渗透和融合力度的加大，使得现代通信技术与网络技术取得了跨越式发展。光纤传输技术的发展和接入网技术的不断更新，使得全球的网络化水平日益提高，也带动了国民经济各个领域的进步和发展。通信技术的发展，主要为地名信息服务提供信息传输途径和信息显示载体。宽带国际互联网、移动宽带、特别是3G的发展，形成了信息传输有线和无线方式齐头并进的发展态势。由于采用相同的协议和兼容的实现平台，内核一致的信息生成和发布机制通过多通道提供地名信息服务正在成为可能。目前，声讯、短信、网站、手机地图、光盘、触摸屏、掌上电脑、高清电视、大屏幕户外屏等均可以成为潜在的信息发布通道。湖北武汉建有“中国光谷”，拥有光电子国家实验室、众多从事相关领域研究的大专院校、科研机构，以及可观的现代通信技术企业。所以，湖北地名信息化建设，具备强有力的现代通信技术的支撑。

（二）空间信息技术的支持

空间信息技术在地名信息化中具有举足轻重的作用，主要因为地名是分布在地球表面的集反映政治、文化和自然要素于一体的专门信息，与地表地理现象和过程具有密不可分的联系。如果地名没有与地理坐标以及空间分布环境联系在一起,其信息价值就会大打折扣，甚至失去意义。以3S（GIS、RS、GPS）为主导的空间信息技术的蓬勃发展，为地名信息化建设提供了深厚的技术基础。我国从20世纪80年代开始对GIS进行研究和应用，制定了相应的标准规范，测绘、城市规划建设、土地管理、农业、地矿等部门利用GIS技术已建成或已开始建设的信息系统，为我们解决可能遇到的技术问题提供了很好的借鉴。随着近10多年来有关空间信息处理、传输、共享等方面科技攻关项目的完成，一批国产化的GIS软件逐步成熟，其中如MapGIS、GeoStar等名列前茅的国家科技部推荐软件均出自湖北省。同时，我省先后建立了测绘遥感国家重点实验室、国家GPS工程中心、发改委移动导航863产业基地等国家级研究开发机构，以及一大批颇具实力的空间信息高科技公司。这无疑将可以对我省地名信息化建设提供借鉴和帮助。

（三）地名信息化的实践基础

改革开放以来，我省地名工作者在开展地名管理与服务方面不断进行探索，创新工作手段，取得了不少成功的经验。特别是经过地名普查、补查，积累了大量的地名数据资料。近年来，各地逐步利用计算机技术，对我省各类地名进行了整理和建库，为数字地名建设提供了良好的专业数据基础。与地名信息化建设密切相关的测绘、城市规划等部门在国家NSDI建设项目的支持下已建成了1:5万至1:100万的各种比例尺数字地图数据库，为我们在较短时间内以比较低的成本建成地名地图数据库创造了条件。重要的是，经过多年的宣传和引导，地名信息系统GNIS受到了各级政府和社会各界的广泛关注，技术发展水到渠成，且具有较高的潜在经济价值。相信经过一定时期的发展，随着GNIS在地名管理系统的推广、普及，特别是通过服务公众及走向市场，完全有能力步入滚动发展的良性循环轨道。

四、地名信息化服务的指导思想与目标

（一）指导思想

以科学发展观为指导，以服务经济建设及社会交流为出发点，努力适应信息化、现代化、城市化发展的客观需要，通过对地名资料的系统化收集、整理及加工，建立完善的湖北省地名数据库及信息系统。根据服务环境及对象的不同要求，以地名信息为基本依托，并整合其他空间信息，利用相应的技术手段与方法，向社会提供全方位的地名信息化服务。

（二）目标体系

第一，建立功能齐全、数据库覆盖全省范围、能满足地名管理、地名研究及公众服务需要的GNIS。初步设想数据库收录地名30万条以上；属性库每条地名平均30个字段。

第二，初步完成地名信息的时间与空间集成，实现3S技术支持下的地名数据库的动态访问、查询、检索、空间分析和决策辅助支持。

第三，建立地名元数据和网络信息标准，确保地名数据的共享。

第四，全面实现地名信息化管理。在基本建成地名信息系统的基础上，不断更新、维护地名数据库，研制功能更加齐全的软件，实现地名的信息化管理。

第五，推动数字地名的信息服务工程，为各专业空间信息系统提供基础数据库，同时通过现代通信和GIS技术走入千家万户和社会经济的各个领域。结合实际，初步拟定我省地名信息化建设项目，主要包括：湖北省地名信息系统、湖北省地名信息网、地名声讯服务台、地名光盘电子地图、地名触摸屏查询系统等。

五、地名信息化服务的创新策略

（一）创建湖北省地名信息系统

湖北省地名信息系统是“数字地名”和地名公共服务的基础和前提。没有一个内容丰富、结构完整、功能齐全的地名信息系统，地名公共服务只能是一句空话。根据国家民政部要求，我省地名信息系统建设内容包括行政区、居民点、建筑物、单位、道路、河流、湖泊、山峰、山脉、旅游景点等地名，并做好各类属性信息的入库工作。根据国际及国内标准，进行必要的调查、核实和更新，整合现有的地名信息，同时与矢量化电子地图相联系，形成湖北省地名信息系统。

（二）建立湖北省地名信息网

湖北省地名信息网是湖北省地名信息发布的专门网站，是通过国际互联网进行地名公共服务工程最为重要的手段，经由有线和无线两种方式同时为联网的计算机和手机等移动终端提供通用及个性化服务。信息内容主要包括：一是通用信息展示，主要是国家、省有关地名的政策法规文件、最新工作动态以及各类宣传信息。二是地名信息查询，为用户提供地名相关的各类服务，如实时问路、公交乘车方案、门牌查询、地名沿革、地名志、多媒体照片、简单统计和制图等。三是个性化短信服务，上述各类查询结果可以以图像和文字短信的形式提供给手机及掌上电脑用户。

（三）开通地名声讯服务台

开通专门的电话声讯服务台，以电话的方式为用户提供地名信息服务。声讯服务台可以提供详尽的地名信息服务，同时在地名电子地图系统的支持下，可以提供最佳路径、最佳乘车方案、最佳出行路线、交通通达性、空间距离、环境概况等高级地名信息服务功能。这种方式符合大众接受信息服务的习惯，有广泛的群众基础。要以地名声讯服务为依托，开展多种与百姓生产生活密切相关的信息服务。

（四）制作地名光盘电子地图

光盘（CD-ROM 或 DVD）是目前电子出版的主要媒体形式，它具有容量大、成本低、携带方便、易复制、保存持久等特点，特别适合大容量信息传播。光盘电子地图不仅能够将地名信息系统中的各类数据存储在一张 5 吋的光盘上，通过一台普通的多媒体计算机，用户即可以在

GIS 软件的支持下进行各类地名服务查询。不仅包括传统的地名浏览和查找，而且能够显示地名相关的地图、地物和声音、照片、表格和动画等多媒体信息，能提供诸如距离量算、统计分析、最佳路径查找、GPS 定位导航、图表自动生成等高级地名服务功能。

（五）设立地名触摸屏查询系统

地名触摸屏查询系统，是通过大堂摆放的、或墙内嵌的、或户外专设的触摸屏查询平台，提供公共场所地名信息服务。它具有网络、光盘地名查询系统的所有功能。但是对于用户来说，需要的计算机知识更少、使用起来更方便，用户使用手指即可操作，从而大大扩展了地名公众服务的范围。初步设想，我省地名触摸屏主要设在大中城市或流动人员集中的场所，同时进行与旅游、商务等活动相关的服务开发。

六、相关措施

（一）高度重视，加强领导。从构建和谐社会全局的要求把握地名信息化服务，进一步统一思想认识，使各方面真正深刻认识到新时期实施地名信息化服务是实践“三个代表”重要思想、贯彻落实科学发展观、促进社会主义和谐社会建设的重要体现，是转变政府职能、建设服务型政府、满足人民群众需求的基本要求。大力宣传、推广地名信息化，争取各级政府部门对地名信息建设的重视，以此作为创造发展环境、服务广大群众的重要举措。鉴于这项工作涉及诸多部门，有条件的可以成立地名信息化专班或协调机构，加强地名信息化服务的统一领导。管理体制不顺的地方还应该努力理顺工作关系，积极做好协调工作，尽早实现地名工作统一归口管理。要争取将地名信息化列入经济社会发展战略规划之中，并从财政上给予必要支持。

（二）加强制度建设。依法对地名命名更名进行规范化管理，建立健全地名信息化建设与服务的制度性措施和办法。以实现地理空间信息共享为突破口，加强有关地名信息化标准的制订，努力建设以地名信息为依托的服务网络。通过完善地名管理法规，理顺地名管理体制，健全工作机制，规范管理，为实施地名信息化服务营造良好的制度环境。同时，在保持地名相对稳定的前提下，对含有生僻字、异体字、自造字的地名，一地多名、一名多写、重名重音的地名以及俗字俗音等不规范地名进行标准化处理，以净化地名环境，推进地名的标准化，为社会提供规范的地名信息。省、市、县各级都要结合实际制定地名管理与服务的法规及规章制度，不断丰富完善地名服务管理法制体系，将地名管理及信息化服务纳入法制化轨道。

（三）整合资源，走社会化服务的路子。合作开发、资源共享、降低成本，是地名信息化建设的必然选择。实施地名信息化服务需要社会各界广泛参与，需要充分利用社会资源，避免重复建设，以降低成本，减少浪费。要避免封闭保守、小而全、资源独占、利益独享的思想。鼓励社会合作，希望社会各界各部门都来参与，走横向联合之路，以利于取长补短，提高效益。加强与国土、交通、建设、邮政、电信等部门的合作，加强与民间有实力、有信誉的公司及相关专家的合作。充分发挥社会各方面的积极性和创造性，引入社会力量包括人员、技术、资金等开展地名信息化服务。实行市场化运作的方式，加大地名信息化开发力度，为社会提供个性化、全方位的地名信息化服务。

（四）积极稳妥，有序推进。第一步，确定示范工程实施的地区、时间和内容要求，进行具体的必要性、可行性分析，完成立项报告；第二步，配置地名信息中心基础硬件设备，选定并开发必要的 GNIS 软件系统；第三步，对我省现有的重要地名资料进行数字化整理，建立地名属性数据库；第四步，通过购买或与相关部门合作，建立示范地区的各类中小比例尺地图数据库，并完成其与属性数据库的连接；第五步，进行系统集成、试运行和测试，GNIS 投入使用。在示范地区地名信息的空间化（即相应的中小比例尺地图与地名数据库的连接）完成后，在湖北省地名信息网上提供基于网络 GIS 的地名信息服务内容。出版较网络版拥有更多多媒体支持的光盘版电子地图地名信息服务系统，同时支持声讯查询、短信查询和触摸屏查询的电子地图服务，从而开展全省地名信息化服务的整体推进工作。

湖北省地名信息管理系统建设的实践与启示

根据湖北省委、省政府关于开展电子政务建设的战略部署，本着创新管理方式、提高工作效率、增强公共服务能力的原则思路，湖北加快了电子政务建设步伐。2006 年 8 月，湖北省地名信息管理系统被列入省直单位一期电子政务项目进行开发建设。省民政部门抓住机遇，科学规划，精心组织实施，于 2007 年底完成系统建设任务，并在政务网和互联网部署运行和对外服务。使用情况表明，该系统在地名信息查询方面具有较好的快捷性和灵活性，功能较全面，用户界面友好，使用方便，信息查询内容丰富、准确、直观，大大提高了地名信息检索效率以及相关服务能力，得到社会各界的好评。笔者有幸作为建设者之一，参与了系统开发建设的全过程，亲身体验到系统建设工作的艰辛、创新的激情和成功的喜悦，并从中获得点滴体会与启示。

一、契合电子政务是前提

建设服务型政府是现代社会发展的必然要求，体现服务型政府的主要标志就是向广大民众提供方便及时的各种服务，而信息社会条件下服务民众的重要举措之一，就是提供各种信息化服务。正基于此，电子政务应运而生，成为打造现代服务型政府的靓丽风景。电子政务就是以各级政府为主导，以公共信息资源为依托，以服务社会大众为目的，将行政职能与现代信息和通信技术相结合，将管理和服务通过网络技术进行集成，在互联网上实现组织结构和工作流程的优化重组，超越时间、空间及部门之间的分隔限制，向社会提供全面、规范、透明、优质的管理和服务。电子政务有着较强的综合性、关联性和协调性的特点，能够将政府及相关职能部门的各种信息实行集成，利用统一窗口向外提供服务，最大限度地方便群众。单个部门单项信息系统开发容易受到人、财、物等条件的制约，更大的问题是难以实现资源互补与共享。作为政府职责任务之一的地名信息服务，只有将其纳入政府电子政务的统一框架及进程当中，才能得到健康发展。

湖北省地名信息管理系统之所以能够顺利建成，主要在于地名信息化建设与省电子政务建设的有效结合，从而获得平台、资金及相关方面的支持。而得到这些支持，需要地名主管部门顺应形势发展，积极主动地争取。当今社会信息化带动了地名信息化发展，作为对“数字地球”“数字政府”“数字省（市)”建设起支撑作用的地理信息系统的重要元素，地名信息显得日益重要。社会各界及广大民众对地名信息有着广泛的需求和要求，交流交往的增多使得地名信息有着广泛的服务对象。因此，湖北民政部门通过多种渠道向有关方面进行介绍和宣传，使得决策层及有关方面对地名信息化服务的认识不断加深。最后，通过省电子政务办组织专家考察研究，决定将地名信息管理系统列入省电子政务首期项目进行建设。也就意味着，该系统由省财政投资，将其作为公共服务及公益事业进行建设；同时，将其纳入省政府政务网及互联网与其他政府部门的信息系统摆在同一平台统一对外服务；相关部门还要在网络通信及技术上给予支持与配合，从而避免了部门单枪匹马搞信息化建设的种种误区。

二、科学规划设计是基础

地名信息化建设是一项全新的工作，专业性、技术较强，没有现存的规律和模式可循，而且一旦走上建设轨道，返回或者重建就会造成较大损失。因此，湖北省地名信息管理系统建设之初，就专门请来国内地理信息系统的权威机构——武汉大学相关专家协助制定系统规划方案。省民政厅根据省电子政务建设统一要求，结合相关信息化“十一五”规划，认真组织系统前期需求调查。在此基础上，确立系统建设总体思路，即：以邓小平理论、“三个代表”重要思想为指导，全面贯彻落实科学发展观，积极适应现代信息社会发展要求，充分利用现代信息技术、网络技术以及地名学科专业技术，统筹规划，科学设计，精心组织实施，建成具有当代国内先进水平的地名信息管理系统，为社会及广大民众提供系统化的地名网上查询服务，为政府相关决策提供可靠的地名信息支持。明确系统功能原则，拟将本系统建成功能齐全、覆盖全省范围、能满足地名管理、地名研究及公众服务需要的地名信息数据库，基于该地名数据库完成地名信息与时间、空间的集成以及网络共享和分发服务，提供地名信息获取、管理、维护、更新、查询及分析等功能。

根据上述指导思想和原则，分步制定规划方案。首先，确立基本设计思路，即以湖北省城镇及重要乡村地名资料的系统化收集、整理及加工为起点，开发地名管理与服务系统软件，以此为基础，整合空间信息，利用网络与计算机技术等开发省地名信息管理系统，向社会提供全方位的地名信息化服务；同时，拟运用现代化技术手段开发办公自动化系统，通过与政府信息网以及全国和湖北省各地地名信息管理系统的链接，逐步建立一个规范化、现代化的全省地名信息管理模式。其次，规划具体技术手段，即采用网络 GIS 技术、空间数据库技术、计算机网络技术等开发，重点实现地名查询、关键字查询等功能，同时整合地理信息系统与相关信息数据，提供基于网络电子地图的图形化查询方式，以地图方式显示地名所在位置的相关信息。先后制定了地名应用系统总体设计思路以及详细设计和建设方案，后来又按照省电子政务办统一要求，编制了应用系统的迁移和整合方案等。在具体实施过程中，还不断完善各项具体设计方案，从而推进系统建设沿着正确的方向顺利实施。

三、强化数据采集是保证

数据是系统服务于民的重要保证，没有数据或者数据不足，系统设计得再好也是“无米之炊”。湖北省地名信息管理系统之所以能够提供良好的地名查询服务，得益于近年来湖北各级民政部门下大力气采集地名信息并建设基础地名数据库。省民政厅多次组织召开地名管理部门工作会议，部署地名数据采集工作。各级民政部门都将地名数据库建设纳入目标管理范畴，层层抓落实。一些县市还专门成立了地名数据库建设领导小组，在人、财、物等方面大力支持。省民政厅还选择 2 个市县作为试点，研究解决数据库建设中存在的问题，为全省建库工作积累经验；在此基础上，举办了 2 期全省市州区划地名业务培训班，重点培训地名数据库建设技术。各级民政部门积极行动，采取多种措施全力推进工作。各县市一般都组建 5 至 10 人的专班，集中人员、时间开展建库，并广泛动员村（居）委会和相关部门人员参与数据采集，有的县市参与人员达上百人之多。此外，积极争取有关部门的配合与支持，以便全面收集相关地名信息资料。

通过合理安排、组织实施、监督检查等各环节工作，规范程序，严把质量关。省民政部门负责制定符合本省实际的建库思路、办法和要求，重点抓建库工作的培训、指导和督办。各地统筹安排，按照"先易后难、先简后繁、先粗后细、先搭架子后补内容"的原则，边收集、边输入、边完善。经过省、市、县三级共同努力，全省 102 个县（市、区）全面完成地名数据库建设任务。经过采集、整理与选取，全省共录入 11 类地名属性有效信息 20 万条（不带地图）。建库成果体现出 4 个特点：一是信息全，11 大类地名全部按要求入库；二是符合标准化要求，录入地名大都为法定或者标准地名；三是现势性强，录入地名符合现实情况，且准确、真实；四是输入技术先进，都通过计算机按要求进行录入，并形成标准版本上报省民政厅。

四、精心组织建设是关键

湖北省地名信息管理系统建设任务下达后，省民政部门就认真准备，积极寻求有关专业单位合作，科学编制建设规划与预算。在省电子政务办对项目进行专业评审与认可的基础上，省财政正式下达项目建设资金。通过规范化的项目招标，武汉大学成为中标单位。然后，开发各方共同抓好系统建设前期调研论证以及后来各环节的工作，扎实推进系统建设。项目实行集体攻关，各方共同探索、创新，不断调整、修改、完善建设方案。除了严格挑选高水平的建设商以外，还通过邀请专家咨询、实行内部审核、引入监理机制等办法加强系统建设管理，确保工程建设质量。坚持由省民政部门、建设商、监理单位、总集成商等方参与的例会制度和密切联系机制，不断检查工作进展情况，研究解决相关技术及协调问题。为保证系统质量与安全，对每一个模块都进行了严格的测试，检验其功能是否达到要求，数据是否准确，力求为社会提供负责任的信息。同时，将系统建设与数据整理有机结合，一边抓好系统建设，一边抓好数据收集与整理，逐步形成系统数据日常维护更新的良性机制。

在分析系统应用总体需求的基础上，确定系统采用基于 B/S（浏览器/服务器）的系统架构体系，为政府部门以及大众提供一个开放的地名信息管理和查询平台。将系统建成以 Web 形态实现数据库编辑及查询功能，运用 Dynamic HTML 及 Web CGI 、Java、ASP 等技术，让使用者及系统维护者所使用的接口以 Web 的方式呈现，一方面亲和性高，另一方面也能跨平台操作。除了提供一般地名查询、关键词查询等属性查询功能外，同时还整合地理信息系统与现有的地理信息数据，提供图形化的查询方式，并以地图方式显示地名所在位置的相关信息。通过适当的元数据规范，整合地理信息系统的图层式数据架构，保证使用者通过网络浏览器即可快速、直接地了解省内某地名的确切位置，以及来龙去脉和相关信息。通过数据库的权限设定及账号管理和控制，让系统维护者得以进行数据编辑，具有增加、修改、删除数据等功能。在查询接口方式中除了一般窗体式的查询功能外，同时建设提供高阶 SQL 语法查询及自然语言查询两种方式，让使用者及系统维护者通过键盘输入即能操作查询功能，从而打造系统核心技术平台。

五、实现为民服务是根本

因为地名信息管理系统主要面向非专业人员使用，所以，系统开发始终坚持“以人为本，用户至上”的思想理念，换句话讲，就是努力做到“傻瓜型操作与服务”。建设过程中，多次请不同方面的使用者观看系统界面与操作系统，请他们提出意见。例如，有的管理者提出，要增加相关统计分析和政策法规服务功能；有的普通用户提出，简化查询操作，适应不同层次查询需求；有的专家提出，突出系统特色、强化功能，等等。开发者将各方意见汇总并进行分析研究，然后按使用者要求进行设计建设，不断提升服务形式、内容和功能。现阶段的成果是：建立了功能齐全、覆盖全省范围、能满足地名管理、地名研究及公众服务需要的地名信息数据库，并基于该地名数据库完成基于网络的共享和分发服务、提供地名信息获取、管理、维护、更新、查询及分析等功能，为相关部门制定政策、实施管理提供决策辅助支持和参考，同时，为大众提供地名查询服务。界面栏目内容包括：系统介绍、地名查询、市县地图、行政区划、图表统计、政策法规、地名公告、地名申报、相关服务、百姓信箱等。

综合起来看，该系统服务体现了如下特点：一是地名信息丰富且权威性强，包括全省行政、自然、社会等方面11大类地名，覆盖全省所有市州县乡镇村，地名大都为标准化名称，多数地名已经地名主管部门审定。二是将地名传统的纸质管理方式转化为计算机上操作，可以做到网上地名的调整与更新。三是将国家地名分类标准与省电子政务建设要求相结合，主要体现在查询分类上满足不同层次用户要求。四是由单机管理和专业查询向网络分发和公众查询跨越，实现管理与服务的有机结合。五是在安全管理、统计分析、科学决策等方面进行了一些探索。六是在技术集成的同时，也进行服务内容的集成，将地名信息与行政区划和界线管理信息等进行整合，使系统成为区划地名工作的重要服务“窗口”。

六、实现持续发展是趋势

原来系统拟按两期建设，简而言之，一期建设不支持地名在电子地图上的地名查询系统，二期建设基于电子地图的地名查询系统。后来，为适应省电子政务建设总体要求，将一二期工程进行整合，一次性将总体框架及相关系统建设完毕，然后随发展需要逐步升级。因此，开发人员拟定了系统持续发展的基本思路，即:立足于良好的框架结构和参数驱动的设计思想，以便今后的升级和重用；相对独立的子系统，保证稳定性和易扩展性；提供良好和统一的用户界面；整个系统基于网络来开发，通过网络来管理、传递和共享信息，适应网络化的趋势；系统力求简洁、清晰、经济实用，以最小的投入取得最大的效率。实施过程中，开发人员把系统可持续发展摆在重要位置，主要体现在：一是系统可扩展性和灵活性，实现系统体系结构上的可扩展性和灵活性（包括硬件网络架构、软件架构）、系统应用功能的可扩展性和灵活性。二是系统可重用性，保证系统升级后能够充分利用已有的资源。三是系统可靠性，做到系统不但能在正常状态下保持平稳运行，而且能够在各种异常情况下也可以作适当调节处理。四是系统安全性，充分考虑网络系统、操作系统、数据库系统和应用程序的安全性，保证系统安全运行，并针对不同的用户赋予不同的可访问权限。目前，该系统正处于健康持续发展进程之中。

回顾系统建设过程，可以说实现了湖北省地名信息化建设与服务的历史性跨越，取得了前所未有的突破。同时，由于缺少经验、经费不足、时间紧张、保密限制等方面原因，不少设想还未能在现有系统中充分展示。例如，更具魅力的电子地图地名查询未能建立起来，只是展示了部分电子版县市地图及部分城市城区电子图；地名信息数据量仍不够大，难以满足多方面用户的需求；在整合多种信息服务及市场化方面还存在较大拓展空间。因此，展望湖北地名信息化建设，可谓前景广阔，任重道远。随着我国社会信息化快速发展，以及民政部门地名公共服务工程的深度推进，相信湖北地名信息化建设与服务必将迎来更好更快的发展。

地名信息化服务新思路

——武汉城市圈地名信息查询系统建设实践

整合信息资源，实现信息共享，是信息化建设的主旋律。地理信息是社会信息的重要支撑，地名又是地理信息的重要组成部分，以地名信息为主线，整合相关信息资源向社会提供服务，是创新、是探索，武汉城市圈地名信息查询系统的建设就是一次成功的尝试。

一、事情的缘起

随着城市化快速发展，经济交流与社会交往越来越频繁，人们对地名信息化服务需求日益增长，顺应城市化发展需要、积极推进地名信息化建设成为必然趋势。2007 年，国家批准设立武汉城市圈“两型社会”建设试验区，将武汉城市圈建设上升为国家发展战略，成为该地区实现经济社会又好又快发展的重大战略机遇。武汉城市圈又称“1+8”城市圈，指以武汉为圆心，包括黄石、鄂州、黄冈、孝感、咸宁、仙桃、天门、潜江 8 个市所组成的区域。城市圈建设的目的在于，通过推进基础设施、产业发展、区域市场、城乡建设、生态建设一体化，消除区域经济发展壁垒，减少资源重复配置所造成的浪费，形成发展合力，实现区域共同繁荣。

在城市圈一体化进程中，信息化是经济开发建设的重要推手，也是实现公共服务均等化的必然要求。作为掌握地名等基础信息资源的政府职能部门，湖北省民政厅充分认识到，地名信息化建设在推进城市圈一体化进程中所具有的不可替代的作用，从而结合工作实际，积极探索地名信息化服务经济社会发展的新途径。经过深入调研，决定以地名空间信息为载体，整合民政信息资源以及武汉城市圈相关信息，为社会交往、经济交流、人们出行提供地名信息指引，依托民政业务项目为民众提供民政服务信息，以信息化促进民政工作现代化和民政工作机制创新。为此，联合相关单位开发建设武汉城市圈地名信息查询系统，助推武汉城市圈一体化，推进公共服务均等化。

二、系统建设的基本条件

武汉城市圈地名信息查询系统建设得以顺利实施，除了民政部门主动服务大局、勇于开拓创新之外，还具备多方面的有利条件。首先，加快武汉城市圈数字化建设步伐，打造“两型社会”综合配套改革试验区地理信息公共服务平台，由此推进城市圈一体化建设，成为地方广大干部群众的迫切要求。其次，数字湖北工程建设不断推进，“数字城市”建设如火如荼，各种区域性公共信息服务平台不断涌现，为本项目的开发建设营造了良好的社会氛围。第三，湖北省民政部门集中大量人力、物力、财力，收集大量地名信息数据，逐步建立了覆盖各市（州）县(市、区）的地名数据库，积累了丰富的地名属性信息，为地名查询系统建设奠定了坚实基础。第四，湖北省民政部门利用地名数据库成果，开发建设了湖北地名信息管理系统，已在湖北省电子政务平台上运行；同时还建设了湖北地名网，部分市也建设了地名网，实现在互联网上发布运行，为本项目建设提供了借鉴与参考。第五，设计开发方具有良好的理论研究和技术基础，为本项目的实施提供了有力支持。

三、系统建设的思路及目标

通过深入调查研究，确立了武汉城市圈地名信息查询系统建设总体思路是，坚持以科学发展观为指导，以武汉城市圈一体化发展为目标，优化资源配置，推进资源共享，建立社会资源合理分配使用体系，以信息化助推城市化、现代化发展。依托地理信息系统，利用网络技术、数据库技术及 GIS 技术整合空间信息资源，实现空间地物在电子地图上的分类显示，形成网络分析和可视化分析基础平台。以地名信息查询为主导，将民政项目及业务与空间数据相结合，完善相关信息内容，形成民众可以有效、及时访问的信息查询系统。

武汉城市圈信息查询系统建设的直接目标，是实现基于全省 1:5 万电子地图的定位、定量和定性的信息可视化显示。区别于武汉城市圈内诸多网站及查询系统，彰显自身特色，突出地名空间信息查询为主，以此作为相关民政信息的载体与支撑，实现与其他信息的有机联系。要求整个查询系统主界面版式新颖，赏心悦目、一目了然，丰富多彩、亮点频频。充分发挥开发人员主观能动性，积极创新，使设计的系统与众不同，体现地名与民政特点，反映更多民政信息，提供良好公共服务，使之成为民政信息化的一面旗帜。

四、服务功能及内容

总体上看，武汉城市圈地名查询系统的核心功能表现为两个方面，一是基础空间地名信息查询，二是民政项目空间分布查询。基础空间地名信息查询，是指利用现有的地名属性数据库和电子地图平台，将武汉城市圈 9 个市的空间地物地图化，与电子地图上的空间位置和空间地物建立一一对应关系；收集和整理现有的地名属性信息，建立面向管理和服务、语义丰富的基础空间地名信息查询服务。这其中包括空间地物的分类、可视化和查询。民政项目空间分布查询是使民政主管下的各类业务在地图上定位标记和显示，根据各自在城市圈中的特色和定位，从城市圈各市（县）中选取有代表性的项目，使用符号设计实现不同类别信息分类显示，实现项目查询与地理环境和空间位置的无缝链接。

按服务内容划分，查询系统主要由五部分构成：①基本概况。通过动画、文字、图片等形式介绍城市圈各市（县）的基本概况，重点突出它们各自的特色，以及在城市圈的定位和担负的职能。②基础空间地名信息查询。以覆盖全省的电子地图为背景，链接地名属性数据库，实现城市圈内的空间地物在地图上的定位分类显示，主要的分类有单位、行政区、道路、河流、湖泊、建筑物、居民点、旅游景点、群众自治组织、山峰等。③民政项目空间分布。选取福利彩票站、福利院、优抚医院、军休所、社区组织、社团组织、婚姻登记点、烈士陵园、军供站、殡仪馆等在电子地图上显示，还包括这些目标点的属性信息，如地址、联系电话、服务内容等。④城市圈简介。分类介绍城市圈自然资源、综合交通、产业基础和名胜古迹等，使之成为城市圈对外宣传的窗口。⑤公共服务查询。提供名产名地、酒店预订和旅游景点等面向大众的公共服务，具体做法是参考一些已经发布的、获得大众认可的网站，给出对应的链接，从而让广大群众享受到方便快捷的服务。

五、项目的实施

武汉城市圈地名信息查询系统建设起步于 2009 年，历时 2 年，做了大量工作，既有需求分析、系统设计、系统开发、系统集成与测试、系统试运行，也有涉及全省的数据收集、整理与建库，还有大量协调、会议、培训等。归纳起来，项目实施主要包括下列步骤及工作。

第一步，需求分析。建设单位先后分析了社会需求，了解地名信息资源基本情况及建库情况，收集了武汉城市圈内大量信息资料。同时，对相关已建的地名网及地名信息服务系统进行了总结，借鉴好的做法和经验。经过综合分析、研究，明确了本系统开发建设的思路、目标以及设计工作任务，为项目开发建设打下了坚实基础。

第二步，系统设计。在深入的需求分析和可行性研究之后，开展应用型地理信息系统 GIS 设计。首先，总体设计。系统的总体设计是系统建设中最重要的总控文件，在进行总体设计时，坚持系统工程的设计思想和方法，把握方向，在重大问题上给予定性考虑，着重确定原则，避免过早陷入细节问题而忽略总揽全局。其次，审核方案。建设方与承建方多次沟通交流，并由用户审核总体设计方案，达成共识。然后，详细设计。在总体设计指导下，详细确定构成软件的功能模块以及它们之间的层次结构关系，各功能模块包含的功能、算法、输入输出项、流程逻辑等。

第三步，地名信息数据库建设。湖北省前几年就开展了地名属性库建设，收集了大量地名属性数据。结合查询系统建设，进一步丰富完善了地名数据库，特别是建设了地名空间数据库框架。在承建方技术指导下，民政部门开展了大规模的地名数据收集、整理、入库等工作。

第四，推进系统建设。配置硬件，包括计算机、输入/输出设备、存储设备、辅助设备及通信设备等；准备软件，包含系统软件、数据库管理系统以及一些应用程序。培训人员，主要指用户的培训和开发人员的培训，使适应并逐步熟悉新的操作方法、新的技术。同时，准备模拟数据，开展代码编写与单元测试，开发相关文档编写等。

第五，系统集成与验收。开展集成测试、需求测试、系统测试、性能测试等工作，实现系统的安装与交接，最终实现系统的总集成。最后，专门召开了武汉城市圈地名信息查询系统专家验收会。经过认真评审，专家们一致认为：武汉城市圈地名信息查询系统技术起点高，功能完整，界面友好，方便公众查询使用；项目的完成为湖北省地名管理信息的网络发布与服务提供了基础数据与技术基础，有利于推动地名信息化服务向纵深发展。

六、几点启示

在武汉城市圈地名信息查询系统建设过程中，建设方与承建方一直在进行商讨、交流、摸索，开发系统的过程实际上是一次学习、探索、创新的过程，总的来看，有下列几点启示。

1.创新思路是前提。开展信息化建设的重要任务之一，就在于整合资源，实现资源共享，更好地服务社会。该系统开发以民政系统内部资源整合为出发点，以地名信息为基础，通过整合民政相关业务信息，进而反映城市圈内其他信息，努力形成综合性地名信息查询系统，走出了一条独具特色的地名信息化建设之路。

2.组织协调是关键。信息化建设具有广阔的发展前景，同时也是最需要扶持的朝阳产业。特别是公共服务性质的信息化开发，并不能带来太多直接的经济效益，所以，需要政府有关部门的大力扶持。该系统得到相关部门领导的大力支持和推动，通过积极协调，实现各部门协同攻关，然后才能取得项目的成功建设。

3.整合资源是重点。系统建设的目的在于提供信息服务，而整合信息资源成为重中之重的任务。该系统的基本支撑是地名空间信息，也是社会基础地名信息的重要组成部分，以此为依托，整合民政多项服务信息，并与其他经济、社会、历史、文化信息建立相关链接与联系，由统一的平台与窗口向外提供服务。

4.技术支撑是核心。坚持实用性，使得“不懂计算机的人都会使用本系统”；坚持科学性，在设计和建设中保持系统结构的科学，工程实施的科学；坚持规范性，制定系统的规范标准；坚持可扩充性，系统具有方便的更新机制与后期可扩展性；坚持前瞻性，充分利用信息技术发展的最新成果；坚持可靠性，确保系统正常、安全、可靠运行。

5.维护更新是保障。虽然该系统已成功发布，但信息数据有限。因此，必须不断完善地名数据库，丰富查询内容，特别要不断开发和丰富民政服务信息，突出本系统特色。同时，加强系统的更新维护、运行管理、开发应用及配套建设，使之更好地服务民生、服务经济社会发展大局。

地名文化的魅力

——昭君镇命名成为鄂西生态文化旅游圈建设新亮点

摘 要：本文从地名文化视角，分析了兴山县昭君镇命名的背景、作用和影响。昭君出塞的传奇逐步演变成深受社会大众推崇的和美文化，符合时代发展要求。通过昭君镇命名，对于传承昭君精神、弘扬和美文化、扩大地方知名度、提升地方经济社会发展的软实力发挥了积极作用，对于推进地方经济开发、促进鄂西生态文化旅游圈建设具有重要意义。最后，提出了昭君镇命名所带来的几点启示。

关键词：地名文化；王昭君；鄂西生态文化旅游圈

地名是一种社会文化现象。健康、规范的地名命名，对于文化建设、社会交往、经济发展会产生积极的作用，反之，会带来消极影响。因此，必须加强地名命名特点与规律的研究，推动地名文化沿着正确的轨道演进。2009 年，湖北省兴山县以昭君镇命名为契机，将地名文化建设与经济社会发展有机结合，使昭君镇成为打造鄂西生态文化旅游圈建设的新亮点，充分展示出地名文化的独特魅力。

一、文化建设是和谐社会建设的重要组成部分，打造健康和谐的地名文化是构建和谐社会的必然要求

文化是一种十分宽泛的社会现象，广义的文化指人类在社会历史实践中所创造的物质财富和精神财富的总和，狭义的文化指社会的意识形态以及与之相适应的制度和组织机构。文化是人类生活的反映、活动的记录、历史的沉淀，是人们对生活的需要与要求、理想与愿望，是人的高级精神生活；同时，又是人们认识自然、思考自己、从事精神活动的承托。文化在人类社会发展进程中，起着重要的推动和支撑作用。作为意识形态的文化，一方面是一定社会的政治和经济的反映，另一方面又作用于一定社会的政治和经济。在当代中国推进科学发展的进程中，文化建设与经济建设、政治建设、社会建设、生态建设同等重要，文化不仅是软实力，也是科学发展的硬支撑。文化承载的软实力，正在成为支撑经济社会发展的硬资源。

文化有多种类型或形式，不同形态的社会制度具有不同的文化价值观。任何社会制度下的文化都要体现相应的主流文化价值观。当今中国文化建设就是要充分体现社会主义核心价值观。党的“十七大”明确提出，推进社会主义核心价值体系建设，必须用中国特色社会主义共同理想凝聚力量，用以爱国主义为核心的民族精神和以改革创新为核心的时代精神鼓舞斗志，用社会主义荣辱观引领风尚，巩固全党全国各族人民团结奋斗的共同思想基础。社会主义核心价值体系是社会主义制度的内在精神和生命之魂，它决定着社会主义的发展模式、制度体制和目标任务，在所有社会主义价值目标中处于统摄和支配地位。没有社会主义核心价值体系的引领，构建和谐社会、建设和谐文化就会迷失方向。爱国主义是中华民族生生不息、薪火相传的精神血脉，是维护国家团结统一、鼓舞各族人民奋发进取的精神支撑。我国是一个拥有 56 个民族的国家，在这个大家庭中必须巩固各民族团结友爱、和睦共处的文化基础。

地名属文化范畴，与人类文明同步发展，以其特有的形式汇集和传承了民族文化。地名一旦产生，具有相对稳定的长效作用。许多地名都是历史长期形成并传承下来，融入人们日常生活之中，对人们的思想与价值观产生影响。我国历史悠久，千百年来人们在生产生活和社会实践活动中命名了许多内涵丰富的地名，形成了光辉灿烂的地名文化，在树立良好风尚、促进民族团结中发挥了积极作用。和谐社会建设需要和谐的地名文化，加强地名文化建设对于构建和谐社会具有十分重要的意义。做好地名命名工作，有利于形成健康向上的地名文化，既能启迪人们的思想，营造良好文化生活氛围，又能为人们日常生活交流提供信息导向，规范社会生活秩序，为经济社会发展创造良好环境。特别是围绕地方经济社会发展与开发建设，依据传统文化特点，科学规划地名命名，打造独具特色的地名文化，能够为推动科学发展、构建和谐社会产生积极的促进作用。所以，从优秀传统文化中挖掘素材及养料用以地名命名，是丰富和发展地名文化的有效途径。

二、昭君出塞的传奇逐步演变为深受社会大众推崇的和美文化，成为昭君故里传统地域文化的重要组成部分

我国历史悠久，而且是一个多民族融合的大家庭，各民族之间团结友爱、和睦相处的文化传统最受社会推崇。昭君出塞就是民族团结友爱的一个典型范例。根据《汉书》《中国通史》等史书记载，公元前52年西汉明妃王嫱（即王昭君）出生在西汉南郡秭归即现湖北兴山县宝坪村，公元前36年入宫，公元前33年嫁与匈奴呼韩邪单于，封“宁胡阏氏”。在特定的历史时期，王昭君自愿请嫁匈奴，在大漠生活多年，为缓和西汉与匈奴的紧张关系，加强汉民族与少数民族的交流和联系发挥了重要作用，得到历史的认可与肯定。历经千年传诵，昭君出塞已升华为民族团结的象征。王昭君不仅情操高尚，而且外貌美丽，集内外之美于一体，历史上被传为中国古代“四大美女”之首。相比而言，其他三大美女的形成多起因于个人恩怨，唯有王昭君将个人命运系于国家民族利益之上，为促进民族和睦走完她辉煌壮丽的人生，得到历史和人民的高度评价。千百年来围绕昭君出塞产生了大量优秀的文学艺术作品，在历史长河中传承、积淀了以和亲、和睦、和善、和美、和谐为核心价值的和美文化，汇入传统儒家文化宝库，顺应中华民族发展的精神需求，与当今我国社会所倡导的和谐社会一脉相承，符合时代发展的要求。

王昭君深明大义，为民族团结做出了杰出贡献，使得人们对昭君故里文化环境予以更多的关注。从公元前52年王昭君在宝坪村出生至公元前36年入宫，王昭君在此生活了16年。昭君出塞使得个人婚嫁上升到国家民族团结的高度，王昭君已经脱离了仅仅作为个人人名的概念，成为国家民族、社会经济、政治文化大交流、大融合的艺术形象和文化符号，在丰富国家文化宝库并对社会产生广泛影响的同时，反过来对提高昭君故里知名度及地域文化构建又产生积极的促进作用。昭君故乡的人民将地方人文与自然景观与昭君联系在一起，营造出良好社会文化氛围。香溪河发源于神农架，是昭君故里兴山县第一大水系，由北向南纵贯县域，于西陵峡注入长江。香溪河蜿蜒曲回，清澈洁净，青山、绿水、奇花、异石相映成趣，美不胜收。美丽的香溪河哺育了美女王昭

君，古往今来，香溪一直受到人们的赞颂。民间传说，用香溪水洗脸后会像昭君一样美丽。因为对昭君的敬爱，这里的人们又把香溪称为昭君溪。在王昭君出生地有个昭君村，村里建有昭君宅，村前有座立式牌坊，留有历代文人赞颂昭君的诗词。新中国成立后，人们对昭君宅进行了修缮。昭君宅分前后一堂两院，前院为昭君家人生活区，内设榨房、庖房、酒坊、粮仓等手工作坊，后院中堂为宣诏堂，即昭君当年中选美女，传令使宣读诏书之地，院中还设有戏台及昭君村文物展室。整体建筑坐北朝南，有明确的轴线关系，符合中国传统安定、踏实、稳重的文化内蕴。以香溪河为主线，以昭君宅为核心，当地人民采取多种形式将王昭君高尚精神和美好形象与地方文化建设和旅游开发相结合，进一步增强了昭君故里的文化氛围与吸引力。这一切成为兴山县命名昭君镇的重要依据。

三、昭君镇命名是昭君文化精神在新时期的延续与传承，对于推动鄂西生态文化旅游圈建设具有积极的促进作用

作为鄂西传统文化的一朵奇葩，昭君精神一直成为地方人民群众的骄傲。近年来，湖北省委、省政府实施了鄂西生态文化旅游圈建设战略。昭君故里的人们以此为契机，迫切要求命名昭君镇，以便更好地传承昭君精神，打造健康向上的地名文化，鼓舞人们奋发向上的斗志，全面推进新农村建设与小康社会建设。经过广泛征求意见和充分论证，2009 年经湖北省人民政府批准，将王昭君故里兴山县高阳镇更名为昭君镇。昭君镇的命名，在地方政府部门、社会各界及百姓群众中产生了良好反响，正在对地方文化、经济、社会建设产生积极作用和影响。

第一，依托昭君镇，传承昭君精神，弘扬和美文化。在市场经济条件下，多元思想文化共存，各种思潮相互激荡，更需要从思想文化上实行正确引导。通过昭君镇命名，进一步加强对王昭君相关资料、故事的收集、挖掘、整理，按照新时期科学发展观与和谐社会建设要求，将昭君精神与新时期文化建设相结合，构建民族团结、和睦相处、崇尚和美的主流文化，对振兴精神、凝聚人心、构建和谐社会将产生积极作用。在昭君镇命名的同时建设昭君文化园，进一步发挥依江托山的优势，与历史典故、巴山风情、民族风情、楚文化、山水文化、草原文化 、旅游文化等有机结合，建设能让游客参与并领略昭君文化独特魅力的系列旅游项目，运用集知识性、观赏性、参与性、趣味性于一体的旅游表现形式，将优秀的昭君和美文化融入大众生活与社会活动之中。

第二，叫响昭君镇，扩大地方知名度，提升地方经济社会发展的软实力。昭君出塞的传奇故事在国内外广为传播，相比而言，昭君故里鲜为人知。通过命名昭君镇，能够使更多人更直观、更方便地了解昭君故里，从而提高昭君故里知名度，增强对外交流的影响力。兴山县在举办昭君镇命名揭牌仪式时，昭君“婆家”——内蒙古自治区方面派代表专程前来祝贺，开展了系列联谊活动；还组织了多项与昭君镇命名相关的文化与经贸活动，实行文化搭台，经贸唱戏，取得了较好的社会效益与经济效益。更为重要的是，将昭君美好形象与环境建设相结合，营造更加优美、文明、健康的社会环境，为招商引资、观光旅游、生产生活创造了良好条件，有利于促进地方经济社会持续发展。昭君镇命名，标志着昭君故里利用昭君品牌提升区域知名度、推动旅游支柱产业发展、提升地方综合经济竞争力，迎来新的发展机遇。

第三，建设昭君镇，发挥地名文化作用，建设三峡库区新型城镇。昭君镇原名高阳镇，是原兴山县政府所在地。因为长江三峡工程建设，高阳镇成为三峡水库淹没区。1992 年经国务院批准，兴山县政府从高阳镇迁移到古夫镇。县政府驻地迁移之后，无疑对该地经济社会发展产生不利影响。地方干部群众从实际出发，利用昭君镇命名机遇，结合县城搬迁，推进昭君镇发展战略转移，将城镇性质定位于旅游型城镇。国家有关部门已批准将昭君镇提高 20 米进行重建，并在昭君镇投资 1 亿元人民币兴建昭君文化园，规划为国家 5A 级景区。昭君镇坚持高起点规划、高标准建设、高效能管理原则，按照旅游文化名镇、商贸经济重镇、移民安置模范镇的总体思路进行开发建设。根据城镇统一规划，突出昭君文化特色，开发建设多种产业和产品。目前，昭君镇大部分移民都开展了房屋出租、经营门面、开办商店和旅馆、开发特色文化产品等商贸活动，一个特色鲜明的三峡库区新型城镇正在崛起。

第四，突出昭君镇，培植增长点，促进鄂西生态文化旅游圈建设。湖北省将实施鄂西生态文化旅游圈建设列入全省经济社会发展总体战略，目的就是因应鄂东武汉“两型社会”试验区建设，实行鄂东、鄂西均衡发展，力争早日实现湖北中部崛起战略目标。鄂西生态文化旅游圈建设需要实现重点突破，不断培植新的经济增长点。昭君镇命名就是鄂西生态文化旅游圈建设的亮点。目前，地方政府正在加强领导，统筹规划，精心组织实施，深入挖掘昭君文化资源，集中全力发展系列昭君品牌的产业与产品。昭君镇命名的同时，地方政府还以昭君文化为依据，开展了城镇街道命名，形成了昭君地名文化体系。特别是在上级政府部门的支持下，在昭君镇斥巨资打造昭君文化园，将其建成为展示王昭君生平并具有旅游、娱乐及商务功能的多功能景区。地方政府正在抓住昭君镇命名机遇，以弘扬昭君文化为抓手，筹划集中力量营造昭君文化氛围，全面提升旅游景区档次，努力推动旅游产业实现跨越式发展；同时，将昭君旅游资源开发与神农架、武当山、长江三峡旅游相呼应，形成良性互动，逐步把昭君旅游打造成鄂西生态文化旅游圈中的重要品牌。

四、启示

通过昭君镇命名，彰显了地名文化的作用和魅力，从中可以得出这样几点启示：一是地名命名必须具有深厚的社会基础和群众基础。昭君出塞的传奇得到社会的广泛认可与传颂，是昭君镇命名的前提。二是地名命名必须具有健康向上的文化内涵。昭君出塞饱含的和睦、和美、和谐文化如同陈年美酒，历久不衰，越来越甜美，从而成为昭君镇命名的关键。三是地名命名应该服务于经济社会发展的大局。昭君镇命名与鄂西生态文化旅游圈建设、移民开发建设相结合，生产了较好的社会与经济效益。四是地名命名必须具有适宜的时机。兴山县政府驻地原高阳镇是长江三峡库区淹没区，城镇转型重建正好配合高阳镇更名为昭君镇，实现了形式与内容的协调统一。五是地名命名必须依法命名和规范管理。昭君镇命名广泛征求了各方面意见，按照法定程序命名，合情、合理、合法，便于广大群众接受。因此，加强地名文化建设，对于改善公共服务、推动科学发展、构建和谐社会具有十分重要的作用和意义。